寻踪古今
问学中西

张西平教授七十华诞颂寿文集

主编 杨慧玲 李 真

学苑出版社

谨以此书献给
张西平教授七十华诞

无问西东

2004年张西平与卫匡国像

张西平教授在任继愈先生指导下进入明清中西文化交流史和海外汉学研究领域，1995年创办《国际汉学》

Yu Qi, Paolo de Troia, Ambrogio M.Piazzoni,
...sini, Zhang Xiping, Masini Federico, Dai Yin, Xu Hao,
...Emanuelle Raini

2012年国家清史编撰委员会代表团与梵蒂冈图书馆合作项目签约

2013年与德国汉学家施寒微教授合影

如切如磋

2008年《马礼逊文集》首发式

2016年"利玛窦与中西文化交流研讨会"师生合影

2017年那不勒斯罗明坚
国际学术会议师门合影

2017年与弟子、同事参加学生
毕业典礼

杏坛耕耘

2008年师生合影

2011年师生欢聚

2013年师门齐聚五塔寺

2016年师门学术沙龙

目　录

七十自叙：我的学问之路 / 001

编者序 / 017

追逐太阳的人——贺张西平教授70寿辰小记（代序）/ 021

第一部分　西学东渐

《天主实义》早期刊本的改订问题 / 王雯璐 002

"白、徐译本"的成书和版本
　　——清初第一本汉译《圣经·新约》翻译考 / 朱　菁 012

《天学集解》稀见文献价值略述 / 李　青 021

明清之际传教士译述圣人传初探 / 贾海燕 033

教化与启蒙：明清两部《伊索寓言》汉译本小议 / 薛维华 044

17、18世纪来华耶稣会士出版作品探究
　　——以庞迪我《七克》为中心 / 魏京翔 054

清初西学东渐的代表性著作：《超性学要》/ 胡文婷 061

浅论耶稣会"索隐派"的思想之源
　　——以白晋为中心 / 全　慧 070

清初中国基督徒张星曜及其奉教著述 / 杨少芳 085

吴渔山（吴历）奉教的心路历程 / 骆　洁 094

略论《通报》"学术论文"栏目的文献学、目录学特征

　　——以历史、地理类论文为中心浅析 / 郭　瑶 105

第二部分　东学西传

耶稣会士罗明坚《大学》手稿研究 / 罗　莹 120

首部"四书"英译本初探 / 郭　磊 138

东方智者的话语

　　——19世纪初期第一部英译《论语》之历史研究 / 康太一 150

从新发现的稿本看理雅各的中国经典翻译

　　——解析理雅各中国经典的翻译过程 / 杨慧玲 162

近代早期"中学西传"的新史料

　　——牛津大学博得礼图书馆藏洛克"中国笔记"手稿简介 / 韩　凌 175

欧洲第一位"专业汉学家"雷慕沙 / 李　慧 189

韩国英对《诗经》的译介 / 刘国敏 200

消失的中文藏书目录之谜

　　——斯特林堡曾经的汉学研究 / 约翰·罗恩斯特罗姆 著　阿日娜 译 209

第三部分　比较语言与文化

第一部葡萄牙语——汉语双语辞典 / [葡] 梅斯纳 著　韩晓燕 译 222

来华耶稣会士马若瑟语言研究代表作《汉语札记》之版本流变考 / 李　真 233

传教士与中芬文化交流 / 李　颖 244

人类最初的语言是汉语？

　　——走近一部17世纪的汉语论著《论中华帝国的语言是原始语言的

　　可能性》/ 陈　怡 255

理雅各的道教研究及其转变 / 潘　琳 265

《印中搜闻》视域中的中国社会信仰和习俗 / 刘美华 276

对中西源头经典中人性论的一点思考 / 马丽媛 285

波斯语游记中的中国
　　　——以《中国纪行》为例 / 王　莹 293

讲好"一带一路"中国故事
　　　——"一带一路"背景下加强媒体国际传播力的几个建议 / 叶　飞 301

关于海外汉学研究与中国国际话语权的思考 / 龙宇飞 311

附　录

附录一　张西平教授简介及其著作 / 322

附录二　张西平教授执教指导研究生及论文名录 / 344

七十自叙：我的学问之路

一

我是"老三届"高中的毕业生，转眼之间，我们这一代人都将先后进入"随心所欲而不逾矩"之年。虽然从知青时代读书已经成为我生活习惯，但真正的学术研究道路起步比较晚，32岁时从湖北襄樊的总后部队院校考入当时的解放军政治学院，开始比较正规的学术训练，40岁时才完成了硕士研究生教育。记得1988年从社科院研究生毕业时，我要比同班年龄小的同学整整大一轮，在班上同学们都称我是老大哥。读研究生时我的专业是当代西方哲学，方向是西方马克思主义，论文选的是卢卡奇，导师是徐崇温先生。在哲学所的3年使我人生发生了重大的转变，对学问、人生的看法都有和以前很大的不同。我在哲学所读书时，贺麟先生、杨一志先生、王玖兴先生、容肇祖先生、王明先生、虞愚先生都还在，叶秀山先生是我们的系主任，他专门安排这些老先生给我们上课，我由此也能听到这些学术前辈的教诲。1994年我到德国访问时，还是贺麟先生给我写的推荐信，出国前贺先生的高足范进领我到干面胡同8号看望了贺麟先生。薛华先生更是对我多有帮助，我到德国访学就是他推荐的。

20世纪90年代初，我的命运发生了重大的转折，不仅在精神上极为困顿，在工作上也遇到极大的困难。刚刚40岁，竟然一时找不到生活着落之处。此时，我的学长、现在已故的姜国柱先生将这件事告诉了任继愈先生，希望任先生能帮助我到当时的北京图书馆工作，后来哲学所王树仁等老师也都给任先生介绍了我的情况。不久任先生就把我叫到他的办公室，问清了我的情况。大约过了一个多月，在他和当时的北京图书馆唐副馆长的支持下，我顺利调入了北京图书馆，开始了我新的生活。

此时，在我学术上极为困顿，我希望从西方哲学研究转向中国哲学研究，就向任先生请教，如何开始我的学术转型。至今我仍清楚地记得，在任继愈先生的办公室里，他给我说，"你可以做做明清之际的来华传教士与中国思想的关系。你做过西学，有些基础。对学术转型有帮助。这方面中国学术界做思想史的只有何兆武先生，研究的人不多"。感谢任继愈先生在我思想恍惚之时给我指出了一条崭新的学术之路。这以后的十余年间，我曾多次登门向先生请教，三里河的南沙沟成为我常去的地方，我也把自己作为先生的私淑弟子，正是在他的指导下，我的学术才完成了一个180度的转变，正是在他的教导下，我才磕磕碰碰走到了今天。

与此同时，一些学术先贤和前辈吸引了我的目光。陈垣先生此时成为我的偶像，方豪先生的书几乎每天都要翻来翻去，我寻找过向达先生散失的书籍，访问过王重民先生的后人，认真读过袁同礼先生所编的汉学书目，读着他主编的《国立北京图书馆馆刊》，我一本本寻找藏在国家图书馆中的中西文化交流的历史文献和汉学书籍。在国家图书馆工作的6年给我提供了从未有过的良好学术环境。在夕阳的余晖之下，我在善本部的阅览室中逐本翻阅了北堂的摇篮本；在港台室的晨曦之中，我第一次借到了《天学初函》；在这里我找到了方豪主编的《上智编译馆馆刊》，看到了藏在善本部里的利玛窦地图的残卷，还发现了一些尚未编入北堂书目中的一些传教士的手稿。同时，学术的圈子也开始扩大，在这一时期我结识了历史所的耿昇先生，宗教所的卓新平先生，认识了中华书局的谢方先生、杭州大学的黄时鉴先生，开始比较密切地与社会科学院历史所的何高济先生和张凯先生交往。

也就在这个时候，任先生找到当时国家图书馆的焦树按先生、出版社刘卓英主任和我，希望我们编辑一本反映国外研究中国学问的杂志《国际汉学》，这个时候，我才知道有这样一门学问。恰好我的德语老师弥维礼（Wilhelm R. Müller）也是一位汉学家，得知此事后慷慨解囊，资助了《国际汉学》第一期的出版，为此，任先生还在国家图书馆的红厅接待了他。同时，在编辑《国际汉学》的过程中，我结识了严绍璗先生、孟华先生、李明滨先生、许明龙先生。在学习中交往，在交往中学习，谦卑是发自内心的，因为我结识的这些朋友的知识都如此渊博，学问都是那样的广博和扎实，而自己正像一个从石头缝中长出的小草，虽然有足够的生命力和坚韧的毅力，但在知识和学问上缺乏养分和阳光，没有丰厚的土地的支撑，明显感到先天的不足。

1994—1996年我在德国《华裔学志》（*Monumenta Serica*）研究所做了近两年的访问学者，十分荣幸，我是研究所"陈垣奖学金"的第一位获得者。现在我还清楚地记得我的德语老师，当时《华裔学志》的主编弥维礼先生面带微笑地告诉我，那里一切都准备好了，你可以安心到我们研究所做研究了。其实在到《华裔学志》研究所以前，我并不知他们研究的具体内容是什么，只知道那是德国乃至欧洲最好的汉学研究所。

Sankt Augustin是一座美丽、安静的小镇，《华裔学志》研究所坐落在一片浓密的树林旁，坐在研究所的阅览室读书时常常看到门外的小松鼠在林间跳跃；每天在上下午休息时，推开阅览室的玻璃大门，可以踏着林中厚厚的落叶散步；穿过浓密的树林，在研究所的后门外便是一望无际的麦地，远处就是莱茵河。每天除了听到研究所后面的树叶在微风中瑟瑟做响以及修道院那悠远的钟声外，一切都笼罩在静谧之中。"忽闻江上弄哀筝，苦含情，遣谁听？烟敛云收，依约是湘灵。欲待曲终寻问取，人不见，数峰青。"没想到在异国体会到了苏轼的《江城子》中的况味。静才能定，正是在这里我的心境才慢慢从国内当时那种浮躁的状态中转了过来，逐步安静了下来。

研究所的汉学藏书量在德国是屈指可数的，实际上当年老辅仁大学的许多珍贵的图书版本，有不少藏在了这里。有次在读一本善本时我竟然在书后当年的借阅卡上发现了陈垣先生的名字。这里不仅有书，还有很好的汉学家，我在时，从主编位子上退下不久的布恩礼（Heinrich Buch S.V.D，1912—2002）

先生还健在，他每天会准时到他的办公室坐一会儿。他是中国著名学者余嘉锡的亲授弟子，学富五车，满腹经纶。当听他慢条斯礼地讲《华裔学志》在北京的故事，如数家珍地回忆他与陈垣、张星烺、英千里的交往时，你才会感受到这个研究所跳动的灵魂。《华裔学志》在西方汉学的重要地位建立在对中国基督教史和传教士汉学的研究之上，它实际上是将这两个方面有机融合在一起，无论是研究明清之际天主教在中国的传播还是研究此间传教士的西文著作在西方的传播与影响，《华裔学志》都是西方学术界最有影响和最重要的学术期刊。[1]

我访问期间，马雷凯教授（Roman Malek）出任研究所所长和杂志的主编，他本人的学术方向是研究中国的道教，但他担任所长后所关注的一个重要研究方向就是中国基督教史和传教士汉学。马神甫为人豪爽，正当壮年，我们年龄相近，义气相投，每逢佳节，觥筹交错，畅谈至深夜。

在Sankt Augustin的日子并不算长，但它对我的影响是深远的，使我决定从传教士汉学做起，展开海外汉学的研究。

1996年我从德国访学回国后，在国家图书馆的参考研究部社科咨询室工作，此时的国家图书馆正面临着一个重大的转变，往日那种对学术重视的氛围已经渐渐淡化，而对经济指标的追求却日益具体化了。我在德国访学时所定下的展开海外汉学史研究的计划在那时根本无法实现，每日望着社科咨询室来去匆匆的咨询者，我心中茫然。此时我感到在国家图书馆已经无法展开自己喜欢的学术研究，当年在国家图书馆做学问的几位好友也都纷纷离去，任先生的高足方广锠调走了，做中国文学史的张国风调走了，我的好朋友李凭也正在调往社会科学院历史所。这样我也下了决心离开国家图书馆。

6年的时光，紫竹园相伴，在风起日落、花开雪飘中我行走在玉泉路与国家图书馆之间，此时真要离去，我还是有一种留恋的感情。因为，正是在我人生最困难的时刻，国家图书馆接受了我。我感谢任馆长、金宏达副馆长、唐副

---

[1] ［德］巴佩兰（Barbara Hoster）著，谢蕙英译：《〈华裔学志〉及其研究所对西方汉学的贡献》，台湾《汉学研究通讯》第32卷第2期，2004年。

馆长等一切关心过我的领导。国家图书馆这段时光对我的意义在于，正是在这里，我在任继愈先生的指导和关怀下，开始了自己学术方向重大转折，海外汉学研究和明清中西文化交流史成为我以后研究的领域。我忘记不了在港台室安静的书桌前，我阅读《天学初函》时的喜悦，至今还清楚记得在善本阅览室第一次看到北堂书时的激动。在参考部的办公室里我多次静静地听着王丽娜老师讲她的《红楼梦》在国外传播的研究，王丽娜老师要编辑一本国家图书馆的汉学书目的理想，在以后很长的时间里也成为我的梦想。最重要的是1994年在这里由任先生的亲自倡导的《国际汉学》得以创立，它成为我以后展开学术研究的阵地。这一切都来自我的国家图书馆时代。

也就是在这个时候，我在莱顿汉学院结识的好朋友中国社会科学院文学所的王筱云把我介绍给了北京外国语大学中文学院的程裕祯老师。其实当时我正在社会科学院哲学所和中国艺术研究院之间选择，是回到哲学所重新做西方哲学研究还是到刘梦溪先生那里主持《世界汉学》杂志，我曾经犹豫过。但最终我选择了到北京外国语大学来。定下这个决心有三个原因：其一，当我向任先生表达希望离开国家图书馆到北京外国语大学来工作时，任先生说："到那里对你合适，你要认真考虑，但我希望你将《国际汉学》的编辑工作继续做下去。"在先生眼中，《国际汉学》这份学术辑刊的分量是很重的。恰好，在我选择的三个单位中只有北京外国语大学是能实现这一目标的唯一地方；其二，程裕祯老师对我十分宽厚，他对我说，"你来北京外国语大学后主要主持海外汉学研究中心的工作，你可以放手去做，我会全力支持你。听到这些话，我就感到十分温暖，感到北京外国语大学或许是我完成学术转变的地方；其三，北京外国语大学所拥有的外语实力将是展开海外汉学研究的基础。今天看来，我选择了北京外国语大学是我一生中所作出的最重要和最正确的选择之一。

1996年9月的一个下午，在青年政治学院旁的茶馆中，程裕祯老师请我喝茶，作陪的还有宋柏年老师，程老师告诉了我正式调入北京外国语大学的消息。听到这个消息后我十分高兴。因为，那年我已经48岁，在这样的年龄变动工作已不太容易。雄关漫道真如铁，而今迈步从头越。这是一个新的起点。我感谢北京外国语大学,感谢程老师,感谢陈乃芳校长给了我一个新的舞台。正是在北京外国语大学的21年,不仅完成了我自己学术的转变,同时,海外汉学研究中心也在这所有着悠久历史和良好学术氛围的大学中成长了起来。

二

海外汉学研究中心成立后,召开的第一个学术会议是"海外汉学研究回顾与展望战略研讨会",任继愈先生、汤一介先生都来参加了会议,研究海外汉学的领军人物北京大学的严绍璗老师、已故的周发祥先生都在会上做了发言。这次会议算是汉学中心在学术界的一个亮相吧,其实当时海外汉学研究中心完全是个"三无"研究所,无编制、无费用、无办公地点。我当时每周要上10个小时的课,研究完全是业余的事。程裕祯老师为了支持我的工作,想了一个很妙的主意,就是让每年调入中文学院的新教师在海外汉学研究中心协助工作一年。于是我开始有了"兵",第一个来协助汉学中心工作的就是刚从瑞典回国的李明老师,她的到来使这个"三无研究所"有了生气。李明在瑞典工作多年,对欧洲汉学比较熟悉,她的先生高建平也是《国际汉学》的编委,这样我们的工作开始活跃起来。李明快人快语,对汉学研究也很有热情,不久她就请来瑞典驻华的公使来中心做报告,《国际汉学》的文章也开始有了介绍北欧汉学的文章。第二年来协助汉学中心工作的马晓冬老师,她刚从北京大学毕业,工作很有热情,也就是在她主持《国际汉学》编辑部期间,我们开设了"汉学一家言"栏目,开始对汉学这个研究领域的方法、对象等问题进行反思和讨论。那时,汉学中心的办公室在学校西院日研中心二楼的一个过道房间里,面积不过5平方米,我们3人开个会,房间就坐满了。每天中午,上完课后这间5平米的斗室成为我们3人商量稿件的地方。我在《国际汉学》第5期的编后记中记载了当时的心境。"'论究学术,阐明真理,昌明国粹,融化新知。以中正之眼光,行批评之职事,无偏无党,不激不随。'这是当年吴宓、陈寅恪等先生为《学衡》杂志定下的宗旨。人世沧桑,星转轮回,我们的学术偏离前辈所确定的这条坚实的道路太久了,当我们刚刚返回到大师们的桌前,铺天盖地的商品大潮已使京城难以放下一张平静的书桌。三两书生，几位好友，为了一种学术理想，为了续下大师们的薪火，一面教学，一面编辑这份读者不过千人的小小刊物，其中的苦乐只有我们自己知道。学问本来就是'荒山野老屋中二三素心之人商量培养之事'，编辑这份刊物毫无世俗功利之心，也不想让她成为媒体炒作的'朝市之显学'"。艰辛而平静是当时研究所的基本状态。

海外汉学研究中心在学术界做的第一个较大的学术活动是1998年与中外关系史学会和杭州大学历史系合作，在杭大联合召开了"1500—1800中西文化交流史国际研讨会"。社会科学院历史所的耿昇先生、杭大历史系的黄时鉴先生当时都是研究中西文化交流史的大家，与他们的合作，进一步使我明确了由历史入汉学史研究的基本研究方法。会议是在1998年的初春召开的，当时，春意料峭，西湖的杜鹃花和海棠含苞欲放，而会场内的学者们的研究气氛已是百花盛开。在这次会议上我结识了美国研究中西文化交流史的重要学者魏若望先生（John W.Witek, S.J.）等国内外的许多学者。这次会议的成功主要是程裕祯老师的功劳，因为，在三方合作的协议中，海外汉学研究中心要出1万元，这个数对于我们这样的"三无"研究所是一个天文数字。此时，程老师从他的朋友那里化缘来了1万元，才解了我们的燃眉之急。会议的另一个收获是认识了陈乃芳校长，使学校开始注意了汉学中心的工作。陈校长当时正在杭州招生，也顺便代表北京外国语大学在开幕式上讲了话并约我谈话，了解了汉学研究中心的情况。当她得知了研究所的实情后，感到学校应该支持海外汉学研究，会议后她就决定每年学校给海外汉学研究中心1万元活动费用，从此，我们由"三无"研究所变成了"二无"研究所，总算有了点固定的学术活动费用。

1998年对海外汉学研究中心来说是一个重要的年头，7月我受比利时南怀仁基金会邀请参加了南怀仁基金会在鲁汶大学召开的"中西文化交流史国际研讨会"，会后我到巴黎访问了巴黎利氏学社，参观了巴黎外方传教会的档案馆，遣使会的档案馆。在罗马时访问了罗马梵蒂冈图书馆和罗马耶稣会档案馆。在罗马见到了我的德语老师弥维礼先生，他也是把我带进这个研究领域的引路人，1994—1996年在德国的访学就是弥老师一手帮助我办理的。在罗马又见到恩师，心情格外高兴。正是这次见面导致了我1999年到罗马3个月的访书，从此开启了我对欧洲藏明清中西文化交流史和西方早期汉学史历史文献长达数十年的追踪、收集和研究。

海外汉学研究中心从"三无"研究所变成一个比较正规的研究所的转折点是2001年，那年是北京外国语大学的60周年校庆，从俄语学院毕业的柳若梅和从北京大学毕业的顾钧，先后调入了研究所，他们在这里开始了学术的转型，开始进入海外汉学研究这个领域。汉学中心开始呈现出新的发展势头。

2002年我再次到德国访学时和李雪涛在波恩重逢，1995年时在一个我们共同的德国朋友家我们曾见过面，这次见面十分亲切，雪涛晚我十余年，但自相识以来，切磋学问，谈书论道，素以平生风义兼师友与之相期。雪涛还在德国读书时，我们就开始商量将德国汉学家马汉茂的《德国汉学：历史、发展、任务与视角》一书译成中文出版，2003年在他完成博士学业后我就立即将他调入海外汉学研究中心。

三

海外汉学研究中心开始启动脱离中文学院演化成为一个独立的研究所是在郝平校长来到北京外国语大学以后。

2005年郝平从北京大学调任北京外国语大学任校长，郝校长的到来使海外汉学研究中心发生了质的飞跃。郝平校长是学历史出身，他第一次到中心调研，看到中心出版的一批高质量的关于中西文化交流史的和西方汉学史的书籍，就给予了高度的评价。他说，历史学是一切学科的基础，大学做科研要踏踏实实从历史文献入手，汉学中心这些学术成果是很有价值的。郝校长曾留学美国，对美国汉学十分熟悉，还编写过《美国中国学家》这样的书。这样，他完全理解海外汉学所从事的域外中国学研究的学术价值和意义，理解我们由历史入展开汉学史研究的路径和学术方法。一名书生遇到一位完全理解自己学术的领导，这真是万幸。

在郝平校长的关怀和指导下，海外汉学研究中心有了两个方面的根本性变化。

第一，在2006年，学校决定将海外汉学研究中心更名为"中国海外汉学研究中心"，并决定正式申请教育部人文社会科学重点研究基地。为了支持海外汉学研究中心申请教育部人文社会科学基地，在校领导新班子到301医院看望季羡林先生时，郝校长特意让我也一起去，并当着季先生的面邀请季先生担任中国海外海外汉学研究中心的名誉主任，季先生欣然接受。郝校长接着特意从学校211二期项目的费用中拨出专款用于支持汉学中心的学术发展，就是靠着这批钱，我从荷兰IDC公司购买了"1500—1800西方关于中国的书"、伦敦会早期来华传教士文献胶片和哈佛燕京学社的中文文献档案胶片等具有重要学术价值的资料，从而使我们成为全国高校中极少有的所拥有这三套胶片研究所。同时，郝校长又拨出专款支持我们在外国教学与研究出版社出版了《国际汉学研究丛书》《世界汉语教育丛书》《16—19世纪中西文化交流史丛书》，从而使汉学中心在大象出版社之外又有了新的出版阵地，外国教学与研究出版社出版阵地的开辟对汉学中心近几年的发展起到了重要的作用，新到来的几位年轻人如雪涛等的第一本汉学研究的中文著作都是在这几套书中出版的，这几套书使中心的研究人员可以安心从事学术研究，不必再为出版发愁。

郝校长的另一个重要决定是，将海外汉学研究中心的工作从一般的学术研究层面提高到学校发展战略的层面，在北外65周年校庆上他正式提出"北外新使命——将中国介绍给世界"这样战略性的口号。他说："北京外国语大学现在已经将海外汉学研究中心的方向作为全校科研的重点工作方向，以此整合全校的力量，使北京外国语大学在很好的完成'将世界介绍给中国'的重大使命同时，承担起'将中国介绍给世界'新的历史使命。在中国走向世界的重大历史关头，我们必须从全球的角度规划中国学术与文化的发展，以世界的眼光审视域外对中国的评价和研究。北京外国语大学具有完成这一历史使命的学术积累和文化积淀，具有承担起这一重任的视野和能力。"我认为，郝平校长的这段话是北京外国语大学新的宣言，将世界介绍给中国：这是发展的中国赋予北外新的使命，通过对海外汉学（中国学）的研究，在世界范围内书写中国学术语文化，这是中国文化自信与自觉的表达。

为了启动申请教育部人文社会科学重点研究基地的工作，2008年海外汉学研究中心正式从中文学院中独立出来，成为学校的独立研究所。2007年我申请到了教育部重大攻关课题《20世界中国古代文化经典在域外的传播和影响》，这是北京外国语大学有史以来所获得的最大项目，这个项目的获得也是在郝平校长的直接努力和帮助下获得的。

正是在北京外国语大学领导的支持下，中国海外汉学研究中心成为推动北京外国语大学学术转型和服务国家文化战略的重要学术机构。2010年我的第一个博士杨慧玲毕业留校，我的第一个硕士生李真已经成为中心的骨干。此后，为使中心的学术结构逐步完善，梁燕教授作为人才被引进中心，罗莹、管永前、何明星、孙健等也先后加入到海外汉学研究中心的队伍中来。海外汉学研究中心成为北京外国语大学科研的中坚力量。

20世纪80年代以来，对海外汉学或中国学的研究的发展中国学术界最为深刻的变化之一，经过30多年的发展，在学术研究上已经取得了很大的成就。2014年是西方汉学200周年，北京外国语大学海外汉学研究中心与法兰西学院一起在巴黎举办了"雷慕沙的继承者：法国汉学200周年纪念"的国际学术研讨会。我感到对海外汉学史的研究虽然至今仍是我们的重要任务之一，因为，域外中国学或者汉学研究展开，首先要从历史入手，正像我们从事中国学术史的研究一样，各国对中国文化的研究也都有着自身的历史，学术脉络和传承，因此，从"历史性"入手是进入这个学科的第一步。但随着研究的深入，我们越来越感到对海外汉学的研究仅仅从学科史的角度切入是不够的，根本的原因在于，这门学问和中国近代学术的发展，与当代中国学术的重建紧密联系在一起。这就要求我们必须回归中国文化的本位立场，与海外汉学界展开学术对话与交流。从历史来看，西方专业汉学的诞生标志着中国的知识和学问开始成为世界性的学问，成为人类共同知识财富的一部分。西方汉学从其诞生起就同中国学术界有着千丝万缕的关系，在一定意义上讲中国近现代学术的产生是和西方近现代的汉学发展是紧密联系在一起的，也就是说中国近现代学术之建立是中国本土学者与汉学家们互动的结果。利玛窦与徐光启，理雅各、儒莲与王韬，伯希和与罗振玉，夏德、钢和泰与胡适，高本汉与赵元任等等，汉学家与中国学人的交往我们还可举出许多例子，正是在这种交往中双方的学术都发生了变化，互为影响，相互推动。戴密微在厦门大学任教，卫礼贤执教于北京大学，陈寅恪受聘于牛津大学，在20世纪二三十年代双方的交往比今天还要频繁。就中国来说，正是在这种交往中，中国学术逐步地向现代化形态发展。

当年傅斯年在谈到伯希和的学问时说："本来中国学在中国和在西洋原有不同的凭籍，自当有不同的趋势。中国学人，经籍之训练本精，故治纯粹中国之问题易于制胜，而谈及所谓四裔，每以无新材料而隔膜。外国学人，能使用西方的比较材料，故善谈中国之四裔。而纯粹的汉学题目，或不易捉住。今伯先生能沟通此风气，而充分利用中国学人成就，吾人又安可不仿此典型，以扩充吾人之范围乎。"[1]这说明了当时汉学对中国学人的启示。实际上近现代以来，中国学术对西域的研究日益加强，对敦煌学术的展开都是受到了西方汉学家的影响。其实中国近代学术从传统的注经转变为现代社会科学的方法，一个重要因素是受启于海外汉学。陈寅恪任教清华之初，遵循地道的欧洲汉学及东方学方法，讲授考狄的汉学书目。赵元任和李方桂的语言学研究走出传统的小学，而采取现代语言学的方法，一个重要原因就是受到瑞典汉学家高本汉语言学研究的影响。这说明西方汉学和我们中国自己本土的学术传统有着内在的联系。从当下中国学术的发展来看，海外汉学的成果已经深深地参与到今天中国学术的重建之中。2014年中国学术界将对宇文所安主编的《剑桥中国文学史》的讨论和对美国汉学家家欧立德的《乾隆帝》的新清史研究方法展开的讨论作为2014年人文学术的十大重要事件之一。葛兆光的《宅兹中国》对日本汉学界和美国著名印度裔美籍中国史专家杜赞奇的著作《从民族国家拯救历史：民族主义与中国现代史研究》书中国历史观的批评在国内外学术界也引起广泛

---

[1]《法国汉学家伯希和莅平》，《北京晨报》1933年1月15日，转引自桑兵：《国学与汉学：近代中外学界交往录》，杭州：浙江人民出版社，1999年，第140页。

的讨论。这就是说,当下域外汉学或中国学的研究已经不仅仅是一门外学,它也深深卷入了我们今天的学术建设之中,如何从跨文化角度理解其国际文化研究的变异性,如何与海外汉学或中国学界展开学术性对话,这已经成为一个重要的问题。正是在这个意义上,我感到回归中国文化的本位立场,积极与国际汉学界展开对话是学术发展之必须。因此,必须从一般性的汉学史研究转向为以中国文化为本位立场的学术对话和研究。这样,2015年中国海外汉学研究中心更名为国际中国文化研究院。这里既有我对海外汉学研究这个研究领域的认识,也有我对汉学研究中心这个机构未来发展方向的一个新的定位。

坚持以学术研究为本,以中国文化的重建为其理想关怀,以学术的积累和整体建设为其着眼点,这构成了我所创立的中国海外汉学研究中心,现在的国际中国文化研究院的基本学术格局。我曾将这种学术传统概括为三点:第一,以历史为基本线索,梳理中国文化外传的历史、途经和机制,揭示中国文化的世界意义;第二,以基督宗教为中心,重点研究在"西学东渐"基础上的传教士汉学,奠基研究西方汉学的根基;第三,推动汉学与中国学术的互动,并以比较文化为方法对海外汉学作系统的学术史研究,从而揭示中国近代学术形成的外部机制,以世界的眼光重审中国近代学术的发展。我们将这三点概括为:"在历史中探中西会通,在神圣中究天人之际"。

经过20余年的努力,现在的北京外国语大学国际中国文化研究院(海外汉学研究中心)已经成为全国高校唯一一所有正式编制、以研究中国文化在世界传播为其己任的学术研究机构,成为全国海外汉学(中国学)的领军机构,特别是郝平校长执政期间确立的"把中国介绍给世界"战略方向,将海外汉学研究中心置于了学校发展的中枢环节。随着北外海外孔子学院的不断发展,随着2014年中国文化走出去协同创新中心的成立,在服务国家宏观文化战略方面,国际中国文化研究院也成为北京外国语大学新型智库的典范,在这个战略方向上,北京外国语大学也走在全国高校的前面。

通过20多年的努力,中心在宗教学研究、中西文化交流史研究、中西语言交流史研究、中国翻译史研究等几个方面硕果累累,这些研究开创了北京外国语大学人文研究的新局面。

四

就我个人的学术研究来说，海外汉学研究中心的发展深刻体现了我自己的学术理念，同时自己的学术研究有了完全崭新的展开。

以中西文化交流史的研究为基点，从中西两端同时展开研究，这构成了我的治学基本构架。

中西文化交流史是中国和欧洲文化交流的桥梁，从马可波罗到利玛窦，正是在这个漫长的历史过程中才形成了西方汉学发展的三个基本阶段：游记汉学、传教士汉学和专业汉学。探索中国文化向欧洲传播的历史过程，涉及人物、著作和一些重要的事件，在学术上涉及文献学、历史学和翻译研究等多个方面。文化的传播和文化的接受与理解是两个相连而又有区别的阶段，做西方汉学史研究很自然涉及对西方文化史和思想史的研究，一旦从这个角度来看西方思想文化史，那种长期来西方所形成"自我成圣"的文化思想史就显然有了问题。我也正是从研究莱布尼茨、伏尔泰等人的思想中体会到这一点。即便到了19世纪，中国成为一个西方的"他者"后，被定位"停滞的帝国"，这同样是一种思想文化互动的结果。欧洲的历史不能被单独叙述，它必须和东方史联系起来，才会绘出一个真正完整的欧洲思想文化画卷。在大象社出版的《国际汉学书系》致力于从西方早期汉学经典的翻译工作，就在于这批文献既是西方汉学奠基性文献，也是解开16—18世纪欧洲思想文化的关键文献。同时，如果理解19世纪思想文化对中国态度的转变，也要立足这批文献的研究与阅读，仅仅靠赛义德的《东方学》的那套理论是远远不够的。

同样，以中西文化交流史为基点向东看，四百年的"西学东渐"史构成中国近代发展的重要外部因素。传教士无疑是文化之桥上最为重要与活跃的人物，这批用双语写作的出家人完全改写了传统的学术界限。例如，明清之际来华的传教士用中文写作的书籍有上千种，这批文献自然是西方汉学史的一部分，同时又构成明清史的一部分。他们的著作可以解释为何清初出现了乾嘉汉学这样完全不同于宋明理学的新的学术形态，也成为中国近代语言、文化变迁之原点。近十余年我致力与朋友们一起从事梵蒂冈图书馆文献的整理与出版，根本原因在于此。文献是基础，语言是关键，正像佛教的传入深刻影响了中国中古时期的汉语发展一样，来华传教士的中文写作和西文研究也深刻影响了中国近代的语言和新概念的形成。这方面从学科上来说，传教士的汉语学习和研究不仅仅成为当前对外汉语教育这个学科的历史基础，同时，也是近代汉语变迁研究的关键所在。

以上书中所编写的几部分论文集大体反映了我的学术研究的几个领域的成果。

20年青灯黄卷，20年的孜孜所求，我在学术上走出了一条自己的道路，在继承前贤的基础上不断推进了一些学术领域的进展。"人事有代谢，往来成古今。"如今，我已经卸了国际中国文化研究院院长的担子，我将很快在北京外国语大学的舞台上淡出自己的身影。但20年来所开辟的这些学术研究领域仍有许多问题缠绕着我的思想，还有不少学术计划待我去完成。退回书斋，在学术的天地书写自己新的篇章，这既是向以往历史的告别，又是走向新的书写历史的开始。我60岁生日时在欧洲，正赶上从巴黎飞往罗马，在飞机上我写了一首七律，这首词反映了我20年的学术历程和心境，69岁生日时我在巴黎又写下一首词，反映了当下即将告别行政体制，开始自己学术写作的心情，抄录如下：

六十抒怀
——2008年9月1日写于巴黎飞往罗马途中

塞纳河边夕阳红，翻书已到罗马城。
四海寻踪兴亡事，五洲书写青春梦。
海涛万里常伴客，心思百年故园情。
文章书写继绝学，安得心静小楼风。

江城子
——七十虚岁抒怀

秋风红叶清水流,岁月悠,梦似舟。
青春放缆,随风漂流。
越峦过江烽火事,天亦蓝,人不留。

韶华不为少年留,中年愁,心不休。
拾级登楼,阅尽五洲。
恨不苍天化为纸,写不尽,忧与愁。

西平写于2017年11月13日岳各庄东路游心书屋

编 者 序

受诸位同门的委托，提笔写下这篇序言，心中颇有些惶恐。从1999年张西平教授开始带研究生，近20年来，来自五湖四海的几十位同窗拜入西平教授门下，跟随老师踏上问学之途，从此开始每个人独特却又彼此关联的学术成长。学生们这些年的所见所闻所得，与西平教授数十年的中西学问积淀相比，只能说是漫漫长路刚刚开启了征程。为学无坦途，术业有专攻，今年适逢西平教授70寿诞，弟子们汇编这本学术文集作为贺礼，文集中所收文章均为大家跨越中西研究的心得，以彰显对海外汉学研究的学术传统的继承与发扬。

从西平教授的学术研究领域和研究方向说起，是理解这部跨度如此大的学术文集的起点。张西平教授现为北京外国语大学高等人文与比较文明研究院院长、国际中国文化研究院（原中国海外汉学研究中心）名誉院长、海外汉学研究会会长、世界汉语教育史学会会长，同时还担任《国际汉学》学术刊物主编，他多年来在四个主要领域笔耕不辍，取得了卓越的贡献。其中两个研究领域是开创性的：海外汉学研究和世界汉语教育史研究。张西平教授所倡导的海外汉学研究与西方汉学研究不同，西方汉学是萌发于西方学术传统中的"外学"，西平教授开创的新时期海外汉学研究则是"内外兼修之学"，研究的是近代以来西方汉学如何参与了中国学术向现代的转型与重建，这样的汉学研究实际上反映的是中国近代学术史乃至思想史的变迁和演进。在这样交错的文化史学术背景下，中国思想文化通过汉学这一学术通道进入了西方，同时，西方的学术方法和成果也由此与中国学术产生了互动。这就是西平教授多年来同时用力的海外汉学的两个方向："西学东渐"和"中学西传"。因此，在解读海外汉学文献时，必须置身于中西两种语言与文化之中，知其所以然，才能更深入地理解和解读海外汉学文本。本论文集前两个版块的论文，都是师门弟子们在西平教授指导下，在这两个领域研究取得的最新成果。

1500—1800年是欧洲开辟新航道、建立贸易网络并走向世界的三百年，也是中西语言文化接触交流的起点。在此过程中，西方人在东方发现了文明，欧洲天主教传教士不远万里来到中国，为传播天主教而开始了汉语的学习。他们在语言学习过程中，研读中国经书，向中国知识分子群体译介西学书籍，同时也将中国古代典籍译成西方语言传回欧洲，留下了大量中西文的珍贵文献。这一时期中西语言文化交流的情况，不能用"想象和误读"一语概之，事实上，现代汉语在注音系统、词汇、语法等各个方面都受到了西方语言的影响。明清来华的西方人对于汉语的研究，不仅开启了后来欧洲本土汉学家汉学研究的新领域，同时也深刻地影响了欧洲的中国语言观和中国观。如果从西方学术和文化的角度来看，他们的汉语研究促进了欧洲关于东方知识的演进，对于汉学史和中西文化交流史而言，从一个侧面也反映了早期欧洲汉学的创建过程，同时还为以后"专业汉学"的形成和发展直接提供了文献与知识的基础。有鉴于此，张西平教授从对外汉语学科史的角度出发，另辟蹊径，开拓了世界汉语教育史研究领域，对16—19世纪西方人的汉语学习情况进行了全面调查，编写出版了《西方人早期汉语学习调查》和《世界汉语教育史》等奠基性著作。本论文集的"比较语言与文化"版块，绝大部分收录的都是师门同窗关于世界汉语教育史以及中西文化比较方面的论文。

此外，张西平教授也是国内最早从事中西文化交流史以及中国天主教史研究的学者之一。中西文化交流史是海外汉学研究必须知晓的时代大背景，而明清之际充当中西文化交流使者的多为入华传教士。张西平教授在这两个领域的耕耘，也取得了丰硕成果。他领衔的中外学者团队承担了梵蒂冈图书馆天主教汉籍文献数字化项目，2014年首次在国内影印出版了《梵蒂冈图书馆藏明清中西文化交流史文献丛刊》（第一辑），今后还将陆续在国内出版更多珍稀中文天主教文献嘉惠学界。

本论文集收录的文章，语言、学科、领域跨度都很大，但所有的文章都有着一个共性，即极为扎实的中外文文献基础，兼跨中西交通史、中西文化交流史、中国天主教史、世界汉语教育史、海外汉学等多个学科领域，学术研究在继承的基础上有所创新，这都要归功于张西平教授的指导。西平教授对弟子们期望很高，要求严格，他充满智慧的启迪与点拨总在关键时刻给大家信心和勇气。西平教授常说学生与他亦师亦友，教学相长，踏入师门的弟子们都能感受到先生的关怀备至和平等相待。当需要原始手稿时，他全力促成大家前往欧洲各国访学，查找一手文献；当在研究中遇到困难时，他不仅答疑解惑，还推荐良师帮助大家。当我们困守在陈旧思路中无法突破时，他高屋建瓴指点迷津，让我们开阔视域。可以说，弟子们学业上的点滴进步，都凝聚着西平教授的心血。先生的家国情怀，先生的天下视野，先生的大气文章，先生的诗书人生，都给众弟子做了最好的表率。

这部纪念张西平教授70华诞的学术论文集，得到天南海北同门的大力支持，从发起到交稿只用了短短5个月时间。限于篇幅，还有近十万字的纪念文章未收入论文集。感谢北京外国语大学国际中国文化研究院硕士生陈茜、王寅冰在论文集编辑阶段给予的帮助，感谢学苑出版社李媛编辑为文集付出的心血，感谢学苑出版社对本书出版给予的鼎力支持。

西平老师常以"铁肩担道义，妙手著文章"这句诗勉励后学，众弟子不才，惟有兢兢业业在各自领域努力耕耘，以报师恩。

谨以本书贺恩师西平教授70寿诞。

杨慧玲　李　真

2017年10月 于北京

追逐太阳的人——贺张西平教授70寿辰小记（代序[1]）

作为张西平教授指导的第一个博士，毕业时导师已快到花甲之年，如今，他即将迈入杖国之年，满头银发，却仍不知疲倦地向前，毫不懈怠地努力着。从他30岁登上讲坛到国防大学任哲学教员，后转业到国家图书馆，再到北京外国语大学工作；从他研究西方哲学到从事汉学研究，先生人生一波三折，求学不止。先生的学术生涯已经有近40年，尽管学术成就足以令人羡慕与敬佩，但他仍在学术的道路上奔跑不息，追赶着一个又一个新的目标。先生所以在西方哲学、海外汉学、明清中西交流史、中国典籍外译史等多个领域都取得了斐然成就，就在于他学习不止、研究不止的态度，他曾自嘲说自己是一个不断追日的夸父，再难、再苦也不会停下来。从进入师门至今，我虽也只跟随导师15年，但恰好见证了业师的学术转型。他在多个学术领域"奔跑"的繁忙身影和学术上的累累丰收，激励着即将到不惑之年的我，我感到必须要为他写点什么。

在与导师的闲谈中，我得知了他的父母都是在抗战的烽火中，弃笔从戎

---

[1] 本文将刊登于《汉学研究》2018年春夏卷。

参加革命的知识分子。但少年时代的他,除喜欢看小画书外,功课成绩平平。在郑州大学附中读初中的最后一年,他似乎突然醒悟,策马猛追,一跃考入了郑州九中。临近高中毕业之时,"文化大革命"爆发了。那是一个荒唐的时代,他像同龄人一样,激情燃烧过,思想迷茫过。在大别山的知青岁月中,他开始尝到劳动的艰辛,开始知道中国社会底层——农民的真正生活。农村知青点的乌托邦梦想实践和艰苦生活,磨练了他的意志,他开始人生真正的阅读。下乡时,他带到农村唯一的东西就是父母下五七干校前留给他的一箱马克思、恩格斯、列宁、斯大林全集。在大别山冬夜的煤油灯下,他似懂非懂地读着这样的书,度过了自己的知青时代。军旅生活时代,他有幸成为总后最早的一批高校政治教员培训队的学员,并最终考入政治学院,成为一名哲学教员。改革开放后,先生是中央电视大学英语专业的第一批学员,并考入中国社会科学院研究生院哲学系,接受了完整的学术训练。正是在研究生院的3年,他听过贺麟先生的课,聆听过王玖兴、杨一志、周辅仁先生的讲座,选修了薛华先生、叶秀山先生的课。在耳闻目染之间,先生定下了献身学术的决心。这一时期的代表性成果就是他在三联"哈佛燕京丛书"丛书中出版的《历史哲学的重建——卢卡奇与当代西方社会思潮》和他翻译的《历史与阶级意识》《社会存在的本体论》。

在大历史的急剧转型中,业师的生活和工作也发生了重大的变化,1990年他从国防大学转业到中国国家图书馆工作。天佑先生,在国家图书馆期间他有幸结识了国学大师任继愈先生,并成为任先生晚年最亲近的私淑弟子。在任先生的关爱指导下,导师开始了艰苦的学术转型,从西方哲学研究转入明清中西文化交流史和海外汉学研究领域。1994—1996年,在德国《华裔学志》研究所访学之后,业师开始了他学术的第二次启航。

一、开创了新时期的海外汉学研究

西平先生从研究西方哲学转入中西文化交流史和海外汉学研究之初,曾在一段时间内感到困惑:海外汉学不是一个学科,研究的内容极为广泛,而中西的学问都很庞大。他受西方哲学的启发，认为现代的学科分工，一方面使得人在专业技能方面获得了深入发展，另一方面也使人丧失了全面性，马克思和黑格尔对此有着清晰的认识。他认同韦伯和卢卡奇所说，当学者的视野越来越小，专家成为整个社会分工的一颗螺丝钉时，学问开始枯黄，学者开始偏执。而他执意要走的是汇通之途，在跨学科中研究学问。在巴黎，他拜访汉学家巴斯蒂教授，求教遣使会在中国活动的文献；在罗马梵蒂冈图书馆，他遍读明清中西文化交流史文献；在耶稣会档案馆，他抄录罗明坚的手稿；在德国纽伦堡，他与郎宓榭教授探讨中国哲学的问题。"四海寻踪兴亡事，五洲书写青春梦。"这句自述诗真实地反映了西平师游走世界各地，求学四方的学者生活。广泛借鉴海外汉学以及跨文化的研究方法，在历史、宗教、哲学、文化等领域实现汇通，以西平师的一句话可概括为：在历史中探中西会通，在神圣中究天人之际。先生戏谑地说他做的是游走于多个学科之间的"野狐禅"式的学问。

海外汉学研究领域最为薄弱的环节是早期传教士汉学，先生以此为重点，尤其以罗明坚的汉学研究为突破点，在世界学术范围内推进了罗明坚汉学的研究。近期他在北京大学出版社出版的《儒学西传欧洲研究导论：16—18世纪中学西传的轨迹与影响》就是他的代表作。由此出发，他提出西方汉学经历了"游记汉学""传教士汉学""专业汉学"三大阶段的宏观论断，在中国海外汉学研究领域产生了重要的影响。

在海外汉学领域，业师在任继愈先生的指导下，从自己擅长的哲学和宗教研究为突破口，汲取严绍璗、孟华、谢方、黄时鉴、汤开建等先生研究之所长，重视海外汉学的原始文献，重视原典实证，重视历史考据，结合跨语言跨文化的研究方法，逐渐开创出"问学于中西之间"的海外汉学研究新局面。这些对西方早期汉学的研究都充分利用了中文和西文文献，同时，他还试图融通"西学东渐"和"中学西传"。学界通常认为这是两个不同的领域，然而，先生认为海外汉学研究是同时发生在中国和欧洲两个文化中的，"西学东渐"和"中学西传"是中西文化交流中交互发生的，这两个方面相互交融、相互影响,才同时开启了中国和欧洲两个方面近代以来的思想发展。因此,将"西学东渐"和"中学西传"作为一个整体进行研究,这也是他倡导的新时期的海外汉学研究的重要特点。

先生的学术眼光在于他从海外汉学的基础和经典入手,以学术史的眼光来组织学术文献的翻译、整理和出版。他不仅仅是一位学者,也是极有能力的学术组织者,他广交学友,善结书缘。在与大象出版社合作的20多年中,先后推出了"西方早期汉学经典译丛""当代海外汉学名著译丛""海外汉学研究丛书"三个书系,在中华书局合作推出了"中国和欧洲文化交流史文献丛刊""西方汉学文献学丛刊"。这些丛书独特的视角、其重要的学术价值受到了学术界的高度重视。

特别值得一提的是《国际汉学》的发展。这是改革开放以来,国内第一份致力于海外汉学研究并持续出版的学术刊物。从任继愈先生于1995年创办起,西平教授就是任先生的主要助手,承担了这份刊物的实际运作。1996年随着业师调入北京外国语大学,《国际汉学》成为北京外国语大学中国海外汉学研究中心的重要学术阵地。在北京外国语大学彭龙校长的直接关怀下,2014年《国际汉学》获批成为正式刊物,并两度成为中国社会科学引文索引CSSCI(2012—2013、2014—2015)来源集刊,在2017—2018年度,正式成为CSSCI来源期刊。为了加强在高校培养海外汉学研究的人才以及推动海外汉学的学科建设,经过两年多的筹备,2017年8月18日,张西平教授创办的"海外汉学研究会"正式成立。这是一个专门为从事海外汉学的青年学子以及年轻学者打造的学术平台,通过举办青年学者论坛、海外汉学著作的翻译、出版海外汉学领域优秀的学术著作等方式,切实帮助青年学者在海外汉学领域成长。学会成立的消息一经传开,立即吸引了两百余名在全国各地高校的中青年学者的热烈响应。先生作为创始人以及学会会长,多方筹措资金,目前已经积极推动在北京大学出版社出版本领域优秀的学术著作,在广西师范大学出版社推出海外汉学领域的最新译著。

近年来,国内海外汉学领域研究不断向前推进,这与任继愈先生、李学勤先生等前辈学者的不断倡导有着直接的关系，同时也与张西平教授和严绍璗先生、李明滨先生、耿昇先生、阎纯德先生携手不断从学术上推进有着直接的关系。习主席在《哲学社会科学工作座谈会上的讲话》（2016年5月19日）中特别提到，"要鼓励哲学社会科学机构参与和设立国际性学术组织，支持和鼓励建立海外中国学术研究中心，支持国外学会、基金会研究中国问题，加强国内外智库交流，推动海外汉学/中国学研究"。在国家快速发展的情况下，张西平教授敏锐地认识海外汉学研究与中国文化海外传播之间的学术关联。"铁肩担道义，妙手著文章"，要将海外汉学的学术研究服务于国家的文化发展。2000年后，这成为他确定的北京外国语大学海外汉学研究中心的指导方针。他不仅推动北京外国语大学在战略上开辟了"将中国介绍给世界"这个新的方向，他所领衔的《中国文化海外传播动态数据库》更成为国家社科基金的特别委托项目。2012年，由北京外国语大学所牵头与其他著名大学、研究所以及部委共同成立"中国文化走出去协同创新中心"，践行着业师的思想。一个书生，建起了一个纯粹的学术研究所。在先生的带领下，北京外国语大学中国外海外汉学研究中心不仅成为全国海外汉学研究的唯一一个实体研究机构，也成为这个研究领域的学术引导者，而且在海外研究中心的推动下，北京外国语大学这所以外语教学研究闻名的大学，开始在国家文化传播领域产生影响，这所诞生于延安的大学开始承担起国家赋予的新的时代使命。2016年12月17日，2016中国智库治理论坛在南京大学举行。北京外国语大学国际中国文化研究院（原中国海外汉学研究中心在2015年底更为此名）成功入选CTTI首批来源智库（2017—2018）名单，张西平师所带领的团队在当代中国学研究方面也取得了斐然成就。在海外汉学研究领域，研究所实现了从游记汉学、传教士汉学、专业汉学到当代中国学研究的全面覆盖。

二、开创了世界汉语教育史研究的新领域

1988年，对外汉语专业正式被教育部纳入高等学校本科专业目录，作为一个新的学科，对外汉语专业的教材、教学、人才培养等各个方面都面临着新

的需求和挑战。鲁健骥教授认为,"有史有论,是一个学科存在的必不可少的条件。近二十年来,对外汉语教学的科学研究取得了长足的进步,可以说在'论'的方面,有了一定的基础,在'史'的方面,显得十分不足。到目前为止,还只有一些很零散的记述。因此,我们应该改变这种状况,尽快地开展起来对外汉语教学历史的研究"[1]。在对外汉语教学史研究方面,鲁健骥、程裕祯、施光亨等学者已经开始重视并开展了相应的研究。程裕祯教授当时担任北外国际交流学院院长,在他的鼓励和支持下,导师结合自己熟悉的海外汉学领域,开始关注明清时期西方人的汉语学习史研究。这个新领域几乎是一片空白,不仅学术研究成果匮乏,就连基础的文献和概况都不被人知。

有感于此,导师不畏艰难,开始向世界汉语教育史领域发展。中西文化交流史,恰好是他从事海外汉学研究以来积累最深的领域。明清三四百年期间,很多在中国生活的西方人成功地掌握了汉语,而且研究汉语,编写出版了大量汉外词典、汉语语法书以及汉语教材。其中的佼佼者更是用汉语写作,被《四库全书》收录,在中西文化交流史上留下了浓重的一笔。2003年,他带领团队所编著的《西方人早期汉语学习史调查》(中国大百科全书出版社,2003)成为国内第一部系统勾勒1949年之前汉语作为第二语言教学的历史研究成果。该书确立了世界汉语教育史的研究对象和研究方法,从明清时期世界汉语教育史研究最为匮乏的文献入手,从数量庞大的中外文文献中爬梳出了极为珍贵的西方人学习汉语的基础性文献,概括了西方人学习汉语、研习中国文化的经历及取得的成就。

此书出版后,世界汉语教育史的研究进展开始引起学术界的关注。首先,这个研究直接启发了学术界应该开创中文自身特色的第二语言习得理论。导师不满足于基于西方语言研究第二语言习得理论,认为这样的理论缺乏对汉语作为第二语言习得的研究,因此有一定的局限性。"研究世界汉语教育史,对于建立基于汉语本身的第二语言习得理论具有重要的理论意义。几千年中国

---

[1] 中国对外汉语教学学会编:《中国对外汉语教学学会第六次学术讨论会论文选》,华语教学出版社,1999年。

本土的对外汉语教学的历史，给我们提供了丰富的汉语作为第二语言教学的经验和教训；在研究世界各国汉语教学的历史中，我们可以总结出真正的汉语作为第二语言教学的普遍性规律，并从中提炼出更普遍的规律和理论，丰富一般的第二语言习得理论和外语教学理论"[1]。在汉语走向世界的今天，这样的呼唤表达了一种学术的自觉，也体现出先生在学术上的敏锐。业师在这个领域的另一个贡献在于：接续了前贤近代汉语变迁的研究。王力先生、罗常培先生都曾十分重视来华传教士的汉语研究，但鉴于材料的缺乏，这个学术方向始终没有得到中国语言史学界的重视。先生关于来华传教士中文词汇的研究，直接将当下关于近代外来词的研究从晚清研究推向了晚明，而他带我和李真所做的博士论文，则将研究推向了近代双语词典和近代汉语语法研究。经过多年努力，在学术界共同努力下，世界汉语教育史研究已经成为了一个跨学科的研究，它不仅成为国际汉语教育学科的史学支撑，而且直接推动了中国近代语言学史的研究。2004年7月，张西平教授创办了世界汉语教育史研究学会，通过这个国际性学会的平台，推动全国乃至世界各国从事世界汉语教育史的学者在这个领域共同耕耘。世界汉语教育史的研究出现了国别汉学史、断代汉学史以及专门对某个重要汉学家、汉语教学机构的专门研究。随着研究的深入，2009年，张西平教授主持出版了对外汉语专业本科教材《世界汉语教育史》（商务印书馆，2009），还出版了以书代刊的《世界汉语教育史研究》。

三、对中西文化交流史研究领域的贡献

明清时期的中西文化交流，尤其是张西平教授最初关注的东西方的宗教与哲学交流，始于明清时期入华传教士，涉及汉语学习与研究、对中国文化的研究和理解、中国典籍外译、向西方介绍中国、中西方的文化交融与冲突等各个方面。张西平教授对自己的研究，定位在中西文化交流史领域，这是因为在中西文化交流史的大背景中进行研究，可以广泛涉猎文化交流的各个方面，而

---

[1] 张西平主编：《世界汉语教育史》，商务印书馆，2009年，第7页导论。

中西方以"西学东渐"和"中学西渐"为核心的宗教和思想的交流，是这次文化交流的高峰。

西平先生曾经满怀激情地描述这一时期中西文化交流的重要性，"百年烟云，沧海一粟。当今天东西方又重新回到一个平等的起点上时，当哥伦布所启航的世界一体化进程已成铺天大潮时，回顾四百年的中西思想交流历程，我们应从整体上对中西关系做一新说明，或者说我们应将中国放入世界近代化的进程中，把世界作为一个整体来重新考虑中国的文化和思想重建问题"。

明清时期的来华传教士发现中国人重视书籍，因此，刊刻书籍成为西方传教士在华传教的重要手段，也因此为我们保留了一笔丰厚的文化遗产。张西平教授在中西文化交流史领域对国内学界所做的最大贡献在于，他数十年来致力于将梵蒂冈图书馆藏的中文天主教文献带回国内，供国内学者进行研究。这个宏愿经过7年努力终于实现。梵蒂冈图书馆是欧洲收藏明清时期中西文化交流文献的重镇，目前，尽管国际上已经出版了世界各地馆藏的重要文献，然而，梵蒂冈的文献此前从未复制出版。历经7年之久，在任大援等教授的共同努力下，《梵蒂冈图书馆藏明清中西文化交流史文献丛刊》第一辑44册于2014年8月在大象出版社出版。这批深藏于欧洲梵蒂冈图书馆的中西文化交流史文献涵盖了中西交往的历史文献，西方传教士向中国介绍西方科学、宗教、文化等著述，与西方传教士接触的中国士人、官员等交往的文献，与之相交的中国人对天主教理解文献，还有一大批地图、绘画、稿抄本的双语词典。梵蒂冈的文献以明清时期的刻本和重刻本为多，也有近三分之一是稿抄本文献。梵蒂冈图书馆藏中西文化交流史的文献将分批在国内出版，这是中国学界自继敦煌文献回归以来最为重要的事件，这批文献回到中国，将推动中国明清史研究、中西文化交流史、欧洲汉学史等相关研究，这是嘉惠学林的公益之举。

在这个研究领域，张西平教授有《中国和欧洲宗教与哲学交流史》（东方出版社，2001）、《传教士汉学研究》（河南教育出版社，2005）、《欧洲早期汉学史——中西文化交流与西方汉学的兴起》（中华书局，2009）、《丝绸之路：中国与欧洲宗教哲学交流研究》（新疆人民出版社，2010）和《交错的文化史——早期传教士汉学研究史稿》（学苑出版社，2017）等成果。每一本著作，都凝集着他的心血，这些研究都有一个鲜明的特点，即基于海内外第一手资料文献，通过文本解读研究这些生于西方又来到中国生活的传教士身上发生的双向思想文化互动，如他们如何用中文写作，在中国语言和文化语境下借助中文词汇和话语向中国人介绍西方的宗教、科学、哲学、人文等，与此同时，他们又将中国古代重要典籍和思想文化译介到西方，对西方社会产生重大影响，导致欧洲思想文化的变迁。每当我读先生的新书，都十分受益，因为文献新、解读新、观念新，真的是开卷有益。

阅读这些著作，可以看到从事这样的研究对研究者的外语水平以及学科知识有着很高的要求。张西平教授从研究西方哲学转入这个领域后，为了在史学等相关领域拓展，先后学了德语、法语、拉丁语。这也是他求学不倦的原因之一，无论他多么努力都难以满足他求知若渴的问学愿望。在这个过程中，他一方面通过国内外的学术合作，结交了大量学术同好，获得并解读了所需的珍稀中外文文献，帮助并激励学术同仁进入这个领域进行研究。为了让更多的中国学者读到西方汉学和中西文化交流史的基础性文献，他组织翻译出版了一大批中西文化交流史西文文献，如《耶稣会士中国书简集》（郑德第等译）、《中国近事》（杨保筠译）、《拉班·扫马和马克西行记》（朱炳旭译）、《卜弥格文集》（张振辉译），此外，还系统推出《马礼逊文集》（2008）、《卫三畏文集》（2014），目前正在进行的还有《理雅各文集》《中华帝国全志》《中国哲学家孔子》等文集和著作。这些珍贵文献的翻译和出版，大大推动国内学术界对中西文化交流史的研究。这里的每一本书都由他亲自挑选、寻找合适的译者。为这些书的翻译和出版他投入了大量的时间，但仍坚持不懈的去做。这就是他常说的"学术乃天下公器"，做学术研究要有公心，不能仅仅只为自己的研究。心有多大，事业就有多大，这点用在西平先生身上最恰当不过。

四、中国典籍外译史的研究

2004年，西平先生承担了教育部哲学社会科学重大课题攻关项目，对20世纪中国古代文化经典在海外的传播和影响进行研究。这个课题在国内外都是崭新的，为了做好这个课题，他在全国范围内，组织了一支从事跨语言和跨文化研究的学者队伍，对亚欧各国的中国典籍翻译的情况做了扎实的文献调查。最终，整理了按国别单独成册的20世纪中国古代文化经典在对象国的编年系列10卷，20世纪中国的文学文化在海外系列6卷，20世纪中国文化典籍海外传播专题研究系列6卷，以及西平先生撰写的研究导论1卷，共有80万字之多。这个书系即将在2018年由大象出版社全部出版。这个项目从立项到出版历时8年，期间张西平先生所发表的关于中国典籍外译的部分论文已经受到学术界关注。

《儒学西传欧洲研究导论——16—18世纪中学西传的轨迹与影响》（北京大学出版社，2016）是这个项目的阶段性成果，这本书出版后被评为"国家社科基金基础类重大项目代表性成果"。这部著作首次研究了罗明坚在中国儒家典籍翻译上的贡献，系统梳理了16—18世纪中国典籍在欧洲传播的轨迹和影响。西平先生从历史和文化比较的角度，展现中国儒家经典如何在欧洲哲学和神学观念的映照下，影响了启蒙运动的思想领袖，例如伏尔泰等人，如何从儒家思想中寻找到真理。说明了从16—18世纪以儒家为代表的中国传统文化并不完全与近现代社会冲突，中国的宗教和哲学思想也不完全与现代思想对立，中国文化传统中有许多观念具有普适性，这样研究就把中国典籍翻译的研究从一般的语言学翻译对比研究提升到西方思想史和文化史的高度，从而在一个历史性研究中揭示了在一个更为广阔的视角揭示了儒家文化的世界性意义，从学术上说明了在21世纪，以儒家思想为代表的中国文化在现代社会生活中的地位与价值，中国传统文化对世界文明的发展做出新的贡献。2014年，西平先生担任了国际儒学联合会的副会长，致力于儒学与世界文明的对话与传播，和国际儒联的同事们，和北外多种语言的老师们，在世界各地召开"国际儒学论坛"，促进儒学与世界文明的对话。每当看到他在世界各地奔走的身影，我都确信我看到了一个当代的夸父。

五、杏坛耕耘

西平师从1999年52岁时才开始带硕士研究生，在2007年临近60岁才开始带博士研究生，2017年最后一届硕博士入学。在这十余年里，他不仅悉心指导自己的研究生，还替澳门基金会的吴志良教授管理并指导学生，对于登门求教或者来鸿问学的青年学子，都如同自己的学生一般，一视同仁。张老师一方面在学术上帮助学生，凡是看到有关学生课题的研究和著述，都会立即将学术信息转告学生，让学生时时跟上国内外学界最新研究；另一方面，在生活和研究上，他还常慷慨地用自己的课题经费，资助学生们到海外访学、收集资料。此外，他还对学生有着更高的要求，他的学生同时也参与科研项目或者中国海外汉学研究中心的具体事务，在各方面得到锻炼和成长。而他作为导师，也会毫无保留地评析学生们取得的成绩，指点学业和工作中的不足，让学生们感受到温暖和关心，在善意的批评和提醒中进步。到了论文写作阶段，张老师更会聘请名师出席研究生的开题、答辩，时时关心学生研究的进度、困难。

先生常以"平生风仪兼师友"来形容他和学生之间的关系，他像父亲般关心着每一个学生，又像朋友一样，与学生们一起展开研究和讨论。尊师重道，已经成为这个团契的宗旨。保持一颗文心是他送给毕业学生最多的主题词，他孜孜不倦的求学精神、深切的家国情怀，感染着我们，激励着我们。十余年来，他培养并打造了一批既懂专业也懂外语的中青年人才，对学生和同事，以及他的学术继承人，都亦师亦友，毫无保留。许多人在他的影响和帮助下，走上了学术道路。他培养的硕士研究生计37人（含6名联合培养硕士，目前仍在读3名），博士21人（6名在读博士），博士后6人（1名待出站）。

在40余年的学术历程中，他不断在新领域开拓，青灯黄卷，夜夜伏案于桌前，直到学校告知明年即将退休，他才恍然惊觉已逝之光阴，而他的心犹如壮士，仍有许多未做、待做之大事业。事实上西平先生在事业上已经取得了辉煌的成就，在多个领域都有奠基、推动之功，他已经给后来的学人展示了一座座学术富矿，指明了未来学术的方向。只待江山人才代代出，推动中国的学术事业继续向前。

临近70岁之际，他在给弟子的信中写到自己："心仿仍是少年，想阅尽中西往事，但转眼人已是七十，身不由己啊！生于烽火，长于动乱，待略知人生，已到中年。重拾书包，铅华著史。虽挫折不断，但追日之心不死，自乐于青灯黄卷之中，抚五洲风云，对话千古智者，虽清贫而长乐，无万贯家产，有弟子数人。仅此足矣。"

先生有着丰富的人生，历经磨难培养出坚忍不拔的性格，他安于清贫、献身学术的精神操守，融通中外、汇通中西的渊博学识，身居陋室、胸怀天下的家国情怀，谦和待人、提携后学的宽厚品格，在这篇短短的小文中无法一一展现。师门自有后来人，这一点正在逐渐实现。但是，在我们之间再无一人能像先生这样，在众多领域都取得如此的成就。作为他的弟子，为能投于先生门下而感到自豪与骄傲。

最后，我引用张西平师感怀70岁词一首，表达他对已逝之青春岁月的怀念和壮志未酬的心情。

江城子
——七十虚岁抒怀

秋风红叶清水流，岁月悠，梦似舟。
青春放缆，随风飘流。
越峦过江烽火事，天亦蓝，人不留。

韶华不为少年留，中年愁，心不休。
拾级登楼，阅尽五洲。
恨不苍天化为纸，写不尽，忧与愁。

杨慧玲

第一部分　西学东渐

《天主实义》早期刊本的改订问题[1]

王雯璐

明清之际入华耶稣会士与中国文人共同刊刻了大量以天主教教义及天文数理为主要内容的书籍（本文通称"西学汉籍"），从今天整理出版的目录与影印文献来看，总量高达数百种。这些书籍不仅在中国流通，其中不少出版后随即传播到同为汉字文化圈的日本、韩国，对东亚各国的思想产生了极大的影响。

这一批全面纪录东西文化交流的文献今天流散于世界各地，至今没有完整的出版目录问世。法国国家图书馆、耶稣会罗马档案馆、梵蒂冈图书馆等这些文献在欧洲主要的主要藏馆所收藏的西学汉籍已经得到了一定的关注和整理。[2]与此相对，日本所藏的西学汉籍的数量和价值长久以来未得到学界足够的关注，同时极少有研究同时关注到欧洲所藏和日本所藏的西学汉籍，并对其

---

[1] 本论文曾在2016年11月"相遇与互鉴：利玛窦与中西文化交流"国际学术研讨会上口头发表，后以日语刊于《或问WAKUMON》第31号（2017年6月），第63-70页。在收入本文集时经原作者修改，字数有所删减。

[2] 收藏在欧洲和中国的西学汉籍中的一大部分近年来已经陆续通过影印的形式得以重新问世：《徐家汇藏书楼明清天主教文献》（全5册，方济出版社，1996）、《耶稣会罗马档案馆明清天主教文献》（全12册，台北利氏学社，2002）、《法国国家图书馆明清天主教文献》（全26册，台北利氏学社，2009）、《徐家汇藏书楼明清天主教文献续编》（全34册，台北利氏学社，2013）、《梵蒂冈图书馆藏中西文化交流史文献丛刊（第一辑）》（全44册，大象出版社，2014年）。

进行比对研究。

从上述视角出发，本论文将以利玛窦《天主实义》一书为中心，以日本内阁文库（现称国立公文书馆）、日本蓬左文库、罗马卡萨纳特图书馆所藏《天主实义》为具体研究对象，探讨藏于这三个机构的《天主实义》早期刊本的版本及其改订问题。

一、《天主实义》的出版及早期刊本

一般认为，《天主实义》初刻于1603年，其后多次被翻刻、重印。根据先行研究，《天主实义》主要可以分为明刊本和清刊本两个系统，明刊本主要有万历三十一年（1603）北京初刻本、万历三十三年（1605）广东韶州重刻本（也即所谓的"日本本"）、万历三十五年（1607）浙江杭州重刻本（燕贻堂本）；清刊本数量较多，其中比较重要的有同治七年（1868）上海土山湾慈母堂本。[1] 上述明刊本中，燕贻堂本比较常见，初刻本及1605年在广州刊刻的所谓的面向日本的刊本的情况则比较复杂[2]，这将是本文首先讨论的问题。本文所称《天主实义》早期刊本主要指明刊本，尤其是1607年燕贻堂本面世以前的版本。

1. 罗马卡萨纳特图书馆所藏《天主实义》

目前的研究一般认为藏于罗马卡萨纳特图书馆（Biblioteca Casanatense）

---

[1] 此外，明刊本还有1607年翁汝信江西重版、1609年顾凤翔福建重版。清刊本则还有1898年河北献县胜世堂版、1984年香港纳匝肋静院活字版、1904年上海土山湾慈母堂活字版等。有关《天主实义》的出版及版本情况可参考：顾保鹄校勘：《天主实义》，国防研究院中华大典编印会合作，民国五十六年："天主实义校勘记（代序）"。林东阳：《有关利玛窦所著〈天主实义〉与〈畸人十篇〉的几个问题》，载《大陆杂志》1978年第56卷（第1期）。Matteo Ricci, translated, with introduction and notes by Douglas Lancashire and Peter Hu Kuo-chen, S.J., *The True Meaning of the Lord of Heaven* (St. Louis：The Institute of Jesuit Sources, 1985）。柴田篤：『天主実義』の出版，『哲学年報』，2004，第63辑。张晓林：《天主实义与中国学统》，北京：学林出版社，2005年。[法]梅谦立著，谭杰校勘：《天主实义今注》，北京：商务印书馆，2014年。

[2] 虽然有研究指出东京大学图书馆藏有这一面向日本的《天主实义》，见［日］海老泽有道：「『天主実義』雑考——特に日本との関連について」，载［日］海老泽有道：『増訂切支丹史の研究』，新人物往来社，1971年。方豪：「『天主実義』之改窜」，载『方豪六十自定稿』下册，台湾学生书局，1969年。但笔者调查时不见实际馆藏，这一个版本的《天主实义》的传世情况目前仍然无法确认。

的《天主实义》是初刻本。[1]最早关注到卡萨纳特藏本的是德礼贤（Pasquale M. d'Elia），他在《利玛窦史料》（*Fonti Ricciane*）中论及《天主实义》的出版，称其初刻于1603年，卡萨纳特图书馆有藏本。[2]卡萨纳特图书馆藏有丰富的中西文化交流史料以及不少西学汉籍，其详细的馆藏中文文献目录仍然在编著之中，目前有关该图书馆中文藏书的介绍仅有梅欧金（Eugenio Menegon）的论文[3]，其中提供了一份卡萨纳特馆藏中文文献的简目，该简目中也将卡萨纳特所藏《天主实义》判断为《天主实义》传世版本当中最古的一种（oldest surviving edition of Ricci's catechism）。此外，梅谦立（Thierry Meynard）在其《天主实义今注》一书中也以卡萨纳特本为初刻本，并将其作为校本之一，与燕贻堂本进行了比对，在注释中对文本上的差异给予了较为详细的说明。[4]

2. 日本所藏《天主实义》早期刊本

传教士在用中文编著的书籍在中国出版后随即就传到了日本，虽然在17世纪前期这些书中大多被列为禁书而受到严厉的检查，但是从当时文人的阅读目录、藏书机关的购买目录等资料还是能够看到不少当时西学汉籍进入日本并被广为阅读的事实。以《天主实义》为例，儒学者林罗山在庆长九年（1604）的时候就读毕了《天主实义》[5]，这是有史可查的《天主实义》在日本被阅读的最早的纪录。

笔者曾对日本所藏西学汉籍进行过初步调查。[6]日本所藏的《天主实义》版本非常丰富，除了钦一堂本、燕贻堂本以及清刊的慈母堂版本的刊本、写本

---

[1] 索书号MS.2136。

[2] Pasquale M. D'elia edited, *Fonti Ricciane, Documenti Originali Concernenti Matteo Ricci e la Storia Delle Prime Relazioni tra l'Europa e la Cina*（1579—1615）（La Libreria Dello Stato, 1942—1949）Vol.II, p.293.

[3] Eugenio Menegon, "The Biblioteca Casanatense（Rome）and its China Materials. A Finding List." *Sino-Western Cultural Relations Journal*, XXII（2000）.

[4] 前揭［法］梅谦立：《天主实义今注》。

[5] 林罗山集附录的年谱中"庆长九年"一条列出了林罗山至当时所读毕的四百四十余部书籍的目录，其中就有《天主实义》，转引自伊東多三郎．『禁書の研究』，『歴史地理』，第六十八卷第四号第五号。

[6] 王雯璐：《日藏西学汉籍研究初涉——以日本八所主要汉籍藏书机构为中心》（未出版），北京外国语大学硕士论文，2014年。

之外，东京内阁文库及名古屋蓬左文库还藏有各藏有一种同版且稀见的《天主实义》。[1]考察这两个刊本的旧藏以及进入日本的时期发现，内阁本原为林大学头[2]家所藏，但未明确记载进入日本的时间和途径；蓬左本根据蓬左文库留存下来的当时的购买记录可知是于宽永五年（1628）年入手[3]。将该版本与卡萨纳特本对照可知，这两种《天主实义》与卡萨纳特本版式行款、卷首序文等皆无二致，也即三种文献实为同版。

3. 该版本的判定问题

如上所述，卡萨纳特本、内阁本、蓬左本《天主实义》同版，那么这一版本究竟是据称刊刻于1603的初刻本还是为日本所刊刻的1605刊"日本本"？如前所述，目前认为《天主实义》1603年初刻于北京且今有一部藏于卡萨纳特图书馆，这主要可追溯到德礼贤的研究，而其根据是该本前所附的利玛窦亲笔的拉丁文手稿。[4]若其对卡萨纳特所藏《天主实义》为初刻本这一判断无误，内阁本、蓬左本无疑也当为初刻本。

日本所藏刊本方面，内阁文库及蓬左文库所藏的同版《天主实义》作为稀见文献，也受到了日本学者的关注。如前文所述，《天主实义》存在一种专门面向日本印刷的版本。1605年，受到日本方面耶稣会士的要求，范礼安命在广州翻刻重印《天主实义》，供给日本方面需要。[5]由于这一"日本本"的存在，日本学者大多将内阁及蓬左本判断为"日本本"，而非初刻本。例如日本《天主实义》研究的重要学者柴田笃提及内阁及蓬左本时，认为"该版本付有句点，可推断为考虑到日本读者所为"。[6]

---

[1] 内阁文库本索书号307-0112，蓬左文库本索书号158-45。
[2] 指担任江户时代官学昌平坂学问所大学头的林氏一族，元禄四年（1691）五代将军德川纲吉命林信笃（林罗山之孙）主管学事，授予"大学头"的官职，故林家又称"林大学头家"。
[3] "天主実義（表題大西問答）二冊 唐本辰年之買本"，见《尾张德川家藏书目录》第一册，Yumani书房，1999年，第176页。
[4] Pasquale M. D'elia edited, *Fonti Ricciane*, p293. Matteo Ricci, *The True Meaning of the Lord of Heaven*, pp.460-472.
[5] ［法］裴化行著，王昌社译：《利玛窦司铎和当代中国社会》（第二册），震旦大学史学研究所，民国三十二年，第131页。
[6] 前揭［日］柴田篤：「『天主実義』の出版」。

以目前能掌握的有关《天主实义》早期刊本的传世版本的情况来看，暂时还无法判定卡萨纳特、内阁、蓬左所藏的这一版本《天主实义》究竟是初刻本还是"日本本"。为行文方便，下文将以"稀见早期刊本"指称这一版本的。从以上的论述可知，在进行有西学汉籍版本判定的工作时，当收集到的版本越多，尤其是对目前进展尚不够的中、日、欧藏版本比对研究不断推进时，先行研究中对西学汉籍的版本情况所得出的结论都有重新考究的余地。

二、该版本《天主实义》的改订问题

从上文的讨论可知，卡萨纳特本、内阁本、蓬左本是《天主实义》的一种"稀见早期刊本"，极有可能是初刻本或"日本本"，但有关这两种版本的先行研究中都不见其存在多次印刷的记录，也即，根据目前有限的传世文献，初刻本或"日本本"可能都只印刷过一次。然而，在仔细对照卡萨纳特本、内阁本、蓬左本的文本过程中，笔者发现内阁本及蓬左本完全一致（下文称内阁·蓬左本），而与卡萨纳特本在文本上并不完全一致。从其不相一致的地方可以看到这一"稀见早期刊本"有过改订重修的痕迹，至少经过了两次印刷，也即卡萨纳特本和内阁·蓬左本存在印刷的先后顺序。

试举一例进行说明。如前文所述，该版本正文行款为半页十行、行二十字。卡萨纳特本、内阁·蓬左本皆如此。但卡萨纳特本有一处例外，引文如下：

> 内閣·蓬左本第九頁上第一二行
> 曰又求四日以對君怒曰汝何戲答曰臣何敢戲但
> 天主道理無窮臣思日深而理日微亦猶瞪目仰瞻
> 卡薩納特本第九頁第一二行
> 曰又求十二日以對君怒曰汝何戲答曰臣何敢戲但
> 天主道理無窮臣思日深而理日微亦猶瞪目仰瞻

即卡萨纳特本将"四日"修改成"十二日"，使得该行变成了二十一字，全书中仅有这一处为二十一字，且"十二"两字明显可以看出缩小挤刻至原来"四"字的位置的痕迹。胡国桢（Peter Hu Kuo-chen）和蓝克实（Douglas Lancashire）在讨论卡萨纳特本时首先注意到了这一特殊之处，但因为两位没有关注到日本所藏版本，因此将这一行字数与书中其他部分不一的现象解释为刻版之后、付印之前利玛窦对文字做了修改。[1]而将日本藏本纳入视野则可以修正上述结论并推测：刻版之后经过了一次印刷，其后，利玛窦对文字有修改需要，而因为改动不大无需重新刻版故仅在原版木上进行了修改，然后再进行了一次印刷。也即，该版本存在初印、重修两个系统，内阁·蓬左本属于印刷时间在前的初印本系统，卡萨纳特本属于印刷时间在后的重修本系统。

除上述例子之外，在卡萨纳特本和内阁·蓬左本的文本之间，还有不少文字上的出入。具体如下表所示，作为参考，笔者也将燕贻堂本的相应处罗列如下。[2]

内阁·蓬左本		卡萨纳特本		燕贻堂本（台湾书局影印本）	
上卷					
5a	乎能持，足能行	5a	手	5b	手
9a	古有一君，欲知天主之說，問於賢臣。賢臣答曰："容退一日思之。"至期又問，答曰："更二日，方可對。"如是已二日，又求四日以對。	9a	古有一君，欲知天主之說，問於賢臣。賢臣答曰："容退二日思之。"至期又問，答曰："更六日，方可對。"如是已六日，又求十二日以對。	9b	古有一君，欲知天主之說，問於賢臣。賢臣答曰："容退一日思之。"至期又問，答曰："更二日，方可對。"如是已二日，又求四日以對。
11b	中士曰："正道惟（欠）耳"	11b	—	13a	—
22b	而天下之道，日益乖亂，上者陵下，下者侮上，父暴子逆，君橫臣奸，兄弟相賊，夫婦相離，朋友相欺。	22b	君臣相忌	25a	君臣相忌

---

[1] Matteo Ricci, *The True Meaning of the Lord of Heaven*, p.18.
[2] 标点参照《天主实义今注》；a为页上、b为页下；燕贻堂本参考台湾学生书局影印，[明]李之藻编著：《天学初函》，台北：台湾学生书局，1965年。

续表

内阁·蓬左本		卡萨纳特本		燕贻堂本（台湾书局影印本）	
34a	丕乃告我高后曰："作丕利於朕孫。"	34a	刑	37b	刑
下卷					
14a	然夫數等之之齋	14a	所	15b	所
19b	子軻首以仁義為題	19b	孟軻	22a	孟軻
28a	苦之聖人	28a	古	31b	古
39b	或學博以知識	39b	特	44a	特
61a	急其表，而不究其衰	61a	裏	67b	裏

如上表所示，将内阁·蓬左本及卡萨纳特本的文字出入和后出版的燕贻堂本对照来看的话，不难发现卡萨纳特本与内阁·蓬左本文字不同之处与燕贻堂本则是一致的。这同样也是卡萨纳特本晚于内阁·蓬左本的旁证。各本之间的关系可推测为：内阁·蓬左本印刷后，出现了修订某些措辞、误字的需要，由于修改程度不大，毋需重新刻版，只是在原有版本上需要修订的地方进行了挖改作业；修订后的表达和订正的字，被延续到了后刻的燕贻堂版中。当然，燕贻堂本与这一早期稀见版本的其他地方仍有不少文字上出入，但这不属本文讨论的范围。

讨论至此，可知上述各本问世的先后顺序应为：内阁·蓬左本➡卡萨纳特本➡燕贻堂本。若果如此，则有一处修改值得注意。即上表例2第九页上的一段文字：

（内阁·蓬左本）古有一君，欲知天主之說，問於賢臣。賢臣答曰："容退一日思之。"至期又問，答曰："更二日，方可對。"如是已二日，又求四日以對。

（卡萨纳特本）古有一君，欲知天主之說，問於賢臣。賢臣答曰："容退二日思之。"至期又問，答曰："更六日，方可對。"如是已六日,又求十二日以對。

（燕貽堂本）古有一君,欲知天主之說,問於賢臣。賢臣答曰:"容退一日思之。"至期又問,答曰:"更二日,方可對。"如是已二日,又求四日以對。

这说明,在修订的过程中,这段文字中的数字被有意识地修改了。从最初的"一日"、"二日"、"二日"、"四日",修改成了"二日"、"六日"、"六日"、"十二日",而在后期的燕贻堂本中,又被改回了最初的"一日"、"二日"、"二日"、"四日"。

这段文字出现在《天主实义》上卷第一篇,是利玛窦在对中士"愿竟天主之说"的回应。[1]该故事在耶稣会士的中文著述中,最早见于罗明坚的《天主实录》,但其中"贤臣"每次向"人君"请求一个月的思考时间。[2]另据梅谦立,该故事可见于西塞罗的《论神性》（Nature Deorum）,对话的双方是叙拉古的希伦国王与哲学家西摩尼得斯。在回应神圣存在的本质和特性的问题时书中写道:

我就得求助于专家西摩尼得斯（Simonides）。当僭主希厄洛（Hiero）向他提出这个问题时,他请求给他一天时间的宽限来思考。第二天当希厄洛又问他时,他请求再宽限两天。当他还在考虑到底要宽限多少天时,希厄洛感到奇怪并问他为什么请求越来越多的时间。"因为我越沉思你的问题,"他说,"我就越无法回答"。[3]

梅谦立认为,虽然罗明坚和利玛窦引用了同一个故事,但是利玛窦在数字上比罗明坚更接近原文,在罗明坚的陈述中,哲学家每次要求多一个月,但是利玛窦的记忆更正确,每次把日子增加一倍（一天、两天、四天）。[4]然

---

[1] ［明］李之藻编著:《天学初函》,台北:台湾学生书局,1965年,第394-395页。
[2] ［意］罗明坚:《天主实录》,［比］钟鸣旦、杜鼎克主编:《耶稣会罗马档案馆明清天主教文献》（第一册）,台北:利氏学社,2002年,第13-14页。
[3] ［古罗马］西塞罗著,石敏敏译:《论神性》,北京:商务印书馆,2012年,第28-29页。
[4] ［法］梅谦立:《天主实义今注》,第87页。

而，目前并无直接证据可以证明罗明坚和利玛窦是直接从西塞罗引用这个故事，且若果如此，西塞罗的故事当中也并无从二到四的变化。如果仅从倍数这个问题上来考虑的话，也仍然无法解释这一早期刊本中的修订问题，因为无论是初印本的一日、二日、四日的组合，还是重修本的二日、六日、十二日的组合，也都基本符合倍数递增的关系。如何更好地解释为何利玛窦有意识地修改这个数字还有待发现其他线索。

三、从该版本《天主实义》看日藏西学汉籍文献学价值

通过上面的讨论，有关《天主实义》的早期刊本，可以修正、补充先行研究中的几点结论：1.罗马卡萨纳特图书馆、日本内阁文库、日本名古屋蓬左文库各藏有一种同版稀见的《天主实义》早期刊本，或为初刻本或"日本本"；2.通过对这三个藏本进行文本比较研究，可知这一版本的《天主实义》存在初印及重修两个系统，内阁·蓬左本属初印系统，卡萨纳特本属重修系统。3.目前可以确认的《天主实义》传世版本当中最古的一种应为内阁·蓬左本，而非卡萨纳特本。

本文选取了《天主实义》一种书籍，利用日本所藏的稀有版本为讨论《天主实义》一书的版本问题提供了新的材料，也得出了新的结论。从这一事实不难看出，日本所藏的西学汉籍对西学汉籍的目录编著、版本确定等全面整理工作有极大的价值。事实上，西学汉籍传入日本的时间与传教士将相关书籍带回欧洲的时间相仿，而日本对古籍的保存和整理都十分重视，不少重要文献得以流传至今。此外，虽然刊本已不传但江户时期所传抄的西学汉籍也有相当数量，这也能为今天的西学汉籍版本研究提供一些线索。如天理大学藏有由江户时代天文学者户板保佑在1760—1782年期间主持编抄的题为《崇祯类书》的大宗丛书，共计115册。其中有部分书籍不见于传世的明刻《崇祯历书》或其清刻版，或可为今天《崇祯历书》的版本判定提供线索。

四、结语

《天主实义》可以说是明清之际传教士所著西学汉籍中最重要的文献之一。围绕其版本及内容,如前文所述,已有不少研究成果,但还远没有解决所有问题。早期的研究中曾称该书当时还被译为日文及韩文[1],随着研究推进,因为缺乏传世文献和史料的证明,这些结论也基本被推翻[2]。本文虽然暂时将这一藏于卡萨纳特、内阁文库、蓬左文库的同版《天主实义》判定为在北京刊刻的初刻本或广州刊刻的"日本本",但对于这一版本的判定还有待在将来发掘新资料的基础上继续完善。

作者简介:王雯璐,2011年9月—2014年6月跟随张西平教授攻读比较文学与世界文学硕士学位,现在东京大学人文社会系攻读亚洲文化研究专业博士。

---

[1] [法] 费赖之著,冯承钧译:《在华耶稣会士列传及书目》,北京:中华书局,1995年,第41页。

[2] 前揭 [日] 海老沢有道:「『天主実義』雑考——特に日本との関連について」,第292-293页。

"白、徐译本"的成书和版本

——清初第一本汉译《圣经·新约》翻译考

朱 菁

自唐及元,乃至于明清以降,来华传教士不断尝试将基督教会经典《圣经》译为中文,西方基督教传统也透过这种方式对中国思想史的发展起到过一定的推动作用,《圣经》翻译史更逐渐成为中国文学史的一部分[1],可以说,《圣经》"汉译活动已经融入中西文化交流史之中,呈现出一道独特的脉络"[2]。不过,由于天主教在世界各地均不太提倡翻译《圣经》全文,自康熙朝来华的巴黎外方传教会士白日昇(Jean Basset, 1662—1707)与其合作者、中国基督教文人徐若翰(？—1734)在1704—1707年间最早将《圣经·新约》

---

[1] 本文发表于2016年第5期《北京行政学院学报》,是国内第一本有关白日昇、徐若翰圣经汉译的研究专著《汉译新约〈圣经〉"白、徐译本"研究》之第一部分的深化。在收入论文集时经原作者修改字数有删减。

需要特别声明的是,有关白、徐译本的两类四种版本(两种稿本、两种抄本)及拉丁文两种源本,均为本人2014年博士论文之创见。"白、徐译本"的拉、汉文对照亦为本人亲自录入。同行引用者请注明出处。关于《圣经》汉译史的回顾,任东升先生的《圣经汉译研究:述评与展望》(《上海翻译》2006年第3期)、蔡锦图先生的《中文圣经翻译的历史回顾和研究》(《圣经文学研究》2011年第1期)和张西平教授《〈圣经〉中译溯源研究》(《西学东渐与东亚近代知识的形成与交流论文集》,2011年)等论文所论甚详,本文不再展开论述。

[2] 任东升:《圣经汉译研究:述评与展望》,载《上海翻译》2006年第3期,第20页。

汉译以后的很长一段时间内，尽管陆续又有天主教士翻译出中文《圣经》，教廷却始终不允许其中任何一种汉译本出版。所以，直至19世纪下半叶天主教渐次放松对《圣经》汉译的限制之前，世人往往误以为天主教没有将《圣经》文本汉译的传统，认为《圣经》汉译首推"新教来华第一人"罗伯特·马礼逊（Robert Morrison，1782—1834）。

一、汉语《圣经·新约》"白、徐译本"翻译始末

事实上，白日昇、徐若翰在18世纪初翻译的汉语《圣经·新约》，才是目前已知最早的中文《圣经》译本。该译本在《圣经》汉译史上有着承前启后的独特地位。但自1707年成书后，直到19世纪初，"白、徐译本"的稿本之一——《四史攸编耶稣基利斯督福音之会编》才"养在深闺人初识"，偶然被英国人发现并收藏，后经新教传教士在其抄本基础上加以改写、增译，使得最早的两种《圣经》中译本——"二马译本"终于出版面世。职此之故，之前世人对天主教《圣经》汉译的看法才有所改观，但亦知之不确。在此，我们有必要先厘清"白、徐译本"的成书过程和版本状况，将"白、徐译本"诞生的始末梳理通透，并进一步考察分别藏于意大利罗马卡萨纳特图书馆（Biblioteca Casanatense[1]）（稿本）、英国（稿本、抄本各一，其中手稿藏于剑桥大学图书馆）和中国（抄本）的"白、徐译本"四种版本的状况。

1. 巴黎外方传教团与白日昇《圣经》汉译缘起

白日昇在世虽仅45载，却正值中西方两位名君康熙皇帝（1654—1722）和路易十四（Louis Dieudonné，1638—1715）统治盛期。而他所在的巴黎外方传教团正处于草创之初，并受教廷传信部的特别派遣来华领导天主教各修会。作为罗马教廷在远东的代言人，他们在中国礼仪之争中态度强硬，直接促使康熙逐渐改变一向的容教政策，嗣后甚至发怒命令"以后不必西洋人在中国行

---

[1] Biblioteca Casanatense建于1701年，馆内藏有的中文藏书，均系Fattinelli神父所捐赠。

教，禁止可也，免得多事"，最终酿成雍乾以后的百年教难。[1]

白日昇出生于法国里昂的一个富贵之家，自幼即在文学方面锋芒毕露。21岁加入巴黎外方传教团并入读该团设立的Séminaire Saint Sulpice神学院。1685年被派往暹罗（今泰国）传教，1689年因暹罗内乱受命转往中国。同年抵广州，并曾担任巴黎外方传教团广东检察员。在华十余年间，白日昇的足迹遍及广东、福建、浙江、江西、四川、湖广等省份。

1701年是白日昇传教事业的分水岭。来华日久，在处理某些传教具体问题的立场和方式上，白日昇的态度逐渐与耶稣会靠近，导致他和巴黎外方传教团在华负责人颜珰在中国礼仪问题上龃龉丛生。[2]面对这样的困境，白日昇选择在不惑之年入川传教并着手翻译中文《圣经》[3]。白日昇与同会会士梁弘仁（Jean-François de la Baluère，1668—1715）及两名遣使会会士毕天祥（Ludovicus Antonius Appiani，1663—1733）、穆天尺（Jean Mullener，1673—1742）一道离粤赴川，并议定由遣使会士负责川东教务，巴黎外方会士则前往川西。几经周折，白日昇和梁弘仁终于取得地方官员的许可，在成都购屋居留、传道。

2. 中西学者合作译经

作为一名对本会传教方式持有异见来川的巴黎外方会士，白日昇很大程度上愿意遵从"利玛窦规矩"，接续耶稣会士在成都开创的事业；而在暹罗传教期间亲历该国政变引发的教难，加以在中国十多年的传教经验，使得他具有

---

[1] 巴黎外方传教团于康熙年间的教务来说不啻洪水猛兽，不过换个角度来考量，在这样来势汹汹的传教团属下，虽然教宗曾将《圣经》的翻译权特别赋予耶稣会，也曾一度禁止在华传教士翻译《圣经》，然而鉴于巴黎外方传教团自陆方济首任宗教代牧及中国区传教总监之时就曾向教廷提议翻译《圣经》，因此白日昇的《圣经》汉译工作很难说不是出自会方的授意；而将爱唱反调的下属"发配边陲"从事吃力不讨好的译经苦差事，想必也是颜珰乐见的安排：因此，或许可以推断，正是这两方面的合力促成了白日昇在川译经一事在外部条件上的达成。

[2] 白日昇明确地向颜珰表示，对于在"七条禁令"上签名的要求恕难从命，恳请不要勉强，并愿意接受传教区域调配。参看François Barriquand.Anniversaire des 300 ans de la mort de Jean Basset（1662—1707）et de la première tentative de traduction continue en chinois du Nouveau Testament par Jean Basset avec le concours du lettré Jean Xu，2007.

[3] 当时的四川是一个战火方熄、民生凋敝且地形险峻、方言难通的省份，白日昇未来的举步维艰可想而知。

强烈的危机意识，主张未雨绸缪，利用当时中国对天主教的宽松政策，抓紧翻译出面向大众的中文《圣经》译本，并借此培养出大批中国籍神职人员，以防政局更迭或宗教政策改变，欧洲神父被驱逐出中华大地而教民无人看管。

1704年春，白日昇一反严把教友入会关的常态，只通过很短时间的考查就为一名四川嘉定府"相公"徐若翰举行了洗礼。当然这是基于徐若翰在接受信仰方面确实热诚。白日昇请他做自己的助手，帮助他处理来往的信函，并按指示编写了《天主圣教要理问答》[1]，最重要的是，在徐若翰的协助下，白日昇的译经工作更见成效地展开了。

然而，随着教廷特使多罗来华，"礼仪之争"矛盾激化，康熙震怒，严令在华传教士必须领票宣誓后方可居留中华。白日昇和外方会其他传教士一样拒绝领票，于12月突发高热于广州去世，其他人也四散奔逃，四川教务基本处于停顿状态。1715年梁弘仁暗回四川重整教务，不幸又于是年病逝。徐若翰因为协助白日昇工作表现出色，曾一度担任教廷特使多罗的中文秘书，逝世于1734年。

二、"白、徐译本"的版本和源本

白日昇和徐若翰从1704年初开始进行系统的《圣经》汉译工作，目前已知他们翻译出了两种不同类型的圣经汉译本，即四福音书的单列本和四福音书的会编本（Diatesseron）。其中只有一种是福音单列本的译者手稿，下文简称此本为"罗马本"；另外三种为福音会编本的稿本和抄本，下文简称手稿为"剑桥本"；两种抄本分别藏于大英图书馆和香港大学图书馆，称为"斯隆抄本"和"马礼逊抄本"。由于教廷的严格控制，加以白日昇译经未竟便遽然病逝，"白、徐译本"在使徒书信的中途戛然而止，且不得不随着动荡的局势而颠沛流离。

---

[1] 法国神学家Claude Fleury（1640—1723）曾应巴黎外方传教会之请专门为其编写了一本教理问答，白日昇受命和徐若翰一起将该书译成中文。这本教理问答的翻译十分成功，直到19世纪中叶还在四川教会中广泛使用。

1. 两种原稿本

（1）罗马本

上述四种版本中，罗马本是唯一的福音单列本，也是最早的"白、徐译本"手稿。西方第一位汉学教授、法国汉学家雷慕沙曾在1811年撰文提及罗马藏有7卷本的中文圣经新约译本，最早介绍到此一版本的存在情况。

全书共计364叶，其中正文385页，书前装订及白页有5面，但均为Casanatense图书馆馆方所印页码，6-192页为"四福音书"，空一页后，194-364页接"使徒行"和保罗书信、希伯来书。每半页9行，行22字，每两个半页编为1个页码。系将原作7本新旧程度不一的线装单册拆散后纳入统一红褐色大理石纹路硬书壳内装订。

手稿中的神名及人名均用红笔以单行竖线形式划出，普通地名以红笔划以双行竖线，遇国家名则以红笔方框框之，特殊宗教词汇有时会用红笔作虚线标记。每句间均有句读。

罗马本外观左半侧尤其是中间部分泛黄；右半侧相较显洁白，但毛边多。似乎曾遭水渍和火侵双重灾害。各册福音书的页芯处均有十分醒目且程度不一的多重火炙后所形成的圆形焦圈，两侧页边也有烤焦痕迹；而"使徒行"之首页及其后数页则有被水迹不慎抹去字迹且纸张磨损的情况。反复阅读导致的各种损耗也侧面反映出其"第一本"的独特风貌。此本中文字偶有圈改，但为数相对较少；而在正文旁以小字增补个别字眼的情况则甚为多见。

（2）剑桥本

笔者分析，由于四福音书内容多有重复，为方便传教，也为使其译作多样化，尽可能地满足目标读者需求，译者于是又在通俗本拉丁文圣经汉译的文字基础上翻译了"四史攸编耶稣基利斯督福音之会编"，即剑桥本。剑桥本因为是在罗马本基本译就之后"趁胜进军"，全本虽然更显整洁，但在文字细节上修订较多，且有抄写脱漏又补现象，显系"二稿"之故，如第二章中就将"达未"王名字中的"未"字写漏，这种重要人名的漏字多半出于书者因为成竹在胸而反致大意疏忽。

该书为线装对开本，双面书写，同一张纸的正反两面编为一页。全书205页，单面12行，行24字，每面约288字。福音书首页遗失，从页2起编为77页，78-193页为"使徒行"和保罗书信。四福音书正文止于"若望二十一章"，在末了该页右下角，徐若翰大书一"终"字。句读、人名、地名等的标注方式与罗马本同。由于缺少起始的2页正文，不能见到佚页上是否标注书名或作者信息，不过根据大英图书馆的斯隆抄本反推，应原有"四史攸编耶稣基利斯督四福音会编"字样。

剑桥本完全采用西方拉丁文圣经合编本的方式间隔引用《圣经》四福音故事，将其熔于一炉。但对于讲求"无一字无出处"的《圣经》读者来说也并非面目难辨，因为每段福音书引文的后面都标注了来源，从首段的"路加篇首"到末段的"若望二十一章"，逐段详细记载了在福音单列本中的对应位置，以双行小字竖书方式说明出处。

由"白、徐译本"的福音合编本与单列本内容完整一致性来看，因二者都是在福音书译完之后，将使徒行全部翻译，而书信部分俱在希伯来书的第一章打住，由此推断，白日昇与徐若翰在合作时有两种翻译可能：一是四福音书单列本译完之后，直接参考拉丁文福音合编本编译了中文的福音会编，然后从事使徒行和保罗书信的翻译；二是一口气将福音单列本全部翻译完成之后，再自行选译福音合参本内容，然后附上使徒行传和保罗书信。不过由于语句都已是现成，只需将四福音书的篇章段落加以调整并标注出来。

笔者推测"白、徐译本"的翻译和流传路径如下：白、徐二人首先合力翻译1592年成书后便在欧洲流行，且被教廷奉为正典的Sixto-clementine Vulgate拉丁文四福音单列圣经，卷帙顺序即常见的玛窦福音、马可福音、路加福音、若翰福音加上使徒行传和保罗书信；然后根据1635年在巴黎出版的GOULLET, Tetramonon Evangeliorumcollectum拉丁文圣经福音合参本进行的中文会编本翻译。[1]

---

[1] 考虑到白日昇是法国人，设法随身携带或央人带来一本巴黎出版的合编本圣经，以其作为译经参考甚至源本，也合乎当时他们偏处蜀地译经的情形。

福音单列本的定稿因其原初性尤其受到重视，可能是经在广州的传教士们商议后由徐若翰交给返欧的天主教士带回罗马，后来辗转归属于Biblioteca Casanatense。而"白、徐译本"的福音会编手稿由于不是根据教廷指定的Vulgate拉丁文圣经翻译而来，在官方性和正统性方面不及福音单列本，故而暂时留在了徐若翰手中。徐若翰去世前后，观看或者抄写过这一版本者应该不乏其人，因此，在抄书盛行的清初留下了数部甚至更多的抄本。笔者目前能够找到的是其中两部知名的抄本——"斯隆抄本"和"马礼逊抄本"。

2. 两种转抄本

（1）"斯隆抄本"

"斯隆抄本"是由荷兰东印度公司的英籍雇员霍治逊（John Hodgson，1672—1755）请人在广州抄录"白、徐译本"福音会编本后，呈献给英国皇家历史学会会长汉斯·斯隆爵士（Sir Hans Sloane，1660—1753）的一份抄本，该爵士又将其转赠给大英博物馆收藏，因此被后世名之为"斯隆抄本"。此抄本系根据徐若翰在粤期间为人所传抄的福音会编手稿的抄本之一或直接由会编本的稿本所转抄[1]。大英图书馆收藏的"斯隆抄本"（Sloane Ms.3599）将福音书和使徒行、保罗书信合订入一册。每2个单张算作一页编页，有页码，且有两套页码标注于全书（均为手写编号）。一种编法为首页即编为第2页，以此类推。故福音书编页至154页，而实为153页，与其所抄自的剑桥本保持了一致。《使徒行》和保罗书信不知是有意还是无意首页漏编，从155直到376页共223页，尾页有空页一。每面6行，行24字，每页文字容量约为剑桥本的二分之一。抄本中没有保留原稿的句读和人名、地名等标识。

"斯隆抄本"正文之前的空白装订页上有大英图书馆馆方的英文版本介绍，证明其抄写时间为1737—1738年，抄录地点为广州，呈献给斯隆爵士的时

---

[1] 徐若翰逝世于1734年，合编本稿本此前应一直由他亲自保存，而在其身后不知为何人所得。霍治逊1837年在广州惊见的汉译《圣经》有可能就是此手稿本身。这一稿本最终花落剑桥大学图书馆，自是由于当时英国在全球加速海外扩张和东印度公司在广州等口岸城市颇具影响之缘故，但具体时间和详细过程尚待考定。

间则在1739年的9月,并特别说明该抄本已完成了校勘纠错的工作。

值得注意的是,斯隆抄本完整地保留了剑桥本缺失的前2页近600字的内容,证明剑桥本在19世纪之前还是完好的。若非有斯隆抄本开端的4页内容对照(相当于剑桥本的页码1内容部分),现在就无法完成中文与拉丁文圣经合编本的对照,从而确定其源本,而"白、徐译本"福音会编本本身也就不能成其为一部保持原貌的完整之作。

(2)"马礼逊抄本"

"斯隆抄本"1801年在大英博物馆再发现后,引起初设的英国圣书公会注意,并于同年经英国伦敦会决定派人仿此重新翻译新教的中文圣经。1805至1806年,马礼逊尚在伦敦期间,请他的中文助手容三德(Yong Sam-tak的音译)抄录"斯隆抄本"后,于1807年带回广州,以其为教材学习中文,并于次年起在此基础上进行《圣经》汉译工作,因此在该抄本上可以见到很多马礼逊学习汉语的宝贵史料。此外,马礼逊还在1809年转抄了一份"白、徐译本"福音会编给正在印度翻译中文《圣经》的马士曼(此抄本目前下落不明)。1822年和1823年,二人翻译的中文《圣经》相继出版,并且都大量借鉴了各自手头的"白、徐译本"抄本。

两类四版本的"白、徐译本"在"使徒行"和"保罗书信"部分结构完全一致,均为自"使徒传"至"希伯来书"顺次翻译,只在个别字词方面略有变化。此抄本在福音书和使徒行传的开始部分留下了马礼逊学习汉语的大量注音和注释[1]。

四种珍本中,以保存状况而言,最完整者为唯一的福音单列本,品相最佳者为剑桥本,因其系在罗马本的基础上从容不迫地加以编排和抄录。以上二者字体一致,笔者认真比对后推断应均系白日昇口授、经徐若翰推敲笔录而成的手稿。从对后世已知影响来看,斯隆抄本则属当之无愧的影响卓著,因其既是马礼逊学习中文的入门教材,又为其终日涵咏的教中经典,在逐字推敲白、

---

[1] 作为相隔百年的抄本,"马礼逊抄本"体现了不同时代汉字的变化,如白日昇的两个稿本里用"宜",而马礼逊抄本中则按19世纪初汉字书写作"宜"。

徐译本的基础上方成就了后来的新教二马圣经译本。

三、小结

总括而论，"白、徐译本"首次将《圣经》Vulgate拉丁本全文逐字翻译为中文，并选取欧洲流行的拉丁文福音合参本中Goullet本为蓝本翻译了《四史攸编耶稣基利斯督福音之会编》。由于有了罗马本福音单列本的文字基础，后者的翻译应该是进度很快，所以他们才能在短短四年间将"新约"以两种不同方式呈现出来。尽管剑桥本福音会编并非公认严格意义上的《圣经》本身，但"白、徐"的这一版本却对后世影响至大，"斯隆抄本"和"马礼逊抄本"正脱胎于此。不过，"罗马本"作为最早的中文《圣经》"新约"译本，其本身的历史价值在某种程度上来说是高于"剑桥本"的。无论如何，今天我们有幸能看到这四种善本济济一堂，即便仅从其中略窥明清两代中国语言文字的变迁，也是一笔极其宝贵的财富。希望本文能够抛砖引玉，引发更多研究者对"白、徐译本"这一最早的汉语《圣经》新约译本的兴趣，推进汉语圣经学的研究。

作者简介： 朱菁，2008—2011年跟随张西平教授读硕士，2011年—2014年跟随导师读博士，2012年6月—2013年6月在意大利UNIVERSITA' PONTIFICIA SALESIANA大学古典语言文学系留学，2014年6月至今为北京师范大学哲学学院博士后。

《天学集解》稀见文献价值略述

李　青

引　言

《天学集解》是一部收录明清之际西学汉籍文本的序跋合集，自1827年由北京进入俄国圣彼得堡[1]。据比利时学者杜鼎克考证，该书的编者为清人刘凝[2]。

作为一本序跋集，《天学集解》有着独特的体裁，然而在明清之际，这样一种序跋合集的体裁并非孤例。《绝徼同文纪》是杨廷筠在万历年间所编的一部西学汉籍序跋合集，法国巴黎国家图书馆所藏的《绝徼同文纪》中收录文献序跋80篇。《天学集解》中将题赠卷一中的所有74篇文献全部收入其中，因而《绝徼同文纪》也可称为是《天学集解》中文献序跋的来源之一。可以说，二者之间的关系是一脉相承的。这样一种文集形式的出现并非偶然：一方面明清之际确实兴起这样一股辑录体的潮流。明末清初，随着学风逐渐由空转实，学者多倡导经学，注重考据。清代朱彝尊曾著《经义考》，考证历代典籍存佚，这本书将历代经籍《易》《书》《诗》等分为20余类，下列书目，于每

---

[1] 关于《天学集解》是因何种情况由何人从北京被带到圣彼得堡，目前尚不得而知。
[2] Dudink A. The Rediscovery of a Seventeenth-century Collection of Chinese Christian Texts: the Manuscript Tianxue Jijie, *Sino-Western Cultural Relations Journal*，1993，15：pp.1-26.

一书下首列作者、卷数，考述该书存佚情况，并且一一详载该书序跋及诸家评论，若有己见者，则以案语的形式附于卷末。社会思潮的变化影响到学者的案头笔下，这样一种特殊的文体也因此涌现。另一方面，此类序跋集的出现，也在一定程度上代表了明清之际宣扬传播天主教的一种风气。与《天学集解》和《绝徼同文纪》二者相类似的还有《熙朝崇正集》和《熙朝定案》[1]。这样一批合集在明清之际似乎可以归类为一类特殊体裁，成为当时天主教宣教文献的一种代表。

关于《天学集解》中的稀见文献，前人已有所论述，其中最具代表性的观点来自杜鼎克，他在论文中提到：《天学集解》中有约33篇文字未见他处，在当时来看尚无人知[2]。其他学者在谈到此问题时也大多引用杜氏的说法。杜鼎克所指的未见他处，是指这些文献是《天学集解》中独有的，没有被收录到其他书中，并且完全不为人所知。例如张赓的《用夏解》同时收录于杨廷筠编《绝徼同文纪》和刘凝编《天学集解》，这样的文章不在稀见文献之列。除了杜鼎克以外，学长朱立军在其硕士论文《〈天学集解〉中儒家知识分子对西学的接受研究——以万历进士为中心》中也对其中的稀见文献做过一些整理。

笔者在《〈天学集解〉稀见文献整理》一文中，利用目前国内所见的天主教文献资料[3]，于前人研究的基础上，初步考定《天学集解》中30篇稀见文献[4]。从时间上来看，这些稀见文献创作时间大致为1679年以前[5]。具体篇目如下：

---

[1] 现已有《〈熙朝崇正集〉〈熙朝定案〉（外三种）》，由韩琦、吴旻校注，2006年中华书局出版。

[2] Dudink A. The Rediscovery of a Seventeenth-century Collection of Chinese Christian Texts: the manuscript Tianxue jijie, *Sino-Western Cultural Relations Journal*, 1993, 15: pp.1-26.

[3] 参照筛选文献主要包括：《明清之际耶稣会士译著提要》《天主教东传文献》《天主教东传文献续编》《天主教东传文献三编》《天学初函》《天学集解》《法国国家图书馆明清天主教文献》《东传福音》《耶稣会罗马档案馆明清天主教文献》《徐家汇藏书楼明清天主教文献》《明末清初天主教史文献新编》。

[4] 排除了许缵曾的《未来辩论序》、利类思的《超性学要自序·论灵魂》以及严赞化的《辟轮回说》。

[5] Dudink A. The Rediscovery of a Seventeenth-century Collection of Chinese Christian Texts: the Manuscript Tianxue Jijie, *Sino-Western Cultural Relations Journal*, 1993, 15: pp.1-26.

《天学集结》稀见文献

序号	卷数	序跋/短文	作者	页码
1	第一卷	天学小序	李佺台	f. 22-23
2		天主降生纪引	艾儒略 Giulio Aleni	f. 33-34
3		天主降生引义跋	吴宿	f. 34-35
4		领主保圣人序引	费奇规 Gaspar Ferreira	f. 49-51
5		释主保单之款目	费奇规 Gaspar Ferreira	f. 51-57
6		切向主保圣人之功	费奇规 Gaspar Ferreira	f. 57-59
7	第二卷	七克图说	贾宜睦 Girolamo de Gravina	f. 49-50
8	第四卷	活人丹方（尾附韩云跋）	王徵	f. 37-38
9		畸人十篇序	吴载鳌	f. 65-66
10	第五卷	学纪物原二篇序	张维枢	f. 29-31
11		灵性篇序	陈长祚	f. 42-45
12		灵性篇序	邵捷春	f. 45-46
13	第六卷	述友篇序	沈光裕	f. 5-7
14		交逑合刻序	刘凝	f. 12-14
15		四末论序	刘凝	f. 28-30
16		重订答客问序	蔡鏛	f. 41-41
17		答客问序	漆宇兴	f. 41-42
18		答客问今本序	吴宿	f. 42-43
19		答客问序	李奭	f. 44-45
20		续答客问序	李奭	f. 46-47
21	第七卷	三山仁会小引	叶益蕃	f. 6-7
22		论焚楮非礼	严赞化	f. 20-22

续表

序号	卷数	序跋/短文	作者	页码
23	第八卷	泰西肉攫自序	利类思	f. 49-51
24		泰西肉攫序	刘凝	f. 51-52
25		论道术	沈光裕	f. 65-74
26	第九卷	与黎茂才辨天学书	李嗣玄	f. 36-44
27		福州重建天主圣堂记	李嗣玄	f. 44-48
28		建天主圣堂疏	李嗣玄	f. 48-50
29		大道行（有李祖白序）	李祖白	f. 51-53
30		登莱都察院孙为谢雨事	孙元化	f. 53-54

一、提供版本信息与考证佚书

1.《泰西肉攫》与《进呈鹰说》

方豪在《中国天主教史人物传》中称，最早译为汉文的西洋动物学书籍是利类思动笔的。康熙十七年（1687年），葡萄牙使臣本笃（Bento Pereyra）谋入内地贸易，得南怀仁协助，向清圣祖进贡一头狮子，想以此为名，获进京觐见皇帝的机会，继而提出通商请求。利类思写了一个小册子《狮子说》，同年在北京刊行，有自序和图。由于满族历来喜养鹰，与鹰亲善，次年康熙皇帝下令，让利类思写了一册《进呈鹰说》（又名《进呈鹰论》）。《鹰论》和《狮子说》都是翻译自意大利自然科学家亚特洛望地（Ulisse Aldrovandi）的生物学著作。

从《泰西肉攫》两篇序的内容上看，刘凝序中有这样一段话："鸟兽不过动植之一端，狮鹰不过鸟兽之一端，观其论次鹰之形像性情，与教习疗治，远胜段柯古之肉攫矣。因命曰泰西肉攫云。"刘凝认为，利类思的文章远胜于段柯古的《肉攫》[1]，所以命名为《泰西肉攫》。由此，笔者认为刘凝应该参

---

[1] 唐代文学家段成式，字柯古，作《酉阳杂俎》，其中有肉攫部，载养鹰口诀之法。

与了利类思《泰西肉攫》的编订工作。除此之外,这两篇序除了说明作书的原由,还提供了更加有价值的信息:利类思在其序文中有言"因今上万几之暇,孜孜博学于经传子史,象纬历法诸书,睿彻靡遗,见西字飞禽一册,命类思译鹰之形象性情诸端……类思仰体德意,翻译进呈"[1]。又刘凝序中说"今天子好学右文,远逾曩代,游神坟典,究心缃素,阅泰西动植诸册,复命利先生翻译鹰说"[2]。由此可以确定,《泰西肉攫》就是利类思的《进呈鹰说》。

《进呈鹰说》后被收入《古今图书集成·博物汇编·禽虫典》第十二部鹰部,改题《鹰论》,署"臣利类思著"。此外,又被收录进《明清之际西学文本》。而《泰西肉攫》文本在古今中外的图书馆馆藏目录和前人整理的相关文献目录中,都未曾提到,无处可见。笔者认为有序就该有正文,《天学集解》中的《泰西肉攫》序文两篇为我们指示该书或许存在另一版本。

《进呈鹰说》与《狮子说》是最早传入中国的西洋生物学[3],而《进呈鹰说》并无序跋,《天学集解》中的这两篇序便成为目前能见的该书仅有的两篇序,意义重大。

2.《七克图说》考佚书

《七克图说》作者贾宜睦,此篇被收入《天学集解》道集中,从目录上看,《七克图说》似乎是与庞迪我的《七克》相关,其列于《七克》系列序跋的最后,前面是汪汝淳的《七克后跋》,题目下书:"贾谊睦,(字)九章,西洋依大里亚国人"。以目前所见,《七克图说》仅见于《天学集解》。从内容上看,其与庞迪我的《七克》似乎无关,而很有可能是为另一本至今未见的《七克图》所写。通过细读文本,不仅能够使这一观点得到进一步的印证,同时也使我们得以推断该书的具体内容。《七克图说》文章开篇讲:"此七克图也。"文末又说"用是绘图,可铭座右,以为格物致知,省察克治之一助"。

---

[1] [意]利类思:《泰西肉攫自序》,《天学集解》。
[2] 刘凝:《泰西肉攫序》,《天学集解》。
[3] 方豪:《中国天主教史人物传·利类思安文思》,《中国天主教史人物传》,宗教文化出版社,2007年8月。

序文中首先介绍了做《七克图》："七克何以有图？盖人之所以异于禽兽者几希，庶民不知此而去之，君子知此而存之。存之者战惊惕励，存其所受之正，何止七克，亦何必有七克图？去之者骄吝淫佚、暴戾饕餮，则其违禽兽不远矣。正言之不足，姑谕言之。"文中谈到孔雀、虾蟆、熊、驴、犬、猪、羊，物各有性，人若犯此七端，就是魔之奴，相类于禽兽。很可能这本书将七种禽兽的品性画了出来。序中又有言："行见魔鬼塞其聪掩其明，拘挛其手足，衔无告之枚，系难回之辔，身负罪宗，类于禽兽，其目有七。魔则驾驭鞭笞，驱其灵于狱火，而受无极永祸。"由此文字看，书中或同样展示了人犯七端宗罪之后被魔驾驭鞭笞，灵魂被驱于地狱之火的受难场景。

另外纵观整篇序文，贾宜睦谈到了最初天主降生时与宗徒的论言，引出七克之论，并无一言提到庞迪我及其所作的《七克》。所以笔者初步判断，《七克图说》应该是为一本以图画的形式展示七克内容的书而作的序。

退一步来说，设或此序与庞氏《七克》有关，目前所见所有的《七克》题跋中，时间最晚的是万历甲寅年（1614年）汪汝淳的跋。贾宜睦1603年生人，1618年入耶稣会，1637年入中国。因此即便该序是为《七克》所作，此序的底本和目前所见的《七克》版本一定不同，这篇序跋所在的原本，应是至今未见的；如果不是，那么极可能存在一本图示七克的书。可以说，这篇稀见文献为我们考证佚书《七克图》提供了重要依据。

二、考证史实——从《福州重建天主圣堂记》推断《天学集解》编者

由于目前所能见到的孤本《天学集解》为抄本，该书封面、开篇无序无编订信息，直接就是索引目录，所以关于该书的编订者是何人一直无从讨论，直到杜鼎克1993年在《中西关系交流史》杂志上发表论文，提出刘凝为《天学集解》的编者，自此该问题有了定论。而如此关键性的结论是从何而来呢？对于《天学集解》编者的确定，完全来自于对其中序跋文献的解读，而李嗣玄的《福州重建天主圣堂记》提供了关键性的线索。在该文后面另起一页，附

有一小段文字，从行文上看，这段文字并非李嗣玄所写，因其言曰："曾见福州圣堂记刻本，其叙次降生受难原委颇悉。后李息轩先生缄书示凝云……"李嗣玄，号息轩居士，这里的李息轩就是李嗣玄，而写此段文字的人，则是李嗣玄通信以示文章之人即自称凝的人。作者称曾见过刻本的《福州圣堂记》，其中描述了天主降生受难。紧接其后，该作者记述了李嗣玄的话，即《福州圣堂记》是甲午九月作。原本佟国器委托李嗣玄的同乡熊解元求李为福州堂写堂记，然而熊解元十二月初才到家，那时李嗣玄才知道佟国器委托一事。等李嗣玄撰文寄过去时，佟国器因时间太久等不及，已经另寻他人作文。如今看到的《福州圣堂记》，仅仅讲述耶稣降生始末，而没有提及建堂之意图。李嗣玄认为建天主堂就是为了劝人爱慕天主，使爱慕者能脱离苦难，这才能体现建天主堂的功德意义所在，而耶稣降生等内容早就刻行已久，复赘述于堂记之中毫无意义。李嗣玄最后说："仁兄所见者，必非拙作，谨将拙稿录呈。"李嗣玄向收信者推荐自己的《福州重建天主圣堂记》，言外之意是这篇堂记实际要比已刻的《福州圣堂记》更胜一筹。在此段段末又有这样一句话："凝受而读之，洋洋纚纚，极有关系文字，惜未及勒诸贞珉也。"收信者凝读到这篇文章，为之赞叹，惜其没有被刻成碑铭文字。显然，这李嗣玄的这篇文章没有被刻行，因而他将此文寄到了《天学集解》的编纂者处，这个编者自称凝，他看到文章后在文章的末尾写下了这段文字。杜鼎克依此段文字作为确定编者的证据。

笔者在查阅刘凝生平资料时发现，刘凝是刘埍的后代。刘埍，号水村，曾著《水云村稿》，刘凝曾编订此书，书中间有案语，自署其名曰凝，这一点又成为支持杜鼎克判断的论据。另外要说的是，《天学集解》中序跋的作者大部分集中在江浙、安徽、江西、福建、山西和陕西一带，而这30篇稀见文献的作者则大部分集中在福建与江西两地，其中福建作者8人作10篇题跋，江西作者5人作9篇题跋，更有3篇稀见文献作者同为江西刘凝1人，且江西作者作的序跋在《天学集解》中的数量较福建要少得多。而从这些作者来看，江西的5位作者大多生平不详，而福建的序跋作者皆有史料可循，可知《天学集解》的编者应与江西人更相熟,才会收录这些声名不显的普通士人的文章,也正说明了编者本人应该是江西本地人。《天学集解》中还有其他细节可以侧面证明该书的编者就是刘凝,但李玄嗣的这篇《福州重建天主圣堂记》无疑提供了最有说服力的证据。

三、考证历史人物思想

1. 王徵的《活人丹方》

王徵是明代天主教奉教士大夫的突出代表人物,与徐光启并称"南徐北王",为推动天主教的传播与发展卓有贡献。王徵在世时,曾刊刻出版过自己的部分著作,并没有文集或文选问世,王徵遗著的搜集整理工作主要是在民国时期,而在这方面集大成的著作则出版于20世纪末。李之勤校点的《王徵遗著》(1987)收录范围较广,是一部资料性的汇编。然而由于种种原因,王徵的《远西奇器图说》、《畏天爱人极论》等译著专著都没有收录。宋伯胤的《明泾阳王徵先生年谱》(1990),汇录了李之勤所编书中一些未收录的王徵著述,基本将现存几乎所有重要的王徵著述和前人研究成果汇集整理成书。

2011年,陕西师范大学林乐昌教授编校整理了《王徵全集》,共22卷,该书应该是目前可见的收录王徵著作最全的一本。这其中,首次收录了王徵的《活人丹方》(杂文一卷)。据编者注释称,此书中的《活人单方》,收自清人刘凝所编的《天学集解》:"《天学集解》抄本九卷,今藏圣彼得堡俄国公共图书馆。黄一农著《两头蛇:明末清初的第一代天主教徒》(上海古籍出版社2006年版)第四章收入《活人丹方》传单复印件,本书据以迻录。"[1]可见,新版《王徵全集》中收入的新材料仍来自于《天学集解》,《天学集解》中的这篇稀见材料为王徵思想研究提供了新的可供参考的材料。

2. 邵捷春与《灵性篇序》

邵捷春的这篇序是为艾儒略《灵性篇》而作,艾儒略是天主教传入福建

---

[1] [明]王徵撰,林乐昌编校:《王徵全集》,三秦出版社,2011年12月,第351页下注释。

的关键人物,对他的相关研究一直受到学界的关注并且在不断推进。在第87期《澳门文化杂志》上,张先清发表了《耶稣会士艾儒略与明末士大夫交游新证》,作者称从一些稀见名人诗文集中查阅到一些有关明末福建士大夫与艾儒略交往的新史料,借此进一步深入探讨艾儒略在福建的传教与文化活动。文中专有独立一节写邵捷春与艾儒略的交往,谈到了邵捷春的《赠大西艾思及》诗以证明其与艾儒略有过交往。而邵捷春是如何与艾儒略相识并赠诗对方的呢?张先清引出了两人交游的证据——《灵性篇序》。文章节录了该序文的大部分内容,推断邵捷春是在1626—1627年间结识艾儒略,而两人结交应是凭借明末福州诗坛这一平台,即邵捷春是通过明末福州诗社的活动认识了艾儒略的。张先清通过《灵性篇序》来探讨邵捷春与艾儒略的交往,而相关资料来源,仍然是《天学集解》。[1]

一篇序言中,既可以窥见中国士大夫与传教士的交往,同样也可以反映传统中国文人在接受西学的同时,思想认识所发生的变化。邵捷春是己未进士,曾经官至稽勋郎中,是深谙孔孟之道,深受儒家思想影响的传统知识分子,然而在《灵性篇序》中,他却发出了不同于以往儒家知识分子的声音。

《灵性篇》开篇便称:"华夷之所分者中外也。以天地观之,无中外也,等人也,等心也,等理也。"这样不分华夷、不论中外、等人等心的观点直接颠覆了中国知识分子的传统观念。虽然"东海西海,心同理同"的观点被大多数倾慕西学、西教的儒家士大夫所认同,三柱石之一杨廷筠在《绝徼同文纪序》中即称"地有中边,人分夷汉,此各囿方隅,自生畛域之见。上帝视之,同在地球之上,同覆圆盖之中,何西何东,何内何外?"[2]但能发出不分华夷之论的士人仍不多见。李嗣玄在《与黎茂才辩天学书》中论及夷狄问题,称仍要攘夷狄,恪守内外夷夏之防,即使反驳黎茂才时也仅仅是说西儒念念爱人,效忠于中国,不同于日本红夷,夷夏非定论,可见其心中仍有华夷

---

[1] 张先清在其论文的注释中提到:邵捷春的《灵性篇序》,载《天学集解》第45-46页。感谢比利时鲁汶大学杜鼎克博士赠予他这篇序文。

[2] 《天学集解》第一卷。

之分。

另外还有一点值得关注。在西学文献题跋中,有一种现象在行文中很常见,即亲善西学的士人为了证明西学可以补儒、本质与儒家经典中的思想暗合会列举先儒的观点予以佐证。邵捷春在序中也一样,他谈到了"孔子曰:'虽之夷狄,不可弃也。'"也提到吾儒云:"有物有则,民之秉彝也。"以此来谈中西思想是相通的。同时邵捷春在序中还有这样的话:"艾君能独标己见,而于知觉运动之所以然者,深究而详明之,精神形气,了无遗论,比告子言性,似有所印而差彻焉。发利君之所未发,亦可谓高明知道理者矣。华夷一体,中外一心,斯不足证乎?"为了证明华夷一体,中外一心,邵捷春将艾儒略的言论与告子言性相提并论,这一对比极不寻常。告子是战国时期的哲学家,他曾与墨子辩论政治问题,与孟子辩论人性问题。《墨子·公孟篇》和《孟子》中的《公孙丑》、《告子》等篇保存了他的某些言论片断。后世对告子的了解,主要通过《孟子》书中有关告子言论的记载。告子持性无善恶的主张。他说:"生之谓性","食色性也"。"性无善,无不善也"又说"性犹湍水也,决诸东方则东流,决诸西方则西流,人性之无分于善不善也,水之无分于东西也"[1]。告子的这些言论,实际上是站在传统儒家的对立面,为儒家正统所不齿的。然而邵捷春这样一个通过科举考试中举的传统中国士大夫,在序言中称艾儒略与告子言论相互印证,可以看出他对此是认同甚至是推举的态度,已经反映出了与儒家正统相离的思想倾向。

四、结语

本文中提到的30篇稀见文献,一方面能为明清史和天主教史提供新的史料信息,明确历史人物、历史事件;一方面为研究天主教文献资料提供更有价值的版本信息,确定版本,提供新的版本线索;同时为研究明清之际来华天主教传教士、明末清初文人士大夫的思想提供依据。鉴于一己之力有限,30篇稀

---

[1] 语出《孟子·告子上》。

见文献或许仍有待商榷,随着更多天主教文献材料的发现和相关研究范围的扩大,也许会对稀见文献有新界定。虽然如此,这些文献中所蕴含的历史文献价值是不可忽视的,笔者在考证这些文章的过程中已然发现一些学界以往未曾发现的史料信息,因而对这些稀见文献的考证无疑是有必要的。受篇幅限制,本文仅选择了几篇有代表性的文章谈其价值,其余篇章价值并未一一详述,例如此30篇稀见文献中有利类思的《泰西肉攫序》。利类思是明清之际来华传教士的重要人物,目前没有中文著作集出版,这篇序言为日后利氏著作的出版提供了新内容,且对利类思的相关研究也将有所帮助。另外艾儒略中文著作全集目前已经出版,但是并没有收录《天学集解》中的艾儒略的《天主降生纪引》。对于这本书诸多版本时间的确定,目前看到的有些资料对其描述并不准确,《天主降生纪引》对厘清该书的出版时间无疑有很大帮助。全集在介绍《万物真原》诸多版本时,也没有提到可能存在《万物真原》与《三山论学记》合刻本《学记物原》,而这一线索只有在翻阅《学纪物原二篇序》时才能够得到。同时,稀见文献中的很多文章,是部分西学汉籍目前已知留存于世的唯一题跋,除了文中已谈到的几篇外,还有吴宿的《天主降生记引》也属此列。目前对于西学文献的收集整理工作在陆续进行着,明确不同的版本情况是整理文献需要面对的首要问题,30篇稀见文献几乎篇篇都能够提供相应的版本信息,帮助确认成书时间,推断刻书时期。例如刘凝的《四末论序》就是1672年《四末论》的再版序,费奇规的《领主保圣人序引》、《切向主保圣人之功》是《周年主保圣人单》再版序,这两个再版版本现已无迹可寻,保存下来的序跋,则成为确定版本时间的最有说服力的证据。

对于稀见文献的考证和研究,筛选的过程也是发现新问题和价值的过程。《辟轮回说》本不在稀见文献之内,因其内容与《辟轮回非礼之正》几乎完全一致,故算为一篇。在将其排除在稀见文献之列的过程中,笔者偶然发现冯承钧曾在自己的著作提及,《辟轮回非理之正》的作者何人尚属未知。既然两篇文章基本一致,那么作者也应为同一人,作者之谜也一应解开。这也由此启示我们,《天学集解》中的其他文献虽非稀见文献,但有相当一部分没有被研究过，且对学界来说是相对陌生的。这些文章里同样蕴含着大量从未被注意过但却很有价值的信息，需要对这些文献进行整理研究。

综上，对《天学集解》中序跋文献的整理，尤其是稀见文献序资料的整理其意义和价值将在对这批文献不断深入挖掘和研究的过程中日益凸显。

作者简介：李青，2011年9月—2014年6月跟随张西平教授攻读比较文学与世界文学硕士学位，现为罗马智慧大学文学院东方学系博士在读，罗马慈幼大学基督教古典语言文学专业本科在读。

明清之际传教士译述圣人传初探

贾海燕

明清之际,以耶稣会士为首的天主教传教士入华,使西方天主教与中国文化产生了大规模的接触与碰撞。在16世纪末到18世纪中期数百余年的时间里,传教士撰述了大量的汉文著作,这些汉文著述或编译或创作,内容涉及宗教、哲学、科学及文学艺术等多个方面。学术界对这批汉文文献的整理已经产生了丰硕的成果,对借由这批汉文文献"东传"而来的"西学"也展开了深入的研究,但如同台湾学者李奭学所指出的,学界的"西学东传"研究重点关注的是宗教、科技、哲学,忽略了西方"文学"的传入。[1]事实上,自晚明起,利玛窦(Matteo Ricci, 1552—1610)、艾儒略(Giulio Aleni, 1582—1649)、庞迪我(Diego de Pantoja, 1571—1618)、高一志(Alfonso Vagnoni, 1566—1640)、金尼阁(Nicolas Trigault, 1577—1629)等耶稣会士已经将西方文学介绍到了中国,如《畸人十篇》《况义》等就已经译介了"伊索寓言"。除此之外,传教士们还译介了许多源自希腊、罗马的西方古典证道故事,也将众多圣赞、圣经故事、圣人故事和圣人传记介绍到中国。然而目

---

[1] 参见李奭学著:《中国晚明与欧洲文学——明末耶稣会古典型证道故事考诠》,导言部分的论述。(生活·读书·新知三联书店,2010年)

前,对这些圣经故事、圣人故事与圣人传还缺乏系统的整体研究。[1]本文对明清之际天主教中文圣人传的文献版本情况进行初步梳理,揭示其文学史价值,同时也为进一步的整体研究提供参考。

一、明清之际天主教中文圣人传文献概况

明清之际天主教中文文献主要藏于法国国家图书馆、罗马耶稣会档案馆、梵蒂冈图书馆和上海徐家汇藏书楼几处。据徐宗泽《明清间耶稣会士著述书目》卷十所附"徐汇、巴黎、梵蒂冈图书目",徐家汇藏书楼所藏中文圣人传记包括:《圣母行实》《圣人行实》《圣若瑟行实》《圣方济各行实》《德行谱》《济美篇》《圣女斐乐美纳行实》《圣若撒法始末述略》《圣若望臬玻穆传》《圣若瑟传》;[2]法国国家图书馆所藏中文圣人传文献有:《天主圣教圣人行实》《圣若瑟行实》《圣若瑟传·圣母净配圣若瑟传》《圣若撒法始末》《圣女罗洒行实》《德行谱》《济美篇》《瑟辣飞各圣父方济各行实大全》《圣年广益》《圣玻尔日亚行实》。[3]罗马耶稣会档案馆藏中文圣人传文献据陈伦绪(Albert Chan,1915—2005)目录记载有:《圣母行实》《天主圣教圣人行实》《圣若撒法始末》和《崇一堂日记随笔》。[4]据伯希和(Paul Pelliot,1878—1945)所著《梵蒂冈图书馆所藏汉籍目录》,梵蒂冈图书馆所藏中文圣人传主要有:《崇一堂日记随笔》《圣若瑟行实》《德行谱》《圣若撒法始末》《圣年广益》《圣若瑟传》《天主圣教圣人行实》《圣母行实》和《瑟辣飞各圣父方济各行实大全》。[5]此外,梵蒂冈图书馆还藏有一些圣人传

---

[1] 台湾学者李奭学在《译述——明末耶稣会翻译文学论》(香港中文大学出版社,2010年)中从翻译学的角度对《圣若撒法始末》《崇一堂日记随笔》《圣母行实》和《天主圣教圣人行实》展开了研究。
[2] 徐宗泽著:《明清间耶稣会士译著提要》,上海世纪出版集团,2010年,第310页。
[3] 同上,第313页。
[4] 陈伦绪目录:Albert Chan. *Chinese Books and Documents in the Jesuit Archives in Rome, A Descriptive Catalogue:Japonica-Sinica I-IV*.Armonk, N.Y.:M.E. Sharpe, c2002.
[5] 梵蒂冈图书馆所藏《天主圣教圣人行实》《圣若瑟行实》和《圣母行实》皆有副本,馆藏号分别为Raccolta generale-oriente- III 216, Raccolta generale-oriente- III 213和Raccolta generale-oriente-III 219。

的残卷，有"圣伯努瓦传与圣伯纳传；圣方济各传、帕多瓦的圣安东尼传、圣嘉勒传；圣依纳爵与圣方济各·沙勿略传；圣多明我传、圣多玛斯·阿奎纳传、殉教者圣彼得传、席耶纳的圣卡萨琳传"[1]。

综合上述书目，可以看出天主教中文圣传文献主要有：《天主圣教圣人行实》《圣母行实》《圣若瑟行实》《德行谱》《济美篇》《圣女斐乐美纳行实》《圣若撒法始末》《圣若望臬玻穆传》《圣若瑟传》《圣女罗洒行实》《瑟辣飞各圣父方济各行实大全》《圣年广益》《圣玻尔日亚行实》及《崇一堂日记随笔》。

近年来，在海内外学者的努力下，法国国家图书馆、罗马耶稣会档案馆、徐家汇藏书楼及梵蒂冈图书馆所藏的部分明清天主教汉文文献分别影印出版。[2]其中已出版的天主教中文圣人传如下：

（1）刊刻本：高一志《天主圣教圣人行实》（1629）；高一志《圣母行实》（1631）；汤若望（J. A. Schall von Bell, 1591—1666）译述，王徵笔记《崇一堂日记随笔》（1638）；龙华民（Nicholas Longobardi, 1559—1654）《圣若撒法始末》（1602）；阳玛诺（Emmanuel Diaz, 1574—1659）《圣若瑟行实》（1640）；罗森铎（Francisco Gonzalez de San Pedro, 1696—1707）《圣女罗洒行实》（1706）；马若瑟（Joseph de Premare, 1666—1736）《圣若瑟传》（1725）巴多明（Dominique Parrenin, 1665—1741）《德行谱》（1726）；巴多明《济美篇》（1727）；恩懋修（José Navarro, 1655—1709）《瑟辣飞各圣方济各行实大全》（1727）；魏继晋（Florian Joseph

---

[1] [法]伯希和编，[日]高田时雄校订、补编，郭可译：《梵蒂冈图书馆所藏汉籍目录》，北京：中华书局，2006年，第50页。
[2] 明清天主教汉文文献已影印出版的文献集主要有：[比]钟鸣旦、杜鼎克、[法]蒙曦主编：《法国国家图书馆明清天主教文献》，台北：利氏学社，2009年；[比]钟鸣旦、杜鼎克主编：《耶稣会罗马档案馆明清天主教文献》，台北：利氏学社，2002年；[比]钟鸣旦、杜鼎克、黄一农、祝平一等编：《徐家汇藏书楼明清天主教文献》，台北：辅仁大学神学院，1996年；[比]钟鸣旦、杜鼎克、王仁芳编：《徐家汇藏书楼明清天主教文献续编》，台北：利氏学社，2013年；张西平、[意]马西尼、任大援、[意]裴佐宁主编：《梵蒂冈图书馆藏明清中西文化交流史文献丛刊（第一辑）》，郑州：大象出版社，2014年。此外，天主教文献影印出版，有代表性的还有《天主教东传文献》（初编、续编、三编）和《东传福音》。

Bahr，1706—1771)《圣若望桌玻穆传》(1741)。

（2）手抄本：柏应理（Philippe Couplet，1623—1693）《圣玻耳日亚行实》(约1670到1680年间)。

二、明清之际天主教中文圣人传的内容与版本

明清之际的中文圣人传中，篇幅较大的是高一志的《圣母行实》和《天主圣教圣人行实》，汤若望口述、王徵笔记的《崇一堂日记随笔》及冯秉正的《圣年广益》。

《圣母行实》共三卷，第一卷简述圣母玛利亚生平事迹；第二卷阐释圣母神学教义；第三卷列举圣母所行诸多神迹。徐宗泽神父曾赞誉此书"论圣母行实最好之一部中文书，文字明白畅晓，又有故事，令人喜阅。"[1]费赖之（Louis Pfister，1833—1891）《在华耶稣会士列传及书目》记载，"《圣母行实》三卷，一六三一年刻于绛州。"[2]此书还有1660年福州景教堂本，1680年广州大原堂本，1694年北京领报堂本，1798年北京始胎大堂本，1893、1905年香港纳匝肋本和1928年上海土山湾本。[3]在《圣母行实》一书中，高一志并没有忠实地复制一个西方的圣母形象，而是给圣母玛利亚披上了东方色彩。[4]高一志的另一著作《天主圣教圣人行实》收录74位天主教圣人传记。全书共七卷，其中卷一为伯多禄、安德肋、若望等14位宗徒传记；卷二为额我略等12位司教；卷三为若翰、斯德望等12位致命圣人；卷四为多明我、方济各等6位显修圣人；卷五为保禄等6位隐修圣人；卷六为嘉大利纳、亚嘉大等12位童身圣女；卷七为福礼济大、彼理日大等12位守节圣妇。《天主圣教圣人行

---

[1] 徐宗泽著：《明清间耶稣会士译著提要》，上海世纪出版集团，2010年，第31页。
[2] ［法］费赖之著，冯承钧译：《在华耶稣会士列传及书目》，北京：中华书局，1995年，第94页。
[3] 参见Chinese Christian Texts Database：
http：//opac.libis.be/F/N5LGM92GGMGY1BTQ865PKTRFVYQ61GHL3N93D6C8JPVH9288LN-02922? func=full-set-set&set_number=001628&set_entry=000017&format，2017/04/30。
[4] 关于《圣母行实》的研究参见李奭学：《译述——明末耶稣会翻译文学论》一书第五章《三面玛利亚：高一志译〈圣母行实〉》。

实》有1629年杭州武林超性堂本，1631年福建三山景教堂刻本、1632年福建景教堂刻本和1888年、1926年土山湾本。法国国家图书馆藏有1629年杭州超性堂本和1631年、1632年福建本。北堂图书馆藏有1629年本，苏州图书馆亦藏有1629年本。[1]梵蒂冈图书馆则藏有两本杭州武林超性堂刻本，馆藏号分别为：RACCOLTA GENERALE-ORIENTE-Ⅲ 216和BORGIA CINESE 325，此外还有多部残本，版式、行款与杭州武林超性堂本皆同，仅细节略有差异。[2]

汤若望译述、王徵笔记的《崇一堂日记随笔》共有14篇圣人传记，王徵将14篇分别题为"巴孥圣人""安当葆禄""莫可利约""每爵祝日""老实葆禄""毕约尔""卯罗水异""卯罗酒异""少年水异""以撒巴刺约""少年人""修道人""欧塞卑约"与"玛利诺"。李奭学认为这14篇中有11篇出自《沙漠圣父传》；学者杜鼎克的研究认为，另有2篇出自教宗大额我略的《对话录》，还有1篇出处不详。[3]

《圣年广益》是法国耶稣会士冯秉正译写的圣人传集，共12编，对应一年中的12个月，每编按相应月份天数列出每日敬礼圣人，具体内容包括"警言""圣传""宜行之德"和"当务之求"4个部分。《圣年广益》中的圣人传记虽大多篇幅短小，但所列圣人数量却为天主教中文圣人传文本之最。费赖之《在华耶稣会士列传及书目》论及此书，"一七三八年北京刻本；一八七五年、一九〇八年有土山湾重刻本。（一九一七年书目三八号）一八一五年有北京重刻本，略有改订。是编有满语译文课本，在一八〇五年经

---

[1] 参见Chinese Christian Texts Database：http: //opac.libis.be/F/T9DQ4XQR3YY5GSQIU8C7NNUBTFHJPMJ8RE9L531Q6ITU8543YK-01958? func=full-set-set&set_number=001597&set_entry=000053&format, 2017/04/30.

[2] 见谢辉撰写：《〈天主圣教圣人行实〉提要》，载《梵蒂冈图书馆藏明清中西文化交流史文献丛刊（第一辑）》（第19册），郑州：大象出版社，2014年，第584-585页。

[3] 参见李奭学著：《译述——明末耶稣会翻译文学论》，香港中文大学出版社，2012年，第108页；Adrian Dudink, The Religious Works Composed By Johann Adam Schall, especially his Zhuzhi qunzheng, and his efforts to convert the last Ming emperor, in Roman Malek, Ed., *Western Learning and Christianity in China: The Contribution and Impact of Johann Adam Schall von Bell*, S.J.（1592-1666）（Sankt Augustin: China-Zentrum and the Monumenta Serica Institute, 1998）, vol.2, pp. 805-809.

嘉庆皇帝明谕禁止流行。亦有十二卷本。余曾见十四卷本，无刊刻年代处所。皆属克罗瓦赛（Croiset）神甫所撰诸圣传记之节译文。"[1]据鲁汶大学CCT数据库记录，《圣年广益》1738年于北京首善堂刊行，此后有1875年上海徐家汇刻本、1876年上海土山湾本刻本、1896年重庆巴黎外方传教会本及1932年上海土山湾版。[2]

除以上4部之外，其他中文圣人传皆为一人立传。其中马若瑟所著《圣若瑟传》据费赖之记载，应在1721年后出版。[3]此书另有1872年上海徐家汇刻本和1904年香港纳匝肋刻本。《圣若瑟传》记述圣若瑟的生平事迹，列举了信徒应该求诸圣若瑟的6种情况。作为"索引派"汉学家，马若瑟以人伦关系在耶稣、玛利亚和若瑟间建立联系，将若瑟塑造为"一家之主"。"耶稣、玛利亚、若瑟乃成一家，西音曰三大法弥理亚，亦可谓之天家。盖有天主子焉，有国母焉，有天主子及国母之主焉。三者缺一不得。此所谓以理义相合者也。"[4]然而马氏不厌其烦地阐发夫妻、父子之人伦大小，试图从人伦角度达到神圣与世俗的调和，其行文经常说理胜过叙述，文学性并不强。另一本《圣若瑟行实》为阳玛诺所作，据费赖之《在华耶稣会士列传及书目》记载，此书有1674年刻本。梵蒂冈图书馆藏有一部单刻本，亦有与马若瑟《圣母瑟传》的合刻本。阳玛诺在书中同样略述圣若瑟生平，详述圣若瑟的"尊贵荣福"。此外法国耶稣会士巴多明的《德行谱》实为圣达尼老·各斯加传（St. Stanislas Kostka，1550—1568），1726年北京首刻；其所撰《济美篇》则是圣类斯·公撒格传（St. Aloysius of Gonzaga，1568—1591），1727年北京首刻。[5]罗森铎

---

[1]　[法]费赖之著，冯承钧译：《在华耶稣会士列传及书目》，北京：中华书局，1995年，第610页。

[2]　见Chinese Christian Texts Database：http://opac.libis.be/F/8BTP88YPDG2N5TRSVTULSYMXUBL15YEYEFT59UKTRGGFMAU8V8-01264? func=full-set-set&set_number=000063&set_entry=000008&format，2017/04/30。

[3]　参见[法]费赖之：《在华耶稣会士列传及书目》第529页。

[4]　[法]马若瑟：《圣若瑟传》，参见张西平、[意]马西尼、任大援、[意]裴佐宁编：《梵蒂冈图书馆藏明清中西文化交流史文献丛刊（第一辑）》（第15册），郑州：大象出版社，2014年，第83页。

[5]　参见[法]费赖之：《在华耶稣会士列传及书目》，第519页。

的《圣女罗洒行实》是秘鲁利马圣女罗撒（St. Rose of Lima，1586—1617）的生平纪略，为1706年福州府玫瑰堂首刻，另有1896年香港纳匝肋版等。恩懋修所著《瑟辣飞各圣方济各行实大全》是阿西西的圣方济各（St. Francis of Assisi，1182—1226）的传记，1727年广州杨仁里福音堂首刻；魏继晋《圣若望臬玻穆传》所述为捷克圣人臬玻穆的若望（St. John Nepomucene，1350—1393）的生平事迹，于1741首刻；柏应理《圣玻耳日亚行实》撰写的是西班牙圣人方济各·玻尔日亚（St. Francis Borgia，1510—1550）的传记，法国国家图书馆藏有手抄本，据CCT数据库，该书成书约在1670—1680年间。[1]

在众多圣人传文本中，龙华民所著《圣若撒法始末》可谓独具一格。该书1602年刻于韶州，叙写印度国君好佛，严禁国人信奉天主之教，然而王子若撒法却受修士把辣盎点化，最终信奉天主，国君阻挠不得，后亦为其所化的故事。从内容来看，《圣若撒法始末》并无一般圣传中常见的苦修、殉道主题，却充满了戏剧性。李奭学就曾指出《圣若撒法始末》书中的母题和传统天主教的圣传不同，"亦即若撒法之能证得'圣人'之身，并非循寻常的'殉道''苦修''异相奇迹'或身为教中'掌权者'等因素所致。其人生平的圣传性格，因此迥异于我们通常可见的'行状'（vita）或'殉道记'（passio）等形式，虚构或虚构上的戏剧性显著"[2]。据其考证，《圣若撒法始末》最早的源头为9世纪乔治亚文本《巴拉法里亚尼》，后来这一文本被译为希腊文本，名为《巴兰与约撒法》，又有拉丁文译本。13世纪，佛拉津的亚可伯又将拉丁文本缩写，收入《圣传金库》中，龙氏的《圣若撒法始末》主要出自《圣传金库》和《巴兰与约撒法》。[3]

---

[1] 见Chinese Christian Texts Database：http：//opac.libis.be/F/3PBEJL1UGNSSMRJQAH22EU5VFXG37F6ETPR4BMV7IY65VTBI4Y-20503?func=full-set-set&set_number=000314&set_entry=000028&format，2017/04/30。

[2] 李奭学：《译述——明末耶稣会翻译文学论》，香港中文大学出版社，2012年，第66-67页。

[3] 对龙华民《圣若撒法始末》的讨论参见李奭学：《译述——明末耶稣会翻译文学论》，香港中文大学出版社，2012年，第61-106页。

三、中文圣人传与天主教文学东传

明清间传教士译述的圣赞、耶稣传记、圣经故事、圣人故事和圣人传记已将西方基督教文学传入中国,特别是圣人传作为中世纪教会文学的重要组成部分,可以看作是西方教会文学东传的篇章之一。

近年来,随着李奭学、宋莉华等学者对传教士译述的文学相关文献的深入研究,"西学东传"中的文学内容受到越来越多的关注。随着研究的深入,学者们也开始使用诸如"中文天主教文学"或"基督教汉文文学"这样的概念来界定传教士译述的文学内容。如宋莉华在《基督教汉文文学的发展轨迹》一文中就明确提出,"基督教汉文文学是明末以来中西文化交流的特定历史语境中产生的特殊文学作品,它们最初是传教士努力消解中西文化差异与隔阂来传播基督教文化的重要媒介,是西方来华传教士对中国文化体验的独特表达,后来逐渐融入并成为中国文学的一个组成部分"[1]。"基督教汉文文学,以西方来华传教士和中国基督教徒撰写、译述的汉文文学作品为研究对象,包括:传递《圣经》启示的世界观、人生观的文学作品;有关《圣经》、教会、教义或基督徒生活的文学作品;基督徒撰写、译述的富于宗教意味的文学作品。文体涉及赞美诗、祈祷文、布道文、证道寓言、宣教小说、传记、游记等,时限从1582年利玛窦奉派来华到1917年。[2]基督教汉文文学研究应大致按时间顺序,对这一类作品加以整体关照,凸显其发展脉络,梳理重要的作家、作品,对不同时期、不同文体、语体的功能、题材选择、体例特点、价值取向、美学风貌展开论述,以展现整体面貌和历史轨迹。"[3]无论是"中文天主教文学"还

---

[1] 宋莉华:《基督教汉文文学的轨迹》,载《武汉大学学报》2012年第2期,第17页。

[2] 西方基督教文学入华最早可以追溯到唐代景教,学者梁工在《基督教文学》一书中提及敦煌千佛洞发现的《景教三威蒙度赞》和《大秦景教大圣通真归法赞》时指出"中国基督教最早的赞美诗,创作于唐朝。《景教三威蒙度赞》的作者可能是景教僧人景净,或是古列吉斯主教(Bishop Cryacus),'三威'指'三一真神','蒙度'得自佛教语'蒙度彼岸',谓'得救'之意。《大秦景教大圣通真归法赞》即'耶稣基督被接升天的赞歌',采用大量的佛教语词,出现佛化色彩。"(见梁工《基督教文学》,宗教文化出版社56页。)但基督教文学真正大量进入中国则在晚明时期。

[3] 宋莉华:《基督教汉文文学的轨迹》,载《武汉大学学报》2012年第2期,第18页。

是"基督教汉文文学"的提法，都表达出一种整体研究的愿景和从中国文学史视阈出发的观照。从"基督教汉文文学"这样的文学史范畴出发，中文圣人传无疑是一种重要的文体类型，值得从中西文学比较和中国基督教文学发展史的维度展开研究。目前学界对《圣母行实》《天主圣教圣人行实》《圣若撒法始末》和《崇一堂日记随笔》等单个文本已有一定研究，但对《圣年广益》《德行谱》和《济美篇》等其他圣人传还缺乏深入探讨，对圣人传作为一种文类也缺乏整体的研究。

明清间传教士著述的圣人传除了以上论及的研究价值和中西文学交流史的"史实"意义，还兼具"影响"意义。圣人传的主题旨在通过圣人生平事迹彰显其德行与坚定信仰，从而教化信众。在天主教传统中，圣人是受到信众普遍拥戴或者由教会当局加封称号的杰出人物，他们在世时都有卓越的品行和美德。[1]"天主教的圣徒有各种类型，一类是信众的道德表率，如阿西西的圣方济各……另一类是先知式的改革家，代表人物是初期基督教的师徒保罗……再一类是宗教神秘主义者或神学理论家，如阿奎那。此外，圣徒还有著名的殉道士、修士修女、主教、布道家，以及虔信基督的君主、烈女等。所谓'圣徒传'，即各种圣徒生平事迹的传记，作者籍这类作品为广大信徒树起可资效法的楷模。"[2]天主教圣人传借圣人的嘉言懿行来教化信徒，在内容上往往着眼圣人之虔诚，其苦修、殉道乃至神迹是主要的母题。传教士译写的中文圣人传，内容与主题也不出其外，这从其各书序言中的"夫子自道"就可窥见一斑。高一志《天主圣教圣人行实》卷前序言中说："古者载记圣人生平勋绩，垂之后世，其益有三：其一则丕扬天主之全能神智；其一则阐明圣人之隐德奇

---

[1] 明清间传教士所著中文圣传中多用"圣人"一词，高一志所著《圣母行实》中曾出现"圣徒"一词，但并不是现代意义上的用法，而是指耶稣的门徒。台湾学者李奭学曾指出，高一志和罗明坚、利玛窦等耶稣会士每每以"圣人"称呼多明我或方济各等教中高士，在明清之际近两百年间，这个名词也是天主教对上述"高士"的通译。今天天主教外通行的"圣徒"一词，在清末以后基督新教入华后才广为使用，天主教迄今为止依然沿用旧译。（见李著《译述》，香港大学出版社，2012年版，第209页）

[2] 梁工著：《基督教文学》，北京：宗教文化出版社，2001年，第121页。

功；其一则证验当遵之正道矩范。三者皆实学要领、世事大宗也。"[1]巴多明在《德行谱》序言中曰："其德，行大成也。以此精修幼圣，余窃向往之至。谨因本传而译述焉。以为众同人修德之谱。"[2]《济美篇》曰，"传圣人，不传其始事，则觉者疑为阙文。传其始事，而略其日积月累之供，则后人无以取法"[3]。阳玛诺在《圣若瑟行实》自序中说："古来圣人，凡诸行实、经典记录者，皆欲后之学人，视其德业，仿而效之耳。"[4]由此可见，垂范、效仿乃为圣人立传之根本。

天主教圣人传在传入中国后，一方面起到宣教教化信众的作用，另一方面也促生了本土教徒传记的书写，产生了如熊士旗初撰、张焞参补的《张弥格尔遗迹》，张赓著《悌尼削世纪》，谢懋明的《弥克儿遗斑弁言》，何世贞著《许嘉禄传》，徐玉的《皇清敕封太孺人显妣徐太宜人行实》[5]及陆丕诚撰《（奉天学）徐启元行实小记》。[6]这些中国士人与教徒为本土教徒所撰写的传记以其生平事迹为主要内容，同时也不乏神迹的叙述。其文本结构与叙述模式与西传而来的西方圣人传记相契合。通过教徒传记树立信仰的榜样，通过神迹的叙述彰显天主信仰的神圣性，与西方圣人传记相较，本土的教徒传记因时空相近而更具感染力，也更具巩固教徒信仰的功用。

无论是西方圣人传还是中国本土教徒传记，其叙写都不是"为文学而文学"的自觉文学创作，而是以宗教传播为目的的表达。也正因为此，在明清之际西方圣人传与中国教徒传记文本中，宗教话语与文学话语相杂共生，且常常

---

[1] ［意］高一志：《天主圣教圣人行实》，参见张西平、［意］马西尼、任大援、［意］裴佐宁编：《梵蒂冈图书馆藏明清中西文化交流史文献丛刊（第一辑）》（第19册），郑州：大象出版社，2014年，第591页。

[2] ［法］巴多明：《德行谱》，参见［比］钟鸣旦、杜鼎克、［法］蒙曦编：《法国国家图书馆明清天主教文献》（第20册），台北利氏学社，2009年，第486页。

[3] ［法］巴多明：《济美篇》，参见［比］钟鸣旦、杜鼎克、［法］蒙曦编：《法国国家图书馆明清天主教文献》（第20册），台北利氏学社，2009年，第471页。

[4] ［葡］阳玛诺：《圣若瑟行实》，参见张西平、［意］马西尼、任大援、［意］裴佐宁编：《梵蒂冈图书馆藏明清中西文化交流史文献丛刊（第一辑）》（第15册），郑州：大象出版社，2014年，第51页。

[5] 见《法国国家图书馆明清天主教文献》，第12册。

[6] 《（奉天学）徐启元行实小记》见《徐家汇藏书楼明清天主教文献》第3册。

压倒文学话语而直接宣讲教义，往往文学性弱而宣教性强。然而抛开纯文学标准参照的高下之别的偏见，正因处于宗教与文学的交叉地带，又在"西学东传"的大背景下，这些中文圣人、教徒传记糅合了历史、宗教、语言和文学的多重面相，为我们从西方天主教文学、基督教汉文文学和中西比较文学等多个维度展开研究提供了可能。

作者简介：贾海燕，女，1982年9月生，宁夏陶乐人。2003年毕业于宁夏大学人文学院汉语言文学教育专业，2003年至2006年就读于上海交通大学人文学院文艺学专业，自2006年在宁夏大学人文学院中文系任教。2015年考入北京外国语大学国际中国文化研究院，师从张西平教授攻读比较文学与跨文化研究专业博士，主要研究领域为明清中西文学交流史研究、基督教汉文文学研究。

教化与启蒙：明清两部《伊索寓言》汉译本小议[1]

薛维华

《伊索寓言》作为世界文学经典，在有文字可考的范围里，一般认为其最早的汉译属明来华传教士利玛窦在《畸人十篇》中的引介[2]，而现在公认的伊索寓言的第一和第二个汉译本，分别是明代的《况义》与清代的《意拾喻言》。

《况义》在明天启五年（1625）刻于西安，据考证，现存法国巴黎国家图书馆东方手抄本部有两个抄本，一本收寓言22则，一本另附16则，为《况义》补篇。抄本卷首均有"西方金尼阁口授、南国张赓笔传"字样，卷末均附谢懋明跋文。《意拾喻言》较之《况义》晚出两百余年，于清道光十九年（1840）在广东出版，共收寓言82则，署"蒙昧先生著，门人懒惰生编译"。

严格来说，这两个译本都只能称作选本。《况义》总体篇幅不多，其中尚有13则并非来自《伊索寓言》的篇什（其中正篇6则，补篇7则）。对于全本《伊索寓言》300篇的形制而言，《意拾喻言》所选篇目也仅达到四分之一强。并且从文字上，《况义》和《意拾喻言》也都是不足反映伊索寓言的真实

---

[1] 本文曾收入华东师范大学出版社《比较文学与跨文化研究（第一辑）》。

[2] 现存河南济源县王屋山阳台宫玉皇阁，有一副明万历二十四年（1596年）石刻，画面为《伊索寓言》中《乌鸦与狐狸》故事，说明耶稣寓言故事传入中国应为更早时间。

面貌的。然而,在这两个译本所以成立的共性与差异之间,可以发现其丰富且深蕴的价值与意义。

一

明代伊索寓言故事主要在传教册子中呈现,戈宝权先生就曾指出,"当年耶稣会士自西欧来东方传教时,都带有《伊索寓言》一书,并经常引用其中的寓言做教诲、训诫之用"[1]。这一时期伊索寓言的译介多得益于耶稣会士的贡献。计有利玛窦《畸人十篇》(1608)引介4则,庞迪我《七克》(1614年)7则,高一志《童幼教育》(1620)3则;《况义》刊刻之后,又有高一志《则圣十篇》(1626)引用2则、《譬学警语》(1635)3则,艾儒略《五十余言》(1645)引介3则,卫匡国《逑友篇》(1661)译介3则,连同《况义》中的篇什,去其重复,总计数量已达50则[2]。明耶稣会士对《伊索寓言》的译介,催生了李世熊《物感》(1684)仿作式寓言集的产生[3],造成了寓言在中国作为独立文学体裁的出现,其影响是颇为深远的。但后来由于朝代更迭与禁教政策等的原因,渐渐湮没无闻。

伊索寓言在华传播的新一轮潮涌,依旧为传教士所带来。众多西方来华人士参与其间,且转以报刊为主要阵地,传播更为广泛,影响更为巨大。清嘉庆二十四年(1819),英国伦敦传道会传教士米怜开始在其创办的中文刊物《察世俗每月统计传》中,引述西方及印度寓言、比喻来撰写宣传教义的文章,其中就包括《贪肉之犬》《负恩之蛇》《蛤蟆吹牛》等伊索寓言的篇什。1838年,在另一份由德国传教士郭实腊创办的中文刊物《东西洋考每月统计传》9月号中,刊布了《意拾秘比喻》"翻语译华言,已撰两卷"的讯息,还抄录了其中4则。两年后,三卷本《意拾喻言》正式出版。1843年由英人戴

---

[1] 参见戈宝权著:《中外文学因缘:戈宝权中国比较文学论文集》,北京出版社,1992年,第383页。
[2] 参见颜瑞芳编:《清代伊索寓言汉译三种》,台中:五南出版社,2011年,第2页。
[3] 《物感》受到《况义》影响,广泛采用动物题材与拟人化手法。全书20篇,19篇为动物故事。

尔、传教士庄施敦力（John Stronach）用漳州（闽南）话和潮州话进行了改写转译；而后1850年上海施医院刻本《伊娑菩喻言》、1903年香港文裕堂重印本《伊娑菩喻言》等后期版本，大都是在《意拾喻言》的基础上改写整理的。1853年8月—1854年12月，在英国传教士麦都思创办的中文月刊《遐迩贯珍》中，每期均转载《伊娑菩喻言》1则。直到1877年，在知名美国传教士林乐知主编的《万国公报》上，依旧还会每期连载《意拾喻言》数则。

至于清末民初，张赤山《海国妙喻》[1]（即《伊索寓言》）的第三个汉译本的诞生，标志着首个中国文人的独立译本出现，而后周桂笙《新庵谐译》[2]，林纾、严培南、严璩兄弟同译的《伊索寓言》[3]相继问世，中国文人及学者开始顶代西方人士，在又一波伊索寓言故事译介中发挥主力作用[4]。而辛亥革命后，《伊索寓言》故事又通过启蒙教材、读本等新载体，进入寻常百姓家，成为人所喜闻乐见的文学经典。

二

有学者指出，在明清时期，以《伊索寓言》为代表的欧洲寓言，其传华及汉译分为两个阶段，第一个阶段是在17世纪明万历至清康熙年间，其主要是作为"证道故事"，以传播天主教教义。第二个阶段是在19世纪中叶鸦片战争前到20世纪初，即清朝宣宗道光到德宗光绪末年，作为初来中国的外国人学习华语的教材[5]。《况义》与《意拾喻言》正是这两个阶段的集成之作。

而梳理《伊索寓言》在华译介的总体脉络，也不难发现几条基本线索。一是译介的主导者，逐步从西方人、传教士转为中国文人、学者；二是接受者

---

[1]　《海国妙喻》，1888年（光绪十四年）天津时报馆代印线装本，共收寓言70则。
[2]　《新庵谐译》，1901年上海清华书局出版。上卷节译自《一千零一夜》，下卷大抵出自《伊索寓言》。
[3]　林译《伊索寓言》，1903年商务印书馆出版，共收寓言300则，是当时最完备的伊索寓言汉译本。
[4]　参见张晓编：《近代汉译西学书目提要》，北京大学出版社，2012年，第266页。
[5]　参见颜瑞芳编：《清代伊索寓言汉译三种·导论》，台中：五南出版社，2011年，第1-2页。

从宗教人士转为普罗大众；三是传播途径由宗教册子转为书籍、期刊及至教材读本。《况义》与《意拾喻言》也处在这些转型期的关键节点之上。

将伊索寓言在华译介的过程，以时间或作品分期划做宗教传播阶段、语言学习读物阶段及课本教材阶段，作为大体认识固然不妨，但截然分段则不足取。细致考察两部作品就可以发现，它们的存在形态、创作目的及实际功用上，往往处于一种聚合的状态。就《况义》与《意拾喻言》来说，不论为传播教义还是语言学习、教化与启蒙的意味是兼具的。

谢懋明作为中国天主教徒及《况义》的读者，在《跋〈况义〉后》写道：

> 余既得读张先生《况义》矣。问先生曰："况之为况，何取？"先生曰："盖言比也。"余乃规然若失，知先生之善立言焉。凡立言者，其言粹然，其言凛然，莫不归之于中，至于多方诱劝，则比之为用居多。是故或和而庄，或宽而密，或罕譬而喻，能使读之者迁善远罪而不自知。是故宜吾耳者十九，宜吾心者十九，且宜耳且宜心者十九，至于宜耳不宜心者，十不二三焉。张先生悯世人之懵懵也，取西海金公口授之旨而讽切之，后直指其意义所在，多方开陈之，颜之曰"况义"。所称宽而密、罕譬而喻者则非耶？且夫义者，宜也，义者，意也。师其意矣，复知其宜，虽偶比一事，触一物，皆可得悟，况于讽说之昭昭者乎！然则余之与先生，先生之与世人，其于所谓义，一也。何必况义，何必不况义哉！后有读者取共意而悟之，共于先生立言之智，思过半矣。

这段话，对"况义"的本旨进行了非常充分的说明，特别提到"张先生悯世人之懵懵也，取西海金公口授之旨而讽切之，后直指其意义所在，多方开陈之，颜之曰'况义'"。话语间，似是已经奉教的张先生（即"南国张赓"），有感于世人的蒙昧，而借助西海金公（即"西方金尼阁"）的"证道故事"加以点化，那么在这次翻译中，就有着更高的主动性。而另一方面，也要注意到，金尼阁作为《基督教远征中国记》《西儒耳目资》的作者，是一名传教者,也是汉语言学者。他与张赓共同开展的这次翻译工作,其实也是为促进西方人汉语学习所做的努力,这是在天主教传播"教化"中所必有的一项重要工作。

再看《意拾喻言·叙》中,则表达了明确的语言学习的目的:

> 余作是书,非以笔墨取长,盖吾大英及诸外国,欲习汉文者,苦于不得其门而入,即如先儒马礼逊所作《华英字典》,固属最要之书,然亦仅通字义而已;至于词章句读,并无可考之书,故凡文字到手,多属疑难,安可望其执笔成文哉!余故特为此者,俾学者预先知其情节,然后持此,细心玩索,渐次可通,犹胜傅师当前过耳之学,终不能心领而神会也.学者以此长置案头,不时玩习,未有不浩然而自得者,诚为汉道之梯航也,勿以浅陋见弃为望。

《意拾喻言》原书以英文署名:Esop's Fables, Written in Chinese by the learned Mun Mooy Seen-Shang, and compiled in their present form(With a free and literal translation)by his pupil SLOTH. 其中Mun Mooy Seen-Shang,即蒙昧先生,是一位中国文人;"门人懒惰生"SLOTH,即英人罗伯聃(Robert Thom,1807—1846),这段《叙》显然是从他的口吻说出的。以西方人所熟知的伊索寓言故事,作为汉文教材,可以减少不少阅读障碍。在实际的编排中,这部书每页分三栏横排,中间为中文,左栏为英文,右栏分别列官话及粤语拼音。这样的对照读本,形式上确实很符合学习的需求。然而当此书一旦刊布,并风行一时,它就不仅仅是为一个"汉道之梯航"的单向意义的文本,而能发生多重指向,在中国广泛的社会群体中产生反响。如果仅仅为人所理解的(或者所托言的)"欲习汉文"的制作,恐怕也不会在其流行之后列入违碍书目,厉行查禁。

《意拾喻言·叙》后还有一段《小引》,对伊索本人及其故事的一番评介,多少可窥出一些新的端倪:

意拾者，二千五百年前，记厘士国一奴仆也，背驼而貌丑，惟具天聪。国人怜其聪敏，为之赎身，举为大臣，故设此譬喻以治其国国人日近理性，尊之为圣。后奉命至他国，他国之人妒其才，推坠危崖而死。其书传于后世，如英吉利、俄罗斯、佛栏西、吕宋、西洋诸国，莫不译以国语，用以启蒙，要其易明而易记也。

伊索寓言的力量，就在于它善设"譬喻以治其国国人日近理性"，这种教化的力量早受到传教士的关注而成为除《圣经》之外，需要随身依傍的另一件思想武器。在传教网络向世界遍洒出去的时候，《伊索寓言》也不断产生新的译本，传遍世界各地。其"易明而易记"，"用以启蒙"，都包含着语言学习、道德修炼、思想教化多方面的意蕴，也是《伊索寓言》适宜成为发蒙教材的主要契合点。同时，还要看到，在不断扩大的伊索寓言译介规模中，更多新题材、新读解所孕化的新观念与新思想，其见容或不见容于旧体系时，就会迸发出更新与反叛的力量，呈现出新的姿态，引出新的潮流。

三

因为不同的传播介质需求、主创目标和历史背景，《况义》与《意拾喻言》中的伊索寓言，在中国落地生根时，便有了不小的差异。

通过对照，可以发现两个译本中类同的伊索寓言故事共15则[1]（包括正篇8则，附篇7则）。

序号	况义	《意拾喻言》
1	正篇一	第26 四肢反叛
2	正篇二	第54 日风相赌
3	正篇六	第5 犬影

---

[1] 本文所引《况义》相关原文参见杨扬：《伊索寓言的明代译义抄本——〈况义〉》，载《文献》，1985年第2期，第266-284页；《意拾喻言》相关原文参见颜瑞芳编：《清代伊索寓言汉译三种》，五南出版社，2011年。

续表

序号	况义	《意拾喻言》
4	正篇七	第42战马欺驴
5	正篇九	第27 鸦狐
6	正篇十	第46.驴犬口宠
7	正篇十二	第8 二鼠
8	正篇十六	第61 驴不自量
9	附补四	第44 鸡抱蛇蛋
10	附补五	第37 雁鹤同网
11	附补十一	第21.蛤母水牛
12	附补十二	第9 农夫救蛇
13	附补十三	第15 鹰龟
14	附补十五	第34 愚夫求财
15	附补十六	第71杉苇刚柔

虽然两个译本里故事大同小异，并且都是改写编译，但话语方式已有不小的区别，举人们熟悉的乌鸦和狐狸的故事为例，在《况义》和《意拾喻言》中分别是这样的叙述：

《况义》九	《意拾喻言》第27 鸦狐
乌栖枝啄肉。狐欲夺肉，诡谀乌曰："人言黑如乌，乃濯濯如雪，是堪为百鸟王。但未闻声何如？"乌大喜，嘻然而鸣，肉下坠，狐遂得肉。 义曰：人面谈己，必有己也。匪受其谀，实受其愚。	鸦本不善鸣，一日，口衔食物，稳栖树上。适有饿狐见之，欲夺其食，无以为法。乃生一计曰："闻先生有霓裳羽衣之妙，特来一聆仙曲，以清俗耳，幸勿见却！"鸦信为然，喜不自胜，遂开声张口，其食物已脱落矣！狐则拾之，谓鸦曰："将来有羡先生唱者，切勿信之，必有故也。" 俗云："甜言需防是饵"。此也！

在文法上，《况义》是严谨的古文体，总体上较为平实。而《意拾喻言》表达上相对浅白自由，其文字在文白之间，文字晓畅，加之本身是中英对照文本，更符合广大学习者的需求；另外，《况义》正篇中的故事，均

是以"义曰"引出教化道理来，附补十六篇里则以一句话的说理收尾，多以"吁""嗟呼"等感叹引出结论，总体上教训的意味颇为浓厚。反观《意拾喻言》结尾处，多以"俗云""世俗所谓""谚云""如世人""吾见世人"等俗言俗谚引出总结，更贴近日常话语习惯和寻常百姓。

《意拾喻言》文辞间的本土化趋向也更加明显。在说明故事意义时，除了多使用民间话语，甚至直接搬出"《论语》云""孟子云"之类中国儒家经典中的语句。中国化的套语大量使用，除了让学习者更多的了解中国文化之外，也更接地气，使得中国读者倍感亲近。行文除多以"昔有""古有""一日"起始外，也间有"盘古初""神农间""虞舜间""大禹时""禹疏九河时""昔大禹治水""大禹未治水之先"这样的时点；许多故事地点，也搬到"罗浮山下""峨眉山下""无稽村外""大荒山外""摩星岭上"等等；有些故事主角，甚至也直接改为中国人所熟悉的北帝、嫦娥等传说人物。而就如《鸦狐》这则故事中，狐称鸦为"先生"，并以《霓裳羽衣》来比喻乌鸦的"仙曲"，可以说《意拾喻言》着实引领出了一番新的"化境"。

也些同源故事，在《况义》和《意拾喻言》里，发生了较大的变异，比如战马和驴的故事：

《况义》七	《意拾喻言》第42战马欺驴
爱骏马者豢以稻粱，时其（齿乞）饮，人视□栈，出镳缨。主人非吉行勿轻用也。家蓄数驴，疲役弗休，饥渴勿恤，相与怒号曰："异哉，不平乎！"亡何，主人帅师乘骏鏖战，主与马俱刨死。驴独以驮粮抵垒，骇遁归来，乃始大诧曰："我向视马大惭，今宁作我！" 义曰：茹苦者勿忧，服劳偏不死。	昔有战马，威风自若，扬扬而来，见驴背负重物，蹩躠而行，遂以后脚踢之。驴则劝之曰："足下应用，虽非驴之所及，但各有前程，何必相欺？你能保永有今日之英雄乎？"说毕，其马嘲笑而去。马后因战阵，既伤其目，又害其足，不能复上战场，主人卖与商贾，为客驼行李。一日遇驴，乃自悔曰："早知如此，何必当初"。

很明显的，故事结构以及驴和马的命运虽然没有根本的改变，依旧是谈福祸相依的道理，但叙事视角的逆转，也造成了两种不同的反省：一个悟，一个悔；一个宣扬的是顺生听命、任劳任怨的思想，一个则是更多传达了戒骄戒

躁、勿自轻狂的处世哲学。总体上，《况义》中，呼吁人们顺从于统治政权，乐天知命的教义更加充分。《况义》正篇22则，其中一、二、十、十三、二十等五篇都涉及统治术，讲到治国治人、君臣关系的道理，这多少与金尼阁继续应从于利玛窦适应政策，坚持上层路线传教的主导方向有关。他更加希望自上而下的在传教事业上取得进展，除了规避伊索寓言中明显有悖教义的地方（比如排除了所有涉及希腊神祇的故事），也并没有在《况义》中直白地进行天主教义和教理的宣传。在"合儒""补儒"的隐蔽下，关注人性、道德、处事之道，使其能够得到上层政权、士人阶层的宽容、理解，甚至接受、笃信，进而"超儒"，最终以天主取代中国的"天"，达到教化中国的目的。在《况义》中，这一策略也得到了贯彻，基督教思想与中国文化以一种"混成"的文本状态存在[1]，而文中所有以"天""神"面目示人者，其实都是天主之谓。也因为这些，《况义》较之《意拾喻言》思想、文字上多了些审慎，少了些创意与趣味。

四

从《况义》和《意拾喻言》这两个译本可以看到，当西方文明来到东土，试图施以文明教化，其思想启蒙和语言启蒙的作用既是兼而有之，也是中西方文明双向互动的产物。不同的《伊索寓言》汉译，都与中国文学、文化传统有相当程度的结合与融汇，是西方寓言与中国文学交会的产物。

在将伊索寓言"中国化"的过程中，中国文人、学者也起到了至关重要的作用。《况义》的笔录者张赓、《意拾喻言》的"蒙昧先生"，在文本的实际创作中，作为助手，作为文化中间人，以中国文化的宽容与深厚，以中国文人的博学与智慧，使得伊索寓言这个西方文本的中国再造呈现出"外部主导、内部接管"之势，帮助伊索寓言在中国落地生根，功不可没。而在《意拾喻言》之后，中国学者就逐步站上了引介工作的前台。

---

[1] 关于中西文化"混成观"，可参见李奭学著：《中国晚明与欧洲文学——明末耶稣会典型证道故事考诠》，北京：生活·读书·新知三联书店，2010年，第246-247页。

《况义》和《意拾喻言》，明清两代伊索寓言故事的结集，上下两个不同走向的结点，中西两种不同文化的结合，促进了中西文化的交流，丰富了中国文化乃至世界文化的内容。这是中西方共同合作实现的教化与启蒙，正如罗伯聃特意在《意拾喻言》扉页上所书的四个字——"孤掌难鸣"。

作者简介：薛维华，男，湖北荆州人。2002年天津师范大学比较文学专业硕士毕业，北京外国语大学海外汉学研究中心2015届博士毕业生，研究方向为近代传教士汉学研究，现在北京外国语大学党办校办任职。

17、18世纪来华耶稣会士出版作品探究[1]

——以庞迪我《七克》为中心

魏京翔

17、18世纪来华耶稣会士出版的作品堪称"中学西传"之滥觞，其数量之巨蔚为大观，对彼时的中国社会进行了百科全书式的描摹。西班牙耶稣会士庞迪我刊行《七克》一书，以中西文化的契合点为前提，指出人性中的七宗罪恶，试图使基督救世的思想深入人心。全书内容生动，富有哲理，不仅对明末知识分子阶层影响颇大，而且还远播日本，成为欧洲早期汉学的重要先驱著作之一。

一、17、18世纪耶稣会士出版作品概览

1534年西班牙贵族圣依纳爵·罗耀拉在巴黎创立了耶稣会，该会于1540年经教宗保禄三世正式批准。该会不再奉行中世纪宗教诸如苦修和斋戒的规矩，主张灵活机动，知所变通。自耶稣会士利玛窦1595年进入北京，至1775年驻京

---

[1] 本文曾以《"中学西传"之滥觞——17—18世纪来华耶稣会士出版作品探究》为题发表于《出版发行研究》2015年第1期。本研究获对外经济贸易大学中央高校基本科研业务费专项资金资助（批准号：13QD19）。

的耶稣会解散，17、18世纪的两百年间，该教团在中国走过了辉煌的历程。这期间，来华耶稣会士们书写了许多有关中国的作品，对中国的描述由浅入深、由点及面、由全景式概述到专题性研究，他们的很多著作也先后在欧洲出版刊行。这段历史是耶稣会的鼎盛时期，也是欧洲人在耶稣会士的引领下认识中国的时期。清华大学张国刚教授依据费赖之《在华耶稣会士列传及书目》所提供的信息，对17、18世纪来华耶稣会士的作品进行了比较详尽的统计[1]：

表一

	出版作品数			未出版作品数	总计
	单行本	非单行本	合计		
17世纪	66	41	107	42	149
18世纪	61	382	443	159	602
合计	127	423	550	201	751

表二[2]

次序	17、18世纪在华耶稣会士出版有关中国的作品[2]				17、18世纪欧洲出版耶稣会士作品类别及其比例	
	类别	17世纪	18世纪	合计	类别	百分比（%）
14	文学（文学、戏曲）	1	3	4	文学	0.364
13	宗教（除天主教外的其他中国宗教及其历史）	3	12	15	宗教	1.636
12	医药	4	20	24	哲学	2.182
11	艺术（建筑、音乐、绘画）	0	26	26	艺术	2.909
10	哲学（儒学经典、诸子哲学）	5	27	32	医药	3.455

---

[1] 张国刚著：《明清传教士与欧洲汉学》，北京：中国社会科学出版社，2005年，第84页。

[2] 无法确认类别的作品没有计入，而少数作品因可以划分为不同类别而重复统计，故（表二）中总数与（表一）所示总数不太符合。本表右半部分用于计算百分比的出版作品总数采用（表一）的"550篇"，内容不确定的一类未列入表中。

续表

	17、18世纪在华耶稣会士出版有关中国的作品				17、18世纪欧洲出版耶稣会士作品类别及其比例	
9	社会生活（风土人情、中国概况）	9	26	35	语言	5.455
8	礼仪（与礼仪之争有关的祭祀礼及其他大小礼节、仪式）	12	38	50	社会生活	5.455
7	语言（语法、字典、源流考辨）	13	39	52	礼仪	6.182
6	译文	8	47	55	译文	7.455
5	时事（写作之时的政治、社会状况、重大事件）	9	63	72	地理	10.73
4	科学（动物、植物、技术、手工艺等）	7	68	75	历史	10.73
3	历史	17	65	82	时事	11.27
2	地理（游记、地图、路线描述）	14	73	87	科学	12.18
1	天文历算（天文史、历法、数算）	25	89	114	天文历算	14.55
	合计	127	596	723		

由以上两表可见，17、18世纪在华耶稣会士的作品已有相当多得以出版。事实上，耶稣会士有关中国的叙述真正能够发行的仍是少数，因为有大量的手稿难以查阅统计。费赖之能够尽量搜集已公开出版作品的信息，却未必能对未刊布的作品如数尽录。此外，通过对表二左半部分的分析，我们发现耶稣会士对中国的观察不仅全面，而且重点突出：天文历法、地理历史类的著作占据了主要的出版比例；然而表中的右半部分却暗示出，欧洲的编辑出版者所关心的内容与来华传教士颇为不同，科学、时事、社会生活类作品的数量在全部出版物中分别排在第4、5、9位，但在欧洲发行界却依次提升至第2、3、8位；相反，历史、语言、哲学类作品的数量分别占据第3、7、10位，而在欧洲出版榜上却先后降至第4、9、12位。由此可知，欧洲的出版发行者一方面是着力报道中国社会的先进生产技术和异域风情，另一方面则对中国哲学思想中与西

方基督教文化有冲突的内容限制公开。因此，如何弥补两种异质文化在伦理道德层面上的罅隙以推进传教工作的进展成为来华耶稣会士天主教事业的重中之重。因此，他们努力钻研典籍，广泛结交士大夫阶层，凭借古代的哲学思想著书立说，成一家之言。西班牙来华耶稣会士庞迪我及其所著的《七克》正是其中的佼佼者，中国天主教学界泰斗方豪先生更是称其为"最伟大的西班牙汉学家"[1]。

二、《七克》的版本考订及内容构成

1. 版本考订

据费赖之《在华耶稣会士列传及书目》记载，《七克》又名《七克大全》，除万历四十二年（1614）北京初刻七卷本外，还有崇祯十六年（1643）北京刻四卷本、嘉庆三年（1798）北京刻七卷本、道光二十三年（1843）泗泾刻本、道光二十九年（1849）上海二卷本等。1922年，上海土山湾印书馆发行了由法国遣使会士沙勿略顾作序的《七克真训》。1962年，台湾光启出版社对该版进行了重新校对刊布，卷首仍题庞迪我著。据中国社会科学院历史所张铠先生考证，"庞迪我的《七克》通篇是用古奥的汉语写成，非一般民众所易懂，因此有人将《七克》用浅显的文字重著，以《七克真训》为书名出版。"[2]据此可知，《七克真训》是《七克》的白话文转述版。

2. 内容构成及写作特色

庞迪我所著《七克》是一部论述道德修养的作品，书中明确指出人性中常滋生出的七种罪恶意念，即傲慢、妒忌、贪婪、暴怒、贪食、色欲及懒惰。而这七种恶的欲念应当克服，这就是《七克》书名的由来。全书共分七卷，分别是《伏傲篇》《平妒篇》《解贪篇》《熄忿篇》《塞饕篇》《防淫篇》和《策怠篇》。作者在书中明确指出修养品德、克制欲望绝不是一个人靠自身的

---

[1] 方豪著：《中国天主教史人物传》，北京：宗教文化出版社，2007年，第32页。
[2] 张铠著：《庞迪我与中国——耶稣会"适应"策略研究》，北京图书馆出版社，1997年，第45页。

力量就能达到的，因为"自有生来一念提醒，莫非天主上帝赐我，富贵寿安微暂之福，皆知出于上帝……迨德成欲克，皆认帝赐也"[1]。也就是说，一个人要想最终克服上述七种罪恶的诱惑，必须皈依基督精神。实际上，《七克》是一篇宏扬基督宗旨的传道作品。

内容上，为了避免中国人对《七克》所渗透的基督教义产生反感，庞迪我在著作中阐述的观点总是以人类普世的思想为前提，尽量模糊基督教义和儒家学说之间的界限，甚至着意寻找两者之间的契合点。如在《解贪篇》中他描述亚里士多德"古名师也，西国之为格物穷理之学者宗焉"[2]。这里，庞迪我用中国哲学术语"格物穷理"来表明亚氏的身份，以证明穷尽万物原理的精神是东西方哲学家共有的品质。又如卷二《平妒篇》谈及"爱"时，庞迪我指出它有四个定义，"其三，人也。爱人者，恕而已。己所不欲，勿施于人，即天主所谓爱人如己是也"[3]。这里把"己所不欲，勿施于人"的儒家说教与《圣经》中"要爱人如己"的训导揉和在一起，突出两者伦理道德的最高体现都是爱人。

此外，为了形象地阐明自己的观点，在《七克》中，庞迪我列举了大量《伊索寓言》的故事以示讽喻，这就使得该书的写作特色更加鲜明。如他在《伏傲篇》的《戒听誉》一章中，引用了名篇《乌鸦与狐狸》的故事，并据此得出结论"面誉以增尔愚，而得所欲得焉"[4]。庞氏抨击美誉惑心，认为人情世事无常，那些赞美我的人，其实才是包藏祸心、想要真正毁掉我的人。

三、《七克》出版的影响及其传播

《七克》的出版对明末知识分子群体的影响较大。在中国士大夫阶层中，与庞迪我结交最深，受影响最大的就是徐光启。作为晚明有着广泛社会影响的政治家、思想家和科学家，徐光启不仅通读了全书，还亲自捉笔对文字进

---

[1] ［西］庞迪我著：《七克》，京都始胎大堂藏版，1798年。
[2] 同上。
[3] 同上。
[4] 同上。

行了润色。《文定公行实》一书就提到庞迪我所著《七克》最终能够收入《四库全书》全赖徐氏的文字修订和体例编排。也正是徐光启对此书的推崇,《七克》有助于世人道德教化和完善的名声才得以广泛流传于晚明社会。此外,明末大儒李之藻于1628年刊刻了具有广泛影响的《天学初函》,将晚明来华耶稣会士用中文写作的名篇一一收录在内。庞迪我于1614年出版的《七克》即被收入《天学初函》"理编"之中,可见李之藻对庞氏学术成果的重视。

在中国天主教出版史的著述中,与徐光启、李之藻和王徵并称"耶儒四贤"的杨廷筠也与庞迪我互相钦羡。前者在为《七克》作序时曾直言虽未与庞迪我相见,但早就听说他在京城受天子礼遇,名流显贵多与之交友。因此,二人虽未谋面,但仰慕之情早已有之。1615年,杨廷筠读到《七克》的手稿,认为庞迪我在书中强调的谦虚谨慎、心境平和、淡泊名利、忠贞不渝、心胸豁达、恬淡饮食和奋发有为等七种品质与儒家学说对君子性情的定义如出一辙,所以不但欣然为《七克》作序,而且为该书"较梓"。[1]

随着明季中国天主教的发展,《七克》的出版影响也逐渐走出受洗儒士的圈子,并在更为宽泛的世俗士大夫范围内得到褒扬。崇祯二年(1629)礼部尚书、太子太保郑以伟与庞迪我交好,《七克》竣稿后,特意写了一篇《七克序》,并称赞此书的出版对于教化世人有积极的帮助;万历二十九年(1601)进士、著名东林党人熊明遇曾撰写《七克引》一文,将庞迪我与孔孟相比,认为孔子论仁、孟子论性的思想都在该书中得以彰显;山东按察司副使陈亮采读过《七克》后,评论此书观点切合儒家教理,写作风格精巧雅致,"语语字字,刺骨透心"[2];明末著名学者韩霖在其所著《铎书》第六篇中评价此书"微言奥义,深领其旨者,皆喜读其书"[3]。

事实上,不仅明末众多知识分子对《七克》评价颇高,至民国四年(1915),大公报创办人、辅仁大学奠基者英敛之先生在其所著《万松野人言

---

[1] [西]庞迪我著:《七克》,京都始胎大堂藏版,1798年。
[2] 张铠著:《庞迪我与中国—耶稣会"适应"策略研究》,北京图书馆出版社,1997年,第64页。
[3] 同上。

善录》中谈道："用心细想生平所见的各书，以修德改过当作性命交关的，只有《七克》一种。"[1]又说："人果能平心静气的读一读，真是惊心动魄，神味无穷。"[2]读英先生评论，可知《七克》这本书价值之高，影响之深。

　　庞迪我撰写的《七克》一书还曾传播到日本。远在天主教东传的肇始年代，传教士们就已经认识到日本文化深受中国文化的影响，如果中国人能信奉基督教，那么日本人必将亦步亦趋。又由于中国和日本同属东亚副传教省，中国和日本的教务又先后都接受范礼安和巴范济两位天主教视察员的指导，所以中日两个传教团之间始终保持着较为密切的联系。在这种情况下，一些来华耶稣会士用汉语出版的作品也曾流传到日本。像利玛窦的《天主实义》就曾传入日本并在旅日的耶稣会士中产生很大反响。《七克》何时传入日本以及在日本的流传情况，目前尚未有明确的文献记载。但日本宽永七年（崇祯三年，1630年）在查禁中国流入日本的天主教书籍时，《七克》赫然在列，居禁书第八位。[3]可见庞迪我这部《七克大全》在此之前就已传入日本，且颇有影响，否则不会列入首批查禁的范围之中。

作者简介：魏京翔，男，1984年4月生，汉族，山东省济南市人。2013年毕业于大连外国语大学西班牙语语言文学专业（文学硕士）。现任教于对外经济贸易大学外语学院西班牙语系。2016年考入北京外国语大学国际中国文化研究院，师从张西平教授。

---

[1] 英敛之著：《万松野人言善录》，上海：中华书局，1916年，第222页。
[2] 同上。
[3] 方豪编：《方豪六十自定稿补编》，台北：台湾学生书局，1969年，第24页。

清初西学东渐的代表性著作:《超性学要》[1]

胡文婷

"1682年10月12日卒于北京,享年76岁,在会60年,以教理、语言、文字及已刊诸书,著称于世。"这是北京大栅栏墓地里的一块碑文,它的主人为意大利耶稣会士利类思(Ludovico Buglio)。利类思在华期间专于写作,[2]身体力行地推动着"西学东渐",他更是倾数十载之力,将经院哲学的代表作《神学大全》从拉丁文译为中文,名为《超性学要》。该书是西方神哲学概念的系统性译介,同时是西方神哲学经典"本地化"的一次重要尝试。实际上,梳理中国近现代神哲学概念,源头要追溯到明末的传教士入华,而《超性学要》以其集大成的特点,在这些概念的形成及演变过程中扮演了重要的角色。

一、《超性学要》概述

《超性学要》虽说是《神学大全》的中译本,但利类思并未悉数译出,

---

[1] 本文曾发表于《北京行政学院学报》2017年第3期,在收入本文集时经原作者修改,字数有所删减。
[2] 利类思著作共计20余部,分为中文教理类,如《司铎典要》《主教要旨》《圣事礼典》《天主教原由》《圣教简要》《物元实证》《善终瘗茔礼典》《已往者日课经》《天主正教约征》《弥撒经典》等;西学知识类,如《御览西方要纪》《狮子说》《进呈鹰论》等;神哲学类,《不得已辩》《超性学要目录》《超性学要》等;其他,如《安先生行迹》《奏疏》等。

他共计翻译了28卷,安文思(Gabriel de Magalhães,1609—1677)翻译了2卷的《复活论》,另有目录4卷。而且该书的出版也非一蹴而就,"计《天主性体》四卷,顺治十一年(1654)北京刊印;《三位一体》三卷、《万物原始》一卷、《天神》五卷,康熙十五年(1676)刊于北京;《形物之造》一卷,同上;《人灵魂》六卷,康熙十六年(1677)刊于北京;《人肉身》二卷,康熙十七年(1678)刊印;《总治万物》二卷,《天主降生》四卷"。[1]可以看出利类思在翻译出版《超性学要》时,大致分为两个阶段,分别为17世纪的60年代和80年代,这20年中的变化不仅有利类思从"战俘"转为"陪臣",[2]还伴随着天主教在华发展状况的改变,《超性学要》整个的翻译过程既经历了天主教在华传播的"蜜月期",也经历了"历狱之争"[3]的"重创期"及后来的"重建期"。

利类思在总论自序中提到"大西之学凡六科,惟道科惟最贵且要,盖诸科人学而,道科天学也。以彼较此,犹飞萤之于太阳,万不及矣。学者徒工人学不精天学则无以明"。[4]他将神学喻为太阳,点出其重要性,同时也说明了他介绍神学的原因。随后他便引出"大圣多玛斯,后天主降生一千二百余年产意大里亚国,乃更详考圣经暨古圣注撰,会其要领,添以独见,立为定论,若一学海然书成命曰陡禄日亚。义据宏深,旨归精确,自后学天学者,悉禀仰焉是书"[5]。在此,利类思不仅介绍了陡禄日亚(《神学大全》的拉丁语为Summa Theologiae,此处为音译)的成书过程,还肯定了它的神学地位。另外,利类思在翻译时更是沿袭了阿奎那在《神学大全》中的体例安排,为"是书有三大支,支分为论,论凡数百者;论分为章,章凡数千;章分为辩,为反

---

[1] 方豪著:《中国天主教史人物传》,北京:宗教文化出版社,2007年,第286页。

[2] 关于利类思在华的经历,可以参看汤开建:《沉与浮:明清鼎革变局中的欧洲传教士利类思与安文思》(上),载《北京行政学院学报》2014年第5期,第118-128页;Erik Zürcher.*In the Yellow Tiger's Den:Buglio and Magalhães at the Court of Zhang Xianzhong*,Monumenta Serica,2002(50)。

[3] 这里指的"历狱"为杨光先在1666年发起的"康熙历狱",杨光先上书斥责西历和天主教,导致汤若望、利类思等人被捕入狱,全国各地传教士被遣送广州,天主教在华事业一度崩溃。

[4] 张西平、任大援、马西尼编:《梵蒂冈图书馆藏明清中西文化交流史文献丛刊》(第一辑)(第10册),郑州:大象出版社,2014年,第13页。原书中无句读,句读为笔者所加。

[5] 同上,第16页。

为解为答而辩,反解答中又各有始有终"。[1]

二、《超性学要》的"创造性叛逆"

在文化交流的过程中,文本的译介由于源文化和目标文化之间的不同经常会发生删减、添加或意译等,这种现象在译介学中被称之为"创造性叛逆"(creative treason)。"创造性叛逆"不仅最能体现译者的主体性角色,也可以直观感受文化碰撞产生的张力。而这种"叛逆"同样出现在《超性学要》的翻译过程中,突出表现在利类思对原本结构及内容的处理上。

利类思首先调整了原本结构,例如在"第一大支论天主与所有于天主"中,原拉丁文本共分为五部分,而利类思则分为"凡七段",将原本中的第一部分细分为三,即"天学论""天主三位"和"论造物之始",这种结构的细微改动使得内容逻辑更为明晰,便于中国人递进理解。另外,他在保证原文的基础上,开始向中国人的阅读习惯靠拢,比如书的体例安排及术语运用,他在遵循原本的前提下从中文语境中寻找合适的叙述框架,即"以一章标题之旨,先行揭出,而此旨大抵取自'Sed contra'一段之中;而此旨如引自圣经上语者,曰经曰如某圣人之语,则迳曰:圣益博削曰:如一形而上学之语,而语当先之以解释者,则曰:〔引〕继则陈述题旨之理证名曰:〔疏〕即原文之Respondeo dicendum,终则问难曰〔驳〕即原文之Ad primum sic proceditur,驳后即释难曰〔正〕,即原文之Ad primum dicendum,如是一章完毕"。[2]而在翻译标题时,利类思为了表达出"Utrum"这个拉丁语句式的选择性,特每题择一"否"字结尾表示疑问,然后通过"引疏正驳"的中文词汇来呼应和构建了本土化译本,行文工整,条理清晰。

再者,利类思的《超性学要》不是对《神学大全》的悉数翻译,而进行了选择性的摘译。查看拉丁语版的《神学大全》(*Summa Theologiae*),

---

[1] 张西平、任大援、马西尼编:《梵蒂冈图书馆藏明清中西文化交流史文献丛刊》(第一辑)(第10册),郑州:大象出版社,2014年,第16-17页。原书中无句读,句读为笔者所加。

[2] 徐宗泽:《圣多玛斯之超性学要译本》,载《圣教杂志》1927年第11期,第510页。

可以看到该书共分为三大部分，也就是利类思所称的"三大支"，第一大支（prima pars）共有119个问题（quaestio）；第二大支第一部分（prima secundae）共有114个问题；第二大支第二部分（secunda secundae）共有问题189个；第三大支（tertia pars）共有问题90个，另有Rainaldus做的第三部分的补充部分Supplementum ad Tertiam partem，共有问题99个。那么被利类思翻译成中文的又有多少呢？根据雷立柏（Leopold Leeb）的统计，《超性学要》共翻译了《神学大全》的四分之一左右，具体为第一大支中的问题全部译成汉语，第二大支的正文都没有译成汉语，只是译了标题，第三大支阿奎那的90个问题的题目全部被译出，但正文译成汉语的只有1—5和27—45号，另，增补部分所有问题的题目也均被译出，正文译成汉语的是75—86号。[1]

作者通过对比《神学大全》的拉丁文版本、利类思的《超性学要》以及雷立柏的统计，在进一步分析后，发现《超性学要》中仍存在不少缺译部分。第一大支未译问题共计8处，分别为：Q16[2]，Q17，Q24，Q31，Q38，Q43，Q74，Q98。第二大支未译问题共计14处，分别为：II-I-75，II-I-104，II-I-105，II-II-12，II-II-16，II-II-39，II-II-40，II-II-41，II-II-42，II-II-56，II-II-86，II-II-87，II-II-93，II-II-187。第三大支未译问题有5处，分别为：Q6，Q7，Q24，Q38，Q70。最后的增补部分未译的有22处：Q20，Q21，Q22，Q23，Q24，Q25，Q26，Q27，Q28，Q33，Q40，Q44，Q46，Q56，Q57，Q59，Q60，Q61，Q64，Q65，Q66，Q68。

此外，利类思在处理问题下的章节（articulus）内容时，也进行了不同程度的删减、缺译。经笔者统计，第一大支中没有译出的章节共计55处，第二大支中漏译的章节共计62处，第三大支中未译章节共计61处，另外在增补问题的这一部分中有43处章节未译。

如此大规模的删选，首先是缘于利类思对中国的文化习惯和传统风俗的

---

[1] ［奥］雷立柏编：《汉语神学术语辞典》，北京：宗教文化出版社，2007年，第281页。
[2] 此处Q为Quaestio（问题）的缩写，II-I-75意为第二大支第一部分问题75，以下相同。中文翻译沿用的是雷立柏在《汉语神学术语辞典》中的翻译。

把握。他删去了原文中涉及到"一夫一妻""私生子"等敏感话题，是因为在儒家传统根深蒂固的中国，家庭伦理中的"不孝有三、无后为大"观念不同于天主教的伦理观，这也是传教士在华奉行"上层传教路线"时，与士大夫阶层分歧最大之处，徐光启甚至说："十诫无难受，独不娶妾一款为难！"[1]利类思在后期翻译《超性学要》时，已在中国生活多年，深知此为中国儒家传统与传教事业之间的主要矛盾点，故为了在"历狱"后重新获取教徒，避免争端，他便在翻译时选择将这些矛盾点和敏感话题完全删去。

另外，利类思还删去了《神学大全》中关于战争、起义等内容，这是考虑到中国的政治环境所作的选择。17世纪下半叶，清朝在平定三藩后，终于实现了"大一统"，此时利类思若还大谈特谈战争、起义之事不仅不合时宜，还会成为他人口实，毕竟自西士入华，中国社会对他们的顾虑和猜忌主要集中在他们是否与外夷勾结，是否会有危害社稷之举等方面。因此为了维护天主教在中国的发展，保证其安全地位，利类思做出如上的"创造性叛逆"，是很容易理解的。

同时，鉴于中国教务的具体情况和教会的内部因素，《神学大全》中关于《圣经》的内容也未在《超性学要》中充分体现。《圣经》在中国的翻译十分曲折。早在16世纪，因教会对《圣经》严格控制，福音宣讲主要依靠的是各种教理书，来华传教士在提出想翻译圣经的想法后，也相继被范礼安（Alessandro Valignano，1539—1606）、利玛窦（Matteo Ricci，1552—1610）所驳回。到了17世纪，金尼阁（Nicolas Trigault，1577—1629）积极游说罗马教会，教宗保罗五世（Pope Paul V，1552—1621）下令可以将《圣经》译为中文，但后来这一决议未及时实施，成为耶稣会的一件憾事。随后传信部成立，专门负责教区教务，更是执行了严格的书籍审查制度，认为《圣经》的出版是不必要的，因此中文版《圣经》迟迟未出，利类思虽说拥护保罗五世的决议，但基于中国人对《圣经》的不熟悉和教会的内部原因，他还是删去了原书中关

---

[1] 黄一农著：《两头蛇：明末清初的第一代天主教徒》，上海古籍出版社，2006年，第465页。

于这部分的讨论。

三、《超性学要》的译词问题

从《神学大全》到《超性学要》不只是简单的拉汉翻译，其背后是西方基督文化通过译者的不断阐释而努力融合于中国文化视域的过程。

从罗明坚（Michele Ruggieri，1543—1607）、利玛窦开始，在华传教士在翻译神学术语时，就一直在"直译"和"意译"之间摸索。如果说罗明坚还在音译和意译之间徘徊，那么利玛窦则主张"搜寻一个接近天主教思想的中文词汇，然后经过一个解释和说明的过程，赋予它们正确的符合天主教概念的新的涵义"。[1]而随着"以书刊教"的开展，汉语神学术语的范畴也在不断丰富。至利类思翻译《超性学要》时，更是体现出继承和创新的特点。

说其继承是因为利类思在翻译《神学大全》时，大部分的人名和术语的翻译是直接采用了前辈传教士的成果，如"闭他卧赖（毕德哥拉斯）"和"生魂"均出于《天主实义》，"原罪"和"天神"出于《天主圣教实录》，"灵欲"和"形乐"则出于《灵言蠡勺》等。说它兼具创新是因为利类思在翻译的过程中还不断进行着术语的重造，当汉语中没有合适的词语去表达西方概念时，利类思便通过从汉语中选择字词进行重新组合来表达原文，如"心盲"一词（II-II-15），原文为caecitas，意为"失明，盲目"，此处利类思便将"心"与"盲"组为一个新的主谓结构来表示"内心盲目"。另外，"重造"还意味着将汉语中已有的词注入新的神学涵义，从而纳入神学范畴。如"洗涤"（III-I-66/69）原拉丁文是baptismus，意为"洗礼"，但利类思却选用汉语词"洗涤"来表达baptismus，该词的汉语原意是"清洗污秽"，唐代后有"除去（罪过、积习、耻辱）等"意思，见元稹的《弹奏剑南东川节度使状》，便有"反逆缘坐，并与洗涤"。[2]于是利类思在其原意的基础

---

[1] ［美］邓恩著，余三乐、石蓉译：《从利玛窦到汤若望：晚明的耶稣会传教士》，上海古籍出版社，2003年，第283页。

[2] 参看《汉语词典》电子版，网页为http://cidian.911cha.com/aHd1cQ==.html，最后访问时间是2016年11月4日。

上进行了内涵的扩大化，发展为天主教中的"除去（原罪）"，这样既利于人们理解，也使得天主教教义可以直观体现。类似于"洗涤"的还有"奉役"（II-II-103）一词，阿奎那在《神学大全》中使用该词是源自于希腊语"δουλεία"，原意为"slavery"，指的是"对圣人的敬奉"，但利类思选用"奉役"的汉语原意是"承担劳役"，虽然也含有"为仆"的意思，但他更多地是将该词的原本内核进行了"偷梁换柱"，将其拉入神学术语范畴内，并呈现出一定的文化张力。这对读者来说不仅需要时间的适应，更要对西方神哲学体系有初步的认识和把握。[1]

另外，因为《神学大全》有"神学百科"之称，翻译并非易事，利类思在整个翻译过程中对译词也是多加摸索。他曾在一封信中说道："我非常清楚我们神父的这些翻译有很多将是不被通过的，我们会在更多监督之下去尽力确定词汇的表达方式，因此我们一直都在非常谨慎细致地遣词造句，希望可以表达出该书的拉丁语。"[2]故而，《超性学要》不同的版本之间存在同一用词的改变。仅以序言为例，如高层云撰写的序言中，有的版本使用的是"上帝"二字，有的版本则进行了删改重刊，以"上主"代之。还有胡世安序言里的"非天之有以抑扬之"后被改为"非天主有以抑扬之"，"为吾儒昭事上帝"亦改为"为吾儒小心昭事"，这种明显地避用"天""上帝"的做法是利类思对耶稣会内部"译名之争"的直观反映。另外，因为"利氏开始翻译者为总目，而最初出版者亦为总目。盖总目中之译文，在分目中另行重译者往往而然"。[3]所以会造成有诸多词语发生了改变，如："造物之始"变为"万物原始"，"奉遣"变为"遣降"，"发誓"变为"誓谕"，"圣事"变为"圣体"，"授洗"变为"受洗"等。

利类思既为西来传教士，又在中国生活多年，于其本身而言，已是两种

---

[1] 在此，笔者只是简单地与前人耶稣会士的著作进行了对比，并参考了《汉语词典》和"中国哲学书电子化计划"数据库，更多研究将在以后展开。

[2] Appendice al Messale Cinese, in Arch. S. Congr. Prop. Fide, *Diverse scritture della Cina*, 1686—1689, pp.123-124.

[3] 张金寿：《论超性学要各版本之同异》，载《上智编译馆馆刊》1947年第1期。

文化碰撞所在,因此他在进行翻译时,文化的"中西两端性"就表现得尤为明显,他对译词的处理,既是对他西方文化背景的考验,也是对他中国文化水平的挑战,无论是继承还是创新,均体现了他对两种文化之间关系的把握程度。而他对词语的改动和修正则体现了他在推动天主教"本地化"过程中的不懈努力,同时反映了彼时耶稣会在华发展的阶段特征。

四、《超性学要》的结局

从《神学大全》到《超性学要》的译介过程体现了利类思作为译者对原文本理解的"历史性",是他所处时代和本人"视域"中对《神学大全》的再理解,其中融合了他的生活阅历、知识背景以及文化体验等。为了符合经典著作的准确性及维护自己的信仰,利类思在翻译《神学大全》时努力调适着自己的理解"视域"以符合阿奎那的原文本"视域",但他的努力似乎并没有被罗马教廷承认,《超性学要》在很长时间内被束之高阁。当然这种情况与彼时欧洲教会内部掌握汉语的程度有关,无法对这本译著进行全面审查和研究。直到1727—1737年间,传信部委派方济各会士麦传世(Jovino d'Ottajano,生卒年不详)和康和子(Carlo Orazi,1673—1755)对该书进行了审查,但可惜的是,俩人都对该书作出了负面评价。[1]于是,《超性学要》再次被搁置,很多教会人士甚至不知道该书的存在。

另一方面,《超性学要》在中国的命运也并不乐观。如果说"不管译者与作者有多少共感,翻译不可能是作者原创作思维过程的再现",[2]导致利类思对《神学大全》的翻译在教会内部得到了消极对待,那么中国读者对《超性学要》的解读则更多涉及时代、观念、政治、情绪等因素的"动态变化"。清朝思想界与晚明不同,随着清帝对思想统治的加强,知识界开始以"训诂"为主,该转换直接影响到西学在中国的传播。而雍乾全面禁教后,天主教在中国

---

[1] Archivio Sacrae Congregationis de Propaganda Fide, *Scritto Originale Congregationis Particolare dell Indie Orientale 1738—1741*, pp.240-249.
[2] Gadamer Hans Georg, *Truth and Method*, New York: the Continuum Publishing Co., 1975, p.55.

的传播事业就此停滞，传教士的书籍或焚烧或深锁匣中，利类思的《超性学要》在如此大背景下也难逃被淹没的命运。

更重要的是，利类思虽然在翻译书籍时，已经在原文本、他自己的阐释和读者的解读这三者关系中进行了积极思考和探索，甚至为了使中国读者克服时间和地理距离所造成的差异，消除掉对西方神哲学体系的陌生感和不适感，努力采取适应中国读者的翻译策略。但他还是轻视了两种完全不同的文化在进行对话和理解时存在的隔阂与张力。因《神学大全》的最突出特点是对问题的论证充满了思辨性，这对于西方人来说不难理解。但是对于缺乏逻辑传统和训练的中国人，《超性学要》中展现出来的哲学体系可谓晦涩艰深，而这则直接影响了它在中国阅读群体中的传播。

《超性学要》作为第一部用中文来系统介绍西方哲学概念的著作，是最早的西方内核文化的东传尝试，但却在东西方处境尴尬。虽说需要译者去完成词汇的"所指"与"能指"在不同的语言系统中转换，但时代背景和深层思想却是决定这种转换是否成功或是否有意义的根本因素。由于时代的局限性，中西双方都没有意识到这部著作的价值所在，但因文本的解读具有开放性和动态性，随着中西文化交流的加深，彼时不能穷尽的文本内涵，在新的时代将得以重新挖掘和思考，并被赋予新的理解和意义。

作者简介：胡文婷，1986年出生，河北人，北京外国语大学国际中国文化研究院博士，2010—2017年，师从张西平教授，研究方向为中西文化交流史，跨文化研究，早期传教士汉学。现为电子科技大学外国语学院讲师。

浅论耶稣会"索隐派"的思想之源[1]

——以白晋为中心

全 慧

索隐派（亦称索隐主义，figurism）在西方传教史上有着悠久的历史，在早期犹太教的传播中即有人使用此方法。其与中国产生关联，却是通过康熙朝时来华的几位耶稣会传教士：白晋（Joachim Bouvet，1656—1730）[2]、傅圣泽（Jean-François Foucquet，1665—1741）、马若瑟（Joseph de Prémare，1666—1736）和郭中传（Jean-Alexis de Gollet，1666—1741）等人，他们通过以"特殊"方法解释中国古籍，试图从中国经典中找到"证据"，证明早期中国人具有纯粹的基督教思想、对真正的上帝有着确切的认识等观点，从而对传教事业产生事半功倍的效果。这一派别在中国并未见有人响应，在基督教会中也被认为是异端邪说，长期遭到禁止。人们往往嘲笑"索隐派"是异想天开，责备其为达目的不择手段，却往往忽视，一种思想方法的产生，自有其悠久的历史根源和复杂的现实土壤。本文作者通过阅读藏于耶稣会罗马档案馆的大量白晋神父通信、并分析其生平与作品，对索隐派的思维方式有了一定的理解。

---

[1] 本文曾发表于《汉学研究》2011年6月。
[2] 白晋，字明远，部分清代文献中记其名为"白进""博津"。

现以白晋为例,结合西方传教史、白晋本人的教育背景、所处形势等因素对索隐派的思想渊源浅析如下。

一、传承——传教史上的索隐主义

1. 西方宗教史上的索隐主义思想传统

索隐主义思想并非白晋等人首创,而是在西方宗教史上早已被使用过的一种阐释方法。该名词主要被用来指称基督教对《旧约》的一种索隐式的注释方法:通过"探寻"《旧约》中所记录的具体事件所蕴含的象征意义,来揭示《圣经·旧约》中所隐藏的、未来的信仰秘密的发展情况以及教会的历史,因此也被称为"旧约象征论"。在西方教会史上,先是有人运用这种方法在希腊宣传犹太教[1],继而有人运用它来解释《圣经·新约》的合理性及其与《旧约》的继承关系,从而在信仰犹太教的人中为基督教争取一片空间[2]。这种基督教的索隐派思想认为:正如肉体、精神和思想构成了人一样,在蕴含着神之启示的圣经文字中也有神的存在,这些文字有三重含义:字义上的、道德上的和寓意上的。

中世纪还出现了另外一种理论潮流,认为基本的基督教教义在世界各处都为人所知,虽然也许是通过暧昧的、模糊的形式;该潮流也吸收了一些古老的注释手段,特别是索隐主义或象征论的解释。其出发点是,当时不同民族和文化的、为世人所共知的人物形象,如赫尔墨斯(Hermes)、俄尔甫斯(Orpheus)、毕达格拉斯(Pythagoras)等,他们的形象已经包含了基督教的一些痕迹,如一神论、三位一体论以及从无到有创造世界等等。利用这种理论

---

[1] 亚力山大的犹太学者Philos(公元前13—公元45或50年),曾通过这样的手段在希腊传播犹太教信仰。借助这种寓意式的文字阐释方法,他成功地证明了:摩西五经的内容和非犹太教的、希腊宗教哲学不但是相吻合的,而且是完全理性的;同时他表明,根据寓意和形象,Septuaginta(圣经七十十译本)中包含着人类的真理,由此完成了证明犹太教的宗教信仰和放之四海皆准的真理是一致的。不仅如此,犹太教信仰还是历史上曾出现的对这些真理的最早的阐释。——这可称为犹太教的索隐方式。

[2] Origenes(奥利金)(逝世于约公元254年),以及Clemens(克雷芒斯)将这种阐释方式运用到了基督教的传播上,发展出了传统意义上的索隐派思想——基督教索隐派思想。

要么可以将异教徒的学说融合到基督教当中,要么则可以以一种辩护的方式来说明基督教的优越性。这种理论被称为"古代神学"(Prisca Theologia)[1]。

13世纪时,希伯来犹太教中出现一种神秘的学说——喀巴拉(写法多样,最常见的有Kabbalah,Cabala,Cabbala等),主要以摩西五经以外的经书和口头流传的学说为依据,对《圣经》进行解释,其目的是揭示圣经中所隐含的神秘意义。在这一点上,喀巴拉和索隐主义不谋而合:两种学说都假设圣经中隐藏着神秘含义,并自称能解释这些含义。文艺复兴时期,喀巴拉思想被基督教的学者们重新发现,但他们主要还是以语文学家的身份将喀巴拉的研究方法作为工具。1450年到1480年间,喀巴拉几乎成了欧洲学者的必修课之一,很多基督教学者的研究都或多或少地以各种各样的形式涉及喀巴拉的内容。

由此可见,通过对各种所谓具有"神秘性"的文献进行文字学或语言学上的阐释,以期将想要传播的新的教义与本已存在并被广泛承认的教义经典进行对应与互证,从而"证明"新教义存在的合理性与普世性,达到事半功倍的传教效果,这种方法在西方传教史上一直存在,并且对文艺复兴之后的传教学研究有着深远的影响。本文姑且将这一类思想称为广义的索隐派(主义)思想。

此外,宗教研究家们在进行与文字学或语言学相关的研究时,也往往采用类似的方法。最有名的案例是埃及的"象形文字"。埃及文字是世界上最古老的文字之一,一些学者对其进行过专门研究,其中最著名的代表是德国的基歇尔(Kircher),他同时也是"古代神学"思想的主导者之一。1636年,在其第一本研究埃及象形文字的书*Prodromus Copticus sive Aegyptiacus*中,基歇尔宣称,埃及的文字不是世俗意义上的文字,而是一种包含着古埃及人宗教真理和神学理论的象征体系,是一种"象形文字"。

白晋在教会学校上学时,就曾认真研究过以上各科目,因此,当他研读中国经典、分析中国文字(亦是一种"象形文字")时,索隐派的思维方式便

---

[1] 参阅D. P. Walker, *The Prisca Theologia in France*, Journal of the Warburg and Courtauld Institutes, Vol. 17, No. 3/4(1954), pp. 204-259.

自然生效了：[1]这可以说是一种潜意识的作用，若说他是完全从传教策略角度出发，生编硬造出的索隐主义思想，恐怕太过武断。

2. 利玛窦传教路线中的索隐派思想雏形

耶稣会在华传教的先驱、白晋景仰的前辈、意大利耶稣会士利玛窦（Matteo Ricci，1552—1610）来到中国后，采取了著名的"适应政策"：先是着僧袍以僧人自居，后经中国文人提醒，改以儒生扮相示人。

不久他就发现了中国人在文化方面的自信乃至自傲，为了在文化心理上更贴近他的潜在传教对象，同时更好地与其"儒生形象"相符合，他开始刻苦研读儒家典籍——主要是先秦儒家经典，同时直接运用儒学思想界的各种术语来阐述基督教教义，在其《天主实义》《畸人十篇》等传教性书籍中，他采用了儒家的先贤语录及仁、义、礼、智、孝、敬等词汇来表述天主教义理，例如最典型的用"仁"来表述天主教的重要概念"爱（Amor）"；此外，利玛窦在义理翻译中作出的最重要同时也是后来引发最大争议的一个选择，便是把"陡斯（Deus）"与中国古经书中所称的"上帝""天"等同起来："吾天主，乃古经书所称上帝也"[2]。

利玛窦之所以敢下如此断言，一方面自然是出于传教策略的考量：选取中国人熟悉的概念与术语会使基督教义更具亲和力和可接受性；另外不可否认的一方面，则是由于他具有坚定的一神论信仰，思考问题时自然的运用"基督上帝至尊无二"的逻辑。因此当他读到中国经书中的"郊社之礼以事上帝"（孔子）、"执竞武王，无竞维烈，不显成康，上帝是皇"（《诗经·周颂》）、"夏氏有罪，予畏上帝，不敢不正"《尚书·汤誓》等句子时，可以料想其第一反应便是这样至高无上的人物，除了基督教那位唯一的神之外，还能是谁呢？就这样，他从中国最古老的典籍中找到了一位类似意志神的人物，便毫不犹豫的将其等同于Deus；同时，通过这样的对照反思，他更坚定了从

---

[1] 参阅［德］柯兰霓著，李岩译：《耶稣会士白晋的生平与著作》，郑州：大象出版社，2009年。

[2] 《天主实义》上卷，第二篇："解释世人错认天主"。见朱维铮主编：《利玛窦中文著译集》，上海：复旦大学出版社，2001年，第21页。

最初的儒家经典中可以找到十分纯洁的一神论观点的信心。

基于以上种种认识，利玛窦提出了一个新颖而大胆的观点，并试图以此来反驳基督教是异教的指责，那就是基督教在世界产生之初就已存在，并且基督教教义中关于人类最初阶段的历史记载和中国古代典籍中的记载是一致的。

从以上分析可以看出，利玛窦已开始不自觉的使用了索隐派思维方式：以基督教的一神论世界观为指导，通过对中国最初的儒家经典进行文学和意义上的分析，他不仅确立了 Deus 的中文对应名称，还用中国古代典籍的记载"印证"了基督教对人类史记载的正确性。这两点结论后来成为耶稣会在华传教所默认的必备理论，其索隐派思维方式也显出雏形，作为该会的宝贵思想遗产受到尊崇，并被发扬光大。虽然后来在"礼仪之争"中成为被批判的对象，但是对耶稣会在华传教事业起到了关键性的作用，并对其后来华的耶稣会士们产生了深远的影响。白晋正是这一思想的忠实拥趸，并将其发挥到极致。

3. 卫匡国模糊矛盾的索隐派思想

意大利耶稣会士卫匡国（Martino Martini, 1614—1661）在中西交流史上也曾扮演过重要角色，特别是在礼仪之争的第一阶段为中国礼仪进行了卓有成效的辩护，使得西方传教士进入中国的障碍暂时得以排除。不仅如此，他对中国文化，尤其是中国历史和汉语语法都进行过较为深入的研究，分别写出了在欧洲影响极大的作品：欧洲第一部中国历史巨著《中国上古史》（*Sinicae Historiae Decas Prima*）和欧洲第一部中国语法书《中国文法》。其中前者隐约透露出作者的索隐式思想渊源——卫匡国在耶稣会最高学府罗马大学学习期间，其数学老师正是前文提到过的基歇尔。

卫匡国的编年体历史著作《中国上古史》1658年首版于慕尼黑。第二年又在阿姆斯特丹出版了拉丁文版。这部书上自远古，下至公元前一年，即西汉哀帝元寿二年。共分十卷，卷末附有编年表。[1]

---

[1] 据吴莉苇博士考证，卫匡国此书主要参考了陈桱的《通鉴续编》，而非传统意义上的正统儒家经典。参阅吴莉苇：《当诺亚方舟遭遇神农伏羲——启蒙时代欧洲的中国上古史论争》，北京：中国人民大学出版社，2005年，第110-115页。

值得注意的是，作者在书中列举了包括传说中的伏羲在内的中国古代所有的统治者，到西汉的哀帝为止，并且以黄帝统治中国的第一年——公元前2697年作为中国完整历史年代之开端。由于黄帝与伏羲之间还隔了255年，人们可以推断，伏羲统治年代应是在公元前2952年，即《圣经》所记载的大洪水发生之前。这一日期和中国古史中关于一次洪水泛滥的记录使卫匡国更加相信自己的观点是正确的，他由此断定，远东地区在大洪水之前就已有人居住了。他认为中国历史中的洪水和圣经中所说的大洪水"可能"是一致的，并且明确指出两次洪水泛滥是同时发生的。由于中国的这次洪水发生在尧统治时期，于是卫匡国提出了一个极富创意的假设——中国当时的统治者尧就是亚努斯（Janus），而当时欧洲很多学者都将尧和诺亚（Noach）等同。所以当时卫匡国也曾表示，尧也可能和诺亚是同一个人。

事实上，欧洲人自从接触到中国上古史以来，一直有人或凭直觉或刻意地将中国上古人物与《圣经·旧约》中的先祖相对应：1585年，西班牙奥古斯丁会士门多萨（Juan Gonçales）就曾在其《中华大帝国志》中感慨中国历史是如此的古老，以至于人们不得不相信，这片土地上最早的居民应该是诺亚的子孙。中国上古史论争爆发之后，更有越来越多的人将圣经中的先祖与中国远古时期的帝王相对应，例如Georg Horn在其1666年的作品《诺亚方舟》（Arca Noae）中就曾如此对应：伏羲——亚当（Adam），黄帝——以诺（Henoch），尧——诺亚。

卫匡国对于中国古史之准确年份的断代，在欧洲引起了轩然大波，这一点连他自己也没有料到：他所确认伏羲即位的年代较之《圣经·旧约》所记述的诺亚洪水发生的时间早了600年，而中国历史在此后却并没有丝毫的中断。欧洲思想界由此爆发了对于《圣经》记载与中国纪年之可靠性的长期争论。宗教界与笃信基督教的学者们在倍感压力与尴尬的同时，积极寻求调和二者的途径。[1]

---

[1] 参阅毕诺、安田朴与吴莉苇等人的著述。

此外，卫匡国的《中国上古史》还第一次向欧洲介绍了《易经》及其卦图。他根据中国"河图洛书"的传说，指出伏羲是第一个看到龙负卦图出于水的人，因而能据此作易卦。卫匡国认为，既然伏羲是中国的第一个皇帝，所以中国的第一门科学就是数学，因为易卦是反映天人之间关系的一种数学模式。白晋曾仔细阅读此书，对《易经》的重要性与神秘性有所了解，卫氏的思想对其产生了潜在的影响。

在这样的学术背景下，白晋后来通过对汉字的分析，得出伏羲就是以诺等结论，实在不算多么出人意料的事。

综上所述，白晋的索隐派思想并非凭空想象，它有着前人的思想作为积淀。然而，无论是利玛窦对索隐思想的默认与"合儒"的策略，还是卫匡国的矛盾与回避的态度，与白晋相比都是过于保守而缺少效力的，他们都没有将主要精力放在这一领域：或许是没有意识到这一结论的巨大力量和可能带来的收获，或许是没有魄力和时间去全身心的开展这项事业，也或许是认为归化全中国这种宏图大业本就不可能由一个人、甚至一代人来迅速完成，因而也没有考虑过是否有捷径。白晋一方面受到他们思维方式和结论的启发，一方面用他那灵活的头脑将这一结论发挥到了极致，卫匡国提出的那道两难的命题，到了他手里不费吹灰之力便迎刃而解：中国也是基督教的发源地之一，忠于中国历史与忠于上帝根本就不矛盾。这一看似荒谬的结论背后，包含的是白晋对于中国古书长达30多年的辛勤研究。

二、教育——白晋索隐主义思维方式的铸就

白晋1656年7月18日出生于法国西北部的勒芒市，1673年10月9日加入耶稣会[1]；1685年甫一学成，便与另外5名耶稣会士一起前往中国传教，此后除受康熙委派回欧洲一次外，余生均在中国，确切地说是在宫廷里度过，最初

---

[1] 费赖之神父记其入会时间为1678年10月9日，见：Pfister, Louis Aloys：*Notices biographiques et bibliographiques sur les Jésuites de l'ancienne mission de Chine*（1552—1773）.（Nendeln 1971）。荣振华在《补编》中将其更正为1673年10月9日。

当了数年帝王师,之后的时间主要用来研究中国经典,写出大量索隐主义的作品——然而绝大部分被禁,至今未见天日。从其一生的思想发展来看,前一阶段(1685年前)是学习阶段,养成自己独立思考的能力和较为成熟的思维方式,后一阶段则是应用这种思维方式解读其所遇到的异质文化。因此,在耶稣会学校受教育的十几年,正是其思想定型的重要时期。

1. 耶稣会教育理念与课程结构

由西班牙贵族依纳爵·罗耀拉（Ignatius von Loyola，1491—1556）创办的耶稣会,最主要的任务是教育与传教,他们在欧洲兴办了许多大学,培养出的学生除了耶稣会人才外,也有不少活跃于政界与知识分子阶层,耶稣会对欧洲的教育起到过重大的作用,其教育方式与课程结构在不少国家沿用至今。

要成为耶稣会的正式传教士,除了要接受长期的普通课程[1]学习之外,其考验时间也比其他修会要长得多,要经历4道门槛:1.两年的精神训练,在此阶段须严格遵循会规与戒律,放弃个人意志,绝对服从长上,并履行较为低贱的职责;2.从发三愿（即贫穷、慈悲和服从）开始,其中一部分去做了普通修士,另一些人为取得传教士资格,要进一步学习数学、逻辑、文学、哲学以及神学课程;3.通过特定的测验之后方可成为"助理教士";4.发第四愿:对教皇绝对服从,并承担后者所指派的任何工作。能够通过最后一关的,往往只有整个团体总人数的十分之一左右,他们最后多被派往各地,独当一面地进行传教活动。

耶稣会学校[2]的具体教育模式在欧洲各个国家也不尽相同,其课程设置大体如下[3]:

第一,校外教育阶段（即进入耶稣会学校之前接受的教育）:5—9岁,

---

[1] 主要指拉丁语、希腊语等语言方面的课程,以及修辞学、诗歌、历史等等,以培养人文精神。

[2] 主要是学院（collegium）与大学（universitatas vel studia generalia）,均为免费教育,学生常常来自名门望族,课程设置则因地制宜。

[3] 参阅刘耘华:《诠释的圆环——明末清初传教士对儒家经典的解释及其本土回应》,北京大学出版社,2005年,第35-36页。

学习拉丁语的听说读写；

第二，初等教育阶段：10—13岁，学习语言（主要是拉丁语和希腊语）、修辞学、诗歌、历史等。语言课程通常在12岁之前完成，12—13岁才开始学习修辞学；

第三，高等教育阶段：14—23岁。其中14—16岁，修习逻辑、物理、形而上学、道德科学及数学；17—19岁，修习神学、法学和医学，其中最重要的是神学，其本身又被厘分为经院神学、实证神学、经典法和《圣经》经文等；前3年学习合格可获得学士学位，后3年合格则可获得硕士学位。最后是21—23岁，在这一阶段想要获取博士学位者要经过两年的实习（例如授课）考察。

以上介绍至少说明了两个问题：一是最终成为耶稣会传教士（即获得博士学位者）的人都接受过较为全面的教育，且经过了严格的选拔，由此可以推断来华传教士们的学识涵养确实有过人之处；其次，在经过了长达18年左右的经院式学习之后，长大成人的传教士在思想上和性格上都已基本定型，到需要被派往指定地点进行传教时，年纪在25—35岁的传教士们在思想上完全忠于天主与教皇，在学识上已积累了大量的欧洲传统学术性质的"前理解"，其世界观、人生观及思维方式被缜密的学术经历编织成了一张密不透风的网，无论他们被派往哪里，都注定难以被当地的文化及观念所浸染。这两个特点在白晋的身上发挥得淋漓尽致，其辉煌与悲情归根结底亦源于此。

2. 白晋受教育经历

白晋具体几岁开始上学，每年分别修习了哪些课程，具体年表目前尚无资料可考。依据现有材料可知：年少的白晋被送到了位于拉弗莱什（La Flèche）的耶稣会学校亨利四世学校（Henri Ⅳ），家人的这个选择决定了他未来的发展方向。

亨利四世学校实际上是一所综合性的学校，开设了从语法课直到神学课几乎所有的课程，以及一门名为"Ratio Studiorum"[1]的有关耶稣会基础知识

---

[1] 为"学习计划"或"培养热忱的计划"。

的课程。该课程包含一套系统而完整的培养年轻基督教徒的计划，目的就是使这些年轻人将来能够胜任国家部门或教堂中的重要职位。人文科学、哲学和对基督教徒至关重要的神学课程在这门课程中占了十分重要的地位。

白晋在该学校学习的时候，对数学和物理尤感兴趣，他深入研究这两门学科并掌握了大量的数理知识。同时，他的语言学功底也于此时被培养起来，他精通多种西方语言：拉丁、希腊、希伯来、叙利亚、意大利、西班牙、葡萄牙等等，这证实了他在语言方面有着极强的学习能力，故而日后才能花很少的时间便掌握了满语和汉语[1]，并进行连多数中国人都望而却步的艰深研究。

在拉弗莱什学习的最初阶段，白晋便听说了利玛窦与中国的种种事迹，对这个远方的国度产生了兴趣；他以梦想进入中国却最终功亏一篑的耶稣会创始人之一沙勿略为偶像，感到自己受到神召[2]，期待着去中国完成几代人的心愿，归化这个神秘的国度。这是他在1673年10月9日加入耶稣会时所立下的誓言，也是他最大的愿望，在其学习、实习乃至当教师期间，这一愿望不但没有被磨灭，反而愈来愈强，时刻鞭策着他。

两年的修士见习期结束后，白晋又回到学校继续修习雄辩术、哲学、数学和物理等学科。同时出于他个人的兴趣和爱好，也由于学有余力，他还自行

---

[1] 对于白晋的汉语能力到底如何，历来有不同的意见，一部分研究者认为其水平很低，因为他在向莱布尼茨介绍"伏羲所作的神秘图形"——即八卦时，采用了从上到下的顺序来解读，然而懂中文的人都知道八卦应是从下往上读；另一部分研究者则力挺白晋的中文极好，从他屡次被皇帝钦点为翻译和大使即可证明，他之所以依此顺序解读八卦，正是为了用不同与中国人的方式，得出他认为中国人一直没有真正弄懂的"真经奥义"。不管怎样，在来华的诸多传教士中，白晋的中文水平应属上等，这一点可从康熙帝的间接评价中得到侧面证明（"在中国之众西洋人，并无一人通中国文理者，惟白晋一人稍知中国书义，亦尚未通。……"），他也许及不上中国文人，但是若说部分外国人也有研究中国典籍的资格和能力，白晋无疑应算其中之一。

[2] 神召一直是白晋作出种种选择和努力的重要动力之一，在其信件中屡次提到这一点。例如1688年9月20日致韦尔朱思的信之第一段，就提到他感到自己一段时间以来受到一种特殊的神召，提醒他要给这大片的土地（指鞑靼地区）带去福音。见白晋1688年9月20日致韦尔朱思神父信，耶稣会罗马档案馆藏，Jap. Sin. 164, pp. 72-73v.

研究过希伯来喀巴拉、古埃及象形文字以及柏拉图和毕达哥拉斯的哲学[1]，如前文所述，这些科目均有浓重的索隐主义渊源，这些知识都对他的思维方式发展产生了深远的影响。

同时，有证据表明，白晋早在开始传教事务之前，就已经对传教的情形有了自己的设想：第一次来华途中经过暹罗时，耶稣会士们在此进行了较长时间的停留，白晋虽然并不精通暹罗语，但他仍设法获得了很多暹罗人的宗教神话传说和经书。从中他确信："在这个国家的宗教信仰中可以找到我们宗教的一些踪迹……这个国家对上主的认识看来无疑是在时间流逝中被泯灭了，以至于他们对上主变得一无所知了。"[2]可见，白晋的索隐派思想在此时已明显成形，成为他为将来的传教事业所设想的主要手段之一。这种种"空想"无疑也都是在其接受教育的过程中逐渐形成的。

在拉弗莱什和坎佩尔分别教授了一段时间的哲学和文学课之后，年轻的教士白晋来到了克莱尔蒙（Clermont）著名的大路易学院（Louis-Le-Grand），克莱尔蒙是当时天文学研究的中心城市，白晋在这里所收获的知识，将来在中国这个重视天文的国度里派上了重要的用场。

1681年，比利时籍耶稣会士柏应理（Philippe Couplet，1623—1693）受耶稣会中国传教团的委派，回罗马向教皇汇报中国传教工作的状况和一些请求，并准备从当时科学最为发达的国家之一法国征募更多的传教士来华。1684年，法王路易十四被柏氏说服，决定派遣耶稣会士以科学家的身份赴华。

此时白晋第三个学年的神学学习刚开始，他得知柏应理来法的消息后立刻意识到实现自己梦想的机会来了，然而有一大障碍：其学业尚未完成。这时，他的语言天赋和已掌握的多种语言帮了大忙，使得他被破格录取。[3]按照

---

[1] 在1716年写给耶稣会驻罗马总会长坦布里尼（Tamburini）的一封信中，白晋罗列出了这些给他留下深刻印象的科目。白晋1716年11月25日致坦布里尼会长信，耶稣会罗马档案馆藏，Jap. Sin. 177, pp. 219-222v.

[2] 参见加蒂，LX与XCVII, Nr. 7：自1686年6月21日的一封信。

[3] ［德］魏若望著，吴莉苇译：《耶稣会士傅圣泽神甫传——索隐派思想在中国及欧洲》，郑州：大象出版社，2006年，第32页。

计划，耶稣会士们须在六个月后动身，在此期间白晋通过了最后的神学考试，正式成为一名优秀的耶稣会传教士。

因此，在1685年赴华之前，29岁的耶稣会传教士白晋在语言学、数学、天文学、哲学、神学等科目上都已有了相当的造诣和深厚的积累，并在个人兴趣的促使下对犹太教传统神学、基督教传教史以及西方哲学都有较深入的涉猎；作为一名虔诚而充满热忱的传教士，他已用既有的知识与一颗虔信天主的心为将来的传教之路做好了理论和精神上的规划。在此后的"学术研究"中，这种规划准备被充分体现出来。

三、时势——"礼仪之争"最终促进白晋索隐主义思想的成形与发展

"礼仪之争"在白晋入华之前早已拉开序幕，以中国耶稣会总会长利玛窦的继任者龙华民（Nicolas Longobardi）神父公开反对"利玛窦规矩"为标志；发展到白晋在华期间，已逐渐白热化。到最后，每位在华的传教士都不得不思考自己的定位——到底该站在将中国传统礼仪一棍子打死的欧洲教会一边，还是站在支持中国礼仪一边，以便能继续待在中国传教？[1]

这个问题几乎让所有在华传教士进退两难，在犹豫之后，不少人选择了避往澳门，离开中国；也有人为了传教事业的需要，选择了领票留下来，这两类人莫不觉得放弃另一种选择是一种牺牲，因为忠于中国皇帝与忠于教皇在他们看来是不能两全、甚至格格不入的。白晋在这一时期的感情应该也是痛苦矛盾的，不过更多的是了为传教事业遇到如此大的挫折而遗憾难过，至于选择上，多年来与康熙的近距离接触，让他相信康熙并非无神论者，忠于康熙与忠于天主教信仰并不矛盾。不仅不矛盾，而且忠于中国皇帝还对传教大

---

[1] 关于"礼仪之争"的经过和内容请参考：李天纲：《中国礼仪之争：历史、意义、文献》，上海古籍出版社，1998年；善渊：《礼仪之争与中国宗教习俗的西传》，刊于任继愈主编：《国际汉学》第三辑，郑州：大象出版社，1999年；罗光：《教廷与中国使节史》，台北：传记文学出版社，1983年。

有裨益。

具有索隐主义思想的白晋与其前辈利玛窦、卫匡国面临着不同的境遇。对中国文化、中国礼仪、中国皇帝，到底是该持尊重理解的态度，还是摒弃鄙视的态度？——对于这个选择性的命题，利玛窦在他的时代并不需要给出二选一的答案，他在制定利玛窦路线的同时，还是希望能改变中国人的信仰状态——中华文明虽好，但是来自西方的科技文化（包括宗教）却是更好；而卫匡国已经身处礼仪之争的漩涡之中，心理十分矛盾，对于这一问题只好采取了回避的态度，并且隐约透露出欲调和二者的想法。

到了白晋的时代，受礼仪之争形势的逼迫，这一问题已经无法继续回避，他不得不明确表态——这位满腹才华的神父聪明就聪明在，他把这个二选一的命题变成了一个伪问题：若中国文化与天主教文化在本质上是一致的，还有什么必要进行选择呢？这道难倒了千百传教士的选择题，在他手上被轻易破解——当然，代价是30多年的苦苦研究与证明，并被认为是异端邪说，作品始终不能发表。

换一个角度，从白晋的作品来看，约从1700年左右，他开始着手从中国古书中寻找基督教奥义的研究，1705年之前这项工作还只是他个人自发的兴趣所在，康熙帝对此也有所了解，但未置可否。到多罗来华后，礼仪之争白热化，此时为了替中国文化和礼仪辩护，康熙帝便明确下令让白晋研究《易经》[1]，这无疑是将索隐派思想看作调和事态的一种折中之法。受此鼓舞，白晋日渐公开其索隐派思想，相关研究也一发而不可收，终于成为其终生的事业。

由此我们可以看出，白晋坚持索隐派思想研究，并将其公开，是礼仪之争这一历史事件催化的结果：礼仪之争让他刻苦研读中国古书，从而进行了大量的知识积累；礼仪之争让康熙帝支持、甚至命令其研究《易经》，以寻找其中与基督教教义相符合之处，反驳教廷方面的不实诬告；礼仪之争让他无法不

---

[1] 张西平：《中西文化的一次对话——清初传教士与〈易经〉研究》，载《历史研究》，2006年第3期。

表态，为他进行索隐派研究提供了合理而合法的理由。尽管最后，他的相关研究无一发表[1]，并未在社会上产生太大反响，却为异质文化交流史留下了一段耐人深思的故事。

四、结语

白晋神父生活在距今300多年前的中国，经历了"礼仪之争"、康熙"领票"、雍正禁教等在华传教史上的重要转折点，目睹了基督教在中国由最兴盛向最低谷转变的过程。

这一时代同样也是中西文化的一次集中碰撞的时期，在西方传教士中产生了一门新的学问——汉学，此时的汉学虽然还处于萌芽状态，但是作为职业汉学的基础，已经取得了令人瞩目的成就，尤其是出现了多位潜心研究中国文学文化、且有较高学术成就的传教士汉学家。其中利玛窦、柏应理、白晋、刘应、马若瑟等人可算是杰出代表。

在这一历史过程中，白晋及其率领的"索隐派"只能算作其间一支短小的插曲，但无疑也是一支惊艳而高亢的插曲。其主要成员都是才华横溢之辈，他们与欧洲的通信往来，对欧洲哲学思想也产生了较为深远的影响。最后虽然以失败告终，然而其新奇大胆的研究思路与方法依然启迪着后世关注异质文化交流的人们。

对于白晋，研究者们有着不同的评价：赞其毅力可嘉、学识渊博者有之；惊其思维发散、想法大胆者有之；惜其浪费才华、虚耗精力者有之；责其生搬硬套、无度附会者亦有之。然而，对于这样一位生活经历简单、思想历程却复杂的历史人物，以上单维度的评价都不免显得单薄。本文从西方传教史传

---

[1] 耶稣会中国与法国教区的各位长上并不赞成白晋的研究，一方面，他们认为这种索隐方式更可能造成的后果是引起中国人的反感、认定西方人对自己的文化既不了解也不尊重，从而影响在华传教事业的发展；另一方面，这种思想也令绝大部分本来坚信自己拥有对上帝的完美认识的欧洲人难以接受，这同样也会影响耶稣会的传教事业。因此，他们通过各种手段压制和打击白晋的研究热情，力图缩小其学说的影响范围：禁止他向康熙帝提及自己的索隐派观点；严格审查他发往欧洲的信件，一旦发现有索隐思想的蛛丝马迹立刻扣押；禁止其作品的出版；等等。

统、白晋本人所受教育及所面临的时势出发，分析了看似突兀荒诞的索隐派思想的成因。以期对如今异质文化频繁碰撞、误读与正解层出不穷的中西文化交流有所启示。

作者简介：全慧，女，2006年北京外国语大学法语系毕业后，考入张西平教授门下研习海外汉学，期间赴罗马修习拉丁语1年。2009年硕士毕业，入职北京外国语大学校图书馆，与数据库等信息资源打交道近6载。2015年1月调入北京外国语大学法语系，研究领域除法国汉学、中法文化交流史外，也涉及文献学与情报学等。

清初中国基督徒张星曜及其奉教著述[1]

杨少芳

1633年，当中国天主教首席信徒之一徐光启辞世的那一年，被称作"第三代"中国信徒代表之一的张星曜于天教繁盛之地杭州出生。

张星曜，字紫臣，浙江杭州仁和县人。[2]出生于崇祯六年（1633年），康熙十七年（1678）时领洗（46岁）[3]，教名依纳爵，追随了耶稣会创始人罗耀拉·依纳爵（Loyola Ignatius），故又号依纳子。基本可以确定是受洗于殷铎泽（Prospero Intorcetta，1625—1696）[4]。

从其生平记载中，找不到其出生日期，也没有对其童年的记载，家庭资

---

[1] 本文曾发表于《东亚与欧洲文化的早期相遇——东西文化交流史论》，华东师范大学出版社，2012年1月。

[2] 李天纲支持孟德卫的说法，进一步辨识了康熙年间浙江杭州府两个"张星曜"之不同，钱塘张星曜是与洪升齐名的散曲家，早年从军，中为幕僚，涉入官司而长期潜逃，后被捕绞死、未享高年，并指出谢国桢于《江浙访书记》中将二张混为一谈之疏略，载李天纲：《"中国礼仪之争"：历史、文献和意义》，上海古籍出版社，1998年，第237页，注第19。只是，《天教明辨·自序》最后的署名却是"钱江张星曜紫臣氏"，可见此文主角之张星曜几易其居，但不离杭州一地。

[3] 孟德卫所记45岁领洗有误，载D.E.Mungello, *The Forgotten Christians of Hangzhou*, p.71.

[4] 孟德卫认为殷铎泽神父记录的1678—1679年间在杭州为20人施洗中，张星曜的洗礼是其中之一，并以Litterae Annuae Vice Provinciae Sinensis Anni 1678—1679, ARSI, Jap. Sin. 117, f.170r.为据，载D.E.Mungello, *The Forgotten Christians of Hangzhou*, p71. 另，张星曜《祀典说》眉批云"本研究根据殷铎泽神父的指示，由杭州一位文士所作"，可见，张星曜受殷铎泽洗礼的可能性很大。

料也比较缺乏。根据《通鉴纪事本末补》后附《家学源流》，可知其父为张傅岩（字殷甫，号伯雨），一个儿子名"又龄"（字度九），两个女婿是赵飞鹏（字扶九）和柳文彬（字素调）。

在《仁和县志·卷十九·孝子·二十四》[1]中，有记录其父孝行的事迹：

> 张殷甫，字伯雨。训导张过之子。幼笃学，操行高洁，弱冠补弟子员，性至孝。随父之宣平任邑。故荒僻乏医，父遭疾，殷甫焚香告天，刲肱一脔为糜以进，如是者三。时明神宗万历癸丑岁也，事闻抚院……[2]其门曰笃孝，类辑经史百家之言，累二百卷，条分缕晰，多所发明。又著《傅岩文集》五十卷，佚于兵燹，仅存十余卷。

可见，张星曜的祖父曾任宣平县邑，父亲甚为孝顺，刲肱为糜为祖父治病[3]；而其父著述颇丰[4]，笔耕不辍，只可惜偏逢明清战乱之际，大部分已经佚失。正如张星曜在《家学源流》中所提及：

> 我朝定鼎，父年已迈，遂弃举子业，隐居著书，纂十三经、二十一史，分类胪列，细大不遗，若纲在纲，为类书之冠。因篇帙繁重，未能刊也。[5]

而论及家学渊源，张星曜在《家学源流》中亦有云：

> 父傅岩（字殷甫，号伯雨）公，少听于杨漪圆先生所，既而从葛屺瞻先生游，遂聘为西席，居葛所三十余年，殚精古文辞，十试棘闱，辄不利。宏光乙酉科，试高等而国运终。[6]

---

[1] ［清］赵世安修，［清］顾豹文、邵远平撰：《康熙仁和县志》，上海书店，1993年6月，康熙二十六年（1687）刻本。
[2] 中漏三字，印刷污迹，辨识不清。
[3] 中国传统偏方说法，父母病重，若饮食最孝顺子女的血肉，便可康复。
[4] 据《家学源流》，其父科举屡试不第，但在南明弘光朝中了进士。清初便与星曜耕读于家、著书明理。
[5] 张星曜：《家学源流》，转引自方豪：《中国天主教史人物传》，中册，北京：中华书局，1988年，第103页。
[6] 张星曜：《家学源流》，转引自方豪：《中国天主教史人物传》，中册，北京：中华书局，1988年，第103页。

《浙江通志·卷三十五·儒林·杭州府·明》[1]中录有葛寅亮（号屺瞻）传记：

> 钱塘人。性好古，不喜时艺。举万历庚子浙江乡试第一，辛丑成进士，授南礼部仪制司主事。……金陵失守，即投缳，为门下士张殷甫救解至浦城圆盘村，忧愤成疾，汤药不入口者数日，而卒。着有湖南讲行，世易系辞讲治安策，仕学录造适集，莞尔集，藏于家。

葛寅亮是当时有名的儒士，对其父的影响颇大，明覆灭之际，张殷甫一直陪在身边，妥为照料；而另一位"杨漪园先生"即同为浙江仁和人氏的杨廷筠是也[2]。若张星曜之父果真曾听讲于杨廷筠，那么杨廷筠的天教思想应该会影响到张殷甫与张星曜，尤其是后者。

张星曜有一子二女[3]，很有可能其子和女婿也同为教内人士，因为"予儿又龄、予婿飞鹏，颇知向往，集中亦有一二阐发处，襄予不逮，亦得并及"[4]。很难想象，若只凭亲眷关系而让没有天主信仰的人，会坚持完成对崇耶抑佛的大部头类书《通鉴纪事本末补后编》的阐发校正。

笔者从沈昱《文化塘栖丛书》之"列女传"中发现了星曜二女儿的身影：

> 柳节妇张氏德芳，仁和诸生张星曜女也。氏性慧，父尝授以诗书，与史又龄同学。家庭之间，吟咏无虚日。适庠生柳文彬。未几文彬病，呕血死，氏拟以身殉。以舅姑老子女幼而止。茹荼饮泣事舅姑，养葬尽礼。以兄死南粤，父母无依，及迎归养，死为营葬。抚二子起元、卜元，并列胶庠。七十九岁无疾而逝。事闻，督军题旌建坊。德芳有手着

---

[1] ［清］王国安：《浙江通志》，康熙二十三年（1684），国图影印本。

[2] 方豪疑似其为杨廷筠（字淇园）的"淇"误笔，载方豪：《中国天主教史人物传》，中册，北京：中华书局，1988年，第103页。

[3] 根据《家学源流》所署"仁和后学张星曜紫臣氏编次、男杭州张又龄度九氏参订、婿钱塘赵飞鹏扶九氏、仁和柳文彬素调氏同校。"见于方豪：《中国天主教史人物传》，中册，北京：中华书局，1988年，第103页。

[4] 张星曜：《家学源流》，转引自方豪：《中国天主教史人物传》，中册，北京：中华书局，1988年，第103页。

《醒世粹言》三卷行于世。[1]

可知其二女儿名张德芳，嫁给柳文彬为妻，文彬早亡，德芳为其守节。星曜自女儿幼时就"授以诗书"，与其子"又龄"同学[2]，而她自己也著有《醒世粹言》，可见星曜一家确可谓"诗书传家"的书香门第。而其兄又龄其后"死南粤"，导致星曜夫妇无所依傍，于是德芳"及迎归养，死为营葬"。柳文彬家在仁和，而大女婿赵飞鹏家住钱塘，那么德芳距二老旧宅为近，遂先行接来照看，后来应该又搬至钱塘投奔了大女儿，如前注所言，星曜在《天教明辨》"自序"（1711年）中的署名已从"仁和"变为"钱江"。但只是可惜这则史录仍旧没有星曜卒年的记载，此阙疑将仍旧悬置。

星曜入教之引导者、他的朋友诸际南推荐给他一些天学书籍，而正是这些书改变了张星曜的一生走向与人生规划。"既而与诸子际南游（诸际南——眉批），诸子今之博学人也，与予谈天教之理，予钦聆其说，疑团尽释，深悔前之读二氏书为错用功也。于康熙戊午（十七年——补，时四十六岁——眉批），发愤领洗，阻予者多方，予皆不听。"世之儒者，皆儒名而墨行者也，以其皆从佛也；予归天教是弃墨而从儒也。[3]可见基督教义给陷于迷惑中的张星曜带来的新鲜感与思想撞击后所产生的火花，使他甘之如饴，可见其受洗之心甚为纯良；而其排除众议之举，也可知其入教信心之坚。他接受洗礼的日子，也是关于他本人生平确有记载的最早时间点，即康熙十七年（1678），时46岁。

清初，相当于天主教初来华之后，历经教难、繁盛、礼仪之争再次衰落的传教时期，生于明末的张星曜身处杭州一地之天主教的盛衰演变中，其宗教信仰与大时代的命运休戚相关。

杭州在中国天主教史上占有很重要的地位。明末中国天主教奉教"三大柱石"中的两位都是浙江仁和（杭州）人氏，与张星曜同乡。有意思的是，张

---

[1] 沈昱主编：《文化塘栖丛书（全8册）·人物六·列女》，浙江摄影出版社，2006，第251页。
[2] 张星曜之子应姓"张"，"史"字恐排版错误，疑为"兄"。
[3] 张星曜：《天教明辨·自序》。

星曜与李之藻同为46岁领洗入教，而张星曜的父亲曾经听讲于杨廷筠的寓所，杨张二人也同样经历了"舍佛归耶"的心路历程，而对陌生的天主教的接受速度都很快，只是前者对佛教经历了从笃信到舍弃，而张星曜则从一开始便对佛教心怀疑窦。

天主教在杭州正式开教，是在明朝末年，至张星曜出生之时，杭州已经成为全国天主教传播活动的中心之一。李、杨二人在文人中的号召力、张殷甫对杨廷筠学说的仰慕，及唾手可得的天教书籍，都为星曜入教做好客观上的准备。天主教在清前期的杭州已极为兴盛，如浙江巡抚佟国器的夫人笃信天主教（教名为亚加大），曾为杭州天水桥圣母无罪堂的兴建捐资。几十年后，张星曜受殷铎泽神父之托，为该教堂的72幅壁画创作了38首圣教赞美诗，题《圣教赞铭》。

与张星曜过从甚密、并极有可能为其受洗的意大利传教士殷铎泽，于康熙十三年（1674）奉命来杭传教，为初学神师，两年后开始主持杭州天主教。清初平定三藩之后，特别是1684年以来，康熙6次南巡，接见传教士是南巡的一项重要内容。康熙二十八年（1689），殷公便参与迎送康熙帝，皇帝尊称他为"老人家"，至教堂叩拜天主，并赐银200两，从此新修的教堂大门上便标有"敕建"二字，这一年，张星曜与洪济合撰辟佛文章《辟略说条驳》。康熙三十年（1691）杭州发生反教会事件，当时的浙江巡抚、杨光先的至交张鹏翮，指控天主教为邪教，要拆天主堂为佛寺，撕毁圣像、打碎十字架、焚毁圣经，并逮捕和拷打了100余名教徒，唯有殷铎泽的教堂尚未关闭，张星曜的《祀典说》便是在这一时期应殷铎泽之托完成的，专论天主教与中国传统信仰间是和谐共存而非冲突对抗。后经殷铎泽上书朝廷求援，康熙于1692年授意顾八代等人发布了容教令（Edict of Toleration）[1]，明示中国人可以公开信奉天主教，此后天主教在中国进入了一个环境相对宽松的传教时期，这才在杭州得以更加迅速地开展[2]。在此前一年，58岁的张星曜已撰毕《历代通鉴纪事本末

---

[1] 康熙帝传教宽容法令的一系列文献是鸦片战争之前天主教在华"正教奉传"之惟一官方正式认可的文件，参顾卫民：《中国天主教编年史》，上海书店出版社，2003年4月。

[2] 参见《浙江通史·清代卷》（上），第十一章，海外贸易与海内外文化交流，第485页。

补后编》50卷，主要是"取佛老二氏之乱道者辨之"[1]，当时的杭州为佛教最盛之地，"声气遍东南"[2]，可见杭州的佛耶之争实为传道之焦点。殷铎泽去世的康熙三十五年，《辟略说条驳》已然刊行，随后，张星曜便走上了天儒合一、天教超儒的护教之途。

但好景不长，1705年12月教皇特使多罗（Carlo Tommaso Maillard de Tournon，1668—1710）抵达北京，礼仪之争达到高潮。他的"南京教令"（1707）导致康熙帝发布敕令，规定传教士只有领取"印票"，并遵守"利玛窦规矩"，保证永不回欧洲，才可在中国常驻并得到朝廷保护。一时间有生机的传教事业得到重创，传教士不知何去何从，中国教徒更是人心惶惶。张星曜与一些杭州教徒所著《钦命传教约述》便是在这种背景下成书的。[3]

康熙四十七年（1708），法国神父德玛诺在杭州城北建立了世界上第一座圣心堂，成为后来天主教圣心会组织的中心。这从一个角度反映出天主教来华各派均将杭州作为重要的传教中心，《天教明辨》文本不仅辑录有耶稣会士作品、还将方济各、多明我会士的著述收入视野。康熙五十四年（1715），教皇克来孟十一世发布《从登极之日》（Exilla die）教令，严格禁止中国教民保留中国礼仪。此时康熙帝年事已高，于传教士的争议不愿过问，且爱护渐少，但对罗马教皇不顾中国传统道德干涉教民祭祖一事，深感不悦。这一年，83岁的张星曜完成了所有著述的最后一则序言"天教合儒合订本序"，《天儒同异考》随之付梓，由于没有确切的卒年记载，1715年便成为他留在今人心中最后的时间概念。

张星曜的交游比较有限[4]，用他自己的话是"知交寡少"[5]，大致分三类

---

[1] 张星曜：《天儒同异考》合定本序，载《明末清初耶稣会思想文献汇编》（第三十六册），北京大学宗教研究所，2000年。

[2] 张维华：《南京教难始末》，载孙尚扬、钟鸣旦：《一八四零前的中国基督教》，北京：学苑出版社，2004年，第257页。

[3] 该段史实参照韩琦：《张星曜与〈钦命传教约述〉》，北京：中华书局，2006年9月第1版。

[4] 详见肖清和：《张星曜与〈天儒同异考〉》，载《天主教研究论辑》第4辑，其中列表归纳了张星曜的交际网络。

[5] 原文载张星曜：《通鉴纪事本末补后编》，转引自方豪：《中国天主教史人物传》，中册，北京：中华书局，1988年，第102页。

人群。一类是他所结识的教中人，除了《家学源流》中提到的儿子女婿等自家亲人，其中大部分教友为余杭人士或浙江省籍，如一同著述的洪济、王若翰，参与《通鉴纪事补》的闵氏兄弟等37人，又如一同参与反迫害天教活动及文献撰写的何文豪、杨达等，同时他也与少部分外省信徒有接触，像是山东丁允泰、福建朱玛窦等；与张星曜有交往的非信徒，包括了在《天教明辨》中出现的与其探讨天儒关系的友人计逈凡、并沈石匏、陈漱六和赵扶九一干人等；而传教士方面，有确切资料可证的只有意大利殷铎泽神父，极有可能是张星曜的施洗神父，而艾斯玎神父也很有可能与张星曜等有书信往来[1]，殷铎泽、艾斯玎（August Berelli，1656—1711）都是张星曜受洗之后杭州天主堂的耶稣会神父，这么说来，时间上居二者之间的葡萄牙耶稣会士郭天宠（J. Baptista，1654—1714）应当也和张星曜等当时杭州重要的基督徒有比较密切的交往。另外，艾儒略的著述对张星曜影响甚大，虽然他于1624年被叶向高请到福建传教，但"居杭州时受洗者有数人"，且"为杨廷筠圣学神师，于中学则拜廷筠为师"[2]，张星曜之父张博岩又听过杨廷筠讲学，家学渊源，不可忽视。

孟德卫认为张星曜与杭州基督教团体的创建者们几乎没有什么联系，从而导致他只能置于中国第三代基督徒的行列，而包括三大柱石在内的第一代中国基督徒获得了广泛的关注，第二代（包括韩霖与朱宗元）和第三代则成为模糊、难以界定的群体。[3]这种"知交寡少"的论道著述生涯，在一定程度上或许阻碍了星曜在护教活动中的社会影响力，但从另一方面却给予他一个相对清净的信教氛围，有利于其保持个人化的天教接受体系。

---

[1] 详见韩琦：《张星曜与〈钦命传教约述〉》。
[2] 萧若瑟：《天主教传行中国考》，卷四，载《民国丛书》第一编11，上海书店出版社，1988年，第199页。
[3] 原文为Zhang had little or no contact with the founders of the Hangzhou Christian community. This point is important because it clearly places him in the third generation of Chinese Christians in China. Whereas the first generation of Christians, which included the Three Pillars, has received a great deal of attention, the second generation (which included Han Lin and Zhu Zongyuan) and the third generation have remained shadowy, ill-defined groups. 载D.E.Mungello, *The Forgotten Christians of Hangzhou*, p70.

"如果要评价耶稣会传教士与中国文人的交往以及由基督教传入中国所提出的问题,那么最好是参阅从16世纪末到清朝初年这一阶段。当时他们关系最为融洽。"[1]事实确实如此。张星曜从出生到辞世几近完整地经历了从明末的"蜜月时期"[2]、明末清初教案之"磨合期",到康熙帝恩宠有加之"稳定期",直至康熙末年"礼仪之争"带来的"紧张期"。他的爱教之情未变、其护教之心想必会随着天教命运的跌宕时而信心百倍时而焦急迫切。而星曜若得享百岁,他肯定会痛心于康熙帝在驾崩前一年(1721)的绝情御批"以后不必西洋人在中国传教,禁止可也,免得多事"[3],他若泉下有知,更会无奈于事佛的雍正帝继位后,不断发生的仇教排教事件及全面禁教之局面。惟望星曜合眼之时,内心怀抱未竟之事业,虽有志忑与不安,但仍充满希望。

对于星曜的著述,由于前人多有提及,需要说明的是,除《葵牖辨教录》以外的现存著作中,仍旧为原始稿本状态的是《天教明辨》《通鉴纪事本末补后编》《圣教赞铭》,其他均有原始文献影印版本,经过后人句读整理过的有《天儒同异考》《辟略说条驳》《昭代钦崇天教至华叙略》及《钦命传教约述》。

张星曜的著述较同时代的文人基督徒为多,而且普遍卷帙浩繁,比如《天教明辨》及《历代通鉴纪事本末补后编》,分别有20卷和50卷,均未能付梓。而这两本大部头著作多为抄辑而成,属类书范畴,当然,其中也不乏陈述自己观点的论述。由此可见,星曜非常擅长并倾向于类书的编纂工作,一方面说明其涉猎的广泛和条分缕析的能力,一方面也体现其著书立说的风格——以宏观视角进入并尝试全面把握。

在张星曜受洗后的十来年,他的护教著述一直致力于对佛教的批判,从《〈辟略说〉条驳》到《历代通鉴纪事本末补后编》。辟佛以外,张星曜一

---

[1] [法]谢和耐:《16—17世纪的中国哲学与基督教之比较》,参见安田朴、谢和耐著,耿昇译:《明清间入华耶稣会士和中西文化交流》,北京:东方出版社,2011年,第55页。

[2] 李天纲:《明末以来中国基督教的文化传统》,载《跨文化的诠释》,北京:新星出版社,2007年11月第1版,第331页。

[3] 参见李天纲著:《中国礼仪之争》,上海古籍出版社,1998年,第101—104页。

生最核心的护教文章就是关于对天教的介绍及其中国式的解读和阐述，《天教明辨》就是这类著述的代表作；而其中一个核心观点就在于，张星曜眼中的天儒关系是如何被表达出来，从《天教明辨》中摘取的"天教合儒""天教补儒"部分、连同生发阐述之后的"超儒"集结而后刊印出版，即为《天儒同异考》。《天教明辨》从序言时间来看，绵延至张星曜晚年，它的写作跨度之大，可以从一个方面说明该著作在张星曜一生著述中的重要地位。

张星曜着力于《天教明辨》之余，随着时局变化，他也做了一系列的护教文章，篇幅普遍短小。比如，为解决礼仪之争中有关中国礼仪问题而作的《祀典说》，为抵抗杭州反教浪潮而与其他信徒同撰的《钦命传教述约》等。另外，还有应殷铎泽神父之请，为杭州天主堂所作38首天教赞美诗，即《圣教赞铭》。

这样看来，张星曜的著述大体可以分作三种类型：一为前期辟佛之作，二为跨越整个中后期的合儒文章，三就是后期某些针对时事应运而做的护教文献。

追述中国天主教史第一代学者方豪先生于40多年前对张星曜护教著述事业的评价："星曜之书虽多抄辑而成，但以八十三岁老翁，而有此宏大愿力，热心以文字护教、传教，可为后世典型。"[1] 此言完全可以记入星曜老人的墓志铭，为后人常怀。

作者简介：杨少芳，女，天津外国语大学国际交流学院讲师。2005年北京外国语大学对外汉语专业本科毕业后，师从张西平教授研习海外汉学研究，曾赴香港中文大学崇基学院参加"暑期学术交流课程"。于2010—2012年赴韩国顺天乡大学孔子学院担任中方外派教师。研究领域包括对外汉语教学、国际汉语教育史方向等，参与张西平教授在研国家社科基金重大项目《梵蒂冈图书馆藏明清天主教文献研究》。

---

[1] 方豪著：《中国天主教史人物传》（中），北京：宗教文化出版社，2007年，第101页。

吴渔山（吴历）奉教的心路历程[1]

骆 洁

吴历是清初著名画家、诗人，晚年加入耶稣会，并成为由第一位国籍主教罗文藻祝圣的国籍司铎之一。吴历入教的具体年代一直没有定论，由于史料所限，后世恐难对之有所澄明。但有关吴历中年以后才与传教士及教会往来密切的观点应该是可以肯定的。本文标题中的"奉教"即指吴历中年以后决定投身天主教事业的行动。本文将从吴历早年的生活经历、思想困惑等角度出发，结合吴历生活时代思想界的情况及中西文化交流的背景，考察吴历晚年奉教的动机及心路。

一、吴历的生活经历及思想个性

吴历是清初著名的画家、诗人，出身于一个传统的诗书之家，为明朝都御史文恪公讷第十一世孙，而吴讷相传则为大儒言子游的后裔。吴历幼年间目睹了明室灭亡、异族入侵的悲惨景象。当时，"在扬州、嘉定、江阴三地，便有170万人惨遭屠杀。以上三地均在常熟西邻。而常熟人民又在严轼的领导下与清兵抗拒，故常熟亦饱受清兵之蹂躏"。谭志成认为"战争的残酷与人生的

---

[1] 本文曾发表于澳门利氏学社2006年10月出版的《文化、艺术、宗教：吴历（1632—1718）及其心路历程》第217页。在收入本文集时经作者修改，略有删节。

虚幻，为促成吴历后来脱俗入教献身于天主的主因"。

吴历早年的诗歌反映了他对异族入侵的不满和对明王朝灭亡的无奈。其《读西台恸哭记》（风烟聚散独悲歌，到处山河絮逐波）、《秋夜》（野哭那能绝，战争殊未平。故人何处宿，惆怅泪纵横）及《兵过后南阳道中》（林空惟落日，地僻少残春，欲问南阳路，前村未有人）等诗表现了战争对大好山河的破坏，对百姓的摧残。而《无端次韵》（十年萍迹总无端，恸哭西台泪未干。到处荒凉新第宅，几人惆怅旧衣冠。江边春去诗情在，塞外鸿飞雪意寒。今日战尘犹不息，共谁沉醉老渔竿）、《避地水乡》（南中见说收番马，荆口犹闻拔汉旌。安得此时争战息，还家黄叶满溪迎）两首则鲜明地表现了渔山对前朝的留恋，对战争的憎恶以及对和平生活的向往。这样的经历，造就了渔山不慕功名、以诗书为伴的出世性格。渔山之《同陈南浦过横塘》曾有"时危不易论诗史，世醉宁知饮蔗浆。爱此一方山水阔，后期垂钓送斜阳"之句，表达了一种避世的思想。渔山作画又曾说："晋宋人物意不在酒，托于酒以免时艰。元季人士也曾绘事以逃名，悠然自适，老于林泉矣。"表达了自己效法古人，借诗画逃世的想法。其《墨井画跋》亦自言："古人能文，不求荐举；善画，不求知赏；曰文以达吾心，书以适吾意；草衣藿食，不肯向人，盖王公贵戚，无能招使，知其不可荣辱也。笔墨之道，非有道者不能。"渔山曾为侯开国绘《凤阿山房图》，作于康熙十六年（1677），并题七绝五首以赠，之四、之五云："会首当年鸾凤游，卷残孔语独幽忧。商歌激烈寡相和，簪缨抛却醉山丘""而今所适惟漫尔，无物荣枯无戚喜。深林不管凤书来，终岁卧游探画理"。渔山这种不屑于俗务、俗名的超然态度，成为他日后献身天主教事业的一种机缘。

他在后期的诗作《三余集》中《次韵杂诗七首》也有逍遥世外、不慕尘世喧哗的诗句："尘世日多感，茨心触不惊。病身如瘦竹，道侣类飘萍。畏俗逐高下，避人称重轻。栖迟拟深处，何必买山耕？——自违尘俗累，到此可偷安。孤馆床五楼，一池雨未干。径斜台篆滑，竹细叶声残。懒得乘车出，免劳叩铗叹。嗜义超然乐，无须笋肉餐。岂知沈子瘦，空念范生寒。雁札辞交往，朱门谢不干。数椽容膝处,知足似湖宽。陈远居多僻,竹深风自摇。不忧眠食少,那许梦魂飘。名托山当掩,行藏雾未清。一壶沽酒在,且醉且歌谣。"可见,宗教生活虽然艰苦,但却与世无争,超然物外,恰恰满足了渔山的愿望。渔山的学生也有颂扬渔山品行的诗句——上洋陶淑天懿氏康熙乙亥年吟草有呈渔山吴师一首:"延陵旧裔独超群,振铎东南绝世氛,自喜辞家游圣不贪入禁荐雄文。" 可以说,吴历的人生经历促成了他对教会事业的亲近,其精神需求可以在教会事业中得到较好的满足和发展。

二、明清之际思想界的情况及吴历的困惑

明末清初,天主教流布华夏,中西文化间展开了一场广泛深刻的交流。自明末以来,由于封建社会种种积弊、矛盾的凸显,理学末流的阳明心学走向没落,"元气实体论"代之而起。"在对中国封建社会何以衰颓的痛苦反思中,地主阶级改革派深刻地认识到'实学可以经世'的道理和'崇实黜虚'的重要,纷纷要求由虚返实,企图以实学挽救中国后期封建社会的总危机,形成了地主阶级的自我批判社会思潮。" 而当满人入关以后,士大夫们更是深刻意识到了心学"空谈"的误国,纷纷反思中国哲学的弊端,寻求新的安身立命、经世济国的出路。

早在明朝末年,利玛窦等(Matteo Ricci,1552—1610)传教士入华,不但将西方科技器物文化带进了中国,而且还将迥异于中国思想的西方宗教神学思想带进了华夏。为了顺利传教,他们极力将天主教义中的上帝观等神学思想同中国原儒中的相关思想相附会,同时指出理学对原儒的曲解与荒谬之处。传教士带来的先进科技满足了中国士大夫希求富国强兵的实际愿望,而传教士传入的西方宇宙观、方法论也引发了处于思想困顿中的文人志士的深切思考。自明末以来,士人中就掀起了一股研讨西学的热潮。明朝末年还有徐光启、李之藻、杨廷筠等被称为教内"三大柱石"的朝廷要员倡导西学,这就更鼓舞了当时的中国思想界对西学以及天主教思想的关注。 到了清代,这种讲求经世致用学问的风气有增无减,梁启超先生曾说"在这种新环境之下,学界空气当

然变换。后此清朝一代学者，对于历算学都有行为，而且最喜欢谈经世致用之学，大概受利徐诸人影响不小。"

渔山生活在这样的时代大背景之下，又是江南一代著名的士人，与诸名士相友善，自然受到其生活的人文思想环境的影响。明清之际最显著的社会特征之一就是经世实学思潮的出现，涌现出了一大批提倡经世致用的思想家，他们或以"经学"济"理学"之弊，以复兴古学（经学）为己任；或独辟蹊径，开朱子学研究新风气；或探究"切用于世"的学问，以求实功实用；或会通西学，倾心于"质测之学"的研究。尽管他们各自在学术领域各领风骚、各显风采，但有一个特点是共同的，就是在抨击理学空疏之弊的同时，竭力提倡经世致用、实学实用，从学风、学术上呈现出一股崇实黜虚、舍虚务实的新风尚，共同形成了一个代表社会进步方向、符合时代进步要求的学派——经世实学派。实学思潮在治学方法与旨趣上为西学传入提供了一定的土壤和条件，而耶稣会士带来的西方科学又为经世实学的高涨起了积极的刺激和催化作用。这就是渔山所生活的时代的中西文化交流的背景。明清之际的经世实学思潮是在总结和批判理学与王学末流空谈误国的潮流中逐步形成和发展起来的，而主宰这股潮流的江南代表人物就有吴历的理学师陈瑚及其好友陆世仪。

王鸣盛作《陈言夏传》曰："陈瑚，字言夏，苏州太仓人。弱冠为诸生，当明季天下多故，与同里陆世仪相约讲求经济。"《清史稿》载："陆世仪，字道威，太仓州人。少从刘宗周讲学。归而凿池十亩，筑亭其中，不通宾客，自号桴亭。与同里陈瑚、盛敬、汪世韶相约，为迁善改过之学——世仪之学，主于敦守礼法，不虚谈诚敬之旨，施行实政，不空为心性之功。于近代讲学诸家，最为笃实——又曰：'今所当学者不止六艺，如天文、地理、河渠、兵法之类，皆切于世用，不可不讲'。" 另钱仪吉《碑传集》收王鏊《陈瑚传》，说陈言夏和陆世仪是15岁时开始的朋友。陈21岁时，"两人忧天下多故，乃讲求天文地理、兵农礼乐之书，旁及奇门六壬之术"。于此可见，陈和陆这两位名士在崇祯末年和大家一起讲求"经世学"。"天文地理"是"西学"的特长，而"兵农之学"是徐光启和耶稣会士在崇祯年倡导的。明末人讲

"经世",有明显的"西学"渊源。陆世仪对"西学"有正面的评价。清人编《皇朝经世文编》,收有他的《思辨录·论占天》。他认为"西学"是科学,而非迷信:"西学决不言占验。其说以为日月之食,五纬之行,皆有常道常度,岂可据以为吉凶。此说殊近理。" 由此可见,渔山所生活的人文环境,所受的学术教育应该是和西学有一定渊源的。

陈瑚早年在同好友讨论儒家思想时,曾集有《淮云问答》。其中有这样的对话:

问:中庸云日月星辰系焉。日月星辰何物也?有质乎?无质乎?四者之系于天乎?天之所以系四者乎?日何以精光射人?月何以有盈有亏?且日月何以常经于天?星河益有陨落?辰何以无定在?岂其系有不同者乎?

陈瑚回答:天事不可以求,言人事而已矣。若言天事则不得不恃书本,然据书本之说恐不足使人信,而适使人疑也——天事甚远,恐至一贯之后亦不能凿然有据者也。

这种对"天道"终极问题存而不论的论调是中国哲学的典型特点。我们发现,陈瑚自身也承认儒家学说在解释终极问题上存在缺陷。而陈瑚大力倡导的朱子学说则是用"理""气"等来解释终极问题的。渔山1659年从陈瑚游,讲义理之学。 吴历从陈瑚学经期间,应该对这一问题也有所关注,应该说会成为他思想上的一种困惑。这种困惑可能"促成了吴历易于接受耶稣会士们关于终极问题的学说"。"当耶稣会士们向吴历说明儒家经典中的'上帝'不过就是《圣经》中的'天主',理学家们将"理"的观念同"上帝"所等同是对原始儒家的曲解时,吴历的困惑很可能会得到了解决。" 传教士们在附会原儒学说时,极力斥责"太极""理"等概念的空疏。尽管他们这样做的原因是由于认为理学家的观念具有很强的"物质性",不符合天主教义中的上帝观,但是客观上却迎合了中国士人对终极观的思考。我们来考察吴历入教后的诗作,可以看出渔山对儒家终极观和天主教义的某些看法。渔山《三余集》中有《可叹》一诗云:"往往儒者堕其机,反嘲天学正理微"。在《诵圣会源流》第11首中,渔山又试图将基督教中三位一体的观念与万物源于一种物质的观念区分开来。"太极含三是漫然,真从元气说浑沦。残篇昔识诚明善,奥义今知父子神。"第8首:"最高之处府潭潭,眷属团圆乐且耽。无古无今三位一,彻天彻地一家三。"可见,天主教义中的上帝创世观和"三位一体"的圣灵观解决了渔山理学思想中的困惑。吴历在劝人入教时又曾有一段自白说:"即如余亦儒教中人也,幼而吟诗,长而裒集《四书五经大全》诸书,壮而屡试风檐,欣欣自得,以为道在是矣。即反而求诸理之大本大原,则穷思极虑,殚精疲神,而不可得。乃知生死之故,性命之源,即孔子亦罕言之,不可得而闻焉。用是洗心涤虑,俯首入教,从此蒙昧一开,而大本大原之所在,是恍然若有以遇之,自喜非复自我矣。"明末清初传教士带来的思想,补充了中国哲学的不足。渔山生活在中西文化交流颇为繁荣的时期,思想的困顿应该受到了西学的启发。

三、吴历之师友对其奉教的影响

事实证明,除了受到时代大背景的熏染之外,吴历是有实际的机会同西学和传教士接触的。吴历自幼居住言子宅侧,而言子宅明末以来即为天主教堂。陈垣先生曾说:"此于渔山晚年学道至有关系,必当时西士言行,能令渔山钦服,有所印于中,积久遇机而发也。"

因此,方豪先生考证出吴历自小受洗也应该是有一定根据的。吴历的师友中不乏对天主教和西学关注的人士。吴历曾问诗于江南名士钱谦益。钱氏曾作《景教考》一文,考察景教和天主教的关系。其在家乡常熟的绛云楼中藏有不少西学图书,并同亲近西学的王铎、龚鼎孳等人交好。尽管钱氏晚年曾抨击"西人之教"为"世间大妖孽",但钱氏对西学有所关注应该是可以肯定的。吴历或许早年在向钱氏问诗时就从钱氏那儿了解到有关天主教及西学的某些思想。

之渐是吴历的好友,康熙四年(1665)因教案罢官后与吴历往来甚密。据二人之诗作画跋,两人从1668年开始往还,一直到1686年因渔山修道而交往渐疏,迄近有20年的友情。许之渐被罢官的原因是为李祖白的《天学传概》

作序，从而受到了杨光先的诘难。现在考察许之渐的《天学传概》序，可以看出其对天主教的认识。他认为，道家、佛教与儒家的根本思想是"殊途而同归"的，儒家和前两者的不同在于儒家对"天"的问题是存而不论的。前两者对"天"的认识流于空疏，但儒家"终其身于君臣父子，而莫识其所为天"，也是有一定的弊病的。因此，"如欲循其弊以为救，仍莫若尊天以立说"。接下来，许之渐便论述了天主教对天地创始的认识，传教士来华传教的历史，认为天主教教义与儒家道德并行不悖，互相补充。可以说，这种看法代表了清初对西学持接纳态度的士人的心态。吴历对理学中之"天道"问题如有困惑，很可能受到这位好友的启发，而对天主教产生兴趣。

1670年许之渐复官进京谢恩时曾携吴历同往，渔山因此得与在京的士人有所交往。二人在京期间，渔山与王士祯、施闰章、宋琬、程可则等都有唱和。王士祯是清初著名的反对杨光先对传教士进行诘责的要员之一。王氏的《居易录》和《池北偶谈》中曾大量辑录西士言论及西洋风情。吴历在京期间，教案刚刚平息，虽然渔山在京深居简出，但是当时众人对西学及传教士的关注，不可能对渔山没有影响。渔山1671年返回江南后不久，即与天主教友有所往来，应该不是偶然现象。渔山1672年曾阅诵同邑何世贞之《崇正必辩》，1674年有赠若韩道兄画，1676年作《湖天春色图轴》，其题跋中记与鲁日满去太仓传教时访教友帾函一事，当时应该与教会往来已久。

四、传教士们对渔山的影响

上述是与渔山接触的文人圈子对渔山奉教带来的影响，可以说是传教士们与士人接触的成果。下面我们来看渔山的家乡——常熟的传教史。

早在崇祯末年，瞿太素的儿子瞿式谷就请著名传教士艾儒略（Jules Aleni，1582—1649）赴常熟开教。艾氏在常熟的时间虽然不长，却给数百人受洗，自此，常熟成了江南一带有名的教区。"渔山亦极矜式艾儒略，常劝人熟读日抄"。艾儒略离开以后，又先后有毕方济（Francois Sambiasi，1582—1649，1622年至上海，管理附近城乡一代教务，1628年后赴山西，1634

年左右到南京，使教区得以复兴，某次赴瞿式耜之故乡常熟为三百人受洗）、贾宜睦（Jerome de Gravina，1603—1662，1637年后管理扬子江临近诸地教务，工作勤劳；1662年9月4日殁，葬常熟虞山铁拐亭之北）等神父赴江南一带传教。鲁日满（Francois de Rougemont，1624—1676）来中国前的数年，卫匡国（Martin Martini，1614—1661）曾这样描述常熟教区的情况："在常熟，传教士们在城里城外为天主建立了许多教堂，有许多信徒皈依，这些信徒一天比一天多，人们摒弃了错误的信仰，将庙宇中的偶像抛弃。"据柏应理（Pilippe Couplet，1623—1692）的信件记载，贾宜睦神父的教区有1万信徒。

鲁日满于1660年左右被派往江南，除中间谪居广州外，终身在江南传教。鲁日满在江南传教时，和当地文人交好，受人尊重。1671年教难后重返江南，管理昆山、太仓、常熟和崇明教务，本人常驻常熟。1676年11月4日殁于太仓，葬常熟虞山之北。现存的有关渔山与鲁日满交往的最早资料就是上面提到的1676年所作的《湖田春色图轴》。根据鲁日满帐本中的记述，1676年3月18日至1676年3月或4月末的时候，鲁日满曾从常熟去古堂、昆山、太仓等地。随从有3位仆人和2个布道人员（catechists），其中1名就是吴历。吴历的画便作于太仓（娄水），当时渔山已经开始协助鲁神甫传教。渔山为什么在这一时期开始奉教，我想除了上文所述的一些思想基础之外，同这一时期传教士们的需要也是分不开的。另外，这一时期陈瑚及渔山的禅友默容相继去世，许之渐又复职离乡，也应是渔山奉教的外因。

1671年教案过后，传教士们深深意识到了培养国籍神甫的重要性。教案事件使得传教士们进一步对自身的传教策略进行反思。他们意识到自身在中国的地位是不稳固的，完全依赖于朝廷的好恶。为了使传教事业在外籍神甫遭受打击时能够继续进行，唯一的解决办法就是培养国籍神职人员。传教士们在谪居广州期间，数次开会讨论培养国籍神职人员的问题，并就此事数次向罗马教廷提出交涉。其中对这一问题最为热心的神甫就有鲁日满和柏应理。鲁日满当时是教区的顾问，他就此事发表的意见是：首先有必要培养国籍神甫来传播信理，以便当外籍神甫遇到困难时维持工作，这是宗徒时代已有的传统。他认为应该培养那些有学识、有教养并受非信徒尊重的人来从事神职工作，以便鼓励信徒们坚定信念。我们不难推出，意识到了这一问题的重要性，当鲁日满1671年重返常熟传播福音时，会着意搜寻培养符合条件的候选人。

鲁日满去世后，主持江南教务的是鲁日满的同胞——柏应理神甫，他也是培养国籍神甫观点的积极支持者。其1681年返回欧洲的一个重要任务就是请求教廷批准培养国籍神职人员。他给教廷写了一份有关1671年教难以后中国教区情况的汇报。提出只有通过培养国籍神甫这一条途径，才能建立中国教区事业的牢固基础。很可能是鲁日满将吴历介绍给了柏应理。因此，柏应理1681年离开江南时，带吴历前往澳门并计划携之入欧学习。柏应理1669—1671年在广东时和第一位华人耶稣会神甫郑维信（Emmanuel de Siqueira，1633—1673）有所往来。"郑维信对欧洲文化学习的成功经历一定鼓舞了柏应理将中国人带往欧洲培养的信念。"渔山也曾经对其学生赵仑说："教皇命我为司铎何意乎，恐大西人在中国，或有致命之日，则中国行教无人也。"吴历是江南一带的名士，受人景仰。而难能可贵的是，吴历不慕名利，无意为官，传教士们所需要的正是这样的无意于世俗名利，专心于传教事业的人士。除了吴历对教士生活超俗出世有所倾慕之外，传教士们为了天主事业而辛勤工作、不追名逐利的精神正好与渔山的精神追求相契合，这也成为渔山奉教的原因之一。这可以从渔山表达对传教士们敬仰之情的记诵之作中看出。

渔山有咏信徒传教的作品如下：圣学诗《感咏教会真理》第9首"青枝歌凯乐，昂首渡沧洲。臂备小天下，手携大九州。闻声山鼓舞，吹气水溶流。幸托如饴母，藏身达味楼"。臂奋二句谓传教士以向全世界传播教义为己任，把天主教传入中国。《感谢圣会洪恩》第1首云："继徒敷教，迹遍乾坤。冥蒙丕启，万象回春。宏功懋绩，千古犹新。非图本耀，木显尔名"。写传教士传教事业之伟大以及教士们不慕虚名的精神。《感谢圣会洪恩》第2首咏耶稣会云："煌煌信耀，暗冥真光。九徒煽处，举世茫茫。洪恩丕锡，垂法以匡。圣贤毕集，大义皇皇。会修名士，持论刚方。上符神指，下协侯王。中流砥柱，不畏澜狂。鸿词具在，钦守不忘"。

渔山已有不少记诵自己和传教士们晋接的作品，除了上文提到的记述和鲁日满的交往的资料外，渔山记诵传教士及教友的作品还有：

《墨井集》中有《颂先师周铎》云："茸城晦迹仰奇人，秉铎暇方教泽新。鸭水夜凝初入国，鹭沙画暗已成城。五旬动业辉东土，七载慈祥感下民。何日天朝重聚首，依稀函丈笑言亲。"陈垣先生考证说，渔山与此教士的交往应有7载，并且此教士有可能是渔山的受洗神甫。

渔山随柏应理至澳门后，由于新任中国副教区负责人认为渔山年老体衰，经不起旅途风浪，不同意渔山赴欧，于是渔山在澳门开始了长达7年的学道生涯。但渔山对赴欧的柏应理神父却牵挂在心，《岙中杂咏》第10首云："凤舶奔流日夜狂，谁能稳卧梦家乡？计程前度太西去，今日应过赤道旁（原注：计柏先生去程应过赤道）。"第29首："西征未遂意如何，滞岙冬春两候过。明日香山重问渡，梅边岭去水程多（原注：柏先生约予同去大西，入岙不果）。"

渔山在澳门时曾观看教徒拥着沙勿略的圣像游行的场面，《三巴集》中《岙中杂咏》第4首云："捧腊高烧迎圣来，旗幢风炮成雷。四街铺草青如锦，未许游人踏作埃"。陈垣先生曾说："渔山圣名西满沙勿略，极崇拜沙勿略之为人，盖受鲁日满提示，因鲁亦极崇拜沙勿略，且常劝人奉沙勿略为模范"。《圣方济各·沙勿略》(《圣学诗》)云："辞乐迓艰，就贫弃富。神往中华，铎开印度。流厚泽于殊方，扬圣名于亘古。赞曰：特选之器，圣教柱础。随救世主，担荷剧苦。……指破迷途，宛然巨火。振醒吾民，咸思安土。非止本会之栋梁，多乃亚西亚之慈父。"沙勿略之辞乐就苦，为渔山所效法。躬行实践数十年。康熙三十五年，渔山在上海、嘉定组织教友团体圣方济各会，诫会众曰："凡圣人瞻礼，需学圣人行实，不可忽过。即如圣方济各为东洋传教之首，梯航九万里而来，历尽许多艰危，茹苦如始，行道以仁德，化人以超理。天主赐其异能，往往显实圣迹，以证其所讲之道。"要其牧下教友亦效法沙勿略的榜样。又有《咏沙勿略》绝句云："圣会光埋利薮中，可怜前圣创基功，三州旧学今犹在，望里悲天午夜风。"

罗文藻是中国第一位国籍神甫，1688年在南京祝圣吴渔山、刘蕴德、万其渊等3人为司铎。吴历对这位国籍传教士的感情也是深厚的，曾在罗氏逝世后作《哭司教罗先生》诗，记述罗氏一生为天主教传教事业作出的贡献。可以说，传教士们的精神，一直鼓舞着渔山后半生的传教事业，渔山70岁时曾作诗云："甲子重来又十年，破堂如磬尚空悬。虫秋四壁鸣还歇，漏雨三间断复脸。不愿人扶迎贵客，久衰我梦见前贤。床头囊橐都消尽，求舍艰难莫问田。"尽管身处破堂漏屋，但是有诸位"前贤"的精神支撑，渔山依然自得其所。渔山以传统中国文人的眼光来理解传教士们的精神追求，但却促成了其对教会事业的热心奉献。

五、小结

吴历是清初奉教的一位重要人物，晚年为传教事业作出巨大贡献。其以清初著名文人之身份加入耶稣会，必然是在对中国哲学进行巨大反思之后做出的选择。而且其奉教是在教案以后教会事业刚刚恢复的时期，因此，探讨渔山奉教的心路历程和动机有利于我们考察渔山所处时代士人的思想心态，发现中西文化交流碰撞的特点。

本文主要考察了传教士来华后对中国士人思想的影响，尤其关注了渔山时代传教士们的活动。渔山早期讲求义理之学，沉醉于诗画之中，但是社会政治的动荡，思想界的巨变所带来的心灵上的困惑却是诗画之作所不能解决的。中年以后，渔山得与西士交往，传教士们的言行、精神定能使渔山有所触动，从而产生了奉教之心。而传教士们的在教案后培养国籍神职人员的行动恰恰为渔山提供了一个难得的机会。可以说，传教士对渔山奉教行动的影响是巨大的。

作者简介：骆洁，1997—2001年就读北京外国语大学国际交流学院并获学士学位，2001—2004年就读于北京外国语大学海外汉学研究中心并获硕士学位，师从张西平教授。曾研究比利时传教士柏应理对中国文化的接受与传播，现就职于清华大学。

略论《通报》"学术论文"栏目的文献学、目录学特征

——以历史、地理类论文为中心浅析[1]

郭 瑶

著名西方汉学杂志——《通报》（*T'oung Pao*，简称TP）由考狄（Henri Cordier）和施古德（Gustave Schlegel）于1890年创办，至今已有122年[2]历史，它"是西方汉学史上最早的学术刊物，在西方汉学界有很好的声誉，被公认为目前国际上最具权威性的三种汉学杂志之一"[3]。《通报》的研究对象以中国为主，涉及日本、朝鲜、印度支那、中亚和马来西亚；研究领域涉及历史、语言、地理、民族学和艺术等；杂志栏目有学术论文（Articles de fond）[4]、杂识（Mélanges）、杂录（Variétés）、记事（Chronique）、评

---

[1] 本文曾发表于《国际汉学》2014年第1期，在收入本文集时经原作者修改，字数有所删减。

[2] 本文选取的时间范围为1890年至2012年。

[3] 另两种是1936年创刊、由哈佛燕京学社主办的《哈佛亚洲研究》（*Harvard Journal of Asiatic Studies*）、1941年创刊、由哥伦比亚大学出版社出版的《亚洲研究杂志》（*The Journal of Asian Studies*）。张西平：《西方汉学十六讲》，北京：外语教育与研究出版社，2011年，第237页。

[4] 如无特别说明，文中"学术论文"一词均指代"学术论文"栏目。

论简报（Bulletin Critique）、讣告（Nécrologie）、书目（Bibliographie）、新收到赠书（LivresReçus）、按语和征询（Notes and Queries）、通信（Correspondence）、通知（Annonces）、评论（Review articles）、书评（Book reviews）等，尽管在出版的过程中栏目的设置有所变化，但其中的"学术论文"是始终保留的栏目之一，并且一直由知名汉学家执笔，反映着东亚、特别是中国研究的最新动态。因而，对该栏目的论文目录进行整理和研究，不论是对学术资料的索引还是对文化交流与传播的研究，甚至是学术史的梳理都具有很重要的意义。[1]

一、《通报》的"学术论文"栏目简介

从《通报》创刊至今，前后存在的13个栏目中，"学术论文"栏目出现的频率最高，在迄今已经出版的108卷《通报》中每一卷都有该栏目；次高的是"书目"栏目，出现了95次；居第三的是"讣告"栏目，出现了55次；"杂识"和"新收到赠书"栏目频率相当，分别出现了53次、52次。

关于各栏目的介绍，《〈通报〉杂志小史》和《〈通报〉在西方中国科学史研究中的角色》已经有比较详细和全面的介绍，本文将不再赘述，在此只对"学术论文"栏目做介绍。

"学术论文"是《通报》最主要组成部分，也是其中历史最为悠久、从

---

[1] 关于《通报》杂志的历史及编辑、出版等详细介绍，见［法］洪怡沙（Isabelle Ang）、魏丕信（Pierre-Etienne Will）：《〈通报〉杂志小史》，收入《法国汉学》（第三辑），北京：清华大学出版社，1998年，第308-317页；张西平：《西方汉学十六讲》，北京：外语教育与研究出版社，2011年，第237-238页。关于《通报》的研究性论文有：杨惠玉：《论西方汉学杂志〈通报〉及其对中国科技的关注》，《复旦学报》（社会科学版）2007年第4期；杨惠玉：《〈通报〉在西方中国科学史研究中的角色》，上海交通大学博士学位论文，2008年。其关注点主要集中在1890年至1944年《通报》中有关中国科技史的论文上。另外，顾钧、杨慧玲的《〈中国丛报〉（Chinese Repository）篇名目录及分类索引》（桂林：广西师范大学出版社，2008年）；王国强的《〈中国评论（1872—1901）〉》（The China Review or Notes and Queries on the Far East）与西方汉学》（上海书店出版社，2010年）；杨代春的《〈万国公报〉与晚清中西文化交流》（长沙：湖南人民出版社，2002年）；以及任大援教授对《华裔学志》（Monumenta Serica）目录的翻译和整理都为笔者的研究提供了同类参考。

未消失过的两个栏目之一[1]。

从《通报》最初的创刊目的来看，它涉及很多东亚国家，但是从它的纵深发展方向和最终定位来看，《通报》中以中国为研究对象的论文是最多的，并且占到了绝大多数。据笔者统计，从1890年到2012年，《通报》"学术论文"栏目共收录文章1053篇，其中与中国相关的论文877篇，占总数的比例达83.29%。其中第一卷（1890—1899）共收录文章102篇，与中国相关的论文67篇，占比65.68%；1900—1944年共收录文章449篇，与中国相关的论文为319篇，占比71.05%；二战后至今（1945—2012），总论文数为502篇，与中国相关的论文491篇，占总数的比例为97.81%。

20世纪50年代以后，《通报》几乎已经成了一本"汉学研究"的专刊。这个时间节点的出现并非偶然，一般来说，学界把第二次世界大战作为法国汉学研究的一个分水岭。二战后，国际上的汉学研究蓬勃发展，美国、日本的汉学研究尤盛，法国的汉学研究也进入了一个新阶段，传统汉学研究和以美国为代表的"中国学研究"在法国都得到了相当程度的重视。以上的这些数据也表明，《通报》作为一份专业汉学杂志的身份和定位更加突出。

笔者拟以黄勇先生[2]所提供的目录翻译为参考资料，以笔者本人整理的"学术论文"栏目中全部与中国有关的论文目录为基本依据[3]，在参考论文本身的基础上，对《通报》1890—2012年共108卷杂志"学术论文"栏目所收录的论文以中图分类法为参考、文章所涉关键词为主要依据分类，该目录主要可以分为以下几类：历史、地理类，哲学、宗教类，语言、文字类，文学类，艺术类。这几类文章的数目和在与中国有关的论文目录中的比重见表一。

---

[1] 另外一个是书评栏目。《通报》第1卷虽然有收录学术论文，但是并没有以"学术论文"这一栏目名称命名，这个栏目的正式出现时间是在1891年的第2卷。
[2] 特别声明：该目录版权为黄勇先生所有，由张明明、全慧校对，郭瑶整理。本文的目录以其为基础，并在共同商讨的基础上不断修正。
[3] 具体目录请参见笔者硕士学位论文《从〈通报〉看西方汉学对中国古代文化的传播——以〈通报〉"学术论文"目录为基础的文献学分析》附录七：*T'oungPao*"学术论文"栏目目录（1890—2012），第62-163页。

表一 《通报》中各类论文比重

类别	历史、地理类	宗教、哲学类	语言、文字类	文学类	艺术类	政治、法律类	其他类
文章数目	289	136	130	105	41	28	148
与中国有关的论文总数	877	877	877	877	877	877	877
比重	32.95%	15.51%	14.82%	11.97%	4.68%	3.19%	16.88%

从以上的表格中，我们可以明显看出，历史、地理类，哲学、宗教类，语言、文字类，文学类，艺术类和政治、法律类论文占据了与中国有关的论文总数的四分之三以上，这既是《通报》创刊宗旨的体现，也是对西方汉学研究侧重点的反映。

二、历史、地理类学术论文浅析

1. 历史、地理类学术论文的分段统计和趋势分析

表二 各阶段历史、地理类论文的数目统计

Vol.	1-10 Ser.1	1-10 Ser.2	11-20	21-30	31-40	41-50	51-60	61-70	71-80	81-90	91-98	小计
文章数目	30	36	31	21	36	28	22	24	26	20	15	289

从表二中，我们能够看出在《通报》"学术论文"所刊载的历史、地理类文章从创刊到二战前，大致呈下降趋势；二战初期达到历史峰值，从二战到至今呈逐步下降的趋势。文章数目最多的集中在第二辑第1卷至第10卷和第31卷至第40卷，各有36篇；次多的是第11卷到第20卷，有31篇。最少的是从第91卷到98卷（该统计段不完整），有15篇；次少的是第81卷到第90卷，有20篇。

原因其一，从18世纪早期开始，来华传教士和巴黎传教士、学者便为

法国的中国史地研究奠定了基础。从《通报》创刊到20世纪上半叶这段时间里，法国汉学领域在中国史地研究方面也有很多大家，最有名的莫过于沙畹（Edouard Chavannes）的史学研究，他对《史记》的翻译和对泰山的碑铭、地理的研究在整个法国汉学史中都有举足轻重的地位。此外，戴何都（Robert des Rotours）对唐史的研究，白乐日（Etienne Balazs）对宋史的研究以及葛兰言（Marcel Granet）的社会史研究对整个汉学研究也产生了很重要的影响。

其二是二战后，受以美国为代表的"中国学研究"的冲击，法国汉学也开始关注以中国近现代的政治、经济为核心的现代中国学研究。《通报》"学术论文"栏目中历史、地理类学术论文的数目或是法国汉学转型的一个局部缩影。

2. 历史、地理类学术论文分类浅析

关于历史、地理类论文的分析，笔者综合了论文标题以及文章关键词考虑，发现该类文章有如下几个明显的特色：

第一，历史方面。

从历史时段来看，论文涉及最多的是"汉代"。

在289篇论文中，有30篇是以"汉代"为中心展开的。研究内容包括汉代的政治状况，如白乐日（Etienne Balázs）的《汉末的社会危机和政治哲学》（La Crise Sociale Et La Philosophie Politique à la Fin Des Han）[1]等7篇；汉代的经济状况，如艾伯华（Wolfram Eberhard）的《论汉代的统计数据》（Bemerkungen zu statistischen Angaben der Han-Zeit）等2篇；汉代的社会状况，如宫崎市定（Ichisada Miyazaki）的《汉代中国城市》（Les Villes En Chine à l'Époque Des Han）等3篇；汉代的法律，如克诺尔（J.L.Kroll）的《论汉朝法律》（Notes On Han Law）1篇。关于汉代的文化状况的研究最多，共16篇。特别是文献和史料研究，如夏鸣雷（Henri Havret）的《汉朝编年史》（La Chronologie des Han），沙畹的《〈后汉书〉所记载的西方国家：前言》

---

[1] 文章刊登时间及页码等具体信息，参见JSTOR数据库T'oung Pao电子版，或者《国际汉学》原文，下同。

（Les Pays D'Après le "Heou Han chou"：Avant-propos）等；另外还有对汉代殡葬文化的研究，如白瑞旭（K.E. Brashier）的《如金属和石头般长久：论镜子在汉代殡葬中的作用》（Longevity like Metal and Stone：The Role of the Mirror in Han Burials），韩献博（Bret Hinsch）的《见于汉代遗嘱中的妇女、亲属关系与财产》（Women, Kinship, and Property as Seen in a Han Dynasty Will）等；对艺术的研究，如劳费尔（Berthold Laufer）的《五个新发现的汉代浮雕》（Five Newly Discovered Bas-Reliefs of the Han Period）。在这些论文中，供稿最多的是鲁惟一（Michael Loewe），共有11篇，除了以上提及的多篇论文外，还有一篇关于军事的《汉代军事檄文》（Some Military Despatches of the Han Period）。

从研究侧重点来看，由于各类不平等条约的签订，通商口岸的开放，中外交流日趋增多。不断成熟的专业汉学和汉学家们对中国的研究，已经不仅仅局限在中国内部，而是将视野拓宽到中国和其他国家、地区的关系方面，这在"学术论文"栏目也有相应的体现。

研究中欧关系的文章最多，共有15篇。其中与葡萄牙有关的有4篇，如考狄的《葡萄牙人来到中国》（L'arrivée des Portugais en Chine），伯希和（Paul Pelliot）的《关于澳门早期的一部著作〔张天泽〈中葡1514—1644年间的贸易：葡中文献综合〉〕》（Un ouvrage sur les premiers temps de Macao）等。与荷兰有关的有4篇，如梅耶（J. J. Meijer）的《荷属印度华人的政治状况》（La Condition politique：des Chinois aux Indes Néerlandaises），戴闻达（J. J. L.Duyvendak）的《派驻中国宫廷的最后的荷兰使团（1794—1795）》（The Last Dutch Embassy to the Chinese Court, 1794—1795）等。与法国有关的有4篇，如考狄的《〔法兰西〕第一帝国时期印度支那和中国境内的法国与英国》（La France et l'Angleterre en Indo-Chine et en Chine sous le Premier Empire）等。

与英国有关的1篇，如普理查德（E. H. Pritchard）的《驻北京的传教士与马戛尔尼使团有关的书信（1793—1803）》（Letters from Missionaries at Peking Relating to the Macartney Embassy, 1793—1803）。1篇与意大利有

关的，即Girard De Rialle的《十七世纪赴威尼斯的中国使团》（Une mission chinoise à Venise au XVIIe siècle）。另外，还有1篇是研究早期中外关系的，即德效骞（Homer H.Dubs）的《公元前36年中国人和罗马人之间的一次军事接触》（A Military Contact between Chinese and Romans in 36 B.C.）。

与亚洲国家和地区有关的文章有7篇，如勒多克（Henri Leduc）的《经［安南］东京到云南》（Au Yun-nan par le Tong-king），罗杰（Emile Rocher）的4篇连载《云南王的历史，及他们与中国的关系：据中国历史文献》（Histoire des princes du Yun-nan. Et leurs relations avec la chine，d'après des documents historiques chinois），丰大业（Henri Fontanier）和考狄的《中国派往安南的使团（1840—1841）》（Une mission chinoise en Annam，1840—1841），罗萨比（Morris Rossabi）的《明朝派遣至亚洲内陆的两个使节》（Two Ming Envoys To Inner Asia）。

在这些论文中，供稿最多的是考狄，他共撰写了5篇中外关系的文章。

第二，地理方面。

就研究内容来说，对地理问题的考证最多，共有14篇。

最具有代表性意义的是施古德于1892至1895年发表的8篇系列文章，中国史乘中未详诸国进行了考证，研究的国家有20个，即扶桑国、文身国、女国、小人国、大汉国、大人国或长人国、君子国、白民国、青丘国、黑齿国、元股国、劳民国或教民国、泥离国、背明国、郁夷国、含明国、无名国、三仙山、琉球国、女人国。通过援引史书、史料、诗词以及古代地图等对这些国家的真实性和地理位置予以了详细考证。

沙畹也有2篇文章对古代史书中的西方国家进行了考证，即《据〈魏略〉所载的西方国家：前言》（Les pays d'occident d'après le Wei lio：Avant-propos）、《〈后汉书〉所记载的西方国家：前言》（Les Pays D'Occident D'Après le "Heou Han chou"：Avant-propos）。

除此之外，还有4篇是对马可·波罗（Marco Polo）所描述的中国城市的考证，即乔治·菲利普（George Phillips）的《对马可波罗的Zaitun即为漳州的考证》(The Identity of Marco Polo's Zaitun with Changchau)等。

就研究地区来说,对西藏的相关研究最多,共有11篇。

对西藏历史进行研究的有7篇,即劳费尔的《关于一本苯教徒的西藏历史著作》(Über ein tibetisches Geschichtswerk der Bonpo),伯希和的《中文文献中与香拔拉[香巴拉]有关的记录》(Quelques transcriptions apparentées a Çambhala dans les textes chinois),斯坦因(Marc Aurel Stein)的《8-9世纪汉藏条约誓盟》(Les Serments Des Traités Sino-Tibétains(8e-9e Siècles)等。

与西藏有关的游记和探险研究的有4篇,劳费尔的《波代诺内的鄂多立克到过西藏吗?》(Was Odoric of Pordenone ever in Tibet?),伯希和的《秦噶哗和古伯察先生的拉萨之行》(Le voyage de MM. Gabet et Huc à Lhasa)等。

三、略述"学术论文"栏目的文献学、目录学特点

纵观"学术论文"栏目的所有文章,其有如下几个重要特征:

第一,集中体现了《通报》的极强的学术性,它既不以"传教"为出发点,也不以"传教"为其落脚点。在1890年首期《通报》的主编声明中,施古德就有提到"我们创建一份新的刊物,并非受个人虚荣心的怂恿,也没有毫无意义地增加亚洲期刊数目的执念,而是相信此份刊物的面世,能填补一个对远东人民研究的空白"[1]。据笔者统计,《通报》"学术论文"栏目涉及基督教的论文仅有13篇[2],且多为对基督教历史和文化的研究。将其和19世纪创办的其他汉学期刊如《中国丛报》、《教务杂志》(The Chinese Recorder and Missionary Journal)相比较,它的专业性特征更为明显。它是一个正式的学术刊物,彻底摆脱了传教士汉学的特点。

第二,充分体现了《通报》甚至是欧洲汉学的学术特征。王国强在其论文中就盛赞《通报》是19世纪最晚出版也是最为著名的杂志。贝德士

---

[1] T'oungPao, Vol. 1, No. 1 (Apr., 1890), pp. I-IV.
[2] 具体信息,参见《国际汉学》原文,下同。

（M.S.Bates）说"就各种研究中国问题之杂志而论，以此报最为完美"[1]。从《通报》的创办到"学术论文"栏目的一直保留，这是以荷法为中心的多国汉学家对学术研究的执着与热爱的真实体现，也是西方一直传承下来的良好的汉学研究传统。该栏目所收录的文章，体现了欧洲汉学的阶段性特征和它在二战后的逐步转型。从前期的重视考据学、语文学、文献学的研究方法，拓展到现在对社会学、统计学、人类学等多种人文科学和社会科学方法的综合运用，这是欧洲汉学逐步成熟和自我超越的体现。

第三，从文章关注的国家和地区文化来说，以中国为中心和重点，略涉其他国家。单从文章数量方面考察，在1053篇文章中与中国有关的文章有877篇，占到了总数的83.29%。作为荷法联合编辑的一部重要汉学杂志，《通报》从亚洲研究期刊向汉学研究期刊的逐步转变，既是"中国"受到西方关注度越来越高的表现，也是"中国学"研究作为一个领域发展得越来越成熟，越来越有体系、越来越有学术和文化影响力的体现。

第四，从"学术论文"栏目的"中国学"研究的内容来说，以历史、地理为最多，按照笔者之前的分类标准讨论，历史、地理类文章达289篇。历史、地理类，哲学、宗教类，语言、文字类，文学类，艺术类和政治、法律类论文总计729篇，而该栏目的总论文数为1053篇，这6个大类的文章占到了总数的约70%。这既与中国文史哲不分家的文化传统有关，同时也与欧洲的中国学研究历程有关。西方的汉学从早期的游记汉学阶段，发展到传教士汉学阶段，再发展到专业汉学阶段，再到现在的当代汉学阶段。每一个阶段既有区别又有联系。但总的来说，汉学研究的关注对象一直聚焦"中国历史"。游记汉学阶段对中国地理历史的半虚半实的描述，传教士汉学阶段以中国本土文化为依托将传教策略不断渗透，专业汉学阶段对中国的历史、哲学、文学和语文学的研究是西方汉学的一大特色，当代汉学阶段对传统文化的研究与对当代中国的关注齐头并进，对中国的历史和现在做全面的比较和审视。《通报》学术论文栏

---

[1] ［美］贝德士编：《西文东方学报论文举要》，南京：金陵大学中国文化研究所印行，1934年，第7页。

目是法国汉学史的侧影。

第五，据笔者的不完全统计，"学术论文"栏目共计有作者447位，大多活动在欧洲、美洲、亚洲，从地区分布来看，以美国为最多，共计106位，其次是法国地区的汉学家有69位，再次是德国地区的汉学家有28位。这也是美国和法国汉学领域人才培养、研究实力积累的一种体现。当然，三分之一以上的作者是活跃在欧洲地区的，这既与《通报》一直坚持其欧洲传统汉学特色有关，也证明了《通报》是欧洲汉学的重要阵地。

同时，来自美国的大量稿源，不仅证明了《通报》在学术界的极高的认可程度、地位和价值，展示了美国汉学人才辈出、蓬勃发展的现状，也体现了美国汉学不仅在研究当代中国方面处于领先地位，同时在研究由欧洲汉学主导的传统汉学方面也颇有建树。

其次，笔者在考虑作者国家或地区分类时也发现，很多作者出生于一国却成为另一国的汉学大家，如出生于匈牙利的白乐日被公认为是法国汉学界研究中国经济史的大家；出生于美国，拥有德国国籍的侯思孟（Donald Holzman）则在法国汉学界的文学研究方面独树一帜。

再次，有很多中国人（或华裔），凭借其语言和文化优势在汉学界卓有成就。如出生于中国的陈祚龙大半生都活跃于法国；饶宗颐曾在印度、新加坡、美国、法国等国任教；包括以研究中国佛教史而饮誉英语佛学界的华裔美国佛教学者陈观胜。

这些作者的学习和科研经历，以及他们活动区域的流动性和全球分布也展示了国际学术交流逐步跨越了地区和文化隔阂，学术资源逐步实现全球共享，不断呈现国际化的趋势，汉学研究的地域性特征日趋淡化，汉学研究的思想碰撞日趋增多。而《通报》则是展示全球汉学研究历史与现状的高水准学术平台。

第六，从文章主体的语言来说，以英语为最多，共计484篇；法语其次，共计332篇；德语共计59篇；意大利语最少，仅有2篇。以十卷为一个统计单位，其大致分布情况见表三。

表三 《通报》各阶段、各类语言文章数目

卷数	与中国有关的论文总数	德语	法语	英语	意大利语
1卷-10卷（第1辑）	67	16	35	16	
1卷-10卷	91	12	68	11	
11卷-20卷	103	7	69	27	
21卷-30卷	66	3	42	21	
31卷-40卷	71	13	23	35	
41卷-50卷	79		19	59	1
51卷-60卷	76	4	22	49	1
61卷-70卷	82	4	12	66	
71卷-80卷	95		24	71	
81卷-90卷	87		11	76	
91卷-98卷	60		7	53	
总计	877	59	332	484	2

从表格数据中，我们可以看出"学术论文"栏目中各语种文章有如下趋势：首先是法语文章呈现逐渐增多到逐步减少并最终保持在一定水平，具体来说是在第二辑前30卷当中，法语文章是最多的，并且大大多于德语和英语文章；英语文章的数目整体上呈现上升趋势；德语文章首先是逐步减少，然后逐步增多，从1944年到1963年的20年间，没有德语文章刊登，从1964年开始陆续刊登了8篇德语文章，最后一篇德语文章是马丁·基姆（Martin Gimm）1984年发表的《论〈佩文韵府〉的产生》（Zur Entstehungsgeschichte Des "P'ei-Wen Yün-Fu"）一文；意大利语的文章仅有两篇，分别是德礼贤（Pascal M. D'Elia）1952年发表的《利玛窦向中国文人描述的罗马》（Roma Presentata Ai Letterati Cinesi Da Matteo Ricci S.I），以及福安敦1971年发表的《〈菩萨正斋经〉和三长斋月的起源》（Il P'U-Sa Cheng-Chai Ching, E l'origine dei tre mesi di digiuno prolungato）。（笔者注：由于从第91卷到第98卷不是一个完整的统

计阶段，因而在上面的图表中，法语和英语文章较前一阶段较少。）

以上信息表明英语作为一门世界通用语言在学术研究中发挥着越来越重要的作用。其中，德、法两国汉学家倾向于用本国通用语发表论文，在其他国家活动的汉学家如施古德、斯坦因、何四维等也曾采用法语发表论文。除此以外的国家的汉学家特别是当代年轻汉学家则更多使用英语发表论文，这既与很多学者有欧美等英语国家留学或访学经历有关，也与英文应用广泛，美国中国学全球扩散的影响力有关。

第七，《通报》"学术论文"栏目中对中国古代文化相关作品的翻译较少，据笔者统计仅有20篇，在与中国有关的877篇论文中，所占比例仅为2.3%。

在西方试图了解中国文化的早期，学者们对中国典籍的翻译十分积极，这使得很多希望接触中国作品的国外汉学家绕开了语言的障碍，也使得法国汉学的兴起和发展十分迅速，"东方热"带动了东方意识的炽热，也为专业性的学术研究铺平了道路，这一时期的文学研究的蓬勃发展正是翻译热潮的延续和深化发展。另外，许多专业出版社以专著、译著形式出版了中国的长篇典籍，由于《通报》受版面及出版形式的限制，其所刊登的翻译作品大多是原文比较短小的作品，如文学类的作品翻译《秦妇吟》《神女赋》《晏子赋》《九辩》等。如此我们就能够理解为何"学术论文"中的翻译型文章较少了。

四、结语

1890年创立的《通报》作为汉学史上历史最悠久最著名的学术性期刊之一，以其专业、严谨和始终如一的高要求、高水准享誉世界汉学界。它是专业汉学的代表性期刊，建立在游记汉学和传教士汉学之上，同时又远远超越了二者的研究范围和成果价值，标志着专业汉学不仅可以通过"汉学讲座"进行局域性传播，还可以通过专业期刊进行及时的跨地域传播。

《通报》所收录的学术论文都具有极高的科研价值，体现着国际汉学界最新的研究动态和方向。其对国际汉学的研究趋势的反映体现在以下几个方面：

1. 国际汉学从以欧洲为中心，转变为世界各地蓬勃发展。北美的美国，东亚的中国和港澳台地区涌现了许多后起之秀。

2. 从以法国为代表的传统汉学一枝独秀的局面，发展成为以欧洲为中心的传统汉学和以美国为中心的当代中国学研究齐头并进的国际汉学研究基本格局。

3. 汉学研究的国际性互动不断增多，不管是学者的跨越国家和地区甚至是大洲的深造背景，还是涉及范围广泛的国际性学术会议，都为汉学研究注入了流动性的活力。

4. 随着以沙畹、伯希和、考狄等为代表的明星式汉学家学术生涯的终结，新生代汉学家成为国际汉学研究的新生力量。前者以研究范围广博享誉学界，而后者着重对专题的精深研究。明星式的汉学家早已成为国际汉学史上最耀眼的财富和无法复制的承载。

《通报》是西方汉学期刊史上不可多得的学术财富，它不仅体现了以法国为代表的传统汉学的特征和最高成就，还见证了二战前后汉学研究在研究对象、研究方法、研究角度的嬗变，以及汉学在全球范围内百家争鸣的局面。它承载和传承着汉学史，同时本身也是汉学史的一部分，是汉学史的缩影和写照。

作者简介：郭瑶，2009年至2013年于北京外国语大学跟随张西平教授攻读硕士研究生，比较文学与跨文化研究专业的海外汉学研究方向，主要研究法国汉学史。硕士论文为《从〈通报〉看西方汉学对中国古代文化的传播——以〈通报〉"学术论文"目录为基础的文献学分析》。现于湖南省长沙博物馆从事英文翻译与对外交流等相关工作。

第二部分 东学西传

耶稣会士罗明坚《大学》手稿研究[1]

罗 莹

作为最早在中国长期居住并开展传教工作的来华耶稣会士，罗明坚（Michele Ruggieri, 1543—1607）及利玛窦（Matteo Ricci, 1552—1610）等人在学习汉语的过程中，将译介儒学典籍作为自己熟悉中国文化的语言训练手段，也藉此开启西儒参与中国经典讨论及阐释的文化间对话。尽管罗明坚在其写回欧洲的书信中从未提及自己曾翻译"四书"，但利玛窦在信中则多次提及自己应巡按使范礼安（Alessandro Valignano, 1539—1606）的要求翻译了拉丁文"四书"，然而始终未见踪迹。[2]目前学界发现的最早"四书"拉丁文译稿

---

[1] 本文曾发表于《澳门理工学报（人文社会科学版）》2016年第4期，第91-101页。

[2] 罗明坚及利玛窦在其通信中生动描述了初学者学习汉语的艰辛。他们在肇庆活动期间（约为1583—1587年）曾聘请中国文人老师专门教授"四书""五经"，利玛窦对此尤其感兴趣，以致日后他还为新来华的传教士专门讲授"四书"的内容。从1593年起，利氏在书信中频繁提及自己正在翻译"四书"的拉丁文译本及其进度。相反，罗明坚从未提及自己学习抑或翻译过"四书"，对于儒家思想也极少流露出类似利氏的喜好，尽管他早在1581年11月12日的一封信中已谈到汉语典籍的翻译：自己早前在广州已将"中国儿童所用一本'研究道德'的小册子"译成拉丁文并寄送给会长，只因当时时间匆忙以致译文质量欠佳。而据裴化行（Henri Bernard-Maitre）考证，这本小册子可能是《三字经》或《千字文》。参见 Pasquale D'Elia, *Fonti Ricciane vol. I*, Roma: Libreria dello Stato, 1942—1949, pp. 38, 330, XCIX, CXXVIII; Tacchi Venturi, *Opere Storiche del P. Matteo Ricci S.I.*, Macerata 1912, vol. II, pp. 91, 117, 125, 237, 248, 402-403, 411-412；裴化行（H. Bernard）着，萧濬华译：《天主教十六世纪在华传教志》，上海：商务印书馆，1937年，第191页及第200页注释50。

藏于罗马伊曼努尔二世国家图书馆（编号FG［3314］1185），围绕该份手稿的译者归属是罗氏还是利氏现仍存在争论。[1]针对这一目前可见最早的儒学典籍西文译稿，笔者将基于对该手稿在笔迹、翻译体例、罗马字母注音方式上的新思考，围绕手稿中的《大学》部分，对其儒学核心概念的译词选择进行梳理分析，并将其与手稿的其他部分[2]以及之后在华耶稣会士正式出版的其他"四书"拉丁文译本进行比较，一方面真实呈现早期来华传教士对于儒学的理解程度，另一方面澄清早期拉丁文译本之间的谱系关系，以期探寻此部"四书"手稿译者的相关信息。

一、罗明坚"四书"手稿概况

1. 手稿的主要内容

手稿在开篇空白页的背面，标注有"由罗明坚神父整理"的字样（A P. Michaele Rogeri collecta，非罗明坚本人笔迹），内容编排上依次包括：《大学》《中庸》《论语》《各家名言汇编》（该部分实为《明心宝鉴》一书的

---

[1] 学界对此的相关研究大多从书信史料考证的角度入手，其中最重要的成果，一是来自耶稣会士德礼贤（Pasquale D'Elia）在该部手稿封面的正反面所作的笔记以及在《利玛窦文献》中的多处注释；二是历史学家达仁理（Francesco D'Arelli）借助传教士之间的书信往来，考证此部手稿译者身份的一系列研究论文。详见：Pasquale D'Elia, *Fonti Ricciane vol. I & II*, Roma：Libreria dello Stato, 1942—1949; Francesco D'Arelli, "Michele Ruggieri S.I., l'apprendimendo della lingua cinese e la traduzione latina dei *Si Shu*（Quattro Libri）", in *Annali* [*dell'*] *Istituto Universario Orientali di Napoli*, LIV, 1994, pp. 479-487; Francesco D'Arelli, "Matteo Ricci S.I. e la traduzione latina dei *Quattro Libri*（*Sishu*）dalla tradizione storiografica alle nuove ricerche", in *LE MARCHE E L'ORIENTE*, Atti del Convegno Internazionale Macerata, 23-26 ottobre 1996, Roma：Istituto Italiano per l'Africa e l'Oriente, 1998, pp. 163-164. 此外，施三省（Joseph Shih）、龙伯格（Knud Lundbaek）、孟德卫（David E. Mungello）、陈伦绪（Albert Chan）等人亦在其研究中提及此部"四书"手稿。近来梅谦立教授（Thierry Meynard）也对该部手稿的《论语》译文进行研究并将其未刊稿件转赠笔者拜读，在此一并致谢。

[2] 关于该部手稿《中庸》译文的专题研究，可参见罗莹：《耶稣会士罗明坚〈中庸〉拉丁文译本手稿初探》，载《道风基督教文化评论》第42期，2015年1月，第119-145页。

拉丁文节译本）以及《孟子》五部分译文。[1]其中《大学》《中庸》《论语》作为一个整体标注有连续的页码，中间无夹杂双面空白叶。除去《大学》部分有一处整段删去且又在同一页纸上原样重抄的译文、《论语》手稿第53-68页[2]的数段译文为另一人笔迹（可从d、h、l、q等字母的写法明显不同，且此人不遵循罗明坚将位于词尾的am/位于词中的an、位于词尾的um、位于词尾的on分别写作ã、ù、õ的做法，亦不沿用此前罗氏一系列固定缩写法等差异中看出[3]），手稿的整体页面整洁、行文极少字词涂改（尤其是《大学》《中庸》的译文抄录极为工整，似为译文最成熟的部分；《论语》、《各家名言汇编》及《孟子》的译文或者出现少量字词的涂写增补，或者对同一文句进行删改重译，页边也时常带有文字批注、符号及画线标记），似乎是从某些原稿整理抄录而成。《论语》译文结束后第126-136页皆为空白，此后所接的《各家名言汇编》和《孟子》两部分译文皆为独立编页，且各自文后也有大量空白叶，不似《大学》《中庸》《论语》之间衔接紧密。综上所述，就页码的编排及空白叶的夹杂情况来看，该手稿是由先后整理完毕的三部分译稿拼凑而成。

2. 手稿译文体例的变化

整部手稿的译文在分段标识体例上前后存在差异。首先，手稿的"四书"部分皆明确依据朱熹《四书章句集注》的文段划分，逐段翻译。其中，仅在《大学》和《中庸》部分出现三处注疏的翻译：（1）"至此，曾子的回忆

---

[1] 手稿的五部分内容具体如下：（1）"Tàschio. Liber Primus Humana institutio"（《大学，第一本书·人的教育》）；（2）"Secundus Liber Semper in medio. Ciumyum"（《第二本书·始终持中，中庸》）；（3）"luiniu id est De Consideratione Sit liber ord.e Tertius"（《论语，即论省思，它是第三本书》）；（4）"Diversorum autorum sententiae ex diversis codicibus collectae, è Sinensi lingua in latinam translatae"（《各家名言汇编，由汉语译介到拉丁语》），经笔者逐句考察，该部分乃明朝范立本所编《明心宝鉴》的节译本，原书分上下卷共20篇，手稿译者只选译其中的15篇；（5）"Liber Mentius nomine ex iis qui vulgo 4.or libri vocantur"（《俗称"四书"之一的孟子》）。

[2] 罗氏手稿在每一叶正反面的右上角皆有页码标号，下文若无特殊说明，所给出的页码皆为手稿本身所标注。

[3] 此人似乎是临时接替罗明坚完成《论语》中《八佾》《里仁》《公冶长》三章译稿的整理工作。在两人笔迹的交接处，此人先是删去罗氏此前已整理完毕的《八佾》开篇的两段译文，而后又重新抄录这一部分，并对此前罗氏行文中的个别字词及句式进行调整。自《雍也》罗氏笔迹再现，此后再无出现他人的笔迹。

都基于孔子的言谈";(2)"此处省略曾子所作的补充";(3)"接下来的十章,是由子思从那些与孔子相关的记载中摘录而成,以证明其观点"[1],这也直接证明手稿的译者在翻译时所使用的中文底本包含朱子的《四书集注》。《大学》手稿在页边时常标注有"glosa/glos"和"tex"的字样。前者指专有术语词表,意在对译稿中出现的人名、书名、官名等进行注解,例如译文中两处提及曾子的地方,都标注有"曾子是孔子的学生"[2],此外在"《康诰》"(Can Cau)、"《诗经》"(in Poematibus)以及"Praefecti"(指官职"大夫")等专有名词旁亦有标示,但未做详细解释。后者指原典(textus),似意在强调《大学》书中"经"的部分,譬如开篇提及的三纲领和八条目,但凡这部分内容在之后"传"的部分(指引用孔子、曾子等人言论和《诗经》《康诰》《楚书》《秦誓》等典籍对"经"进行解释)再现时往往带有"tex"的标注。《中庸》手稿仅在开篇第一章出现"tex"的标注,明确指出该部分是全书的原典体要,其下各章皆是后人对原典的注解,即朱子所说"其下十章,盖子思引夫子之言,以终此章之义"。但《中庸》及之后的《论语》《各家名人名言》《孟子》译文都未出现"glos"的标注。

其次,从《中庸》部分开始,在遵循朱子所定文段顺序的同时,凡以"子曰"开首的文段,孔子之名皆居中独立成行,若此后连续多段皆以"子

---

[1] (1) Hactenus Confusii verba nunc sequuntur Centii commentationes. 翻译朱熹在《大学章句》中的评注 "盖孔子之言,而曾子述之";(2) Hic aliquid deest quod ita per Centius suppletur. 此处省略了朱熹在《大学章句》中有关"传之四章"和"传之五章"的大段评注;(3) Hactenus Cincius qui sequitur decem ex Confusii monumentis excerpti à Cintio afferuntur ad suam hanc sententiam confirmandam. 翻译朱熹在《中庸章句》中的评注 "其下十章,盖子思引夫子之言,以终此章之义",而此处"子思"之名被误拼为"程子"。依照罗明坚在整部手稿中的注音方法,他将"曾子"拼为 Centius(出现于《大学》译文中)或 Cencius(出现于《论语》译文中),将"程子"拼为 Cincius(出现在《论语》手稿的开篇,罗氏翻译朱熹在《论语序说》中引用程子的一段话"程子曰:'读论语:有读了全然无所事者……'"一处),这一注音方式亦与罗氏在《葡汉辞典》中的注音方式相符。参见罗明坚、利玛窦著,魏若望编:《葡汉辞典》,葡萄牙国际图书馆、东方葡萄牙学会、利玛窦中西文化历史研究所出版,2001年,第116-118页。比较蹊跷的是:在《论语·泰伯》开篇提及"曾子有疾,召门弟子曰""曾子有疾,孟敬子问之"两处,罗明坚都将曾子之名误拼为程子(Cincius/Cintius),似无意中混淆了两者的拼法。梅谦立教授最早发现罗氏在人名拼法上的混淆,详见 Thierry Meynard, *Ricci and there early Jesuit translations of the Lunyu*, p. 3, 待刊稿。

[2] 这两处页边注分别为"Centius discipulus Confusii"和"Centius est Confusii discipulus"。

曰"开首，则用"Idem"（意为同上）指代。紧随其后《论语》译文的前五章（包括罗氏自己抄录的《学而》《为政》两章和之后他人代为整理的《八佾》《里仁》《公冶长》三章）皆依此体例，但有新调整：一是开始将各章标题的译文居中处理，二是除孔子外，凡以"有子曰""子夏曰""曾子曰"等具体人物开首的语句，其人名同样单列居中处理，以示新文段的开始。之后的《各家名言汇编》同样采取这一段落标示法，只是每章中各段的起始皆统一使用居中独立成行的"Alius"（"另一个人说道"）来表示。

第三，自《论语·雍也》始，各章标题的译文仍居中处理，但取消人名居中单列的手法，转而在新文段开首标注§1、§2等序号，以详细对应朱熹对于各章段落的划分，该用法亦贯穿此后《孟子》译稿全文。

经由上述译文体例的种种变化来看，或可推断：（1）手稿中《大学》《中庸》《各家名言汇编》以及《论语》的前五章是早期整理完成的部分，《论语》自《雍也》开始的后半部分译文和《孟子》全文则是后期完成的部分；（2）各部分译稿或是由不同译者所为，或是在不同时期完成之后才被整理到一起，才会出现译文体例前后不一致的情况。

3. 手稿的编纂时间

整部手稿有三处日期标注：（1）标注于《大学》译文开篇的"1591年11月"（mense Novembri anno 1591）；（2）位于《论语》译稿结尾处的完稿日期"圣劳伦斯日"（亦即每年的8月10日，"Laus Deo Virginique matri Mariae ac Beato Laurentio cuius die impositus est finis huic opera."）[1]；（3）出现在《各家名言汇编》译稿开篇的"1593年11月20日"（Die 20 mensis Novembri 1593）及文末罗明坚本人独立完成该部分翻译的声明："本人罗明坚于1592年11月20日晚完成该册书的翻译并将其献给万福圣母"（"Die 20 mensis Novembris 1592 in Vesperis Presentationis Beatissi.ae Virginis traductio huius libelli fuit absoluta per me Michaelem de Ruggeris"，其中年份数字有涂改的痕迹，且

---

[1] 由于《论语》译文之后的《各家名言汇编》部分，在其开篇标注有"1593年11月20日"这一日期，可推断《论语》译稿的完成时间应是1592/1593年8月10日。

与开篇的日期标注恰好相差1年,不排除开篇日期乃译者笔误的可能)。而此后的《孟子》译稿未见任何日期说明,据此可大致推断:该部手稿的编纂始于1591年11月,终结于1593年或更晚的时间。

4. 手稿的作者

作为最早质疑这部手稿译者归属的研究者,德礼贤神父(Pasquale D'Elia S.I., 1890—1963)起初依据他对利玛窦书信的研究,推断出的利氏《四书》的翻译时间为1591年底至1594年,同时依据利氏和范理安在其信中多次强调罗明坚本人的汉学修养不足,推测罗氏无法达到翻译"四书"的水平,他只是将利玛窦所译"四书"及其完稿日期同时录下。[1]此后,当他于1942年出版《利玛窦全集》时却又改口指出罗明坚曾用拉丁文翻译过"四书"并为该份拉丁文"四书"手稿的真正译者。[2]意大利学者达仁理(Francesco D'Arelli)借助这一时期传教士之间的书信往来,考证并推断该份拉丁文"四书"译稿的原作者应是利玛窦,至少该手稿中的一至三部分和第五部分的作者为利氏。[3]

经与罗马耶稣会档案馆所藏的罗明坚亲笔书信以及罗氏和利氏所编《葡华辞典》作比,无论是从字母的书写习惯、固定缩写法的使用(16世纪意大利语及葡语的正字法)、地名人名等专有名词的注音方式抑或具体日期的表示法来看[4],

---

[1] 转引自Francesco D'Arelli, "Matteo Ricci S.I. e la traduzione latina dei *Quattro Libri*(*Sishu*)dalla tradizione storiografica alle nuove ricerche", pp. 163-164.

[2] 参见Pasquale D'Elia, *Fonti Ricciane vol. I*, p. 43, n.2.

[3] 详见Francesco D'Arelli, "Matteo Ricci S.I. e la traduzione latina dei *Quattro Libri*(*Sishu*)dalla tradizione storiografica alle nuove ricerche", pp.174-175.

[4] 通过对《葡华辞典》中罗马注音系统的研究,杨福绵发现罗明坚注音系统有别于利玛窦系统的特点是"既没有送气符号,也没有声调符号""拼写方法经常是不固定的"并总结出罗氏注音在声母和韵母上的规律。经考察核对,笔者发现罗马国图"四书"手稿中许多专有名词的注音,例如tà schio(大学),cium yum(中庸),Nanchin(南京),Ceu(周),Chieu Iu(丘隅)等,皆符合罗氏注音系统的标注法。详见杨福绵:《罗明坚和利玛窦的〈葡汉辞典〉(历史语言学导论)》,载于罗明坚、利玛窦著,魏若望编:《葡汉辞典》,第112-119页。此外,罗明坚在自己著述结尾处时常使用"Laus Deo Virginque Matri(Mariae)"抑或其缩写L.D.V.M.(意为"赞美上帝和圣母玛利亚")这一结语,《葡华辞典》以及罗马"四书"手稿中的《论语》、《各家名言汇编》和《孟子》在结尾处都出现了这一结语;罗明坚也惯于使用天主教各个圣人的纪念日来指代具体日期,例如《论语》译稿结尾处标注的完稿日期"圣劳伦斯日"(即每年的8月10日)以及《葡华辞典》结尾处的完稿日期"圣杰尔瓦西奥和普罗塔西奥日"(即每年的6月19日,"Laus Deo Virginique Matri, Divis Gervasio et Protasio. Amen. Jesus.")皆是如此。

笔者可以确定整部手稿（除《论语》中《八佾》《里仁》《公冶长》三章）的字迹出自罗明坚笔下。虽然手稿上仅有的三处日期标识也颇为接近利玛窦在书信中提及自己忙于翻译"四书"的时间[1]，但鉴于手稿开篇有关罗明坚神父作为译稿编纂者的声明，"四书"译文手稿中存在体例不一致的现象，且仅在《各家名言汇编》的结尾处有罗明坚作为译者的亲笔署名，很可能罗氏只是基于自身在华期间的学习笔记或是他当时收集到的部分"四书"译稿，在返回罗马后重新进行抄录整理，乃至补译。

二、手稿中儒学概念的译介

罗马国图手稿的《大学》开篇部分曾被耶稣会历史学家波塞维诺（Antonio Possevino, 1533—1611）收录在自己的《选集文库》（*Bibliotheca Selecta*）一书中，1593年在罗马出版。在该书第九章，波氏声明文中有关中国风土人情的信息皆源自罗明坚，其中也引用了一段出自"某本关于品行的著述"（volumen de moribus，页边注上标示的文段出处为"Liber Sinensium"，意即一本中文书）的拉丁译文，以证明中国人德行修为水平之高。此段译文据其内容可判定是《大学》开篇"三纲领""八条目"的翻译，其中，"三纲领"的译文与罗马国图所藏《大学》手稿的开头部分极为近似，只有个别字词的调整。[2] "八条目"部分的译文与罗明坚手稿相比存在较大差异。罗氏手稿中的译文更为简洁，往往直接对译《大学》原文的核心概念，而波氏书中的译文更倾向于意译，多用一句话来解释某个儒学概念，以便于普通西方读者的理

---

[1] 据利玛窦在书信仲介绍：他在1591年底至1594年间应范礼安之命忙于译介"四书"，此后在1599年8月的一封信中亦声称：5年前（按：即1594年）自己已完成的"四书"拉丁文译本兼附一些注释，供新来华传教士各自传抄，借此译本他们可在老师的指点下领略奥义，因此非常有用。范礼安亦曾命人抄写了几份带到日本，但没有送往欧洲。参见Francesco D'Arelli（ed.），*Matteo Ricci Lettere*（1580—1609），Macerata: Quodlibet, 2001, p. 364。但德礼贤也根据其他有关罗明坚的书信材料，指出罗氏在1591—1592年间修改润色了他在中国完成的《四书》拉丁语译本，但并未给出具体文献出处。而范礼安在1596年得知罗明坚在罗马完成"四书"拉丁文译稿并希望将其出版后，更是致信总会长极力反对该书出版。参见Pasquale D'Elia, *Fonti Ricciane vol. I*, pp. 148, n.2；250 n.1。

[2] 龙伯格最早指出了这一线索，详见Knud Lundbaek, "The First Translation from a Confucian Classic in Europe", in *China Mission Studies*（1550—1800）*Bulletin*, 1, 1979, pp.1-11.

解。波氏在文中并未明确指出该段文字的译者是罗明坚。

笔者亦将罗马国图的《大学》译稿（下文缩写为TS）与之后正式出版的《中国的智慧》（*Sapientia Sinica*，*Kiencham* 1662，下文缩写为SS）和《中国哲学家孔子·大学》（*Confucius Sinarum philosophus·Liber primus*，Paris 1687，下文缩写为CSP）作比——后两部《大学》译着的作者为郭纳爵（Inácio da Costa，1603—1666）和殷铎泽（Prospero Intorcetta，1626—1696），他们皆是利氏文化适应政策的支持者，其译文可作为利氏一派观点的体现——以核心儒学概念的译介为例，探寻罗马国图《大学》译稿与利氏一派译本谱系的关系。[1]

TS、SS与CSP译稿对比表

概念	罗明坚《大学》手稿TS	译文	《中国的智慧》SS	译文	《中国哲学家孔子·大学》CSP	译文
《大学》	tà schio Humana Institutio	音译"人的教育"	Tá Hiŏ	音译	*Tá-Hiŏ*, Magnae Scientiae	音译，"伟大的学问"
大学之道	humanae institutionis ratio	人的教育原则	magnorum virorum sciendi institutum	大人[1]学习的纲领	magnum adeoque virorum Principum, sciendi institutum	君王们学习的伟大纲领
明德	(insitum) lumen naturae	（天生的）自然之光	spiritualis potentia à coelo indita, nempe Anima[2]	上天赋予的精神潜力，即灵魂	rationalis natura a coelo indita	上天赋予的理性本性
亲民	aliorum hominum conformatio	对其他人的塑造	in renovando populum adhortatione	通过劝诫革新民众	in renovando seu reparando populum	对人民的革新与复兴

---

[1] 此处的"大人"应指古代15岁以上的成年男子，朱熹在《大学章句序》中对于"小学""大学"既作为教学机构、又作为教学内容有详细介绍，参见朱熹：《四书章句集注》，北京：中华书局，第1页。

[2] SS的译者将"明德"释为"灵魂"后还补注到："为了使灵魂能够回归原初的澄明，它曾因有生命之物的欲求而变得昏暗"（ut haec redire possit ad orginalem claritatem, quam appetitus animales obnubilaverunt.）。耶稣会士卫方济（François Noël，1651—1729）在其《中国帝国六经·大学》（*Sinensis Imperii Libri Classici Sex ·Adultorum schola*，Pragae 1711）中，则将"明德"直接译为"原初理性能力的澄明"（rationalis facultatis primitiva claritas）。

续表

概念	罗明坚《大学》手稿TS	译文	《中国的智慧》SS	译文	《中国哲学家孔子·大学》CSP	译文
至善	in suscepta probitate（retienda）	已获得的正直/诚实	in summo bono	最高的善	in summo bono	最高的善
道[1]	ratio quam natura prescribit	（事物的）本性所指引的道理	scientias magnorum virorum	伟大人物的学问	magnum illud Virorum Principum sciendi-institutum	君王们学习的伟大纲领
天下	mundi regimen	世界的统治	imperium	帝国	imperium	帝国
治国	regnum suum recte administrare	正确治理自己国家	recte gubernare sua regna	管理他们的国家	recte-administrare suum Regnum/bene instituere privati Regni sui populum	正确地治理国家/很好地教化本国的民众
齐家	domum suam disciplina recte constituere/recte domus sua disciplina constituere	借助教育正确地管理自己的家庭/通过教育正确地确立家庭	recte instituere suas familias	正确地组建家庭	recte instituere suam familiam domesticam/omnis domesticae familiae recta institutio / ordinari suam familiam domesticam	正确地组建自己的家庭/治理好自己的家庭
修身	vitam suam instituere/seipsum instituere	安顿好自己的生活/安顿好自身	ornare suas personas/excolere virtutibus personam	装备自身人格/借助美德发展人格	componere seu excolere suum-ipsorum corpus/recte componere proriam personam/sua ipsius-persona recte composita	正确地构建或完善自身的身体/正确地组建个人的人格/构建好自身的人格
正心	animum suum instituere/mentis rectificatio	安顿自己的心灵/精神的端正[2]	recte componere suum cor	正确地安置自己的内心	rectificare suum animum/ rectificare cor	端正自己的心灵/端正内心
诚意	suam mentis intentionem et actiones volere dirigere	想要安排好自身的精神冲动/意图和行为	solidare suam intentionem	坚定自己的意图	verificare, seu veram, sinceram intentionem	证实自己的意图或者意志是真实挚诚的/证实意图

[1] 例如在"物有本末；事有终始。知所先后，则近道矣"一句。
[2] 涉及"正心"一词时，罗马国图手稿多使用mens（意为精神、意志）来翻译"心"，《中国的智能》使用cor（内心）来对译，《中国哲学家孔子》则用animus（精神、心灵）来对译。

续表

概念	罗明坚《大学》手稿TS	译文	《中国的智慧》SS	译文	《中国哲学家孔子·大学》CSP	译文
致知	absolutio scientiae	知识的完善	extendere notitiam	扩展认识	perficiebare & ad summum quem potere apicem perducere suum intellectum, seu potentiam intellectivam/ ad apicem perducere vim intellectivam	完善并引领自己的智力或者理解力达到最高点/引领智力达到顶点
格物	cognitis causis et rerum gerendarum rationibus	通过认识事物的原因及其运作的道理	comprehendere negotia	理解事物	in penetrando, sive exhauriendo res omnes, seu rerum omnium rationes/ penetrare intime res omnes	看透或竭尽所有事物/洞察所有的事物
天子	rex	君王	coeli filius (sic dicitur imperator)	天的儿子（亦即帝王）	Coeli filius seu Imperator	天的儿子或称帝王
本[1]	res quae antecedunt	先要做好的事情	principale	主要原则	(magis) principale	主要原则
	radix	根本	magis principale	主要原则	magis principale, sive majoris momenti ad pacificam Imperii gubernationem, & tanquam radicem à qua omnis Regnorum incolumitas vigorque proficiscitur	主要原则，对帝国的和平治理起着极为重要的作用，同时也是帝国所有的安全与生机得以延续的根基
	radix rerum causae	事物原因的根源	magis principale		expolitio propriae naturae rationalis est prius quid ac magis principale	它对自身理性本性的完善是最首要的，亦即主要原则

---

[1] 此处"本"的三个含义分别出自："其本乱而末治者，否矣""德者本也"和"无情者，不得尽其，大畏民志。此谓知本"。

续表

概念	罗明坚《大学》手稿TS	译文	《中国的智慧》SS	译文	《中国哲学家孔子·大学》CSP	译文
末[1]	res quae sequuntur	随后再做的事情	minus principale	次要原则	secundarium，seu minus principale[2]	次要原则
	rami	枝节				
君子[3]	perfectus vir	完美的人	vir perfectus	完美的人	absolutae-virtutis Princeps	绝对美德的统治者
	vir bonus	好人	vir perfectus	完美的人	perfectus vir	完美的人
	vir bonus	好人	vir perfectus	完美的人	bonus Princeps	贤明的君主
	viri doctrina et rebus gestis clarii	在教导和功绩上的名人	reges（posteri ipsorum successores）	君王（后世的继承人）	reges	君王
	exornatus vir	有才华的人	ornatus virtutibus Rex/ornatissimus Rex	拥有美德的君王/如此卓越的君王	ornatus virtutibus Princeps	修行美德的君主
	vir bonus	好人	vir probus	诚实的人	probus vir	诚实的人
	vir bonus	好人	vir perfectus	完美的人	virtutis studiosus	献身于美德的人
小人[4]	plebs	百姓	populi	民众	populi	民众
	vir malus	坏人			improbus	道德低劣的人
	pravi homines/improbi homines	小人、道德卑劣之人	improbis et abiectae indolis consiliariis	本质邪恶卑鄙的谋臣	vilis & abjectus homo	邪恶卑鄙的人

[1] 此处"末"的两个含义分别出自："财者末也"和"外本内末，争民施夺"。SS和CSP在这两处的释义相同。

[2] 在"财者末也"一句，CSP的译者还对所谓的"次要原则"作出解释：指只起辅助和次要的作用，就如树上的枝节那样，一旦树根深深地牢牢地扎在地上，那么，枝节就自然而然地繁茂生长了（minus principale seu, ut ita dicam, accessorium, minorisque momenti, ac proinde veluti ramos in arbore, qui fixâ semel altè vigenteque radice non possunt non amoenum virere etiam ipsi）。

[3] 此处涉及"君子"的七个出处分别是："是故君子无所不用其极""故君子必慎其独也""故君子不出家而成教于国""君子贤其贤""有斐君子""见君子而后厌然""故君子必诚其意"。

[4] 此处"小人"的三个含义分别出自："小人乐其乐，而利其利""小人闲居为不善"和"长国家而务财用者，必自小人矣"。

续表

概念	罗明坚《大学》手稿TS	译文	《中国的智慧》SS	译文	《中国哲学家孔子·大学》CSP	译文
仁[1]	charitas et pietas	慈悲和仁慈	pietas	仁慈	charitas	仁爱
	pietas	仁慈	pia/pietas	仁慈之心/仁慈	pia esse amoremque mutuum（inter domesticos fovere）/pietas benevolentiaque mutua	仁慈之心且培养相互间的关爱/慈爱之心和互相关爱
	charitatis virtus	博爱的美德	pietas	仁慈	pietas & clementia	仁慈和同情
	iustitia	公正	pietas ergo subditos	对下级仁慈	pietas clementiaque ergà subditos	对下级仁慈和同情
孝	observantia in parentes	对双亲的孝顺	obedientia	孝顺	obedentia[2]	孝顺
慎其独	de rebus internis sollicitus est	关注内心的事物	serio intendere suo interiori, seu cordi	谨慎地加强其内在或内心	seriò attendit & invigilat suo interiori	谨慎地关注自己的内心
絜矩之道	facultas in quadrum sententiam quamquam redigendi	度之以矩衡量（他人）观点的能力	normae ratio	规范的原则	mensurae normaeque ratio	衡量与规范的原则
上帝[3]	supernus rex	天上的王	supremus Imperator, seu coelum	至上的帝王，或者天	supremus coeli Imperator	至上的帝王、天帝

[1] 此处"仁"的四个含义分别出自："为人君，止于仁""一家仁，一国兴仁""帅天下以仁"和"未有上好仁，而下不好义者也"。

[2] CSP在"孝者，所以事君也"一句补充说明"孝"的内涵：尊敬和服从父辈（observans & obsequens esse patrifillias）。

[3] "上帝"一词在《大学》中仅出现一次："诗云：'殷之未丧师，克配上帝。仪监于殷，峻命不易。'"

续表

概念	罗明坚《大学》手稿TS	译文	《中国的智慧》SS	译文	《中国哲学家孔子·大学》CSP	译文
命[1]	magnum caeli mandatum et regni gubernatio e caelo datum	上天的伟大任命以及上天所赋予的对国家的治理	altissimum caeli mandatum	上天的最高任命	altissimum enim coeli mandatum seu coeli favor, quo Imperia conferuntur	帝国得以形成所凭借的上天的最高任命和恩惠
	divina sors	神圣的命运	imperium	帝国	coeli mandatum seu Imperium	天命或帝国
伐冰之家	qui est ex eorum familia qui［a］estati epulas nive refrigerant	夏天在家里能用冰块来冷藏食物的人	findentium glaciem familia (hi erant magni Mandarini Imperatoris, et dicebantur kīm: ab his numerando usq. ad supremum ordinem, omnes in sacrificiis utebantur glacie)	劈开冰块的家庭（这些人是帝王的大臣，据《礼记》记载他们的地位属于最高等级，在祭祀中可以使用冰块）	findentium item glaciem familia (superior hic Dynastarum ordo erat, Kím dictorum, à quibus numerando ad usque supremum ordinem, omnes in officiis parentalibus glacie utebantur) quia ampliore quàm optimates gaudent censu	被《礼记》视作最高地位等级之一的"伐冰之家"，即父母丧祭用冰者，他们的俸禄高于那些乘坐驷马车的大夫

经由上表可发现TS手稿译文以下特点：

1. 凡涉及人名、地名、书名、官名等专有名词的翻译，TS手稿大多只给出音译（采用罗明坚注音系统，无声调）。正如前文所言此类词所在章节的页边注上大多有"glosa"的标注，其译者似有计划将此类词统一收录于术语表中再作解释。SS及CSP则采取音译（属于利玛窦-郭居静注音系统，有声调）辅以意译的手法，例如《大学》一书标题的翻译、对于"上帝"及"天子"的注解、有关"伐冰之家"的解释等。

2. 作为不同时期《大学》拉丁文译本的代表作，SS与CSP的译文具有明显的传承性。从上表中"大学""亲民""至善""天下""本""末""慎独"等概念译词的选择以及"子曰：'听讼，吾犹人也，必也使无讼

---

[1] 此处"命"的两个含义分别出自："峻命不易"和"惟命不于常"。

乎！'""此谓知本。此谓知之至也。""所谓齐其家在修其身者。""故好而知其恶，恶而知其美者，天下鲜矣。"等多处译文在遣词造句上极高的近似度可窥一斑。事实上，SS的译者署名为郭纳爵和殷铎泽，因成书时殷氏才入华3年，鉴于两者间的师徒关系[1]，该书内容应主要由郭纳爵讲授、殷铎泽笔录整理而成。但从殷氏负责为该书作序，且书后所附《孔子传》及《论语》前五卷（即前十章）的译文亦被学界视为殷氏所撰，可见他在该书成书过程中所起的重要作用。此后收入CSP中的《大学》拉丁文译本，明显是以SS为母本并依据张居正的《大学直解》再度增补大量阐释，由该部分手稿的字迹判断（现藏于法国国家图书馆，编号Ms. Lat. 6277/1），执笔者仍为殷铎泽。[2]

TS不管是在核心概念译词的选择上，还是译文句式的安排上，皆与此后的SS和CSP存在较大差异。该差异同样出现在罗马国图的《中庸》手稿与此后在华耶稣会正式出版的《中国政治道德学说》（*Sinarum Scientia Politico-Moralis*，Guamcheu-Goa 1667/1669）、《中国哲学家孔子·中庸》（*Sinarum Scientia Politico-Moralis*，Guamcheu-Goa 1667/1669）、《中华帝国六经·中庸》（*Sinensi imperii libri classici sex · Immutabile Medium*，Pragae 1711）等《中庸》拉丁文译本之间。但值得注意的是：后期《中庸》译本中的许多儒学概念乃至"天""上帝""鬼神"等敏感词，其拉丁文译词的最早出处均可见于罗马国图的《中庸》手稿[3]，而TS对于核心译词的理解和选择多与

---

[1] 郭纳爵与殷铎泽的师徒关系可从SS开篇所附、由当时中国耶稣会副会省会长郎安德（André Ferrão，1625?—1661）审核译文后撰写的批准信中获得证实：Magister est P. Ignatius à Costa, cuius se discipulum profitetur Author, me libens subscribo condiscipulum（老师是郭纳爵神父，本书作者承认自己是他的学生，作为同窗我很乐意签署自己的名字）.

[2] CSP书中收录的《大学》《中庸》《论语》三书皆无具体译者书名，仅在全书封面上标准了四位耶稣会合译者的姓名：殷铎泽、恩理格（Christian Wolfgang Henriques Herdtrich，1625—1684）、鲁日满（François de Rougemont，1624—1676）和柏应理（Philippe Couplet，1623—1693）。现藏于巴黎国家图书馆的CSP原始手稿分上下两部，上部的内容包括该书序言的前八章（序言部分共二十章，后十二章及结语收录于手稿下部，为柏应理所撰并有其亲笔签名）、《大学》和《中庸》译文。通过与藏于罗马耶稣会档案馆殷氏的亲笔信比照，笔者发现手稿上部的字迹，不管是在字母书写形态还是缩写习惯上都与殷氏信件中的字迹高度一致，可确定出自殷氏笔下。另有少量字词修改、文段删减补注的字迹，则是CSP一书的出版者柏应理所为。

[3] 参见罗莹：《耶稣会士罗明坚〈中庸〉拉丁文译本手稿初探》，第131-134页。

SS、CSP不同，例如在"大学之道""明德""至善""修身""格物""致知""本""末""絜矩之道""天子"等概念的处理方式上，难以将TS与利氏"文化适应政策"支持者一派所缔造的SS、CSP归入同一谱系。

3. 同为罗明坚整理的手稿，尽管对"慎独""修身""天下"等词的翻译，《大学》与《中庸》手稿明显不同，但在"道""性""诚""君子""小人"等多数概念的译介上，《大学》与《中庸》手稿的选择确有相似之处，尤其是"上帝"一词的译法，在《大学》《中庸》《孟子》三部手稿中（《论语》原文未出现该词）都被统一译作具有宗教意味的"天上的王"（Supernus Rex），此后SS、CSP则将译文改为较为中性的"至上的王"（supremus rex）。儒学典籍中的另一敏感词"鬼神"（《大学》原文未曾出现，仅在《中庸》和《论语》中涉及），在《中庸》手稿中被统一译作"有知觉的精神体、气息"（spiritus），并有译文注解指出"鬼"为邪恶的精神体，而"神"为美善的精神体[1]；《论语》手稿谈及"鬼神"时多统称为spiritus，其中，针对"神"的解释是"精神体""天上的神""天地的精神体（spiritus/caeleste numem, caelestes spiritus et terrestres）"；针对"鬼"时，除spiritus外还出现"邪恶的精神体"、"魔鬼（diabolicus spiritus/daemones）"这样的贬义译词——罗明坚在《葡汉辞典》中将"鬼"译为diabo（魔鬼），将"无形-神魂"（即神）译作esprito（精神，罗明坚的拼写如此，该词正确的葡语写法应为espírito），与其《论语》手稿中的译法相同[2]——这一区分方式亦与《中庸》手稿中的说法相符。《孟子》手稿中仅出现"神"的说法，皆译作spiritus。

4. TS译文简洁，一方面略显拘泥生硬，譬如上表中有关"絜矩之道"的翻译，此外还将"人莫知其子之恶"中的"子"仅理解为"儿子"等[3]；另

---

[1] 在"子曰：鬼神之为德"一句，《中庸》手稿对"鬼"和"神"进行了区分：这些美善及邪恶的精神体，他们的影响是神奇而巨大的。（Bonorum et malorum spirituum opera mira ac magna sunt.）

[2] ［意］罗明坚、利玛窦著，魏若望编：《葡汉辞典》，辞典手稿影印件部分，第83和97页。

[3] 该句在TS中的原文为：Ideo proverbium est sciri non potest proprii filii peccatum. SS和CSP皆把此处的"儿子的罪过"（filii peccatus）正确修订为"子女们的罪过"（filiorum vitia）。另

一方面在译词的选择上过于抽象笼统，例如简单地用"好人""坏人"来区分"君子/贤人"和"小人"，将"事"和"物"不加区分地译为res（意指物品、事务）。译文中多处出现节译/漏译的现象，无论在内容翻译的信实度或是译文的流畅性上，都与SS和CSP有很大的差距，且个别文段理解有误，例如对于"伐冰之家"的解释以及对于"与其有聚敛之臣，宁有盗臣""不以利为利，以义为利"[1]的翻译。其核心儒学概念的理解和译介亦不时流露出经院哲学色彩，例如将"明德"译为"本性之光"（lumen naturae），将贪婪的管理者比喻为"使一切变得更加糟糕的牧羊人"（pastores, peius faciunt）等。

除去引用孔子、曾子、孟献子等人的语录体，《大学》原文与大多数中国古代经典相似，多以泛指性第三人称来表述事理，以示其教导的权威性及普适性。TS译文中却会不时使用反问句及自问自答的方式来进行改写，使文意更显生动。例如将"其本乱而末治者，否矣"译为："若连先要做的事情都是混乱的，随后要做的事情又怎会牢靠？"；将"其家不可教，而能教人者，无之"译为："倘若连自己的家庭都管理不好，又如何去治理他人？（这样的事）闻所未闻！"；将"所藏于身不恕而能喻诸人者，未之有也"译为："谁要是想隐藏自己的恶行，不以同理来衡量他人，他又怎能成为他人的榜样？这一点闻所未闻"等。

三、小结

这一份成形于"罗明坚—利玛窦时代"的"四书"译稿，有别于此后遵循利氏"文化适应政策"的耶稣会士们所缔造的"四书"译本谱系，真实反映

---

[1] 这两句在TS中的原文为：1.Quod si magistratus depeculatores tolerant nam depeculatores pecuniam tantum regis furantur at hi populis damnum et detrimentum inferunt quod est pluris faciendum（意为：假如官员容忍盗贼窃取如此之多君王的钱财，[他们所造成的]这些百姓的损失和损害将导致更多事情的发生。这与《大学》原文所指"与其养有聚敛财富的家臣，总在设法夺取民财，宁可有盗窃府库的家臣，只是伤一己之财"在理解上有所背离）；2. Sic dicetur regnum non indignis lucris sed honesta ratione et via lucrum facere.（意为：此即国家不应经由不正当的获利方式，而应以诚实的方法和途径来获利。这与《大学》原文所指"一个国家不应以财利为利，而应以仁义为利"也有较大差异。）

了首批在中国长期居住的耶稣会士对于儒学典籍的原初理解，并提供了另外一种看待儒学经典的眼光。一如在解释"鬼神"一词时，不同于《中国哲学家孔子》一书的译者试图模糊"鬼""神"二字的差异，借张居正权威注释之名，将两者视为一物并将其定义为类似基督宗教中天使的角色："上帝（Deus）创造他们作为看守者和管理者，用于看守及保护上帝的受造物。在其他地方，阐释者称之为上帝之臣，他们依附于最高的帝王（指上帝），是他的臣民，他们负责掌管行星以及其他星辰，肯定也掌管了尘世间的事物"[1]，罗马手稿则毫不掩饰地将两者区分为"恶的精神体/魔鬼"和"善的精神体"。对于另一关键词"天"，不同于此后身处"礼仪之争"漩涡中的殷铎泽、柏应理等耶稣会译者只敢用caelum（指作为自然存在物的天空）一词来对译"天"，罗马手稿则明确指出中国之"天"兼具自然存在与神性存在的双重属性，在不同的文段中分别使用caelum和caeleste numen（天上的神灵）来呈现儒家思想的所指。

基于该部手稿的编纂情况、各部分内容体例上的变化、在译词选择及译文句式安排上与利氏"文化适应政策"支持者一派所缔造的"四书"译本谱系存在种种差别，笔者推测：该手稿是罗明坚依据自己及利玛窦等在华学习"四书"的笔记——大约是在1583年10月—1587年底定居肇庆期间[2]，这些笔记很可能只涉及关键词的标注及文段大意概况——在返回罗马后，利用等待多任教宗召见汇报工作的时间，罗明坚将各部分稿件断片系统地整理成文，一并将自己翻译的《明心宝鉴》一书收入其中，请求耶稣会总会长批准出版。后因

---

[1] "［...］plerumque tamen hic agi videtur de spiritibus illis seu intelligentiis quos Deus tuendis et conservandis rebus creatis seu praesides et administros constituit, quos alibi Interpres vocat Xámtí chi xin, id est supremi Imperatoris clientes & subditos qui Planetis et reliquis Astrorum, qui Elementorum nec non regionum rerumque sublunarium curam habeant." Confucius Sinarum Philosophus, pp. 50-51.

[2] 利玛窦在其札记中记载了他与罗明坚于1583年9月被王泮召往肇庆并获批地建房居住。起初与罗明坚一同定居肇庆的只有利玛窦以及他们的仆人（或许还包括其中文翻译），之后孟三德（Duarte de Sande，1547—1599）与麦安东（Antonio d'Almeida，1556—1591）分别于1585年下半年和1586年来肇。定居肇庆期间，罗氏和利氏不仅将《天主十诫》译为中文并刊印出版，还聘请了家庭教师帮助他们翻译《天主圣教实录》。与此同时，利氏也屡次提及他们"把一些精通汉语的优秀读书人请到家中，夜以继日地向他们刻苦学习中国的语言文字，为此还购买了大量中文书籍，不遗余力地研读。"参见利玛窦著、文铮译：《耶稣会与天主教进入中国史》，北京：商务印书馆，2014年，第94-121页。

受范礼安等人反对阻挠，致使稿件滞留。该"四书"手稿从日期标注看，应与利氏声称自己"（从1591年开始着手）至1594年完成的'四书'拉丁文译稿，兼附一些注释"几乎同时完成，很可能两者之间并无太多关联。利玛窦在1599年8月的一封信中亦提及自己5年前完成的"四书"译本主要供来华新传教士使用，亦有一些抄本传到日本，却未有抄本被带到欧洲。但鉴于罗明坚1607年才去世，在此期间他是否可能接触到利氏译本的抄本尚无明证，最终确定这部"四书"手稿的译者身份仍需依靠这一时期相关档案资料的发现。

作者简介：罗莹，2005年9月—2011年7月在张西平教授的指导下完成硕博阶段的学习，文学博士，现为北京外国语大学国际中国文化研究院副研究员，主要从事明清中西文化交流史研究，尤其是来华传教士对于儒学典籍的跨文化译介。

首部"四书"英译本初探[1]

郭 磊

柯大卫（Collie David，1791—1828）[2]1791年3月27日生于苏格兰北部金卡定（Maryculter Parish），父亲亚历山大·科利（Alexander Collie），母亲伊索贝尔·密斯（Isobel Smith）。他1817年求学于阿伯丁国王学院，一年之后转到伦敦会的培训机构高士坡神学院（the Gosport Academy）跟随戴维·博格（Rev.David Bogue，1750—1825）接受神学训练，1821年结婚并被按立为牧师，同年被伦敦会派往马六甲传教。1828年因病医治无效去世，享年37岁。

在马六甲期间，1823年柯大卫被马礼逊（Robert Morrison，1782—1834）任命为英华书院（Anglo-Chinese College）中文教授，并兼司库、图书管理员、博物馆员，1824年接替宏富礼（James Humphreys）任校长（第三任）。在不足6年时间里，柯大卫开展了一系列活动，主要体现为：日常布道、主持

---

[1] 本文曾发表于《国际汉学》2017年第4期，在收入本文集时经原作者修改，字数有所删减。

[2] 关于柯大卫的生平，可参见拙文《首位〈四书〉英译者柯大卫生平诸事考述》，《北京行政学院学报》，2013年第6期，第121-122页。

主日崇拜活动、印发宣教材料等；培养了一批熟悉中西文化的学生[1]；著译14种中英文作品[2]，为中西文化交流做出了一定的贡献。其中《四书译注》（*The Chinese Classical works*, *commonly called the Four Books*, *Translated and Illustrated With Notes*）成为中国经典"四书"的首部英译本。1843年《日晷》10月刊编者按指出，该译本是"目前所能见到的中国文献中最有价值的贡献。"[3]

一、首次全译功不可没

耶稣会士罗明坚所译拉丁文《大学》开篇部分于1593年在罗马出版[4]，从而开启了儒家经典"四书"西传的历史。截止1828年，出现了多部"四书"译本[5]，但真正意义上的"四书"英译本，一直不曾出现。1691的英文本《孔子

---

[1] 比较出名的学生有以下几位：摩尔（J.H. Moor，1802—1843），1825—1827年在书院学习，学成后任马六甲免费学校校长，历任《新加坡年鉴》《新加坡自由报》主编和新加坡学院教授，1826年创办《马六甲观察报》。亨特（William C.Hunter，1812—1891），1825年来华，旋赴马六甲英华书院学习汉语16个月。毕业后到美商旗昌洋行任职，著有《广州番鬼录》和《旧中国札记》，是知名的汉学家。袁德辉（Shaou Tih），约于1800年出生于四川，曾在槟榔屿的天主教学校读书，识拉丁文，约1825—1827年在书院学习，学业表现优异，给亨特留下深刻印象。毕业后曾任理藩院通事，翻译有关文件，并于鸦片战争前两度赴广州搜集外国资料。1839年凭借其熟练的中英文知识被召入林则徐幕下，成为林则徐对外交涉、了解域情的主要助手。马约翰（John Robert Morrison，1814—1843），马礼逊之子，1827—1830年在英华书院跟随柯大卫和基德（James Kidd，1804—1843）学习中文，尤其是官话。毕业后任英国驻广东东印度公司中文翻译，1834年任英国驻广东商务监督的中文秘书和译员，在鸦片战争期间以及签订《中英南京条约》时，他担任英方中文首席翻译。

[2] 中英文作品有：《论感化新生》（56页，1824），《宣传单集》（1824），《圣经释义》（马六甲，1825，开始用"种德者"笔名），《天文问答》（1825），《腓力比书注》（1825），《耶稣言行总论》》（1826），《天镜明鉴》（70页，1826），《圣书凭据总论》（84页，1827），《圣书袖珍》（53页，1832），《英中学生的助手》，《新纂圣经释义》，《新纂圣道备全》，*An abridgment of Sacred History*（《圣书简史》，40页，1826），*The Chinese Classical works, commonly called the Four Books, Translated and Illustrated With Notes*（《四书译注》，185页，1828）。参见郭磊：《柯大卫英译〈四书〉研究》，郑州：中州古籍出版社，2016年，第46-47页；第50-53页。

[3] Lyman V. Cady, *Thoreau's Quotations from the Confucian Books in Walden*. American Literature, Vol.33, 1961, p.21.

[4] 张西平：《西方汉学的奠基人罗明坚》，载《历史研究》，2001年第3期，第107页。

[5] 详见郭磊：《新教传教士柯大卫英译〈四书〉之研究》，北京外国语大学中国海外汉学研究中心博士学位论文，2014年。

的道德》只是由法文本《中国哲学家孔子的道德》转译而来,不包括《孟子》而且为节译本;马士曼(Joshua Marshman,1768—1837)的《孔子的著作》只有《论语》上部;马礼逊和小马士曼(John Clark Marshman,1794—1877)都只翻译了《大学》单篇。直到1828年3月新教传教士柯大卫的"四书"译本在马六甲出版,才打破这一沉寂已久的局面。

从翻译史的角度看,该译本不仅首次囊括《孟子》,它还夹在马礼逊和理雅各(James Legge,1815—1897)译本之间,起到了一个桥梁作用,能让我们清晰地看到新教传教士(从马礼逊经柯大卫至理雅各)翻译儒家经典的历史概貌。即从语言学习到译儒攻儒,再到儒耶互补这样一个过程,对儒家思想的认识不断深化。[1]另外,如果把早期天主教传教士翻译"四书"的代表作《中国哲学家孔子》和后来的理雅各翻译的《中国经典》(前两卷)作一比较的话,不难发现,前者的"合儒"、后者的"补儒"乃至"超儒"与柯译本的"批儒"可谓特点鲜明[2]。

从中西文化交流史的层面看,柯氏译本不仅直接为英国传教士汉学家理雅各在翻译儒家经典时所借鉴,更好地把儒家思想介绍到西方世界,而且还对美国汉学家卫三畏(Samuel Wells Williams,1812—1884)产生影响。他在其《中国总论》中引用柯大卫的译文来阐释儒家君子、圣人之概念。更重要的是,柯译本对超验主义代表人物爱默生(Ralph Waldo Emerson,1803—1882)、梭罗(Henry David Thoreau,1817—1862)产生重要影响:除了在超验主义俱乐部的喉舌刊物《日晷》上从中摘录42条语录宣传儒家思想,他们或在日记中多次摘录或在演讲中及著作里引用。

在1843年7月7日的信中,爱默生提到柯大卫的"四书"译本:"……最近,我拥有了最好的儒家典籍,一本在马六甲出版的八开本的书,许多

---

[1] 赵长江:《译儒攻儒,传播福音》,载《天津外国语大学学报》,2012年第5期,第59-60页。

[2] 参见张西平:《儒学西传欧洲研究导论》,北京:北京大学出版社,2016年,第132页;Dr. Lauren Pfister, "Serving or Suffocating the Sages", *The Hong Kong Linguist*, spring and autumn, 1990, pp.46-47.

有关孔子的部分过去已有较为全面的介绍，但其中的《孟子》篇令我耳目一新……"。[1]这是他首次接触到《孟子》，随后多次在日记里引用。

"五亩之宅，树之以桑；鸡豚狗彘之畜，无失其时……"孟子为梁惠王定制的为王之道被爱默生拿来献计于时任国务卿。更有趣的是，柯大卫在为"五亩之桑"之"亩"作注时，提到了中国古时的井田分封制，受此启发，爱默生想："美国政府是否也能把山脚下那一望无际的平原及林地分给那些身强力壮而无地可耕的可教之民每人两英亩（相当于中国的5亩）呢？"[2]。

梭罗还身体力行，在瓦尔登湖体验"孔颜乐处"，领会"赠点气象"。儒家思想中以个人修养为本，正心修身的行为准则，尤其让梭罗感到心灵相犀：他到瓦尔登湖隐居，其实就是对孔子赞叹的"一箪食，一瓢饮，回也不改其乐"的颜回精神的亲身实践；他遵循《大学》中"苟日新，日日新，又日新"的教诲，每日到瓦尔登湖中洗浴谁说又不是受到"曾点气象"之影响呢？[3]

二、译注结合忠实达意

根据译本前言可知，柯氏译本的成书过程分为不同的阶段，背后动机相应有别。在第一阶段，柯大卫翻译"四书"只是出于学习中文的需要。翻译"四书"以学习汉语始于天主教传教士，新教传教士不仅继承下来这一传统为己所用，他们还把"四书"作为英华书院中级班和高级班学生上翻译课的教材，在翻译之后还要求回译以检验译文忠实与否。可以想见，柯大卫作为英华书院的中文教授，又有提高汉语水平的迫切愿望，在翻译"四书"时应不会忽视这一训练方法，所以，柯译本遵循忠实原文的翻译原则也在情理之中。诚

---

[1] Hongbo Tan, *Emerson, Thoreau, and the Four Books: Transcendentalism and the Neo-Confucian Classics in Historical Context*, Washington State University PhD. Dissertation, 1989, p.137-138.

[2] 同上，p.142.

[3] 梭罗在其名为"Commonplace Book"的手稿中翻译了"子路、冉有、曾皙、公西华侍坐"一节，随后做出评论："For the most part I too am of the opinion of Tian"。参见Hongbo Tan, *Emerson, Thoreau, and the Four Books: Transcendentalism and the Neo-Confucian Classics in Historical Context*, PhD Thesis, p.199.

如柯氏在其译本序言里所讲：翻译"四书"是经过深思熟虑的，有优秀本土人（既从中国大陆过去的在英华书院教授中文的中国先生）的帮助，并在他们的帮助下把译文和原文逐页进行校对。[1]

在第二阶段，柯大卫出于"引导英华书院的华人学生对他们的圣人所宣传的致命错误做出认真反思"之动机，在完善其"四书"译本时，增加了大量注释。据笔者统计，柯氏注释共计约646个，共分为两类：前一类（解释性注释）主要是历代注疏的译文以便有助于了解文本内容，或提供相关背景信息，或解释名物制度、难词难句，或总结段落大意，或补充说明言外之意等；后一类（评论性注释）则为柯氏对相关注释或文本所做的评论。内容涉及儒家伦理道德、孔孟形象、典章制度、风俗习惯等，有赞赏肯定，更有偏见，甚至攻击。

前一类注释主要来自朱熹集注本和其他注本，皆为历代注疏家对"四书"的评注，柯氏根据自己的需要有选择性的取舍、整合，翻译忠实，少有阐释，对理解译文很有帮助。总之，柯本译、注结合，比较准确地表达了"四书"内容。

这里以柯大卫对两个关键词的处理为例。柯氏对"大学"和"明德"这两个关键词解释如下：大学意指相对于小人的大人之学。明德就是来自上天的纯净的、没受到污染的心，但由于受到外界的污染和影响而变得模糊和混乱。然后谈到大学的第一个目标就是明明德。获得这一目标要靠通过彻底格物而获得完善知识，一旦人心恢复到原始的荣耀，普遍的幸福将如期而至。显然，这就是对朱熹注释的翻译。

当然，囿于文化传统和传教士身份等原因，柯译本在翻译的过程中，既有字词理解错误、断句失当的问题，也有以西释中、以耶释儒所导致的译文失真、变形问题，但从译文整体来看，柯译本还是在一定程度上真实反映了"四书"大意，传播了中国知识和儒家思想。事实上，笔者通过对比理雅各本和柯

---

[1] David Collie, *The Chinese Classical Works, Commonly Called the Four Books, Translated and Illustrated With Notes*. Malacca: Printed at the Mission Press, 1828, preface, pp.5-6.

译本发现,许多地方雅各译本倒不如柯译本准确到位,尽管理译本有众多注释,但也解决不了译文本身的问题,更何况很多注释与译文无甚直接关系。

三、借助评语抑儒扬耶

柯大卫在译本前言中明确表示,其评论针对的是儒家在宗教和道德两方面的根本错误,其译本不仅可以帮助英华书院的华人学生学习英文,更重要的是,还可引导他们认真反思中国著名的圣人所宣扬的致命错误。[1]可以说,柯氏评语是其基督教中心主义思想最集中体现。柯氏评语全书多达105条,涉猎广泛,诸如:人性、伦理、道德、制度、思想、宗教、哲学、历史、风俗、人物等内容。柯氏主要在译文注释的基础上就以上内容发表评论,偶尔也会直接就译文发表见解。评论有褒有贬,以贬居多。从以下柯氏对"三纲八目"的评论可见一斑。

"三纲八目"作为"初学入德之门"的《大学》核心内容,为人们提供了一条通过学习修身养性从而以复其初的理想路径。但是这条通过个人努力以止于至善的路径与依靠基督神启而弃恶从善的理念格格不入。所以,柯大卫认为儒家的这种道德革新体系有根本缺陷并对此给予批判。

柯大卫开门见山,在其"四书"译本的第一个评语里上就对"大学之道"的理论提出批评。他说,上述所讲理论上看来很好,也含有一些重要事实。但该理论系统的根基有一重大缺陷,即广泛而准确的知识将使心灵纯洁、行为正直。关于这一要点我们并非停留于理论猜想,因为人类历史提供了数不清的例子:那些拥有广泛知识而最有名望的人,其道德行为根本不优良。这表明不管有多么广泛的知识,都不足以产生道德的革新,这也强烈证明神启真理,只有圣父、圣子的知识和来自圣灵力量的精神革新才能带来心灵纯洁、意诚和行为正直及随之而来的永恒、纯洁的幸福。[2]

---

[1] David Collie, *The Chinese Classical Works, Commonly Called the Four Books, Translated and Illustrated With Notes*.Malacca:Printed at the Mission Press, 1828, preface, p.1.

[2] 同上,TA HEO, p.1.

柯氏认为，儒家的革新体系有两个重大根本缺陷：第一，不承认整个人类一直以来都应对之给予最高敬意的上帝；第二，作为第一点的直接后果，它排除在人心向善的过程中任何神的影响，排斥神的全知全能对人类思想和行为的眷顾。如此说来，人就是某种意义上的神，其固有的明德能给他至诚和幸福，人不必为他的行为向上帝负责。这一体系极大满足人的傲慢，但在无限神圣的上帝面前，这一体系如何使人面对又是一个重大问题。[1]

柯氏对明明德标准也给予了不高的评价。《大学》传之一章引用《尚书》里的三篇文章，意在说明要自己弘扬光明的品德。对此，柯氏认为，恐怕中国哲学家形成的明德标准太低级了，所以导致了破坏性的观念，即人类不受神的影响能使自己明明德。但我们不应忘记问题不在于人是否处于堕落状态，是否自己能实践德行以及整体上是否成为社会有用之人，而在于若没有神的革新，人是否能履行圣经和理性所要求的对造物主的忠诚。[2]

《中庸》第十五章首句讲的是"君子之道，辟如行远必自迩，辟如登高必自卑"。柯氏首先引用朱注：尽管君子之道无处不在，但欲走此道之人则必按常规。若想人性至善，则必从五伦开始，每天练习，正如要想远行必从足下开始一样。不然就无从达远处。所以情况就是这样，如果忽略平常易行之德，人性的最终完善也就无从说起。随后柯氏对该注发表评论，认为上面的教条就其本身而言是好的，但它想当然地认为人能通过自己的努力从事并完善自身的道德革新工作。世上所有国家所提供的无数历史事实证明，神启教义把这一转化归之于万能上帝的恩典才更加符合事实。[3]

以上柯氏的种种言论足以说明他并没有领会儒家思想的精髓，对"大学之道"一知半解。这也是他站在基督教立场上来审视儒家思想的必然结果。具体说来，柯大卫对"大学之道"误读的原因有以下两点：

第一，以"因信称义"的基督救赎之思维模式来解构儒家"学达性天"

---

[1] David Collie, *The Chinese Classical Works, Commonly Called the Four Books, Translated and Illustrated With Notes*.Malacca：Printed at the Mission Press, 1828, preface, p.7.

[2] 同上，p.3.

[3] 同上，p.11.

之路径。《大学》的三纲领,由"明明德"而"新民"而"止于至善",乃是体系一贯,不断进取的过程。此三纲领是体,发而为用,则是八条目。格、致、诚、正、修五条目是修己,齐、治、平三条目是治人;修己治人,明体达用,群己内外,大小先后,逐层推展,有条理有系统,是一部科学的儒家政治哲学。[1]也就是说,与西方哲学不同,儒家哲学为内圣外王之学,强调"孔颜乐处",重视"尽心知性"、"下学上达"。知识与情感在儒家那里得到了调和而趋于统一。而西方思想却为两派:一派为希腊思想,强调知识;另一派为希伯来思想,强调宗教情感。知识与情感相分离,即"耶稣管耶稣事,凯撒管凯撒事"。所以译者得出"无论有多少值得拥有的知识仍不足以产生道德革新的效果,只有三位一体的神启真理才能让人心灵圣洁、心地单纯、行为正直"的结论也就不足为奇了。

第二,割裂品德修养与格物致知的关系。柯大卫认为"历史上有很多有知识的名人其道德行为并不优秀,所以无论有多少值得拥有的知识仍不足以产生道德革新的效果"。这说明柯氏对尊德性与道问学之关系缺乏足够的理解。我们可以说知识高的人品格不见得高,知识低的人不见得品格低,但不能因此就否定知识的作用,得出"无论有多少值得拥有的知识仍不足以产生道德革新的效果"的结论。诚意是善恶的关头,为善为恶,为君子为禽兽,全在自己一念之间。但能辨别善恶,则是全靠自己有真知、有识力。倘若识力不足,将见理不真,察事不明,善恶是非,浑然莫辨,那就无从诚意,也就无从正心了。格物致知就是尽自己的知识,去探究事务的道理,只要真积力久,一旦豁然贯通,则所有事物也就无所不知,无所不明了。懂得了真理才能做到不自欺,不为物欲所蔽,不为感情所胜,使心归其正,使自己"日日新,又日新"。由此可见,欲提高人格修养,达于至善之境界,必须以种种学问和知识为条件作支撑。孔子"从十五而志于学"到"七十从心所欲而不逾矩",期间每十年上一台阶,精猛勇进,学而时习,以至于至善之境,就是对二者关系

---

[1] 叶匡正主编:《大学中庸高级解读》,福州:海峡文艺出版社,2008年,第5页。

的最好阐释。

柯大卫偏执于基督教思想体系,将其作为一个最高的标准来衡量其他思想体系。在此种思想的影响下,柯大卫不仅在译文中流露出基督教思想,同时又通过借助评语的方式"抑儒扬耶",彰显基督教文化的优势,以达到传播福音的目的。[1]

在王辉看来,柯大卫所代表的,是文化交往中典型的传教士范式,是文化与宗教领域的帝国主义,传教士所制造的孔子形象乃至中国形象,非但不能为中国赢得理解和尊重,反而让西方看到一个愚昧、落后,需要基督教与西方文明拯救的中国,从而服务于西方宰制中国的欲望。[2]如果单从柯氏评语所体现的基督中心主义心态来看,王辉的结论不算为过,这确实是我们研究传教士作品时不可忽视的一个方面。

四、直意结和句法灵活

关于柯大卫的翻译策略,有人认为有些地方过于直译(too literal),有些地方又过于意译(too free),因此造成原文的精神和气势在译文中丢失了;还有人认为译文的风格过于中国化(Chinesisms)或过于苏格兰化(Scotticisms),很难说是英译本。但在笔者看来,不管是直译还是意译,都是译者在"忠实传意"的原则下所采取的灵活策略。面对上述指责柯大卫进行了辩解,认为这是由于原文"言约意丰"特点造成的。[3]言外之意:直译、意译非他能定,而要视原文而定。柯大卫在翻译时确实采用了音译、音译加注释、直译、意译、增译等多种方法。

音译主要体现在孔孟传和脚注里,译文正文里并不曾出现。在孔孟传里,柯氏对出现的一些人名、地名和书名就采用这种方式。如孔子传里的丘(Kew)、仲尼(Chung Ne)、孔(Kung)、老子(Laou Tsze)、诗经

---

[1] 赵长江:《译儒攻儒,传播福音》,载《天津外国语大学学报》2012年第5期,第60页。
[2] 王辉:《鸠占鹊巢,抑儒扬耶》,载《东方翻译》2012年第5期,第65页。
[3] David Collie, trans. *The Chinese Classical Work Commonly Called the Four Books; Translated, and Illustrated with Notes*, Malacca: The Mission Press, 1828, Preface, p.5.

（She King）、书经（Shoo King）、礼记（Le Ke）、春秋（Chun Tsew）、天（Teen），孟子传里的轲（Ke）、山东（Shan Tung）、侃氏（Hang She）、宣王（Seuen Wang of Tse）、梁惠王（Leang Hwuy Wang）、文王（Wan Wang）、楚（Tsoo）、魏（Wei）、秦（Tsin）等。对注疏部分出现的文化负载词，柯氏也是如此处理。如气（Ke）[1]、道（Taou）[2]、理（Le）[3]等等。另外，需要补充的是，在个别情况下，柯氏在采用汉字加注音方法的同时又加进了释义的方法。如丘（Kew, a hollow on the top of a hill）、性（Sing, nature）[4]、道（Taou, path of duty）[5]、气（Ke, i.e.subtile, ethereal part of the Yin and Yang）[6]。

子曰："雍也可使南面。"（《论语·雍也》）

（意译）Confucius said, Yung may be employed as a ruler.[7]

子曰："知者不惑，仁者不忧，勇者不惧。"（《论语·子罕》）

（直译）Confucius says, the truly intelligent have no doubts-the truly virtue, no sorrow-the truly brave, no fear.[8]

另外，柯氏译文还具有语言简练、过渡自然、注重传达语气等特点。

子路曰："卫君待子而为政，子将奚先？"子曰："必也正名乎！"子路曰"有是哉，子之迂也！奚其正？"（《论语·子路》）

Tsze Loo said to Confucius, suppose, Sir, the Prince of Wei were to give you an official appointment, what would you teach him to do first? Confucius replied, to establish his character. On which Tsze Loo exclaimed, indeed! You have shot far beyond the mark, Sir! Why should the establishing of his character

---

[1] David Collie, trans. *The Chinese Classical Work Commonly Called the Four Books; Translated, and Illustrated with Notes*, Malacca: The Mission Press, 1828, CHUNG YUNG, p.12.
[2] 同上，p.2
[3] 同上
[4] 同上，CHUNG YUNG, p.1.
[5] 同上，CHUNG YUNG, p.2.
[6] 同上，CHUNG YUNG, p.12.
[7] 同上，SHANG LUN, p.21.
[8] 同上，SHANG LUN, p.41.

be of the first importance! [1]

Tsze-Lu said, The ruler of Wei has been waiting for you, in order with you to administer the government. What will you consider the first thing to be done? The Master replied, what is necessary is to rectify names. So, indeed! Said Tsze-Lu. You are wide of the mark! Why must there be such rectification? [2]

这是子路和孔子之间的一场对话，子路对孔子正名的为政方法进行嘲讽，师徒二人一问一答，风趣自然。和理雅各译本对比可知：柯大卫先后使用了said、replied、exclaimed，可以明显感到二人答问间的情感变化；理雅各用的是said、replied、said，只是一问一答，看不出情感的变化；"卫君待子而为政"，柯大卫译为"the Prince of Wei were to give you an official appointment"，而理雅各译为"The ruler of Wei has been waiting for you, in order with you to administer the government"。前者句子表达简单明了，语言通俗易懂；后者文风冗长，用语深涩。另外，柯大卫还在文中灵活加入了"suppose" "Sir" "indeed" "on which"几个词语，不仅增强了对话的生动性，给人如闻其声，如临其境的感觉，而且显得上下文衔接得当，过渡自然。而理雅各的译文很难让人感到对话的气息，单调而又沉闷。

总之，柯氏译本对"四书"的译介既有客观真实的一面，也有误读、预设、失真的一面。此外，还存在因粗心大意所造成的"硬伤"，如标点混乱、漏译、章节序号混乱、章节串行、人物张冠李戴、单词拼写错误、译本刻板不精、印刷质量不良、多处字迹模糊不清等问题。

该译本在一定程度上传播了中国文化，在英美文化界带也产生了一定的影响，但囿于传教士身份和本国文化之前见，以耶附儒、以西释中就不可避免，尤其是在唯我独尊的基督教中心主义意识形态下，柯氏借助评语对儒家整个信仰体系给予抨击，对尧舜孔孟等圣人形象大加鞭挞。因为，以柯大卫为代

---

[1] David Collie, trans. *The Chinese Classical Work Commonly Called the Four Books*; *Translated, and Illustrated with Notes*, Malacca: The Mission Press, 1828, HEA LUN, p.58.

[2] James Legge, *the Chinese Classics*.Taipei: SMC Publishing Inc, 1991, p.263.

表的新教传教士震惊于"四书"、孔子之于中国人如同《新约圣经》、耶稣之于基督徒,所以,为了让福音之光照耀中华,"贬孔""去儒"以清除孔子及其影响这一最大障碍就成为必须。[1]另外,柯氏在马六甲只待了不足6年的时间,中文水平毕竟有限,对中国经典的理解亦多有不足,因此,该译本的忠实度、客观性、学术性及影响力就大打折扣。

作者简介: 郭磊,男,郑州师范学院国际中国文化研究所所长,副教授,比较文学与跨文化研究专业博士,英国伦敦大学亚非学院访问学者,研究方向为海外汉学。2011—2014年在中国海外汉学研究中心师从张西平先生。近年来多次参与国内外学术交流活动,参与国家哲学社会科学规划项目1项,主持河南省哲学社会科学规划项目1项(项目编号:2016BWX024),出版专著1部(柯大卫英译《四书》研究,中州古籍出版社2016),在《国际汉学》等刊物上发表论文10余篇。

---

[1] Peter J. Kitson, *Forging Romantic China: Sino-British Cultural Exchange 1760—1840.*, Cambridge: Cambridge University Press, 2013, p.92.

东方智者的话语

——19世纪初期第一部英译《论语》之历史研究[1]

康太一

在最初很长的一段时间里,以基督教文化为背景的西方对于东方的了解趋于贫乏而消极,偶有闪现的正面看法,则或可源自《马太福音》第二章中有关东方智者(the Magi from the East)的描述,将其想象成智者的国土,并认为那里拥有博学的哲学家和星象学家。[2]而西方对于中国,基督教文化对于儒家文化的了解一直都没有得到实际意义上的推进和深化,直到16、17世纪耶稣会士来华传教时才得以改变。彼时的西方好奇求知且极具扩张性,而传教士们则将这些特质融入他们对宗教的热忱之中,远渡重洋,来到中国,开始了他们对于中国本土哲学与宗教传统的探知与发掘;然翻译儒家经典也成为他们为建立中西方对话语境而采取的重要举措。

毫无疑问,最早将儒家经典译介到西方的是耶稣会士,但真正意义上为

---

[1] 本文曾发表于《北京行政学院学报》2012年第6期,收入本文集时经原作者修改,字数有所删减,特此注明。

[2] Julia Ching, *Confucianism and Christianity*: *A Comparative Study*, Tokyo, New York & San Francisco: Kodansha International Ltd., 1977, p. 13.

英语读者而生的首部儒家经典英译本却由身在印度塞兰坡（Serampore）的英国浸信会传教士马士曼（Joshua Marshman，1768—1837）及其团队于1809年完成出版。[1]这是19世纪初期，继耶稣会士之后，新教传教士对于中国文化有所涉足的新开端；换句话说，亦是在17、18世纪"术语与礼仪之争"（Terms and Rites controversies）之后，新教传教士对于耶稣会士之遗憾的弥补，即对于中西方文化差异以及基督教文化与儒家文化的分歧，所做出的第二次架联、交流之尝试。

故本文旨在以历史研究的视角，重新审读马士曼的英译本《论语》（上半卷），依托一手档案资料，探究其完成的历史背景，进而考察其翻译策略及独有创新，最终追溯其译本影响，分析其在中西跨文化交流史上的贡献，以期可为今人所借鉴。

一、缘起何处：历史背景概述

1. 潜在的意图与野心

虽然没有明显证据可证明"孟加拉地区对中文的学习是为英国继1792年马嘎尔尼使团失败之后，对中国采取的新一轮外交攻势做准备"[2]；但其潜在的政治需要和宗教企图仍旧不可完全排除。福特威廉学院（Fort William College）的教务长布坎南（Claudius Buchanan，1766—1815）于1811年出版的《剑桥大学前的两次演说》或可为1805年至1806年[3]间，中文学习与工作在加尔各答和塞兰坡两地浸信会士之日程表上突然出现的缘由做一些说明：

> 每当谈论到颁布基督教的问题，一些作者就会将他们的眼光局限在印度。印度仅仅是等待神的启示之国度中的一小部分……中国拥有更为

---

[1] Joshua Marshman, trans., *The Works of Confucius: Contained the Original Text, with a Translation*, Serampore: Mission Press, 1809.

[2] Elmer H. Cutts, 'Chinese Studies in Bengal', *Journal of the American Oriental Society*, 62.3（Sep.1942）, p. 172。

[3] Joshua Marshman's Letter to Dr. Ryland（BMS）, 25 May, 1806.

广阔的领土和众多的人口,在某些方面,要重要得多。罗马教廷曾经与这个帝国进行了长久而无效的抗争,归其原因,他们没有给那里的人民带去"美善而完备的赏赐"——《圣经》……完成一本中文的《圣经》是福特威廉学院多年来的夙愿,如果能有一本这样的《圣经》传至中国,福音就可能传至这个庞大帝国的每个角落……另外一个可见的目标是向我们内部的人员介绍中文。中国的堡垒可在西藏边境俯瞰我公司在孟加拉的领土,而我公司在印度任职的人员中竟没有一个能够读懂普通的中文信件。[1]

此外,马士曼在寄往浸信总会的多封信件中,也从各个方面陈述了在塞兰坡学习中文的必要性。在他看来,在马嘎尔尼使团失败后,清政府对于英国传教士的态度很难预测[2],而塞兰坡距离中国不远,当地亦有中国人居住,是便宜沟通交流的大城市;就当地教会条件而言,也可谓天时地利人和皆具。[3]由此可见,在塞兰坡学习中文并为汉译圣经做准备,绝非一时兴起的"意外"举措,而是出于对宗教企图和政治需要的综合考虑,在为英国浸信会日后进入中国传教做铺垫。

2. 天赐的中文老师:拉萨尔

在塞兰坡中文工作的蓝图上,中文老师拉萨尔无疑起着至关重要的作用。最初布坎南雇用他纯属偶然[4],但最终他却以自己杰出的能力和贡献成就了一份必然。不过,尽管他是马士曼唯一[5]公开承认的中文老师兼得力助手(合作译者),浸信会档案中对于他个人的生平介绍依旧寥寥无几,甚至无法

---

[1] Claudius Buchanan, *Two Discourses Preached before the University of Cambridge*, Cambridge: University Press, 1811, p. 96.
[2] 笔者转写翻译自:Marshman's Letter to Dr. Ryland (BMS), 20 Aug 1806.
[3] 同上。
[4] 在布坎南发现拉萨尔之前,马士曼一直向加尔各答寻求一名可以助其阅读中文书籍的帮手,却始终无果。(Marshman's Letter to Dr. Ryland (BMS), 25 May 1806.)
[5] 事实上,马士曼身边至少还有两名中国助手,但均无清晰介绍。我们仅可从马士曼的信件内容中寻得只言片语,证明他们曾最多雇用过八名中国人,大多是参加过科考的读书人。(Marshman's Letter to Dr. Ryland (BMS), 20 Aug 1806.)

确认他离世的具体年份[1]。现有据可查的信息大致如下:

> 乔安尼斯·拉萨尔(Joannes Lassar),1781年出生于澳门一个信奉基督教的亚美尼亚家庭(Armenian Christian),家中有一男一女两名中国佣人,且均为基督徒,故其对于中文最初的了解和学习来自于他们。后来其父从广州请来一位中文老师,教他中文阅读与写作。十三岁时,其父将其送往广州,盼其中文更有精进。此七年间,他师从不同的老师,读书四十卷有余,且粤语与官话流利。此后,拉萨尔曾被在澳门的葡萄牙人雇佣,负责翻译处理与京廷之间的信件。[2]1804年他乘着一艘满载茶叶的货轮离开澳门,并于1805年到达印度加尔各答,却恰逢茶叶大跌价,陷入窘境,直至他遇到布坎南。[3]

尽管从这些只言片语中我们很难判断拉萨尔的实际中文水平,但马士曼及整个塞兰坡翻译团队的中文及译作水平或可从侧面补充证明,本文主角《孔子的著作》(The Works of Confucius)也可为例。

在布坎南的资助下,拉萨尔从1806年初开始教授马士曼中文。[4]最初,马士曼对其水平与能力尚存疑虑,然8个月的教学之后,拉萨尔的勤奋与认真使马士曼的疑虑转为对其能力与资质的认可和敬佩。[5]拉萨尔独特的中文教学方式[6]一方面缔造了马士曼的中文学习观,另一方面也影响了他对于儒家经典的理解。显然,《论语》是被当作中文学习"教材"由拉萨尔介绍给马士曼的,

---

[1] 拉萨尔应该死于1835年之前,因那一年的《中国丛报》上记录到,"我们不知在某处看到了拉萨尔先生的讣告,但记不起确切发生的地点和时间了。"(The Chinese Repository,1835,p.252)

[2] Marshman's Letter to John Ryland(BMS),20 Aug. 1806.; Claudius Buchanan, Two Discourses Preached before the University of Cambridge, Cambridge: University Press, 1811, p. 96.

[3] Marshman's Letter to Dr. Ryland(BMS),25 May 1806; Jost Oliver Zetzsche's book The Bible in China, Sankt Augustin: Monumenta Serica Institute, 1999. pp. 45.

[4] 笔者转写翻译自:Marshman's Letter to Dr. Ryland(BMS),25 May 1806.

[5] 笔者转写翻译自:Marshman's Letter to Dr. Ryland(BMS),20 Aug 1806.

[6] 马士曼自述拉萨尔使用的教学计划是,"把重点放在汉字学习上,同时辨析甚至可以讨论字词含义。"(笔者转写翻译自:Marshman's Letter to Dr. Ryland(BMS),25 May 1806.)

而朱熹所注《论语集注》则是他为马士曼选择的"教辅材料"[1];这些都直接反映在后来马士曼英译《论语》的翻译策略与形式特点之中。

3. 译儒典以学中文

自从耶稣会士来华,罗明坚(Michele Ruggieri,1543—1607)第一次为学习中文而准备翻译"四书"开始,"译儒典以学中文"便好似儒学与基督教相遇的"传统"桥段。[2]不过,相比于耶稣会士们所赋予这一"传统"的意义,马士曼英译的这部《论语》所肩负的使命与承载的意义却要简单许多。时空所限,塞兰坡的浸信会士们既没有经历过"礼仪之争"的洗礼,亦没有实际传教、处理儒家与基督教文化间冲突与分歧的经验,更来不及形成他们对儒家经典的"浸信会解读版",襄助其在欧洲乃至西方世界的宣传;故此,他们对于儒家以及中国文化的理解深度显不如前。不过,200年时光荏苒,从17世纪到19世纪,"学中文"的最初意图仍旧是"译儒典"的最终依托。

鉴于马士曼及塞兰坡浸信会士的实际情境,笔者认为《孔子的著作》所经历程可分为以下三个阶段:

①此译本为马士曼自身学习中文的笔记和手册:他通过《论语》学习中文,英译其篇章作为范例,再对照朱熹的《论语集注》检验译本质量。[3]

②此译本为塞兰坡中文教育系统中的双语教材,适用对象为下一代的传教士,包括马士曼等人之子[4]。

③当此译本的语境转至欧洲乃至美国,其被视为《论语》的第一个英译本,并向西方其他新教修会以及知识阶层介绍了中国这个庞大帝国的语言、文学以及哲学。

---

[1] 笔者转写翻译自:Marshman's Letter to BMS of Oct. 23,1807.
[2] Thierry Meynard S. J., ed., *Confucius Sinarum Philosophus*(1687):*The First Translation of the Confucian Classics*.(Rome:Institutum Historicum Societatis Iesu,2011) p.4.
[3] 笔者转写翻译自:Marshman's Letter to BMS of Oct. 23,1807.
[4] 马士曼之子约翰(John Clark Marshman)、凯瑞之子雅比斯(Jabez Carey)以及后来加入的,马士曼的小儿子本杰明(Benjamin Marshman)。

值得注意的是，《论语》的哲学层面从始至终都不是这个译本的重点。考虑到资助人的立场，马士曼致函印度总督明多勋爵（Lord Minto）时，只着重强调了此译本的语言和文学价值。[1]而他自己也仅是从文学方面将《论语》在中国的重要性与《伊索寓言》在英国的普及性做以比较[2]，虽将孔子与古希腊先哲相提并论，对人类早期文明的思想智慧表示敬仰[3]，但却始终没有表明过他对于《论语》哲学层面的理解，有些可惜。

二、缘兮为何：《孔子的著作》

梅谦立（Thierry Meynard）在分析耶稣会士的杰作《中国哲学家孔子》时曾说，"当两种知识传统相遇时，它们将在两个层面上对话：形而上学层面（metaphysical level）和隐喻层面（metaphorical level）"；前者一般涉及哲学作品或者抽象概念的翻译，而后者则常出现于文学和宗教作品的翻译。[4]这一推论同样适用于对《孔子的著作》的分析。只不过与耶稣会士有所不同的是，马士曼将向西方阐释中国文化的主平台选在了隐喻层面，而非形而上学层面；而这亦影响到译者所选择的解读策略及译本的形式。

1. 释义原则与翻译手段

直译（literal translation），是《孔子的著作》贯穿始终的翻译策略，也是马士曼有意识的翻译风格选择。在他看来，这或许是他实现对此译本设想的最合理的方式。自1807年起，马士曼对于《论语》的学习便已超出认字的阶段，随着他自身中文水平的提高，此译本的原型也逐渐清晰起来：

> 我有时在想，保留原文的汉字，然后把英文直译放在右边页面上，

---

[1] 明多勋爵于1807至1813年间任印度总督，并为马士曼《论语》英译本的资助人。（笔者转写翻译自：Marshman's Letter to Lord Minto, 21 April 1806.）

[2] 笔者转写翻译自：Marshman's Letter to BMS of Oct. 23, 1807.

[3] Joshua Marshman, trans., The Works of Confucius: Contained the Original Text, with a Translation（Serampore: Mission Press, 1809, xxii-xxiii.）

[4] Thierry Meynard S. J., ed., Confucius Sinarum Philosophus（1687）: The First Translation of the Confucian Classics, Rome: Institutum Historicum Societatis Iesu, 2011, p.24.

再把评注[1]以注释的形式加入。这样，一方面可以原汁原味地向文学世界介绍这位中国圣人，并保留他简练的语言风格，同时呈现一个完整清晰的汉字样本，以解释中文的语言结构与性质；另一方面可以为读者提供一本带有汉字的基础性读物，要知道，这些书[2]中的字句在中国人中的流传度比《伊索寓言》在英国还高得多……[3]

马士曼的直译一方面旨在配合汉字再现文本的原味，同时也体现出他对于孔子及其作品的一种理解。在他眼中，孔子是一位优秀的作者，"言简意赅，情绪公正，具有温和的智慧与仁慈，了解人性，并始终坚持内心的修养"[4]。虽然他觉得相较于古希腊先哲，中国圣人（孔子及其弟子）的追求太过局限于道德与礼仪，不够灿烂夺目，但他仍旧承认中国圣人的思想在实际效用上的优越性，"毕竟世界上三分之一的人类受其惠泽已约两千年"。[5]因此，"简练"与"实效"也成了马士曼对儒学思想理解的核心词，并直接反映在他的译本风格中。

另一方面，为了如愿完成"一本带有汉字的基础性读物"，"严格的直译"亦是马士曼所创之中英字字对照词汇表[6]的基础。于他而言，意译比直译要容易得多，但他之所以坚持后者，是为了"尽可能地呈现给读者每一个汉字的确切含义"[7]。不过，有时"过度"的直译却不可避免地伤及原文的含义，导致误译或错解，亦影响了马士曼向世界介绍一个真实的孔子及其思想的准度。例如，《论语·学而第一》之第一段第三句"人不知，而不愠，不亦君子乎？"被马士曼误译为"A Man without knowledge and（yet）without envy, is

---

[1] 此处指朱熹所作《四書章句集注》之《论语集注》宋刻本。

[2] 此处指《论语》及《论语集注》。

[3] 笔者转写翻译自：Marshman's Letter to BMS of Oct. 23, 1807.

[4] 同上。

[5] Joshua Marshman, trans., *The Works of Confucius*: *Contained the Original Text, with a Translation*, Serampore: Mission Press, 1809, xxiii.

[6] 出现在每一段译文与注释的最后面，题为"汉字备注"（Remarks on the Characters），是根据原文中标号的每一个汉字所对应的英文译文补充生成的词条解释。

[7] Joshua Marshman, trans., *The Works of Confucius*: *Contained the Original Text, with a Translation*, Serampore: Mission Press, 1809, xxxvii.

he not the honourable man？"[1]这样的错误在马士曼的译本中偶有出现，虽然比例很小，但仍说明其将儒家经典译本和中文汉字教科书融为一体的创意尚有缺失，不甚完善。

2. 朱子集注与马氏解读

尽管马士曼的侧重点在译儒典以揭示中文的语言性质，但其对于《朱子集注》的引入及英译[2]还是向英语读者展现了中国传统阐释学的样貌。一如保罗·利科曾言，当一种注释涵盖了整套理论所需的符号和意义，或一个文本具备多重意义（历史意义、精神意义等）时，它便有关于哲学。[3]如此，《朱子集注》的加入为马士曼译本在跨文化阐释的形而上学层面开启了一扇窗；同时，当他使用《朱子集注》辅助理解《论语》时，他自身也会一定程度地接受用朱熹及宋儒理学的视角来审读《论语》，继而在将《朱子集注》英译并引入译作时，"将其含义纳入到自己现阶段所能理解的范畴中"[4]，形成带有基督教文化背景的"马氏解读"。这其中便有形而上学和隐喻两个层面上的跨文化对话，促成了儒家思想（新儒家）与基督教文化的邂逅与交流。

当然，在正文部分，马士曼并未将朱熹的《论语集注》逐字逐句地英译，而是结合他自己的理解与需要，进行了修剪与编译。首先，他将朱注当中所有的"正音"都剪切并部分移植到了其后的"汉字备注"之中；究其因由，或可推论为中西方文献学与阐释学对"评注"的不同看法。而朱注当中就个别字词进行的解读，马士曼也依据自己的标准做了类似的切割与移植，不过并非全部且选择看似随意。至于对文本内容的语义评注，马氏解读下的《论语集注》则出现了以下5种情况：

①评注全文直译且相对忠实原文本的语义及语言风格；

---

[1] 中文回译为："一个人没有知识，但不嫉妒，难道不是君子吗？"（同上，p.8.）
[2] 在每一段译文之后，作为评注（Comment）出现。
[3] Paul Ricoeur, "Existence and Hermeneutics", trans. by Kathleen McLaughlin, in Don Ihde ed. The Conflict of Interpretations: Essays in Hermeneutics, USA: Northwestern University Press, 1974, p4.
[4] 同上。

②评注按照马士曼认为"充分"的标准被部分直译,其余的"过度"阐发和联想被删除;

③评注部分直译,部分概括意译或编译引入译者自己的理解;

④评注全文直译,但全部错误,甚至影响了《论语》译文的准确性;

⑤没有评注译文。

显然,马士曼眼中的《论语集注》主要还是用来辅助理解《论语》含义的,而其自身价值仅被发掘为中文学习的又一"教辅材料"便止步了[1]。因此,在马氏解读下的朱熹宋儒理学思想被限定在了《论语》语义解读之内,并没能得到完全展现和重视,委实可惜。不过,《论语集注》的引入确实有效辅助了英语读者对《论语》之简练文言的理解,同时使马士曼译本呈现出涵盖隐喻和形而上学两个层面的文本形态:英译《论语》和英译《论语集注》的相得益彰。

3. "汉字备注"及其功能意义

如果没有每段译文与评注之后的"汉字备注"(Remarks on the Characters)[2],《孔子的著作》或可被简单地看作英译《论语》的最初尝试。然而,正是这"额外的"备注,倾注了马士曼最多的心血与新意,也使这部英译《论语》不仅仅是译著,更是一部学习中文汉字的教材。如前文所述,为了撰写这个独具创新的词汇表,马士曼选择了直译的翻译策略,甚至偶尔会牺牲译文的美感来迁就它,可谓煞费苦心。不过,好在这个"汉字备注"确实行之有效,不仅展示了汉字结构和字面含义(literal meaning),还在某种程度上传达出了汉字作为符号(symbol)的隐含意义(hidden meaning)。

"汉字备注"基本上由3部分组成,依次为:注音,释义和汉字结构(及每部分结构的含义),偶有额外的加注。其中,字音同时也被标注在《论语》

---

[1] 马士曼在序言中曾表示,引入《朱子集注》亦可介绍中文和汉字,"因为朱注的文本更加现代而丰富,涉及到更多的文本,词组和汉字"。(Joshua Marshman, trans., *The Works of Confucius*: *Contained the Original Text*, *with a Translation*, Serampore:Mission Press, 1809, xxxiii).

[2] 在译本中,每有新字词出现,就会有"汉字备注"的出现,前文解读过的字词则不再纳入之后的"汉字备注"中,故至译本的后面部分,备注会逐渐递减,甚或没有。

原文汉字的旁边,以便查阅。例如,"和"在马士曼的词汇表中为:

> *Wo*, peace, tranquility, gentleness, benignity. The key of this character is hou, a mouth, which is placed on the right; the left side is wo, rice.[1]

马士曼对于汉字结构(偏旁部首)和含义的理解源于他手边的汉语字典[2]及其中文老师的教导[3],而其对于汉字结构的英文介绍和阐释方式却别具匠心。按他自己的话说,"对于欧洲人来说学习语言最合理的模式是,先将一个词分解,并形成复合概念,再将每一部分重组"[4];或许正是这种欧洲式的语言学习方式启发了他对于汉字结构的独特解读。

释义的部分,马士曼并没有生搬硬套字典中呆板的解读,而是参考朱注对《论语》的阐释以判断语境中字词的确切含义,其中或多或少,或自觉或无意地,融入了宋儒理学对汉字的释义角度以及背后的思想观念。例如,文本中频繁出现的"礼"字,一般直译即为"礼仪""礼貌"[5],但在马士曼的译文及"汉文备注"中,"礼"却多被释为"reason"(理,道理,理性)和"equity"

---

[1] Joshua Marshman, trans., *The Works of Confucius: Contained the Original Text, with a Translation*, Serampore: Mission Press, 1809, p51.

[2] 当时马士曼手中有三种不同的汉语字典:"一本四卷小字典,一本十四卷的字典和《康熙字典》。"(*Memoir Relative to the Translations of the Sacred Scriptures: to the Baptist Missionary Society in England*, Dunstable: J. W. Morris, 1806, p14-15.)

[3] 马士曼的中文老师除了之前提过的拉萨尔和几位中国人之外,还有一位天主教传教士柔瑞国(Pater Rodrigues)。他曾在中国居住近20年,在北京传教十年,并于1809年至1810年间到访塞伦坡八个月,对马士曼的中文学习有所指导,还赠予马士曼一本拉丁语—汉语字典(手稿副本)。这本拉汉字典推测为自1724年左右便开始著写,倾注了天主教传教士们近八十年的心血。不过,马士曼得到这本字典时,《孔子的著作》已经完成并准备付印,所以他并没有在翻译时使用这本字典,而仅用其辅助了最终审校。(Joshua Marshman, trans., *The Works of Confucius: Contained the Original Text, with a Translation*, Serampore: Mission Press, 1809, xxxviii; Letter to BMS of March 30, 1810.)

[4] Joshua Marshman, trans., *The Works of Confucius: Contained the Original Text, with a Translation*, Serampore: Mission Press, 1809, p4.

[5] "礼"表层意义被马士曼补充在了释义的最后,"In common life it is used to express the politeness and attention which friends owe to each other, and is a grand virtue among the Chinese."(Joshua Marshman, trans., *The Works of Confucius: Contained the Original Text, with a Translation*, Serampore: Mission Press, 1809, p51.)

（天理，天道）[1]。这并不是马士曼的误译，而是他根据朱注理解下的有意识选择。在宋儒理学的观念中，"礼"同于"理"，即"礼者，理也"[2]；或如马士曼所译的《朱子集注》中所示："礼者，天理之节文，人事之仪则也。"[3]而"reason"和"equity"或许是马士曼在其可理解范围内能够找到的最适合解读"人事之仪则"和"天理之节文"的词汇。因此，需要肯定的是，马士曼确实在尽力诠释一个符合或接近朱子理学标准的"汉文备注"；不过，其可理解范围还是受其基督教文化背景的限定。故而，马士曼将"天理之节文"译成了"the rule dictated by heaven[4]"，仍旧意指神谕之天道。

可以看出，马士曼对于《朱子集注》的运用有他自己的矛盾：一方面他不希望引入宋儒理学中过多神秘或抽象的理念，因此在译文中尽可能删减朱熹阐发的言论，简化其作用；另一方面他又非常依赖《朱子集注》的指引来理解《论语》及汉字，并将其流露于"汉字备注"中。然左右平衡间，新儒家思想与基督教文化已于"汉文备注"中再次相遇对话，形成了独有的跨文化交流过程：在隐喻解读中体验形而上学的交织。

三、结语

《孔子的著作》无疑是19世纪初期对于儒家经典之跨文化阐释的一次有益尝试。可惜的是，因其出生于印度且为传教士之译作，过去很长一段时间都未得到研究者的重视，甚至被批为粗浅之作，或被谴责带有基督教文化的曲解。而在笔者看来，这样的评价未免有失公允。就马士曼所处的情境与时代而

---

[1] "Ly, reason, equity, to rule according to law." (Joshua Marshman, trans., *The Works of Confucius: Contained the Original Text, with a Translation*, Serampore: Mission Press, 1809, p51.)
[2] ［唐］孔颖达，《礼记正义》，北京大学出版社，1999年；［宋］黎靖德编，《朱子语类》，北京：中华书局，1986年。
[3] 马士曼译文为："Ly is the rule dictated by heaven; the rule for human actions." (Joshua Marshman, trans., *The Works of Confucius: Contained the Original Text, with a Translation*, Serampore: Mission Press, 1809, p51.)
[4] heaven一词在西方文化中具有很强的宗教意义，不加定冠词时，多表示天堂，或者神/上帝的居所。(Oxford Advanced Learner's Dictionary of Current English, Oxford; New York: Oxford University Press, 2000.)

言，其译本始终在试图架联中西文化，沟通儒耶思想，无论是在语言文学上，还是从历史与哲学看，都竭尽所能，确有实效。

相较于后来的《论语》译本，马士曼的版本可能不够卓越完善；但作为历史上首部出版的《论语》英译直译本来说，它确实填补了19世纪初期西方对于儒家经典与中文认知的空白，并为之后的汉语语法研究（雷慕莎的《汉文启蒙》[1]）以及绍特的德译本[2]提供了重要参考。19世纪中期，它还传至美国，为超验主义运动带去了最初的中国风，并有17句刊于1843年的《日晷》[3]，题为"孔子的话语"（Sayings of Confucius）。因此，其之于中西文化交流和西方汉学影响之深远，意义之重大，不容小觑。

作者简介：康太一，女，北京人，现任对外经济贸易大学中国语言文学学院副教授，通识系系主任。2010年起，师从张西平教授，在北京外国语大学国际中国文化研究院攻读并取得比较文学与跨文化研究专业博士学位。博士期间曾于香港浸会大学、英国伦敦大学亚非学院（SOAS），英国牛津大学做访学研修与档案研究。研究方向主要为十九世纪英国传教士的儒典外译与《圣经》汉译，早期中西交流史与海外汉学史等，已发表相关学术论文十余篇，多篇刊于国内顶级期刊。

---

[1] Jean Pierre Abel-Rémusat, *Élémens de la grammaire chinoise, ou, Principes généraux du kou-wen ou style antique；et du kouan-hoa c'est-à-dire, de la langue commune généralement usitée dans l'Empire chinois*. Paris：Imprimerie Royale，1822，xv-xvi.

[2] Wilhelm Lauterbach, *D'Wilhelm Schott's Vorgebliche Übersetzung der Werke des Confucius Aus der Ursprache，Fine Literarische Betrüger*. Leipzig；Paris：Ponthieu, Michelsen and Comp，1828.

[3] *The Dial：A Magazine for Literature, Philosophy, and Religion. Vol III*. Boston：E. P. Peabody；London：J. Green，1843，p493-494.

从新发现的稿本看理雅各的中国经典翻译

——解析理雅各中国经典的翻译过程[1]

杨慧玲

理雅各（James Legge，1815—1897）是近代英国著名传教士及汉学家，牛津大学首位汉学教授。1861—1886年的25年间，他系统翻译并出版了中国的《四书五经》等典籍的汉英对照版。理雅各翻译的《中国经典》（*The Chinese Classics*：*With a Translation and Exegetical Notes*，*Prolegomena*，*and Copious Indexes*）[2]已成为经典译作，在国际上享有盛名。国内外发表了一批探讨理雅各中国经典翻译的学术文章，通过在理雅各翻译的中国经典中选取个案，从比较宗教和比较文化的角度进行研究的有费乐仁（1997，2004）[3]、王辉

---

[1] 本文曾发表于《北京行政学院学报》2017年第1期，收入本文集时删去了部分文字。

[2] 本研究使用的是理雅各译《中国经典》（*The Chinese Classics*），上海：华东师范大学出版社，2011年。

[3] Lauren Pfister. James Legge's Metrical "Book of Poetry"，*Bulletin of the School of Oriental and African Studies*，University of London，Vol.60，No. 1（1997），pp. 64-85；*Striving for 'The Whole Duty of Man'：James Legge and the Scottish Protestant Encounter with China*［M］. Gutenberg-Universität Mainz in Germersheim，2004.

（2003, 2008）[1]、杨慧林（2011）[2]、姜哲（2012）[3]；从历史史料与文本分析结合的角度进行研究的有岳峰（2004）[4]、段怀清（2005）[5]；此外，还有研究揭示中国经典的中国经学解读与理雅各译本的阐释之间的断裂，如罗军凤（2015）[6]。对理雅各《中国经典》进行个案研究的好处在于，通过个案如对某一部经典的英译或者对某个核心概念的翻译进行审视，可以更加具体地讨论理雅各翻译中国经典的优点或不足，剖析理雅各的宗教思想对翻译取向以及翻译策略的影响。然而，个案研究的局限性也同样明显，即使在同一部经典中，如果换个例子，可能就会对理雅各的翻译思想和策略得出不同的结论。

此外，理雅各对待四书五经差异化的认识和看法，也会导致他翻译《春秋》的观点和策略与《左传》不同。再考虑到理雅各在中国典籍翻译史上难以撼动的地位，是因为他系统地翻译了四书五经，因此，理雅各是如何译介中国典籍的，仍然是有待解决的重要问题。全局性地分析并看待理雅各的中国经典翻译，一方面让我们更加了解理雅各的翻译实践，另一方面也为未来中国典籍外译奠定更为坚实的基础。

随着新史料的发现，对理雅各的中国经典翻译的全局性研究以及理雅各译经的翻译实践研究有了更为坚实的基础，并获得了全新的视角。加拿大学者

---

[1] 王辉：《理雅各英译儒经的特色与得失》，载《深圳大学学报（人文社科版）》，2003年第4期，第115-120页；《理雅各〈中庸〉译本与传教士东方主义》，载《孔子研究》，2008年第5期，第103-114页。

[2] 杨慧林：《中西经文辩读的可能性及其价值——以理雅各的中国经典翻译为中心》，载《中国社会科学》，2011年第1期，第192-205页。

[3] 姜哲：《作为"补充"的"译名"——理雅各中国翻译经典中的"上帝"与"圣经"之辩》，载《中国人民大学学报》，2012年第5期，第29-36页。

[4] 岳峰：《理雅各宗教思想中的中西融合倾向》，载《世界宗教研究》，2004年第4期，第88-96页。岳峰：《架设东西方的桥梁——英国汉学家理雅各研究》，福建人民出版社，2004年。

[5] 段怀清：《理雅各〈中国经典〉翻译缘起及体例考略》，《浙江大学学报（人文社科版）》，2005年第3期，第91-98页。

[6] 罗军凤：《当西方史学遭遇中国经学——理雅各〈中国经典〉与清代〈春秋〉经学》，载《近代史研究》，2015年第1期，第113-125页。

Marilyn Bowman教授[1]首先注意到美国纽约公共图书馆藏[2]的理雅各翻译《中国经典》时使用的一份中文稿本《九经索引》（*Manuscript and Concordance to the Nine Classics*），[3]然而，她对于中文稿本中使用的特殊符号困惑不解，国内外研究理雅各翻译的学者迄今没有人使用过这份手稿。笔者深入考察了理雅各特藏中的这部手稿，"九经"是对中国《四书五经》的统称，这个稿本索引共有12卷。这份手稿的价值在于，对于众说纷纭的理雅各英译的中国经典，通过手稿可以回到理雅各翻译中国经典的源头，直观地考察理雅各翻译九经时的过程。本文从《九经索引》出发，结合理雅各在《中国经典》的附录"汉字与短语索引"，探寻理雅各翻译中国经典时的总体翻译方法。

一、解码稿本《九经索引》

稿本《九经索引》共9种12卷，是完整的以儒家经典《四书五经》为核心的索引目录。稿本索引各卷的内容如下：

---

[1] Marilyn Laura Bowman教授多年来在世界各地探寻理雅各的原始文献和图片，从心理学的角度分析理雅各人生中艰难时刻，以此透析理雅各的性格以及这些极端事件对他人生的影响，并以此为基础撰写了一部全新专著 *James Legge and the Chinese Classics*：*a Brilliant Scot in the Turmoil of Colonial Hong Kong.*（2017 Frisen Press）。感谢加拿大学者Marilyn Laura Bowman教授提供的信息，原始稿本的网址见http：//digitalcollections.nypl.org/search/index？utf8=✓&keywords=Jiu+jing+suo+yin#

[2] 1899年，理雅各逝世两年后，理雅各的藏书在英国伦敦拍卖时被美国纽约公共图书馆的馆员Wilberforce Eames购买，1909年理雅各的藏书被纽约公共图书馆收购，命名为"理雅各藏书"（The James Legge Collection）珍藏至今。"理雅各藏书"主要包含了清晚期即19世纪下半叶的中文稿抄本和中文印本书籍，约有千余种，内容涵盖中国典籍、文学、史学、中文传教小册及书刊、近代中文期刊报纸、香港资讯类散页、中国宗教书等。与理雅各中国典籍翻译相关的"理雅各藏书"有《监本四书》《监本诗经》《道德经注释》《礼记体注大全合参》《四书改错》等典籍及典籍的注释本，当时中国文人如王韬《遯窟谰言》《弢园尺牍续钞》、康有为的《新学伪经考》等时人著作也很受理雅各的关注，理雅各同时还收有《好逑传》《红楼梦》《四大奇书》《绘图平山冷燕四才子书》等各种明清小说。

[3] 无名氏，《九经索引》（*Manuscript and Concordance to the Nine Classics*），纽约公共图书馆，Shelf locator：*OVQ 92-4333.

第一卷	书经索引 Index of characters in the Shoo King
第二卷	诗经索引 Index of characters in the She King
第三、四卷	春秋左传索引（卷一、卷二） Index of characters in the Ch'unTs'ew and TsoChuen
第五卷	春秋人名地名索引（卷三） Index of names in the Ch'unTs'ew and TsoChuen
第六卷	易经索引 Index of characters in the Yih King
第七、八卷	礼记索引（卷一、卷二） Index of characters in the Le Ke
第九卷	论语、大学、中庸索引 Index of characters in the Lun Yu, the Ta Heo and the Chung Yung
第十卷	中庸索引 Index of characters in the Chung Yung
第十一、十二卷	孟子索引（卷一、卷二） Index of characters in the MangTsze

以图1为例，稿本《九经索引》均按《康熙字典》的方式排列汉字，即按汉字部首笔画顺序为中国经典中所用的汉字排序[1]。页面使用了木刻的蓝色边框或红色边框，汉字及索引采用了中国古籍从右向左、从上至下的方式，由中国文人书写。索引稿本中使用了汉字、中文数字以及某种编码，以汉字"七"为例，稿本中给出汉字"七"所对应的《中国经典》章节为：召南，九，I；邶，七，川，乂；唐，九，I；豳，一，I，刂，川，〧，亠；小旻，九，〧，亠（见图一）。作为理雅各特藏中的手稿本索引，稿本中使用的编码是否与被检索汉字在理雅各《中国经典》里出现的章节及段落相关，笔者循此思路对《九经索引》中所使用的编码系统进行了研究。[2]

---

[1] 稿本《九经索引》第4卷、第5卷、第8卷、第9卷有缺页；另外，稿本《九经索引》将《中庸》作为单独一卷做了索引，形成了稿本《九经索引》第10卷。

[2] 北京外国语大学于浩协助解读了苏州码子的编码。

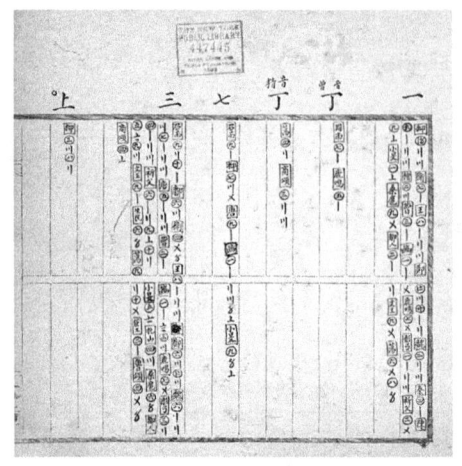 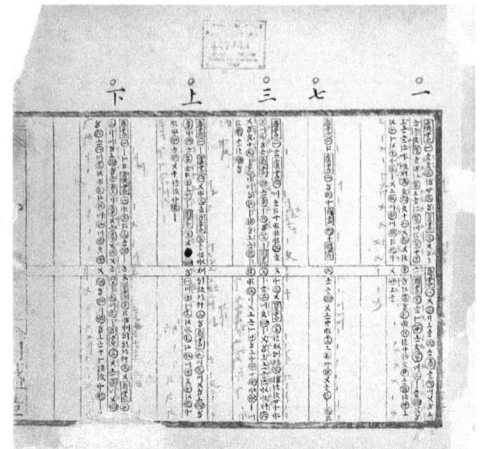

图1　《诗经》索引第一页　　　　　图2　《尚书》索引

经过研读后，确认《九经索引》中所用的编码代号是"苏州码子"。"苏州码子"是中国古代民间常用的计数符号，因其具极强的形象性，也被称为"花数"。这套编码易学易用，在中国古代的民间有着广泛的使用圈子，如中药店、五金店、菜市场等。[1]理雅各的《九经索引》书目繁多、记录量浩大，因此采用"苏州码子"这套简易的计数代码也在情理中。

解读《九经索引》编码系统的过程中，还证明了一个事实：这一份由中国文人书写标号的索引，与理雅各出版的《中国经典》后的附录"汉字与短语索引"部分有着直接联系，从而也证明了这个索引是理雅各翻译四书五经时所使用的基础文献。这个索引在翻译四书五经中的功能和用法将在下文介绍。

从文本发生学[2]的角度看，理雅各在请中国文人助手帮他整理稿本《九经索引》，是为了他的《中国经典》索引和翻译做预备，稿本的索引是翻译工作的初始形态，而出版的《中国经典》是最终形态。考察从初始到最终形态之间所发生的动态变化，是我们了解理雅各编写《中国经典》进行过何种取舍和编

---

[1] 中国社会科学院语言研究所词典编辑室编：《现代汉语词典（第6版）》，北京：商务印书馆，2014年。
[2] ［法］皮埃尔·马克·德比亚齐著，汪秀华译：《文本发生学》，天津人民出版社，2005年。

辑加工的重要途径。

二、解码《中国经典》的附录"汉字与短语索引"

理雅各在《中国经典》每一卷最后都有"汉字与短语索引",这个索引源自稿本《九经索引》,但是最明显不同的是,《中国经典》的"汉字与短语索引"是汉英双语的索引。

为了更好地比较这两个索引内容方面的异同,笔者采取随机抽样的方式,抽取了"一""丁""七""帝""仁""也"等汉字,将稿本的《九经索引》和《中国经典》后的"汉字与短语索引"索引内容部分进行了对比。通过比较发现,两个索引中所使用的汉字基本一致,汉字都是按照《康熙字典》的笔画数排序。最大的区别在于:稿本《九经索引》只是将含有此汉字的相关诗文原句编号罗列出来,而且是严格按照在中国经书中出现章节的先后顺序罗列各个索引项,没有对汉字的意义进行解释;而理雅各在《中国经典》的"汉字与短语索引"中,像汉英双语词典那样,为每一个汉字提供了或简或繁的英文释义,在此过程中,理雅各对每个汉字下的多个索引项重新进行了排列组合,有些释义也进一步分成了多个义项。

除去这两个索引涉及的语言以及形式上的不同,笔者对其具体内容进行考察后发现,虽然绝大多数情况下两者保持一致,但是稿本《九经索引》和《中国经典》的"汉字与短语索引"的内容并不完全相同,稿本《九经索引》中出现的错误,理雅各的"汉字与短语索引"中并未出现,反之亦然。此外,理雅各《中国经典》中的"汉字与短语索引"在具体汉字下的索引

图3 稿本《九经索引》与理雅各《中国经典》索引对比

条目远不如稿本《九经索引》里包含的索引条目数量多和全面，与稿本《九经索引》相比，"汉字与短语索引"的索引缺失了很多索引内容。

研究发现，理雅各在编写"汉字与短语索引"的时候，稿本《九经索引》的功能作为工作文本，根据《九经索引》中所使用的不重复汉字，汉字在中国四书五经中的具体章节位置，理雅各根据《九经索引》可以查阅任何一个汉字在《中国经典》中的所有出处。理雅各并未对汉字索引的数量进行增删，使用的是马礼逊《汉英英汉词典》[1]的注音，他对稿本《九经索引》最主要的变动是删减或重新编排汉英双语版的"汉字与短语索引"索引内容，为其增补对应汉字的英文释义，而且将原中文索引项进一步分类分层。在此项创造性的工作过程中，理雅各的索引中出现了只存在于"汉字与短语索引"中的疏漏和错误，也使得《中国经典》后的双语索引"汉字与短语索引"与稿本《九经索引》存在着本质的区别。

三、解析理雅各"汉字与短语索引"的功用

直观地考察了理雅各使用的稿本《九经索引》和《中国经典》的附录"汉字与短语索引"源流变化之后，会发现双语版"汉字与短语索引"的目的与功用尤其值得探究。理雅各自述他编写"汉字与短语索引"的目的"旨在以此为基础编成一部词典和中国经典索引"（见附录小标题）[2]。实际上，理雅各的"汉字与短语索引"具有双重功效：它首先是中国四书五经的索引，制作索引需要精确统计中国四书五经中所使用的不重复汉字的数量，并且准确标注出每一个汉字在原文中的位置；其次，它还是一部简明的解释中国经学具有专门用途的汉英词典。

索引或引得（concordance）与词典编写的关系近年来才引起词典学者的注意，贝儒安（Henri Béjoint）在《现代词典学入门》中论及了两者的关系：

---

[1] ［英］马礼逊著，张西平等编：《马礼逊文集》，郑州：大象出版社，2008年。
[2] 附录的小标题原文"Intended also to help towards the formation of a dictionary and concordance for the Classics."见《中国经典》第一卷附录7。

"索引也是词的列表，只是目标是为了标注某一个词在文本中各处的页码。早在七世纪就诞生了第一部关于圣经的索引，通过具体的词切入圣经文本（Hanon 1990：1563）。自此诞生了多个语种关于文学作品的索引。索引通常是穷尽性的，文本中的每一个词都要研究。索引现在被用于词典编纂，是因为文本中的每一个词的聚合，对于编写词条极为有用。"[1]就是说，索引的收词原则是穷尽性地找出文本中的每一个词，此外，还要在索引中提供某一个词在各处的页码等详细信息。理雅各设计的中国经典的汉英索引和汉英词典，以单个的汉字为基本单位，因此，汉字的数量以及排序既可以用于索引编写，也同样服务于汉英词典的编写，实为一举两得。

索引和词典的最大区别在于，索引无需对每一个汉字进行解释而只需列出页码，词典则需要释文，释文的详尽和丰富程度决定着词典的质量。理雅各统计《中国经典》的不重复读音各异的汉字数量之后，每一个汉字被作为汉英词典或者《中国经典》索引的词目，按照《康熙字典》的部首笔画排序，已经具备了汉英词典的宏观结构。理雅各《中国经典》的"汉字与短语索引"附录释字部分，除了简单的英文解释，使用了大量的缩略语，这些缩略语指向《中国经典》文本中的包含汉字的句子，相当于大量的例证，与汉字、汉字的义项英文释义、中国经典中的具体文本和英译，共同构成了一个相互支持、相互参照的解释中国经学的汉英词典。

理雅各阅读和翻译《中国经典》时，离不开汉语辞书，理雅各在首卷提到他翻译《中国经典》时主要参考的中国辞书：有《说文解字》《六书故》《字汇》《康熙字典》《艺文备览》《佩文韵府》《经籍籑诂》等。中国使用字书辅助经学研究有着悠久的传统，"古人治学，从小学入手，必读《十三经》《二十四史》等书，借助其中的注释、疏解，再借助《经典释文》《一切经音义》之类专门注释经典字音字义的专著，大致能读通，但鲜有不借助字典

---

[1] Béjoint, Henri. Modern Lexicography：An Introduction, London, Oxford University Press, 2002.P.27.

的。字书是研究国学必备的工具书。"[1]即使是《经籍籑诂》[2]这样收入的原典数量和注疏远详于《康熙字典》[3]的中国辞书，例如"仁"字，这两部中国辞书都未充分释义，而且下定义式的解释也不是中国学术传统。理雅各在翻译《中国经典》时，尤其是《论语》中出现的大量的"仁"字，任何中文辞书所起的作用不大。

从翻译的角度来看，在从事翻译时译者最需要的借助的工具书是目的语和母语的双语词典，理雅各翻译中国经典的时候，他能够参照的只有马礼逊的《汉英英汉词典》，但是马礼逊的双语词典侧重的是日常语言，对于翻译中国经典来说并不是得力的工具书。排除了上述工具书之后，理雅各的"汉字与短语索引"却恰恰是解释中国经学的汉英双语词典。

在这样的想法驱使下，笔者对于理雅各翻译中国经典时很为难的"仁"字的翻译进行了调查，理雅各在《论语子罕》的注中说"仁"虽然是孔子思想中最重要的话题之一，孔子自己不定义什么是仁，他也很难解决这个难题。[4]《论语里仁第四》更是处处出现"仁"字，理雅各自述"里仁第四是本章题目，最集中讨论'仁'的主题。如果一概用benevolence翻译这个术语，不可能适合众多章节"[5]。理雅各对于同一个汉字往往会根据中国经典上下文语境给予不同翻译。经查阅，理雅各在翻译《中国经典》第一卷时，对于出现极多的"仁"字，主要使用了"benevolence/benevolent"以及virtue/perfect virtue/virturous"等核心英文词来翻译中文的"仁"，偶有例外如《论语·雍也》中的句子（见下例），把"井有仁焉"的"仁"翻译为"a man"。

---

[1] 李行健、余志鸿：《〈康熙字典〉的编纂新理念》，载北京师范大学辞书研究与编纂中心、山西皇城相府集团中华字典博物馆编《中华字典研究（第一辑）》，北京：中国社会科学出版社，2009年，第30-35页。
[2] ［清］阮元编：《经籍籑诂》（上下册），成都古籍书店，1982年。
[3] ［清］陈敬廷、张玉书等编：《康熙字典》，北京：社会科学文献出版社，2007年。
[4] 理雅各原文"With his not speaking of 仁 there is a difficulty which I know not how to solve. The fourth book is nearly all occupied with it, and no doubt it was a prominent topic in Confucius's teachings". (Volume I p.216)
[5] 见《中国经典》第一卷165页理雅各的注释一。

宰我问曰、仁者虽告之曰、井有仁焉、其从之者也。

TsâiWo asked, saying, 'A benevolent man, though it be told him, – 'There is a man in the well,' will go in after him, I suppose.'

《论语里仁第四》中"virtue"和"perfect virtue"出现频率极高，"benevolence"也是理雅各在第一卷翻译"仁"字常见的对译词，偶尔也有用"love"的，如《学而·第一》"子曰：'弟子，入则孝，出则悌，谨而信，泛爱众，而亲仁'"中的"仁"被理雅各译为"in love to all"。再看理雅各《中国经典》第一卷后的"汉字与短语索引"中的"仁"字，并没有穷尽式地提供在原文中的出处，仅用拉丁文"passim"意为"遍布各处"简单地提了以下。对于"仁"字的释义也仅列了两项："仁（jên or zǎn）Is found passim.（1）Benevolence.（2）Perfect virtue."（Volume I, p.452）。

对比研究后，笔者发现了一个规律：理雅各在"汉字与短语索引"这个非常简明还不够完整全面的汉英经学词典中提供的每一个汉字在四书五经各卷的不同义项，在《中国经典》文本译文中都可以看到义项或者义项的核心词反复出现，只是词性略有变化，偶尔也会出现超出"汉字与短语索引"的翻译译词。循此思路，笔者又核查了其他的一些例子，如理雅各在《中国经典》的"汉字与短语索引"各卷中的"帝"字，主要区分了两种"帝"，一种是指代尧舜这样的先朝皇帝，另一种指可以和"上帝"互通互换的具有基督宗教色彩的至高无上的God，理雅各在《孟子》中，更明确指出"上帝，God, the most High God"。[1]由于他在"汉字与短语索引"中，在中国古代如尧舜这样的先朝皇帝的义项之下，提供了部分《中国经典》中出现此例的索引，第二种同于基督教上帝的义项之下，也提供了部分《中国经典》中出处的索引。考察发现，理雅各的"汉字与短语索引"中的释义、义项与义项下的索引，与理雅各《中国经典》的翻译译文，存在极高的对应关系。也就是说，尽管理雅各在翻译《中国经典》过程中便览参考中国典籍，他在脚注中长篇阐释他个人的理

---

[1] 见《中国经典》第二卷537页。

解并引经据典，但就《中国经典》文本的翻译而言，他的英语译文与汉英版的"汉字与短语索引"中的译词，高度一致或者高度相关。有鉴于此，笔者还可以得出"汉字与短语索引"的第三个功用，就是这一部志在解释中国经学的简明汉英词典，还可以服务于理雅各的《中国经典》的翻译。

四、重建理雅各翻译《中国经典》的方法和过程

综上所述，笔者可以初步还原理雅各翻译中国经典的过程和方法：理雅各仔细研读过清代学者的著述，他自述认同熊守谦的《经韵集字析解》，估计《十三经》所收不重复汉字数量在6500字以内。[1] 理雅各在熊守谦的统计基础上，按理雅各自己的方式将"汉字与短语索引"总量确定在9172个汉字。这是因为理雅各的汉字统计方法与中国学者不同，他把有两个读音的"上"（shàng和shǎng）当作两个独立单字，统计出《论语》《大学》《中庸》共有1648个不重复单字，《孟子》中共有2022个左右不重复单字，《四书》中收不重复单字总数量在2500—2600字之间，不超过2600汉字。这样的思维与当代英语辞书将词形相同词源意义有别或词类有别分别立项的做法同出一辙。

确定四书五经不重复的汉字数量后，[2] 理雅各请中国文人帮他制作了《九经索引》，将四书五经中每一部经典中出现的所有汉字按照《康熙字典》的排序法排列，每个汉字下制作索引，标注出这个汉字在每一部经典中的章节位置。

接着，理雅各借助《九经索引》和中国典籍和辞书，在他个人理解的基础上，用英文在《九经索引》的基础上增加对汉字简单的英文释义，有些还在

---

[1] 理雅各在《中国经典》的"汉字与短语索引"卷末，有文字解释每一卷的汉字数量。对《十三经》的汉字统计数据，见《中国经典》第三卷卷末734-735页的注释。另据尉迟治平、汤勤国家社科基金重大课题"汉语信息处理和计算机辅助汉语史研究"（04&ZD027）研究，《十三经》所收不重复单字数量6544字，与清代李鸿藻的《十三经不二字》统计结果相同。见《论中文字符集、字库及输入法的研制》，载《语言研究》，2006年第3期64页。

[2] 理雅各《中国经典》后的"汉字与短语索引"收字量如下：第一卷收汉字1458个，第二卷收汉字2033个字，第三卷收1800个汉字，第四卷收2931个汉字，第五卷收950个汉字，共计9172个汉字。

释义下区分同一个汉字的不同义项以及归纳义项下的索引编号,这就形成了《中国经典》的"汉字与短语索引"。为"汉字与短语索引"中每一个汉字在不同的中国典籍各卷进行英文释义和义项区分翻译,是和理雅各翻译《中国经典》同步的工作,在此基础上形成的"汉字与短语索引",同时又是他翻译《中国经典》参照使用的工具书。

作为中国典籍的翻译者,理雅各对中国经典的研究和理解,是他翻译中国经典的重要基础。但是在翻译过程中,这些中国典籍以及辞书,虽然帮助他更好地理解中国典籍原文,但对他的中国经典翻译实践而言,弄清楚每一个汉字的含义以及这个字在中国经典各卷语境中的具体英文对译词,是他最需要的工具书。在翻译中国经典时,最实用的、可操作的是借助《九经索引》,理雅各自制的"汉字与短语索引"简明中国经学双语词典,这个被学者们忽略了的《中国经典》各卷最后一个附录"汉字与短语索引",见证了理雅各翻译中国经典的过程,亦是理雅各翻译中国经典过程中的产物,还是他未完成的中国经学汉英词典的原型。

五、小结

理雅各精确计算了《中国经典》所使用的汉字数量,为每一个汉字制作中国典籍的文本索引,在此基础上,制作出一部中国经学汉英对照的双语词典。理雅各《中国经典》后的"汉字与短语索引"是一个未完成的作品:从索引而言,最常用的儒家概念"仁"的经典原文例句的缺失,使得索引部分不完整。从汉英经学词典的角度,原本最为精深的"仁"的释义详尽程度却不如虚词如"也"字的释义,也显示这是一部未完成的经学词典。未能完成此宏愿的原因有时间和精力的问题,或许还有理雅各未能解决的互文性(Intertextuality)问题。词典文本的互文性问题最早在1989年由Frawley提出,赵刚对汉英词典中的互文性、尤其对涉及文学文本的翻译问题进行了探讨:"汉英词典是一个特殊的文本,包含大量百科性条目及配例,所以翻译时互文性因素就显得更为明显,因为在很多情况下,要正确理解和翻译一个条目或配例,就得充分了解与其相关的其他知识,这样就构成了一个错综复杂的互文网络……词典译者要想对条目或配例准确、完整地理解和翻译,就必须在这个互文性的网络上下求索,对条目或配例所牵涉的知识进行有效的整顿和梳理"。[1]理雅各在翻译中国经典以及编写"汉字与短语索引"中,沉浸在每个汉字即独立的精神世界中,作为译者,他完成了心愿,将中国经典全部翻译成了英文;然而,他想要编写一部中国经学汉英双语词典的愿望却没有实现。理雅各"汉字与短语索引"未竟的事业,希望在21世纪的今天能够得以延续。

作者简介:杨慧玲,女,研究员。2002年起跟随张西平教授在北京外国语大学先后攻读硕士、博士,2010年获博士学位。同年留校任教,现为北京外国语大学国际中国文化研究院专职研究人员,从事汉英词典史、世界汉语教育史、传教士汉学、中国基督教史等领域的跨学科研究。2011年、2012年先后获得北京市优秀博士论文、全国优秀博士论文提名等,2013年入选教育部"新世纪优秀人才计划",出版专著《19世纪的汉英词典传统》(2012,商务印书馆)、《走向世界的中国语言》(2017,三联书店),译著《马礼逊回忆录》(2008,大象出版社),参编《马礼逊文集》(2008)、《中国丛报篇名目录及分类索引》(2008)、《近代西方汉语研究论集》(2013),在中英文核心学术期刊发表文章近20篇。

---

[1] 赵刚:《从互文性角度看汉英词典的翻译》,载《国外外语教学》,2006年第4期,第43-48页。

近代早期"中学西传"的新史料

——牛津大学博得礼图书馆藏洛克"中国笔记"手稿简介

韩 凌

16—18世纪是中欧文化交流的蜜月期,以来华耶稣会士为主要媒介,中国与西欧的文化互证互识达到前所未有的高度,而无论从规模还是从影响上说,"中学西传"均远远超过"西学东渐",成为该时期文化交流的主流。中国文化经由利玛窦(Matteo Ricci)、卫匡国(Martino Martini)等传教士之手译介到欧洲,再经过基歇尔(Athanasius Kircher)、杜赫德(Jean Baptiste du Halde)等欧洲知识分子进一步的编织渲染,为启蒙思想家提供了丰富的思想素材,推动了欧洲思想的发展。

相较于马勒伯朗士(Nicolas de Malebranche)的《对话》[1]和莱布尼茨(Gottfried Wilhelm Leibniz)的《中国近事》[2]《论中国人的自然神

---

[1] 全名为《一个基督教哲学家和一个中国哲学家的对话——论上帝的存在和本性》(*Entretien d'un Philosophe chre'tien et d'un Philosophe chinoise sur l'existence et la nature de Dieu*),1708年出版。中译本见[法]马勒伯朗士著,庞景仁译:《一个基督教哲学家和一个中国哲学家的对话》,载《中国哲学史研究》1982年第3期。

[2] 拉丁文原名 *Novissima Sinica:Historiam nostril temporis illustratura*,1697年出版。中译本见[德]莱布尼茨著,[法]梅谦立、杨保筠译:《中国近事:为了照亮我们这个时代的历史》,郑州:大象出版社,2005年。

学》[1]等作品[2]。洛克（John Locke）在公开出版的著作中仅两次明确提到中国：其一是《人类理解论》第一卷第四章第八节："驻华的传教士们，甚至于耶稣教派的人们，一面虽然十分赞美中国，一面亦异口同声地告诉我们说：中国的统治阶级——士大夫们——都固守中国的旧教，都是纯粹的无神论者。"[3]其二是《政府论》上篇第141节："我恐怕很伟大和文明的民族中国人，以及东西南北四方其他几个民族，他们自己不大关心这个问题吧。"[4]在其他启蒙思想家对中国的巨大热情映衬下，洛克一直被认为对中国不感兴趣，正如美国学者方岚生（Franklin Perkins）所说："莱布尼茨着迷于中国这一现象让人吃惊并且值得我们关注的理由正在于它与同时代的同行对中国的索然无趣形成了鲜明的对比。……作为'经验论者'的洛克，怎么会对非欧洲世界的经验如此无动于衷？"[5]果真如此吗？

事实上，洛克对中国的关注并不局限于已刊作品中的只言片语。在英国牛津大学博得礼图书馆（Bodleian Library）收藏的"拉夫雷斯档案"中发现了洛克亲笔手写的关于中国的笔记（本文称之为"中国笔记"）。这些从未公开发表的手稿不仅有力地证明了洛克对中国的关注不输其他启蒙思想家，更为17世纪"中学西传"研究提供了全新的珍贵资料。

感谢英国学者安·泰尔博特（Ann Talbot）女士发现了这些手稿并且主动

---

[1] 原名为《致德雷蒙先生的信——论中国的自然神教》（*Lettre a M.de Remond sur la theologie naturlle des Chinois*），写于1716年。中译本见庞景仁的译文，载《中国哲学史》1981年第3、4期和1982年第1期，又见秦家懿编译：《德国哲学家论中国》，北京：三联书店，1993年，第67-134页。

[2] 莱布尼兹论中国的其他作品参见Daniel J. Cook and Henry Rosemont Jr., *Gottfried Wilhelm Leibniz: Writings on China*, Chicago La Salle: Open Court, 1994.

[3] 参见［英］洛克著，关文运译：《人类理解论》（上册），北京：商务印书馆，1983年，第50页。

[4] 参见［英］洛克著，叶启芳、瞿菊农译：《政府论》（上篇），北京：商务印书馆，2011年，第117页。

[5] ［美］方岚生著，曾小五译：《互照：莱布尼茨与中国》，北京大学出版社，2013年，前言第5页。

邀请我前往博得礼图书馆共同研究，这使我得以阅读这批全新的文献。[1]本文拟从来历、现状、结构和内容三个方面对洛克"中国笔记"手稿做简要介绍。

一、档案来历

1704年10月28日洛克逝世，根据遗嘱[2]，他的全部手稿由彼得·金（Peter King）[3]继承。当时的彼得是一位年轻有为的律师，1725年他出任英格兰大法官（Lord Chancellor），并获英王乔治一世授予男爵头衔，是为第一代金男爵。在此后的100多年中，洛克手稿一直是金家族的私人收藏，从未正式公开。1829年，第七代金男爵出版《洛克传》[4]，公开了洛克手稿中的初稿、

---

[1] 2008年，安·泰尔博特女士在牛津大学博得礼图书馆藏洛克手稿中发现了一份关于中国的笔记，在此之前，从未有任何人对此做过报道和研究。受语言、时间、研究范围等条件的限制，安女士在其博士论文（Ann Talbot, "The Great Ocean of Knowledge": the Influence of Travel Literature on the Work of John Locke, Leiden: Brill, 2010.）中只是极为简略地提及了这份手稿，并未进行深入的介绍和研究。2013年初，安女士透过多种渠道，向北京外国语大学中国海外汉学研究中心寻求中国学者进行合作研究，我有幸得到了这个机会。2013年9月—2014年9月，我获得国家留学基金委的资助赴英访学，专门研究洛克"中国笔记"手稿。我主要在牛津大学博得礼图书馆、伦敦大学亚非学院图书馆和大英图书馆工作，得以近距离地接触和深入研究洛克的手稿和藏书，并搜集了大量珍贵的研究资料。在此期间，安女士一直与我保持密切合作，在手稿辨认和拉丁文资料的翻译等方面给予我巨大的帮助，我们共同找到了"中国笔记"手稿的全文（之前安女士只看到手稿的正文，漏掉了手稿开头的书目），完成了手稿转写和修订，并最终确定了"中国笔记"的直接知识来源。在共同工作的过程中，安女士将初步研究成果写成《洛克与中国：语境与内容》一文，但并未公开发表，2015年我将之译为中文并在中国发表（见安·泰尔博特著，韩凌译：《洛克与中国：语境与内容》，载《国际汉学》2015年第2期，北京：外语教学与研究出版社，2015年6月20日）。

[2] 洛克去世前曾于1704年4月11日签署遗嘱，后又于同年9月15日签署遗嘱修改附件，这两份文件现均藏于牛津大学博得礼图书馆，档案编号B.L., MS. Locke. b. 5., item no. 14，转写稿见John Locke, E.S. De Beer (ed.), The Correspondence of John Locke, Oxford: the Clarendon Press, 1976—1989, V8, pp.419-427。

[3] 彼得·金（Peter King, 1670—1734），洛克的侄子，其母安·金（Anne King）是洛克的叔叔彼得·洛克（Peter Locke）的女儿。洛克终生未娶，亦无子女，彼得是洛克最亲近和信任的后辈。在洛克晚年定居奥茨期间，彼得常常前来探望并陪伴左右，就在洛克去世前不久，彼得还曾携新婚妻子到奥茨接受洛克的祝福。洛克去世时指定彼得为遗嘱执行人。

[4] 金男爵在《洛克传》的序言中说："这本传记的叙事顺序甚至部分叙述均借用了1716年Le Clerc所撰的《洛克传》，我试图通过现存的通信和手稿让洛克讲述自己的故事。"（见Lord King, The Life of John Locke: with extracts from his correspondence, journals, and common-place books, new edition, London: Henry Colburn and Richard Bentley, 1830, preface, p.v.）事实上，金男爵的《洛克传》与其说是洛克的传记，不如说是洛克的手稿汇编。另外，金男爵在手稿的转写和编排方面做得也很潦草，错误很多，因此该书的学术价值并不高。

书信、日记、摘录簿等大量内容，洛克手稿首次进入公众视野。1835年，第八代金男爵与诗人拜伦的独生女[1]结婚，新娘的母亲是曾经的拉夫雷斯（Lovelace）男爵家族的后代。1838年第八代金男爵被授予"拉夫雷斯伯爵"头衔，至此，金家族改称"拉夫雷斯家族"，于是洛克手稿成了"拉夫雷斯收藏"。时间进入20世纪，当时的拉夫雷斯家主为人高调，1932年，为纪念洛克诞辰300周年，彭勃思公司（J.& E. Bumpus）在伦敦举办名为"洛克的藏书和手稿"的展览，公开展出了部分拉夫雷斯家族收藏的洛克藏书和手稿原件。这次展览使拉夫雷斯家族名声大噪，然而由于经办人的疏忽和当时的条件所限，很多手稿和图书在展览后丢失或损坏，这对拉夫雷斯收藏造成了难以挽回的损失。随后的第二次世界大战则彻底终结了拉夫雷斯家族私人收藏洛克文字资料的历史。

二战期间，当时的拉夫雷斯伯爵将洛克的大部分手稿和一部分藏书寄存在牛津大学博得礼图书馆躲避战火。在随后的数年中，牛津大学克拉伦登出版社聘请英国杜伦大学的哲学讲师W·冯·莱登（Wolfgang von Leyden）博士对这部分藏书和手稿的内容和重要性进行了详细考察，莱登博士于1946年向牛津大学学术委员会（Oxford University committee）提交了考察报告[2]。基于该报告，1947年博得礼图书馆正式以5000英镑的价格从拉夫雷斯伯爵手中购得洛克的几乎全部手稿[3]和部分藏书，并正式命名为"约翰·洛克书稿拉夫雷斯档案"（The Lovelace Collection of the Papers of John Locke），简称"拉夫雷斯档案"。1953年，博得礼图书馆又购得洛克写给彼得·金的165封信，一并收

---

[1] 奥古斯塔·埃达·拜伦（Augusta Ada Byron，1815—1852）是英国诗人拜伦与妻子安妮·伊莎贝拉·米尔班奇唯一的合法子嗣。1835年，埃达嫁给威廉·金（后来晋封为第一代洛夫莱斯伯爵），后获得头衔奥古斯塔·埃达，拉夫雷斯伯爵夫人阁下（The Right Honourable Augusta Ada, Countess of Lovelace）。这一婚姻使得金家族在很长的一段时间里同时拥有洛克和拜伦的大量私人文稿。

[2] 据W·冯·莱登的记述，在他的报告之前，拉夫雷斯收藏的内容曾于1919年被报告给皇家历史档案局，但报告内容并不详细。W·冯·莱登还详细记录了当时组成牛津大学学术委员会（Oxford University committe）的专家。详见John Locke, W. von Leyden (ed.), *Essays on the Law of Nature*, Oxford: The Clarendon Press, 1954, p.1, note 1 & 2.

[3] 根据购买协议，当时的拉夫雷斯伯爵保留了1661年的摘录簿（commonplace book），后来该摘录簿被Arthur Houghton先生购得，现藏于哈佛大学图书馆。

入"拉夫雷斯档案"。

博得礼图书馆购得"拉夫雷斯档案"后,立即进行了分类、装订和编码。在此过程中,图书管理员菲利普·郎(Philip Long)编写了《博得礼图书馆"拉夫雷斯档案"总目》[1](以下简称《总目》)。

根据《总目》,洛克手稿主要分为书信和笔记两大类:书信有近3000封,其中除了洛克收到的书信外,还有约150封洛克所写回信的草稿;[2]各类笔记有1000多件,其中数量最多的是账目,其次是书单、图书目录和神学、医学论文,再次是关于货币、经济、殖民地和政治史的文章,数量最少的是哲学手稿。洛克共有38本日记和笔记现存于世,时间跨度长达50年,"拉夫雷斯档案"收藏了其中的大部分。[3]"中国笔记"手稿就保存在其中一本哲学和神学笔记当中,非常珍贵。

博得礼图书馆对"拉夫雷斯档案"的编码由三个部分构成:(1)名称(MS. Locke);(2)按照文稿尺寸编排的小写字母;(3)每个尺寸下面的序号。以"中国笔记"为例,其档案编号为"B.L., MS. Locke. c.27., ff. 178-212",其中"B.L."(Bodleian Library)表示藏点,"MS.Locke"(Manuscripts of Locke)表示洛克手稿,"c.27."表示c类(大对开)第27本,"ff. 178-212"则表示档案页码。

二、档案现状

洛克"中国笔记"手稿现藏于牛津大学博得礼图书馆的珍稀档案室(Rare Books Room),属"拉夫雷斯档案"的一部分,档案编号为"B.L., MS.

---

[1] P. Long, *A Summary Catalogue of the Lovelace Collection of the Papers of John Locke in the Bodleian Library*, Oxford University Press, 1959。

[2] 关于洛克书信的具体情况详见John Locke, W. von Leyden(ed.), *Essays on the Law of Nature*, Oxford: The Clarendon Press, 1954, pp.1-2, 及E.S. De Beer(ed.), *The Correspondence of John Locke*(in eight volumes), Oxford: the Clarendon Press, 1976—1989, V1, pp.XV-lxxix。

[3] 关于洛克的日记和笔记在博得礼图书馆"拉夫雷斯档案"之外的藏点详见John Locke, W. von Leyden(ed.), *Essays on the Law of Nature*, Oxford: The Clarendon Press, 1954, p.2, note 2。

Locke c.27，ff. 178-212"，即"拉夫雷斯档案"c类第27本第178-212页。

该档案为大对开本，封面和封底为砖红色布面硬纸板，书脊为深红色软牛皮，书脊上方写有金色的"神学与宗教"（Theology and Religion）字样，书脊下方写有"MS. Locke. c.27."字样（见图1）。该档案边角磨损较为严重，但内部手稿保存状态良好。档案内共有285页手稿，由数本笔记和众多散页装订而成，故纸张尺寸不一。[1]

图1　MS. Locke. c.27.档案书脊

"中国笔记"手稿位于该档案的第178-212页，均以黑色墨水书写在白毛边纸上，纸宽约16厘米，长约19厘米。每张纸均以竖向中线为界分为左右两个部分，左侧用于书写正文，右侧用于标注和增补。每页的右上角均以拉丁文标明主题，并用大写的英文字母标明该主题在文末索引中对应的类别，这一标识还出现在大部分手稿的左下角。右上角的小标题附近还用铅笔标注了阿拉伯数字的页码，应为档案装订时标注，非出自洛克之手（见图2）。

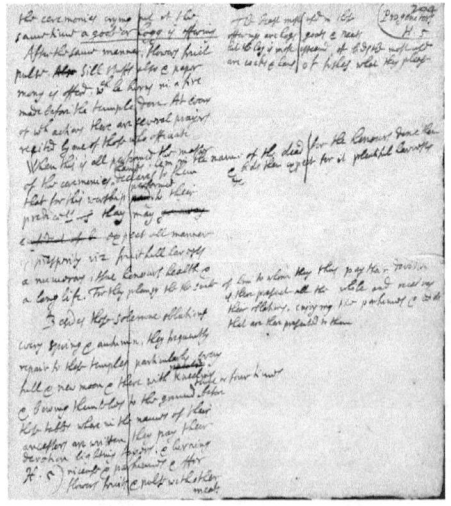

图2　MS. Locke. c.27.f204

仔细观察"中国笔记"手稿，我们会发现这些手稿所用的纸张均有不同的折痕、污迹或破损，部分纸张的背面还有信件或便签的全文或部分内容，有的纸张上还有清晰的邮戳或红色蜂蜡（见图3）。

---

[1] 本文所用所有图片均为2013年9月—2014年9月间本人拍摄于牛津大学博得礼图书馆珍稀档案室，一切权利归博得礼图书馆所有。

近代早期"中学西传"的新史料

17世纪后半叶，西欧和中欧国家的邮政服务已经比较成熟，速度较快而且比较可靠，书信成为人们交流的主要渠道之一。[2]当时的人们常将信写在信纸的一面，而后将信纸折叠，直接将信纸背面的空白页作为信封；如果该信件还有其他附件，则另用一张纸将信与附件包

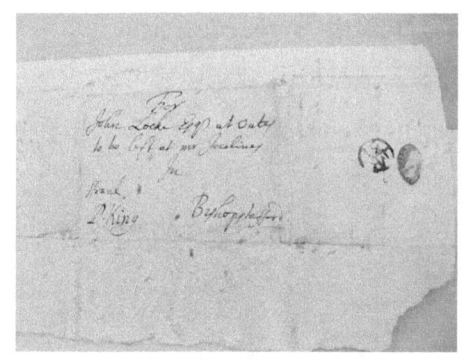

图3　MS. Locke. c.27.f192v[1]

住，充作信封。不论是折叠信纸还是另用信封，人们都会用红色蜂蜡将信固定住，通常还会加盖邮戳或印鉴，最后写上地址。很多人（包括洛克）在收到信后还会在信纸上背书发信人、收信时间等信息[3]。因当时纸张颇为昂贵，收信人常常将信封或信纸的空白处撕下来再次使用，而人们在打开蜂蜡的时候有时会不小心损坏信件，这就是为什么我们常在这个时期的手稿中看到红色的蜂蜡、损坏的纸张、清晰的地址和背书等。很明显，作为一个喜欢记账的节俭之人，洛克也有这样的习惯。他将所收信件的信封和信纸的空白处裁成相似大小（约相当于今天的B5尺寸），用于书写笔记，"中国笔记"手稿几乎全都写在这些用过的信封或信纸背面。

三、结构和内容

"中国笔记"手稿由书目、正文和索引三大部分组成：

第一部分，MS. Locke. c.27.档案第178页，书目。该书目写在一张对折的

---

[1]　指该档案第192页背面。
[2]　当时英国与欧洲大陆之间的通信受天气影响，以阿姆斯特丹到伦敦为例，如果顺利，信件发出后的第三天就可以抵达，如果天气不好，则需要两到三周。当时邮政服务的主要问题是费用过高，关于洛克时代英国的邮政服务及收费标准，参见John Locke, E.S. De Beer（ed.）, *The Correspondence of John Locke*, Oxford：the Clarendon Press, 1976—1989, V1, Introduction, pp.li-liii, 以及同上, Appendendx II, pp. lxxvii-lxxix.
[3]　根据洛克的习惯，1667年开始，洛克会在自己的收到的信件背面注明写信人的姓名和写信的日期；1686年底开始，洛克还会加注自己回信的日期。详见E. S. De Beer, The Correspondence of John Locke, Volume One, Introduction, p. lvi.

181

八开白纸上[1]，洛克先在白纸上用铅笔仔细打好了格子，而后用黑色墨水书写了书目（见图4）。该页背书："China 01 Papers in the Controversie betwixt the Jesuits & other missionaries"（中国 01 关于耶稣会士与其他传教士之间争论的文献，见图5）。

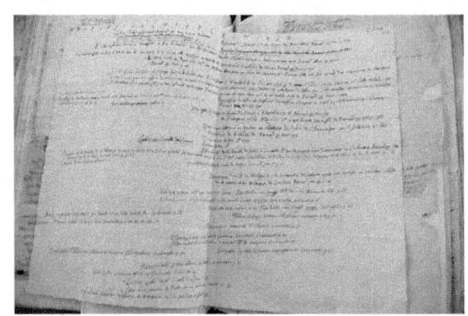 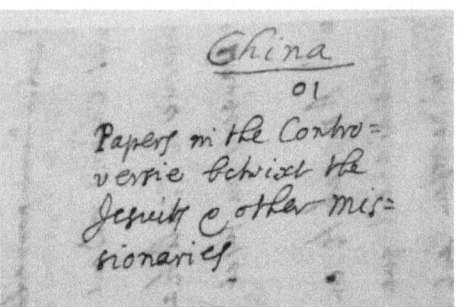

图4 MS. Locke. c.27. f178　　　　　　　图5 MS. Locke. c.27. f178v

该书目的格式是洛克习惯的"摘录簿"（commonplace book）[2]写法。书目右上角写着"China 178"[3]，页面最上方从左到右按"A—Z"的顺序列出23个大写的英文字母（按照洛克的习惯，索引中不出现"I、U、W"三个字母[4]），然后按作者首字母顺序将"作者、书名、出版地、出版时间、页码"列在对应的条目下，如上数第一个书目："Gobien, xEclairissement Bernard

---

[1] 由于该页与"中国笔记"其他部分所用纸张的质地和大小均不相同，很容易被归入该档案的其他部分，因此安女士发现"中国笔记"后一直不知道该页书目的存在。2013年底，当我在博得礼图书馆整理"中国笔记"时，该书目给了我很大的惊喜。

[2] "摘录簿"（Commonplace book）最早是由文艺复兴时期的大学者（如Erasmus，Agricola，Melanchthon）所倡导的学习和记笔记的模式，是学者们在阅读重要的经典文本（如古罗马的经典作品）时摘抄经典段落以方便记忆的私人笔记，当时的文法学校有专门讲如何写"摘录簿"的课程。"摘录簿"的典型主题包括经典类的"荣誉、美德、友谊"等和宗教类的"上帝、创世纪、信仰、希望"等。"摘录簿"并非简单的摘抄，而是作者对经典文本的选择、润色和发挥。到了现代早期，"摘录簿"已经是为所有学者熟知的学术传统了。1686年，洛克在《世界文库》（*Bibliothèque Universelle*）杂志上发表了一篇题为《摘录簿的新方法》（*Methode Nouvelle de dresser des Recueils*）的论文，详细阐述了洛克对"摘录簿"传统的继承与修正。这是洛克公开发表的第一篇论文，1706年被译为英文出版。

[3] 其中"China"为洛克手写的小标题，"178"为后加的档案页码，非洛克所写。

[4] 按照洛克时代的英文手写体，"I"与"J"、"U"与"V"非常相似，难以区分，故洛克在编书目或索引时均不用"I"和"U"。

00 Mar p. 352",指"郭弼恩,《澄清》[1],Bernard出版,1700年3月,第352页",列在条目G下。有的书作者不详,则按照书名首字母的顺序将相关信息列在对应的条目下。有的书未注具体的页码,应为全本参考。

根据我的初步辨认,该书目共列出约37本书,其中大部分是"礼仪之争"中耶稣会士和其他修会传教士所写的关于中国的书。大部分书名为拉丁文,也有几本是法文和意大利文。洛克在一些书名的前面加了"x"号标记,应为着重号。此外,洛克在书名中出现的"Tien"(天)、"Xangti"(上帝)、"Kingtien"(敬天)这三个中国哲学的关键概念下方加了下划线,以示强调。

第二部分,MS. Locke. c.27. 档案的第179-211页,正文。"中国笔记"正文共33页,其中第180、182、184、189、198、206页为预留的空白页,而第187页背面书写了正面右侧补充内容的未完部分,因此洛克书写的"中国笔记"正文部分共28页,每页内容多少不一,共分为13个主题讨论中国的宗教和礼仪,具体见下表:

"中国笔记"中的中国宗教和礼仪

序号	页码	索引号	主题	备注
1	第179-180页	—	中国的宗教(Sinensium Religio)	第180页为预留空白页
2	第181-182页	A	中国的神学(Sinensium Theologia),理(Li),太极(Taikie)	第182页为预留空白页
3	第183-184页	B	精神和人类灵魂(Spirite et Anima humana)	第184页为预留空白页
4	第185页	C	游魂和离魂(yue hoen & ly kuei)	
5	第186-187页	D1—2	上帝(Xanti, Rex altus)	
6	第188-189页	E	天(Tien)	第189页为预留空白页
7	第190-198页	F1—8	孔子(Confucius)	第198页为预留空白页
8	第199页	G	地球(Terra)、星体(Planetarum)、山川(Montium)、河流(Flumine)的守护神(Genÿ sive Spiritus)	

---

[1] 在毕诺的书后列出的参考文献里,我们可以找到"(1696)郭弼恩(Le Gobien)神父:《中国皇帝支持基督教圣旨的历史》,附有关于中国人对孔子及祖先崇拜礼仪的某些澄清,巴黎"(参见[法]维吉尔·毕诺著,耿昇译:《中国对法国哲学思想形成的影响》,北京:商务印书馆,2000年,第711页),此处洛克所指的很可能是类似的文献。

续表

序号	页码	索引号	主题	备注
9	第200-206页	H1—6	祖先（Progenitores）	第206页为预留空白页
10	第207页	J	儒教（Literati）	
11	第208页	J2	偶像崇拜者（Idololatra）、佛教（Bonzÿ）	
12	第209页	K	道教（Magi）	
13	第210-211页	L1—2	默罕默德教（Mahometans）	

洛克在"中国笔记"中共讨论了关于中国宗教和礼仪的13个主题，主要从西方基督教哲学的视角关注中国宗教的性质、关键概念、派别、礼仪等方面，其中内容最多、讨论最细的是"孔子"和"祖先"两个主题。洛克分别用8页和6页来讨论这两个主题，每页均写得满满当当，另外还分别预留了空白页，足见洛克对"祭祖"和"祭孔"这两件"礼仪之争"中核心内容的重视。此外，洛克还在"宗教""神学""精神和人类灵魂"和"天"几个主题后预留了空白页，这说明洛克认为对这几个主题的讨论还不完整，应该还计划了后续的工作。可惜当时洛克已近暮年，所有的计划均随着他的离世而落空。

第三部分，MS. Locke. c.27. 档案的第212页正反两面，索引。该页正面是主题索引，编号A—L（见图6）；反面是页码索引，标注各主题对应参考书[1]的页码（见图7）。

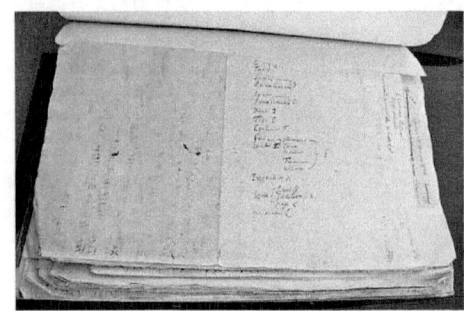
图6　MS. Locke. c.27. f212

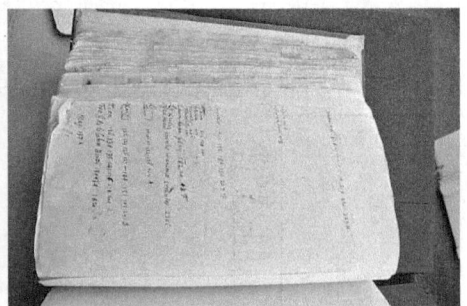
图7　MS. Locke. c.27. f212v

---

[1] 该参考书为《华人礼仪史》（*Historia Cultus Sinensium*）。我将"中国笔记"索引中所列页码与"拉夫雷斯档案"中洛克所用的拉丁文本《华人礼仪史》（Locke 7.10d）进行了详细比对，发现两者完全吻合，因此可以确定《华人礼仪史》是洛克"中国笔记"的直接知识来源。

四、几个值得注意的问题

以上是对洛克"中国笔记"手稿的一般情况做的一些简要介绍,其实无论是手稿中列出的"礼仪之争"相关文献还是洛克对中国宗教主题的选择与归类、对材料的取舍和对中国宗教的理解,都是极为难得的历史资料,不仅值得我们在研究近代早期"中学西传"史时予以注意,而且对于研究洛克的生平和哲学乃至启蒙哲学也有一定的参考价值。现就洛克"中国笔记"手稿中值得注意的几个问题做初步探讨。

1. 由"中国笔记"的系统性看洛克对中国的态度

如前所述,"中国笔记"共分书目、正文、索引三个部分,其中正文部分每页的右上角有小标题和索引号,多数小标题后预留空白页,以备增加相关内容。这说明,在博得礼图书馆将之与其他手稿装订在一起以前,"中国笔记"就是以"摘录簿"(commonplace book)的格式写成的较为系统的专题笔记,而不是随手涂写的随笔散页。洛克在"中国笔记"中系统研究了中国人的信仰问题,并且预留了后续研究的空间,中国很可能是洛克更大学术计划[1]的一部分。由此可见,洛克对中国的态度是谨慎而认真的。

2. 从"中国笔记"的写作时间看中国对洛克的意义

"中国笔记"属未刊手稿,并没有明确的写作时间,但因为"中国笔记"的正文大都写在信封和信纸的背面,我们能够从这些信封和信纸的发信时间推测出"中国笔记"的大概写作时间。我找到的几处线索为:(1)"中国笔记"手稿第181页和第185页都写在信封的背面,两页所用信封的邮戳时间分别为1696年4月28日和同年12月24日;(2)手稿第207页和第211页均写在信纸背面,前者背面为1702年爱德华·克拉克(Edward Clark)写给洛克的信,后者背面为1702年洛克写的信件草稿。另外,"中国笔记"第一部分的书目所列的参考书大都出版于1700年左右,最晚出版于1701年1月,因此我推测"中国笔记"的写作时间应该在1702年左右。

---

[1] 据说洛克晚年一直准备写一部关于"道德"的著作。

洛克在1699年12月出版的《人类理解论》（第四版）中首次将中国作为无神论社会的代表，以回应斯蒂林弗利特等人的挑战。虽然此后洛克再也没有发表著作，但他一直在笔记中撰写对《人类理解论》的进一步修改意见，直到生命的最后一刻，1706年出版的《人类理解论》（第五版）就是依据这些意见修改而成的。"中国笔记"的存在证明《人类理解论》（第四版）出版之后，洛克对中国的关注还在持续，甚至在加强。他并不满足于"中国人都是无神论者"这样的结论，而是试图更加全面深入地了解中国人的宗教和哲学。换言之，对于洛克来说，中国并不仅仅是一个无神论社会的例子，中国思想为洛克正在思考的"思考的物质"等问题提供了新的可能性。

3. 从"中国笔记"的书目看洛克对中国认识的知识来源

"中国笔记"的书目中所列的约37本书中，大部分都是"礼仪之争"期间论争性质的书，因此洛克为该书目背书："关于耶稣会士与其他传教士之间争论的文献"。这些书的出版时间非常集中，除少数几本出版于1688、89年和1701年1月外，绝大部分均出版于1700年。书目中约15本书明确标注出版时间为1700年，还有很多未标出版日期，但我们知道也是1700年出版的。据张国刚统计，在"礼仪之争"的高潮期，有关文本无论刊与未刊的数量都处于峰值，以耶稣会士讨论中国礼仪的作品为例，1698—1707年刊布的作品有34部，其中1700年是这一巅峰阶段的最高点，这一年耶稣会士关于"礼仪之争"的文本有9部在欧洲出版[1]，这与我们在"中国笔记"书目中看到的情况基本一致。书目中所列的近40部书应该是洛克书写"中国笔记"时所参考的关于中国的最新著作。由此可见，与莱布尼茨、马勒伯朗士等早期启蒙思想家一样，洛克对中国的认识主要来源于"礼仪之争"中驻华传教士发回欧洲的报道以及欧洲天主教各修会之间关于中国礼仪的论争。

---

[1] 详见张国刚著：《从中西初识到礼仪之争—明清传教士与中西文化交流》，人民出版社，2003年，第505-507页，图7-1、表7-4和表7-5。

五、结语

近年来，国内外学界对16—18世纪（通常称为近代早期）中国与西欧的文化交流，特别是中国文化对18世纪欧洲思想文化的影响，比较重视，产生了很多有价值的研究成果。相较于之前和之后，16—18世纪的中欧文化交流在媒介（以耶稣会士为主）、方向（以"中学西传"为主）等方面呈现明显的特征，因而学界普遍将这300年视为一个整体，甚至常常用18世纪欧洲"中国热"来指代近代早期中欧文化交流。然而随着历史材料的增多和研究程度的加深，我们逐渐发现，这300年的中欧文化交流史也是多层次的、渐进的过程，每个阶段均呈现不同的特点。以17世纪和18世纪的"中学西传"为例，17世纪关注中国文化的主体是欧洲思想家，他们关注的焦点是中国的哲学；到了18世纪，欧洲社会各界均掀起了"中国热"，欧洲对中国的兴趣已从哲学转向了社会与文化，正如法国汉学家戴密微所说："在18世纪时，由于孟德斯鸠、伏尔泰和那些被称为'哲学家'者们的活动，是欧洲感兴趣的已不再是真正的中国哲学了，而是中国的政治和经济理论及其宗教、艺术和风俗了。"[1]可见，至少从"中学西传"的方向看，近代早期中国与欧洲的哲学交流主要发生在17世纪，具体体现在洛克、马勒伯朗士、莱布尼茨等几位哲学巨擘对中国哲学的关注与研究中。我认为到目前为止，相对于18世纪欧洲"中国热"，国内外学界对17世纪中国与欧洲的哲学交流史（尤其是欧洲对中国文化的接受史）的关注明显不足。随着中国学者接触西文档案资料的途径的增加和能力的加强，加上越来越多的西方学者愿意与中国学者进行合作交流，这个主题的研究大有可为。

洛克是启蒙时代最有影响力的思想家之一，作为与欧洲大陆哲学的"唯理论"（Rationalism）相对的英国"经验论"（Empiricism）的代表人物，洛克对中国的态度是启蒙时代欧洲中国文化观的重要方面，是近代早期"中学西

---

[1]　[法]戴密微（Paul Demiéville）著，耿昇译：《中国与欧洲早期的哲学交流》，载《国际汉学》（第7辑），郑州：大象出版社，2002年，第60页。

传"的重要环节。在西方思想史领域,洛克生平和思想研究是非常重要的课题,大家频出、硕果累累,然而洛克的"中国观"从来不为人知。在中西文化交流史领域,欧洲大陆"唯理论"与中国文化的关系备受关注,"莱布尼茨与中国"一直是研究热点之一,而由于缺乏材料,同时期英国"经验论"被认为与中国文化没有关系。洛克"中国笔记"手稿的发现同时填补了西方思想史和中西文化交流史的空白,具有很高的历史和文献价值。

洛克"中国笔记"手稿为全新史料,研究空间很大。因篇幅所限,本文只针对档案的基本情况做简要介绍和初步探讨,对"中国笔记"中的具体观点及其与洛克哲学的关系,笔者拟将专文另述。

作者简历:韩凌,2001—2004年就读于北京第二外国语学院英语系获硕士学位,2012—2015年就读于北京外国语大学中国海外汉学中心获博士学位,师从张西平教授,主要研究领域为17、18世纪英国思想家对中国的接受,现任教于北京邮电大学人文学院。

欧洲第一位"专业汉学家"雷慕沙[1]

李　慧

　　1814年11月26日，"汉、鞑靼-满语言与文学讲座"（Chaire de langues et littératures chinoises et tartares-mandchoues）在法兰西学院（Collège de France）设立，这是汉学作为一门专业的学科在欧洲得以确立的标志。担任这一讲座教授的雷慕沙（Jean Pierre Abel-Rémusat，1788—1832）是欧洲第一位以研究中国语言与文化为职业的学者。在他的努力下，传教士近三百年的汉学研究在学院领域得到了继承和发展，他培养的一批优秀的汉学家也使法国汉学的学术水平在欧洲一直保持领先地位。

　　德国汉学家、目录学家魏汉茂（Hartmut Walravens，1944— ）在《东亚科学史在欧洲：雷慕沙与克拉普洛特的环境》[2]一书中整理了雷慕沙著作的目录。丹麦学者龙伯格的《1801—1815欧洲汉学的建立》[3]和《阿贝尔·雷慕沙

---

[1] 本文曾发表于《国际汉学》2015年3月刊，第39-47页。在收入本文集时经原作者修改，字数有所删减。

[2] Hartmut Walravens, *Zur Geschichte der Ostasienwissenschaften in Europa：Abel Remusat（1788—1832）und das Umfeld Julius Klaproths（1783—1835）*, Wiesbaden: Harrassowitz, 1999.

[3] KnudLundbaek, *The Establishment of European Sinology 1801—1815*, Cultural Encounters: China, Japan, and the West: essays commemorating 25 years of East Asian studies at the University of Aarhus, Clausen, Starrs, etc., Aarhus university Press, 1995.

与欧洲专业汉学研究的开始》[1]两篇文章是20世纪研究雷慕沙的专门论文。雷慕沙的学生和同事所作的回忆性文章[2]以及若干名人辑录对雷慕沙的介绍也具有一定的参考价值[3]。本文试根据这些材料来介绍雷慕沙的生平及学术活动,并分类简介其著作,以期能为学界进一步认识和研究雷慕沙提供参考。

一、雷慕沙生平

1788年9月6日,让-皮埃尔·阿贝尔-雷慕沙在巴黎出生。他小时不慎从河边的高台跌落,导致一只眼睛失明,不得不在家中养病,由父亲教他读书学习。他天资聪颖,在父亲的帮助下他还掌握了拉丁文和希腊文。

他在健康状况好转之后才去学校接受更为系统的教育,凭借着与生俱来的聪慧和在家锻炼出的自学能力,他在古典语言、历史、自然科学等方面的成绩很快超过了同龄人。他对植物十分痴迷,每天花很多时间收集植物标本,这个爱好成就了他与汉学的缘分。少年雷慕沙曾与一些爱好哲学的同学组建了一个社团,名为"人文协会"(Société Philanthrophique),社团内交流须用拉丁文,宗旨是"崇尚智慧,践行美德"。在学校里,雷慕沙与日后的东方学家圣马丁(Saint-Martin,1791—1832)结下了深厚的友谊。1805年,他的父亲

---

[1] KnudLundbaek, *Notes on Abel-Rémusat and the beginning of academic sinology in Europe. Actes du VIIe Colloque international de sinologie*, Chantilly 1992, Taipei, Paris: Ricci Institute 1995, pp.207-221.

[2] 他的学生Jean-Jacques Ampère所作的《中国与阿贝尔-雷慕沙的著作》(*La Chine et les travaux d'Abel-Rémusat, Revue des Deux Mondes* 15.nov. 1832, pp.373-405, 1er nov. 1833, pp.249-275.)是西文文献中专门评述雷慕沙最早的也是最长的一篇文章,董海樱在《雷慕沙与19世纪早期欧洲汉语研究》一文中说"丹麦学者龙伯格(Lundbaek)最早对雷缪萨进行专题研究"(p.124),并不准确;此外他的学生朗德莱斯(Ernest Augustin Xavier Clerc de Landresse, 1800—1862)的《雷慕沙生平与作品》(*Notice sur la vie et les travaux de M. Abel-Rémusat, Journal asiatique*, juillet-décembre 1834(T. 14), Paris, Imprimerie royale, 1834, pp.205-231, pp. 296-316.)和19世纪法国东方学家德·萨西(Silvestre de Sacy, 1758-1838)的《雷慕沙生平与著作简介》(*Notice historique sur la vie et les ouvrages d'Abel-Rémusat*, in Mémoire de l'Institut royal de France, Académie des Inscriptions et Belles-Lettres, tome XII, 1839.)也都对雷慕沙进行过专门而详细的介绍。

[3] FrançoisPouillion, *Dictionnaire des orientalistes de la langue française*, KARTHALA Editions, 2008; Louis-Gabriel Michaud, *Remusat, Jean-Pierre-Abel, Biographie universelle* t.35, 1843, Paris, pp.399-402; Quérard, *La France littéraire*, t.7, Paris : Didot Frères, 1835, pp.518-521.

过世，雷慕沙成了母亲唯一的依靠，他决定继承父亲的事业，成为一名医生。

1806年，雷慕沙在欧洲著名的收藏家德·泰尔桑修道院长（L'abbé de Tersan，1736—1819）办的展览上被一部附有彩绘植物插图的中国书所吸引。为了能读懂书上神秘的汉字，他开始了自学汉语之路。起初，他手中并没有像样的字典和语法书作参考，后来他还是得到了德·泰尔桑院长和东方学家德·萨西（Silvestre de Sacy，1758—1838）提供的汉学作品作为学习资料，如傅尔蒙（Étienne Fourmont，1683—1745）的汉语语法、殷铎泽（Prospero Intorcetta，1625—1696）的《大学》拉丁文译本、南怀仁（Ferdinand Verbiest，1623—1688）的《满语基础》（Elementa linguae tartaricae，1676）和钱德明（Joseph Amiot，1718—1793）的《鞑靼-满-法词典》（Dictionnaire Tartare-Mantchou français，1784）[1]等。借助着这些传教士的中国经典译文和满-汉字典，他先通过仔细阅读和对比来理解单个汉字的意思，然后分析该汉字在句子中的位置、作用以及它与其他字的组合，运用这种方法，他逐渐掌握了一定数量的汉字，并在1808年编纂了一部简单的字典供自己参考。在5年的积累之后，23岁的雷慕沙出版了他的第一部汉学著作《汉文简要》[2]。

艰苦的中文学习并没有拖延他学习医学的脚步。1813年8月，他完成了医学博士论文，题目为《论舌诊》[3]。1813年，德·萨西尽力帮助他免去兵役，并安排他在巴黎的一所临时的军人医院做外科医生，直到成为法兰西公学院的教授。

从1812年起，德·萨西就为在法兰西学院开办汉语教习之事积极活动，在

---

[1] JeanRousseauet DenisThouard, *Lettres édifiantes et curieuses sur la langue chinoise : un débat philosophico-grammatical entre Wilhelm von Humboldt et Jean-Pierre Abel-Remusat（1821-1831）*, avec une correspondante inédite de Humboldt présentée par Jean Rousseau. Villeneuve-d'Ascq, Presses Universitaires du Septentrion, 1999, p.280.

[2] *Essai sur la langue et la littérature chinoises*. Paris et Strasbourg, 1811.

[3] *Dissertatio de glossosemeiotice, sive de signis morborum quae e lingua sumuntur, praesertim apud sinenses.* Th. de Paris, 1813. 这篇文论的全名是《论舌诊，即关于从舌头看出来的病征，尤其是中国人的理论》，介绍了中国和西方古代医学有关舌诊的理论，展示了中、西医在该领域的众多契合之处。向西方介绍中医的先驱是波兰传教士卜弥格（Michel Boym，1612—1659），而雷慕沙是卜弥格最重要的研究者，他曾参与到1671年佚名《中医的秘密》一书的作者的讨论，他认为此书的作者正是卜弥格。

这期间雷慕沙虽然忙于行医，但却一直没有放弃汉学研究，并陆续出版了一些著作。终于在1814年11月26日，路易十八时期，内政部宣布在法兰西学院新设中国文学和梵语语言文学教习的决议，教师分别由雷慕沙和他的好友德·谢齐（Antoine-Léonard de Chézy，1773—1832）担任。1815年1月16日，"汉、鞑靼—满语言与文学讲座"正式开课，雷慕沙发表了重要演讲，回顾了中国研究在欧洲的发展历程，批评了欧洲人对汉语的漠视和偏见[1]。

1816年4月5日，又是在德·萨西的推举下，雷慕沙被选为法兰西铭文与美文学院院士。1818年3月，他成为欧洲最早的文学与科学期刊《学者日报》（Journal des Savants）的编辑。1822年，他与德国东方学家克拉普洛特（Heinrich Julius Klaproth，1783—1835）[2]、圣马丁一起创立了亚洲学会（Société Asiatique）。1823年，雷慕沙获得了"法国荣誉团骑士"勋章（Chevalier de la Légion d'Honneur），成为伦敦亚洲学会和加尔各答亚洲学会通信院士。1824年雷慕沙荣任东方手稿部馆长，接替逝世的朗葛莱。此外，他还被邀请担任大不列颠、爱尔兰、荷兰学院、亚洲学社通信院士，柏林、都灵文学院院士。据龙伯格研究，雷慕沙和保王党人（Royalistes）接触频繁，夏多布里昂（Chateaubriand，1768—1848）在他的《墓中回忆录》中写到他与雷慕沙、圣马丁每周都同保王党派外交部长德·达玛斯（Baron de Damas，1785—1862）聚会，这些人也大都是亲耶稣会者。1829年雷慕沙、圣马丁和朗德莱丝编辑的日报《天下——文学、科学和艺术日报》（l'Universel—Journal de la littérature, des sciences et des arts）问世。同年，4个中国修士来到巴黎轰动了全城，雷慕沙带着他的学生和4个中国人交流的盛况在《天下》报上有详细报道。起初，该报的宗旨是远离政治，只谈文化，随着王室与自由派冲突的

---

[1] 《汉、鞑靼——满语言与文学课程计划及开学演讲》（Programme du cours de langue et de littérature chinoises et de tartare-mandchou, précédé d'un discours pronounce à la première séance de ce cours, de 16 janvier 1815. Paris, 1815）。

[2] 克拉普洛特是著名的德国汉学家，与雷慕沙关系十分密切，关于其人和德国汉学史研究参见李雪涛：《日耳曼学术谱系中的汉学：德国汉学之研究》，北京：外语教学与研究出版社，2008年。

加剧，该报也卷入了政治纷争，不断明确其支持王室和天主教会的立场。1830年法国爆发"七月革命"，《天下》被停刊，保王党受到打击，雷慕沙十分担心自己受到牵连，大病了一场[1]。

1830年，他与圣法尔若（Saint Fargeau）市长的女儿珍妮（Jenny）小姐结婚。1831年，雷慕沙的母亲去世。1832年，雷慕沙死于霍乱（一说为胃癌）。葬礼在6月5日举行，法兰西文学院的主席致悼词，德·萨西分别在亚洲学会和法兰西铭文与美文学院宣读了两篇悼文，歌颂了雷慕沙的成就和贡献。

二、雷慕沙的学术成就

雷慕沙一生著述丰富，据魏汉茂的目录统计，雷慕沙的各类专著、译著、论文、书评等共240种，内容涉及中国和亚洲语言、历史、宗教、哲学、地理、历史等方面。雷慕沙的研究可谓承前启后，在传教士汉学的基础上，摆脱传教策略的束缚，充分利用专业汉学教授的资源便利，巩固和发展了汉语言等汉学研究传统，同时开拓新的研究方法和研究领域，如世俗文学翻译、亚洲地理历史研究、中西交通史研究、佛教研究、道教研究等领域。本文试将其著作分为以下三类介绍：

1. 中国及亚洲语言研究

雷慕沙的第一部著作《汉文简要》[2]是他自学汉语6年之后的知识梳理和经验总结。文中他首先介绍了他所知道的欧洲已出版的汉学著作，之后他介绍了易经中"八卦"，高度评价了汉字的优越和精妙，还介绍了汉字的构造、六书、反切等知识。文中他常常引用《易经》、"四书"、《三才图会》、《书经》、《说文解字》、《礼记》等汉籍，字里行间透着对中国文字和文化的赞赏之情。

---

[1] 参见Lundbaek, *Notes on Abel-Rémusat and the begining of academic sinology in Europe*, pp.213-221.

[2] *Essai sur la langue et la littérature chinoises*. Paris et Strasbourg, 1811.

论文《论汉语的单音节语言特性》[1]原文为拉丁文,后来被译为法文。作者通过举例分析了汉语中相当于西文冠词、代词、格等语法形式的表达法,反驳了"汉语为单音节语言"以及"汉语无精准语法规则"的观点。当时语言学界不少人认为没有曲折形式的汉语还停留在语言发展的低级阶段,将汉语与美洲土著的语言相等同,雷慕沙在这篇文章中对这些观点进行了批判。

在《汉语字典计划》[2]中,雷慕沙介绍了欧洲的汉语研究史,肯定了叶尊孝的《汉字西译》的价值,并描述了其宏大的汉语词典计划:首先从汉语词典如《康熙字典》和《正字通》中挑出三四万汉字,参考《海篇》给出异体字,按法语发音规则标出官话和方言的发音,然后加上同义词和反义词;每个汉字应辅以中文和法文双语例子。虽然他的计划未被付诸实践,但该文为后来人进一步研究西方汉语字典编纂史提供了珍贵的资料和线索[3]。

雷慕沙对中国其他少数民族语言亦有浓厚的兴趣。虽然他从未到过亚洲,但是他遍读皇家图书馆中传教士的少数民族语言、风俗等著作,并将语言、历史、地理知识融会贯通,著成他最重要的著作之一《鞑靼语研究,或满语、蒙语、维吾尔语与藏语语法与文学研究(第一卷)》[4],内容包括鞑靼语溯源、鞑靼语字母和古代鞑靼语考、满语语法、蒙语及其方言、维吾尔语和藏语。这部书可谓是"现代汉学的奠基之作"[5],它不但显示了雷慕沙出色的语言天赋和学习方法,更体现了他不局限于中国地区和汉语言文化,而将整个亚洲视作整体的研究思路。他之后的法国汉学大家也都继承了这种思路,以掌握多种亚洲语言为基础,对中亚地理、历史、宗教展开综合性研究。

---

[1] *Considérations sur la nature monosyllabique attibuée communément à la langue chinoise*, Mélanges asiatiques, tom.II, 1825, p. 47.

[2] *Plan d'un dictionnaire chinois, avec des notices de plusieurs dictionnaires chinois manuscrits, et des réflexions sur les travaux exécutés jusqu'à ce jour par les Européens, pour faciliter l'étude de la langue chinoise*. Paris, 1814.

[3] 董海樱:《西人汉语研究述论——16—19世纪初期》,浙江大学博士论文,2005年,第102页。

[4] *Recherches sur les langues tartares, ou Mémoires sur la grammaire et la littérature des Mandchous, des Mongols, des Ouïgours et des Tibétains*. Paris, Imp. Roy., 1820, tome Ier(le seul publié)。

[5] Jean Rousseau et Denis Thouard, *Lettres édifiantes et curieuses sur la langue chinoise*, p.224.

1822年出版的汉语语法书《汉文启蒙》[1]是雷慕沙最重要的汉语研究著作，是总结多年教学经验、充分吸收前人研究成果和充分利用皇家图书馆资源的成果。这部语法书仅200多页，与同时期的马礼逊（Robert Morrison，1782—1834）、马士曼（Joshua Marshman，1768—1873）厚重的汉语语法研究成果相比更加精炼、简明。他吸收了马若瑟（Joseph de Prémare，1666—1736）《汉语札记》将古文和今文相区别的方法，采取了传教士汉语语法所普遍采用的拉丁语词法分类加虚词的框架作为结构。但是与传教士语法书不同的是，他尽量削弱拉丁语语法对汉语的框限，将重点放在虚词的介绍和举例上。同时他摒弃了马若瑟语法的例句堆砌，而采用段落编号索引、一例多用的方法，使编排更为简明、实用。此外，《汉文启蒙》侧重汉字的认读和查阅，强调汉籍阅读的重要性，鼓励欧洲本土学生利用图书馆的汉籍资源来研究中国，与侧重口语训练的传教士语法书相比是一个巨大的转变。这部书的影响不仅限于汉学界，还扩大到了欧洲语言学界，当时著名的德国语言学家洪堡特[2]在读了该书以后与雷慕沙就汉语问题进行了通信交流[3]。

2. 中国宗教、哲学与文学作品翻译

1812年，雷慕沙发表《简评孟加拉英国传教士的〈马可福音〉汉译》[4]批评了英国传教士马士曼的《新约》译本，认为将"天主"改译为"神"并不妥当[5]。

---

[1] Élémens de la grammaire chinoise, Paris, Imp. Roy., 1822.

[2] 威廉·冯·洪堡特（Wilhelm von Humboldt, 1767—1853）是普通语言学的奠基者，国内语言学者姚小平长期从事对洪堡特的研究，翻译了洪堡特最著名的作品《论人类语言结构的差异及其对人类精神发展的影响》（商务印书馆，1997），编译了《洪堡语言哲学文集》（湖南教育出版社，2001），并发表有专著《人文研究和语言研究》（外语教学与研究出版社，1995）和论文《再读洪堡特——〈洪堡特语言哲学文集〉编后》（《外语教学与研究》2000年第6期）等。

[3] 关于洪堡特与雷慕沙的通信的过程和影响，参见小野文：《作为例外的汉语——威廉·冯·洪堡特〈致阿贝尔·雷慕沙的信〉之考察》，载《亚洲语言文化交流研究》，上海辞书出版社，2009年。

[4] Notice d'une version chinoise de l'évangile de Saint Marc, publiée par les missionnaires anglais du Bengale, Moniteur 9. nov. 1812.

[5] Mélangues Asiatiques, Tome I, Paris, 1825. p.5.

儒家经典翻译在传教士汉学时期已经有了不少优秀的著作，这些著作对西方思想界产生过深远的影响。雷慕沙十分熟悉这些著作，发表过数篇文章进行评论[1]，而受过古典语文学训练的他特别强调进入汉语原文，并将各种翻译版本相对照来还原对经典的理解，1817年出版的《中庸》[2]翻译便是一例。这部译作包括《中庸》的法语、拉丁语、汉语和满语对照，在长达24页的前言中，雷慕沙对"四书"和满语《御制翻译四书》进行了介绍，通过对汉语原典的分析，指出满语译本不能表达汉语原意。此外雷慕沙还发表了《关于儒莲所译〈孟子〉》和《关于马士曼所译〈论语〉》（1814）两篇评论，均收录在《亚洲杂纂》中。

在专业汉学的背景下，雷慕沙不再受传教策略的束缚，对于传教士汉学中较为薄弱的道教和佛教研究投入了大量精力。《太上感应篇》[3]是一部道教作品，是雷慕沙出版的首部译作，他认为与佛教不同的是，道教发端于中国本土，应该引起更多的关注。1823年，雷慕沙刊出了论文《老子生平与思想》[4]，选译了一些《道德经》的章句，对老子思想和西方先哲思想进行对比和分析，大胆猜测老子曾来过西方，并影响了毕达哥拉斯、柏拉图等哲学家。在他这篇论文的基础之上，学生儒莲（Stanislas Julien，1797—1873）完整地翻译了《道德经》[5]。

雷慕沙的遗作《〈法显传〉译注》[6]是欧洲第一部佛教游记译作，由克拉普罗特和朗德莱斯编辑并出版。当时，梵文和巴利文已经在欧洲受到一定重视，但是中国的佛教研究还几乎没有人涉及。雷慕沙在翻译书的内容之外，还在每章后加入了详细的注释，荟萃了当时欧洲对古代中亚、南亚等地的历史、

---

[1] 关于雷慕沙对耶稣会早期拉丁文中国典籍翻译，参加黄正谦：《论耶稣会士卫方济的拉丁文〈孟子〉翻译》，载《中国文化研究所学报》，香港：中文大学出版社，2013年。

[2] *L'invariable milieu, ouvrage moral de Tseu-ssé*. Paris, Imp. Roy., 1817.

[3] *Le livre des récompenses et des peines*, Paris, Imprimerie de Doublet, 1816.

[4] *Mémoire sur la vie et les opinions de Lao-tseu*, Paris, Imp. Roy., 1823.

[5] Stanislas Julien, *Le livre de la Voie et de la Vertu, composé dans le VIe siècle avant l'ère chrètienne, par le philosophe Lao-Tesu*, Paris, Imprimerie Royale, 1842.

[6] Foě-kouě-ki, *ou Relation des royaumes bouddhiques*, Paris, Imp. roy., 1836.

地理、交通状况的大部分研究成果。《〈法显传〉译注》常被后来的佛教学者研究和引用[1]，被认为是欧洲佛教研究的奠基作品之一。雷慕沙还发表过《论喇嘛教等级制度起源一文的发现》[2]，《中国人笔下的佛教宇宙学和宇宙起源说》[3]等关于佛教的论文。可以说，雷慕沙开创了19世纪法国道教和佛教研究的先河。

雷慕沙之前，中国文学的译介工作不受重视。在他的汉语课程计划和他编的汉语教材《汉文启蒙》中，他都不断强调中国文学的重要性。1826年雷慕沙翻译的《玉娇梨》出版，在法国和欧洲引起强烈反响，司汤达、歌德都是这个译本的读者，1827年，该书被译为英文后立刻在英国引起轰动。他的学生儒莲和巴赞（Antoine-Pierre-Louis Bazin，1799—1863）都有优秀的俗文学译作，包括《西厢记》《灰阑记》《白蛇精记》《窦娥冤》等戏曲和小说以及"四大古典名著"的部分章节。

3. 亚洲史地研究

1819年出版的《真腊风土记》[4]是一部介绍位于柬埔寨地区古国真腊的历史和文化的中国古籍，由元代人周达观所著，雷慕沙首次将此书译为法文。1820年，他发表了《和田历史》[5]。以上这两部虽然都是译作，但是在前言和注释中，雷慕沙对对象地区的调查和分析都花了大量心血。1820年后，雷慕沙的此类著作数量越来越多，如《西藏及周边地区若的若干民族》[6]《论基督

---

[1] 雷慕沙去世不久后已有人专门研究他的佛教观，参见《雷慕沙佛教观点评》（Jugement d'Abel-Rémusat sur le bouddhisme. Histoire universelle de l'église catholique par l'abbé Rohrbacher. 3e éd. Paris 1857/61. Bd 19.1859，127-129.）

[2] Aperçu d'un Mémoire sur l'origine de la Hiérarchie Lamaique. Journ. As.，Vol. IV.，1824，p. 257.

[3] Essai sur la cosmographie et la cosmogonie des Bouddhistes d'après les auteurs chinois. Journal des savants. 1831，pp. 597-610，668-674，716-731.

[4] Description du Royaume de Camboge，Paris，1819.

[5] Histoire de la ville de Khotan，tirée des annales de la Chine et traduite du chinois. Paris，1820.

[6] Notice sur quelques peuplades du Tibet et des pays voisins，tirée de l'ouvrage du Ma-touan-lin et traduit du chinois，Nouvelles annales des voyages，15. 1822，pp.289-302.

教王公与蒙古皇帝的政治关系,以法国王公为中心》[1]《哈拉和林城研究》[2]《中亚行记》[3]《论中国向西域的扩展》[4]等。雷慕沙的这种以汉语史料为基础,运用地理、历史、自然等学科知识全方位研究中国及周边地区的研究方法,逐渐成为法国汉学的特色,以沙畹(Édouard Chavannes,1865—1918)、伯希和(Paul Pelliot,1878—1945)为代表。

雷慕沙的学术志趣经历了由早期的语言研究和对传教士汉学著作的评介,到俗文学作品的翻译,再到通过利用汉语史料对亚洲史地的研究的转变。他的文集《亚洲杂纂》[5]主要收录他关于文字、语言、翻译、文学方面的论文,《新亚洲杂纂》[6]主要是历史和人物传记。雷慕沙去世后《东方历史与文学遗稿集》[7]出版,内容主要为中国和周边国家地区的哲学、宗教和风俗,可见雷慕沙去世前对东亚的宗教信仰研究投入了较多的精力。

三、小结

通过对以往仅作为小节和片段出现的雷慕沙的生平和著作进行梳理,我们可以看出雷慕沙是一个聪明过人、勤勉好学、兴趣广泛、精力旺盛的学者。

---

[1] *Mémoires sur les relations politiques des princes chrétiens, et particulièrement des rois de France, avec les empereurs mongol.* Académie des inscriptions et belles-lettres. Mémoires. 6. 1822, pp.396-469; 7. 1824, pp.335-438.

[2] *Recherches sur la ville de Kara-koaroum, avec des éclaircissmens sur plusieurs points obscurs de la géographie de la Tartarie dans le moyen âge.* Académie des inscriptions et belles-lettres. Mémoires 7.1824, II, pp.234-291.

[3] *Mémoires sur un voyage dans l'Asie Centrale, dans le pays des Afghans, et des Beloutches, et dans l'Inde, exécuté à la fin du IVe Siècele de notre ère par plusieurs Samanéens de Chine.* Mém. de l'Inst. royal de France, Acad. d. inscr. 1838, pp. 345-412.

[4] *Remarques sur l'extension de l'empire chinois du côté de l'Occident.* Par Abel-Rémusat. Académie des inscriptions et belles-lettres. Mémoires. 8. 1827, pp.60-130.

[5] *Mélanges Asiatiques, ou choix de morceaux critiques et de mémoires relatifs aux religions, aux sciences, aux coutumes, à l'histoire et à la géographie des nations orientales*, Paris, Tome I, 1825; Tome II, 1826.

[6] *Nouveaux mélanges asiatiques, ou Choix de morceaux critiques et de mémoires relatifs aux religions, aux sciences, aux coutumes, à l'histoire et à la géographie des nations orientales.* Paris, 1829, 2 vol..

[7] *Mélanges posthumes d'histoire et de littérature orientales.* Paris, Imp. Roy., 1843.

大革命后的法国政治风云变幻，但这也是一个充满机遇的年代，他善于抓住这些机遇，利用人脉资源，促成了汉学教习的开设和汉学刊物的创办，积极发表著作，与各国学者保持交流，参与各种团体，扩大他个人和他所作学问的影响。他重视教学，为如何更好地学习和推广汉语钻研教材、培养人才，他的学生儒莲、巴赞、鲍狄埃等优秀的汉学家，将法国汉学研究推向世界领先地位。他善于挖掘传教士汉学的资源，同时注重拓展研究领域，他的学术贡献在于：开拓了东方语言研究，开拓了对中国多个教派的研究，加强了俗文学的译介，加强中国断代史和国际关系史的研究。

在欧洲，以原始文献的整理、勘校和阐释为主的语文学研究方法有很着悠久的传统，雷慕沙接受的正是这种训练，他将它运用到汉学研究中。作为专业汉学家，他的优势在于能够利用汇集着当时所有汉学知识的皇家图书馆及拥有汉学教学机构、刊物和欧洲跨学科的学术交流平台。此外，19世纪是西方科学技术发展的时期，自然科学中观察、实验、重视实地考察等方法也同样被运用到了人文社科领域，而雷慕沙的医学背景使他无论是在方法的运用上还是研究兴趣上都持有更开放的心态。正是这些条件使雷慕沙和19世纪的法国汉学家能够突破传教士汉学研究的局限，推动汉学研究逐渐走向成熟。19世纪后期，中西通道被打通，汉学家们能够亲自踏上中国土地进行考察，这时他们所取得的成果也就更上了一层台阶。

作者简介：李慧，女，1986年生，宁夏银川人，北京外国语大学法语系学士，2008—2011年跟随张西平教授学习并获得硕士学位，意大利罗马大学东方学系博士，罗马慈幼宗座大学基督教与古典文学系学士、硕士。现在北京外国语大学欧洲语言文化学院任讲师，主要研究方向为明清传教士汉学、法国汉学、西方古典语言文学、拉丁语教学史和教学法。

韩国英对《诗经》的译介

刘国敏

韩国英（Pierre-Marial Cibot，1727—1780），1727年8月15日出生于法国中部高原的利摩日市（Limoges）。16岁加入耶稣会，1756年成为神父。他曾经教授人文学，在修习哲学与神学课程后，请求来中国传教。1758年3月7日，韩国英自法国洛里昂（Lorient）启程，乘坐"阿让松"（Argenson）号战舰前往中国。1759年7月25日在澳门登陆。此时，北京传教团方面希望韩国英和同行的方守义（Franijois d'Ollieres）可以尽快抵达京城以弥补北京传教团人员的空缺，二人随即启程，于1760年的6月6日抵京。韩国英此后20年一直在京生活直至去世，终生未能再返回故国。

韩国英一生著述颇丰，著、译作有60多种，都收录在《中国丛刊》中。韩国英"多才，通文学"，对于一切科学"皆有禀赋，兼具热心"，因此"凡有所为莫不成就"。其文章涉猎广博：博物、医学、社会、历史、政治、语言文字、翻译等等，有：《古代中国论》（*Antiquité des Chinois*）、《论华人之孝》（*Doctrine des Chinois sur la Piété Filiale*）、《论中国的语言文字》（*Essai sur la langue et les caractères des Chinois*）、《中国陶器》、《中国植物图谱》、《论玉石》（*Notice sur les pierres de yu*）、《论天花》（*De la petite vérole*）、《论中国古人之长寿》（*Essai sur la longue vie des hommes dans l'antiquité, spécialement à la Chine*）、《大学》、《中庸》译文。[1]

韩国英对《诗经》的翻译研究主要载录在《中国丛刊》的第一卷、第二卷、第四卷、第八卷、第九卷的几篇论文中。《中国丛刊》第一卷（1776）、第二卷（1777）中刊载了韩国英的一篇连续性的论文：《古代中国论》（*Essai sur l'antiquité des Chinois*）。该文原计划是：1. 列举文人对于古代之立说。2. 列举尚存于世之古籍。3. 介绍后来撰修太古史之史家。4. 嗣言有人拟上溯至宇宙创造时之神话时代。5. 最后审查立国与有时之初应断自何时，前4篇成此《论》之第一部分，末篇盖为绪言，构成第二部分之全部。但其后似曾经深思熟虑，而将原意变更。格鲁贤认为此文："是为此耶稣会士最重要之撰述，最堪注意者，其意见与其同辈颇有分歧。"[2]

韩国英在《古代中国论》中（《中国丛刊》第一卷）阐述了四种类型[3]的中国古书时谈及了《诗经》。这一节里，他对《诗经》做了简要的介绍。他认为《诗经》是第三本古老的典籍，是由孔子编辑整理的300首诗，并解释了"风、雅、颂"的真正内涵。"《国风》（Moeurs des Royaumes），

《中国丛刊》（第八卷）扉页

---

[1] 韩国英的详细生平及著作请参阅：[法]费赖之著，冯承钧译：《在华耶稣会士列传及书目》，北京：中华书局，1995年，第938-952页（法文版第890-902页）；刘婷：《来华耶稣会士韩国英与中国文化的西传》，北京外国语大学硕士论文，2015年。

[2] [法]费赖之著，冯承钧译：《在华耶稣会士列传及书目》，北京：中华书局，1995年，第941页。

[3] 第一类是《易经》《书经》《诗经》《礼记》《乐经》《春秋》；第二类：《仪礼》《周礼》《大学》《中庸》《孟子》《论语》；《孝经》和《尔雅》；第三类：《道德经》等；第四类：《神农本草经》《黄帝内经》等。

是皇帝在召见他们时下令在民间收集的诗或歌谣;目的是通过人们所写的诗歌,通过这些声音,了解评判公众道德的状况、人们的喜好,各诸侯国的才能等。第二部分题为《雅》(Excellence),分为'大雅'(Ta ya&grande excellence)和'小雅'(Siao ya&petie excellence),包括颂歌(odes)、歌谣(chansons)、圣歌(cantiques)、哀歌(elégies)、讽刺诗(satires)、喜歌(epithalames)等。第三部分名为'颂'(Song&Louanges),收集的是祭祀时人们所唱的颂歌,是祭祀时唱的圣歌;商朝的诗歌只在这一部分里出现,《诗经》的其余诗篇全是周朝时所作。"他认为"这些诗歌是如此的美丽、如此的和谐,这种古老的、亲切而雄伟的声音在很长一段时间占据了统治地位,这些道德习俗的画面是如此的朴素,如此的奇特,她们为她的真实性提供了足够的证据"[1]。

《古代中国论》续篇发表在《中国丛刊》第二卷。在此续篇中,韩国英对《诗经》的几个部分分别做了较为客观而详细的介绍。他首次阐述了周王朝的分封制,认为《风》诗的收集是为了国王了解民情,"根据诗歌内容判断,领地内的人民是否安居乐业,如果是,就沿用现有的统治方式,如果诗歌的主题与道德和良好的风俗恒久不变的规则不符,就应该改变自己的统治方式"[2]。并与法国进行比较,"同样在法国,我们可以根据传唱最广泛的、最流行的、最愉快的歌曲来判定不同省份人们的道德、天性和性格"。他认为通过研究法国不同省份的公、侯、伯、子、男爵以封邑的名义敬献给皇帝的所有歌曲、诗歌和民歌,也同样可以了解治下的情况。不同地区的诗歌风格、呈现思想的方式、所蕴含的主旨、唱诵的旋律都不同。"出自布尔日人或里昂人的诗歌绝不同于那些出自郎格多克人或普罗旺斯人的诗歌,勃艮第人的表达方式绝不与芒什人相符,布列塔尼人的歌唱调子也异于洛林人和弗朗

---

[1] Pierre Martial Cibot, *Essai sur l'antiquité des Chinois*. Mémoires concernant l'Histoire, les Sciences, les Arts, les Moeurs, les Usages des Chinois par les Missionaires de Pékin, Tome I, 1776, p.44.

[2] Pierre Martial Cibot. *Essai sur l'antiquité des Chinois*.〈 Mémoires concernant l'Histoire. les Sciences, les Arts, les Moeurs, les Usages des Chinois par les Missionaires de Pékin〉, 1777, p.74.

什—孔泰人。"[1]他认为法国也"可以将这些最有特点的诗歌整理成一本可靠的诗集，也可以将这一部文选称为我们的"国风"，称为法国人的《诗经》的第一部分。"[2]关于"雅"，韩国英认为"'雅'代表着正义（juste）、正直（droit）、得体（convenable），与尊敬（respect）、崇敬（vénération）一致，一件事情致以伟大的、崇高的理念，是威严的体现等等。'小雅''大雅'考虑的主题要比简单的'国风'的层次高得多，这些主题以更严肃的方式来对待，以更庄严的声调来演唱"[3]。且他对雅乐的演奏场合进行了说明。在韩国英看来，"'颂'的意思是对某人或某事写成诗用来唱的颂词（Panégyriques）、赞歌（Louanges）、颂歌（Eloge）。《诗经》中的'颂'主要是对上天、祖先和古代道德高尚的大人物（君子）的赞歌、圣歌"[4]。他根据自己的理解对"颂"诗的内容做了说明；同时根据《诗经》中本身对"颂"的分类也做了介绍。随后，他简要阐述了《诗经》的流传。

第四卷（1779）中韩国英发表了《记华人之孝》一文，首先阐述中华民族对于"孝"字的古今义解，取材于《礼记》《孝经》等；然后列举古今著名的孝行，引证古今诗文、祭文。其中，韩国英摘录了《诗经》中的《小雅·蓼莪》（Le fils affligé，悲伤的儿子）、《鄘风·柏舟》（La jeube veuve，年轻的寡妇）、《小雅·常棣》（Le frère，兄弟）、《大雅·文王》（Louages de Ouen-ouang，文王颂）、《郑风·将仲子》（La bergere，牧女）、《小雅·祈父》（Le général d'armée，将军）、《大雅·思齐》（Louanges de Tai-Gin, Mere de Ouen-ouang，文王的母亲，大任颂）进行佐证。韩国英所选证的诗文既有国风，又有小雅、大雅的篇章，采用意译的方式，译文大体符合原意。韩国英在此引用《诗经》是为了说明"华人之孝"，小雅、大雅的篇目印证"孝道"尚好理解，何以选择《柏舟》《将仲子》本讲述爱情的诗篇？且看译文：

---

[1] Pierre Martial Cibot. *Essai sur l'antiquité des Chinois*.〈 Mémoires concernant l'Histoire. les Sciences，les Arts，les Moeurs，les Usages des Chinois par les Missionnaires de Pékin〉，1777，p.77.
[2] 同上，p.9.
[3] 同上，p.80.
[4] 同上，p.82.

Le jeune veuve.Chi-king Koué-fong, Chap.VII.

年经的寡妇

《诗经·国风》

  Une barque lancée à l'eau ne remonte plus sur le rivage.Mes cheveux autrefois flottans sur mon front furent coupés ou relevés sur ma tête.J'appartiens à l'epoux qui reçut ma foi；je la lui garderai jusqu'au tombeau. O ma mère！ma mere！pourquoi prétendre vous prévaloir de vos droits？Mon cœur les révere & compare vos bienfaits à ceux du Tien：mais ce cœur est incapable d'une lâche infidélité......Une barque ancée à l'eau ne remonte plus sur le rivage. Mes cheveux autrefois flottans sur mon front furent coupés ou relevés sur ma tête.Mes sermens m'ont donné à mon epoux；je lui serai fidele jusqu'à la mort. O ma mère！ma mere！pourquoi vous prévaloir de vos droits？Mon cœur en est touché & compare vos bienfaits à ceux du Tien：mais ce cœur ne se souillera jamais d'un parjure.

  小船一旦下水，便不再上岸。我那曾经垂到前额的秀发要么剪掉，要么短短地贴在头顶。我属于那接受了我忠贞诺言的丈夫；我将对他遵守诺言直至死亡来临。哦，母亲！母亲！为什么要宣称您的权力？我的心尊重它们，视您的恩情犹如上天的恩惠；然而这颗心却无法承受可耻的不忠……

  小船一旦下水，便不再上岸。我那曾经垂到前额的秀发要么剪掉，要么短短地贴在头顶。我对丈夫发下过誓言；我将对他保持忠诚直至生命结束。哦，母亲！母亲！为什么要宣称您的权力？我的心为它们触动，视您的恩情犹如上天的恩惠；然而这颗心却永远不会因背誓而蒙污。

鄘风·柏舟

泛彼柏舟，在彼中河。髧彼两髦，实维我仪。之死矢靡它。母也天只！不谅人只！

泛彼柏舟，在彼河侧。髧彼两髦，实维我特。之死矢靡慝。母也天只！不谅人只！

韩国英翻译时并未从其本意，乃从其旧说。诗序曰："《柏舟》，共姜自誓也。卫世子共伯早死，其妻守义，父母欲夺而嫁之，誓而弗许。故作是诗以绝之。"韩国英因此解而将题译为《年轻的寡妇》，塑造了一位忠于夫君的年轻寡妇，因其忠孝而两难，故而"作是诗以绝之"，因此凸显其忠孝。

LA BERGERE. Chi-king Koué-foung, Chap. VII.

《牧女》

《诗经·国风》第七章

O Tchong-tsée！je t'en prie, ne viens pas dans notre hameau, ne romps plus les branches de nos saules. Je n'oserois t'aimer, la crainte de mon pere& de ma mere me retient. Mon coeur pourroit se tourner vers toi, mais puis-je oublier ce que m'ont dit mon pere& ma mere？…O Tchong-tsée！je t'en conjure, ne montes pas sur notre muraille, ne romps plus les branches de nos mûriers. Je n'oserois t'aimer, la crainte de mes freres me retien. Mon coeur pourroit se tourner vers toi, mais puis-je oublier ce que m'ont dit mes freres？……O Tchong-tsée！je t'en supplie, n'entre pas dans notre jardin, ne romps pas les branches de nos arbres de Sandal. Je n'oserois t'aimer, la crainte de mes parens me retient. Mon coeur pourroit se tourner vers toi, mais puis-je oublier ce que m'ont dit mes parens？

哦，仲子！我请求你不要来到我们的村子，不要再折断柳树的枝条。我不敢爱你,害怕我的父母阻止。我的心是向着你的,但是我怎么能忘记父母对我说的话?

哦,仲子!我恳求你不要爬上我们家的墙头,不要再折断桑树的枝叶。我不敢爱你,害怕我的兄长阻止。我的心是向着你的,但我怎么能忘记兄长对我说的话?

哦,仲子!我祈求你不要进入我们家的后园,不要再折断檀树的枝条。我不敢爱你,害怕的亲属阻止。我的心是向着你的,但我怎么能忘记亲属对我说的话?

郑风·将仲子

将仲子兮,无逾我里,无折我树杞。岂敢爱之?畏我父母。仲可怀也,父母之言,亦可畏也。

将仲子兮,无逾我墙,无折我树桑。岂敢爱之?畏我诸兄。仲可怀也,诸兄之言,亦可畏也。

将仲子兮,无逾我园,无折我树檀。岂敢爱之?畏人之多言。仲可怀也,人之多言,亦可畏也。

韩国英将题目译为《牧女》,全诗内容基本符合原诗的表面之义,但韩国英选译此诗,其重点在于说明该女子对父母兄长的敬畏与顺从,以此说明中国人的"孝道"。他"在这里将《将仲子》《柏舟》这样一些实际上抒发普通人纯真朴实的爱情歌唱,及《常棣》《蓼莪》《祈父》这样一些表现社会底层一般人生活理想诗章,力图跟歌颂文王、母后的颂歌体融为一体,统统纳入中国人之'忠孝观'框架下加以审视,彰显其美德善行,旨在证明古代中国人的传统思想与基督教教义并无矛盾"[1]。

《中国丛刊》第八卷刊载了韩国英的《论中国的语言文字》(Essai sur la langue et les caractères des Chinois)一文,拟证明四千年来中国语言文字几无

---

[1] 钱林森:《18世纪法国传教士汉学家对〈诗经〉的译介与研究——以马若瑟、白晋、韩国英为例》,载《华文文学》2005年第5期,第15页。

变化。正文其后有着冗长的注释，常因提及一字而谈到地理、人口、文学、艺术、法律、风俗、习惯等方面。有人评价说，"过度的啰嗦有时使得他的行文没有吸引力"[1]。《中国丛刊》第九卷刊载了同名的《论中国语言文字》，论文详细叙述了文字的发明、起源、六书，以及对于道德、艺术、历史、宗教、风俗习惯的适用；并论述了古今书籍与可能学习的中国语言的方言。文本之后，同样附有很多的注释。第八卷、第九卷中《论中国语言文字》之后的注释中都有对《诗经》的译介和说明。如第八卷中第211页的注释26译介了《鄘风·相鼠》、第240页的注释51译介了《小雅·常棣》[2]。在第九卷的注释69中，韩国英对"诗"的注释中，提到诗歌的起源，引用了《诗序》，这可能是法国诗经学史上首次对《诗序》的译介。在该文的编号40处对"神圣的处女"的注释中，韩国英引用了《诗经》中的《大雅·生民》《鲁颂·閟宫》，讲述后稷出生的故事，他还引用古时评论家的观点给这次神奇的生产加了很多注释。

韩国英在《古代中国论》中对《诗经》的阐释和说明，可能是欧洲诗经学史上首次对诗经做出的较为客观且符合原意的介绍。他看到了《诗经》中所蕴含的巨大文化价值，他认为从《诗经》中可以找到许多独一无二的细节，帮助人们了解古代的风俗民情，其真实性足以与历史学家所提供的媲美。从这一意义上说，韩国英对《诗经》的译介和研究开始脱离索隐的特色，开启了对《诗经》民俗的探究。但韩国英被称为"中国最后的索隐派"[3]，终究未能脱离其索隐特色，在第四卷、第八卷、第九卷的翻译、注释中可管窥一二。

---

[1] ［丹］龙伯格著，高建惠译：《韩国英——中国最后的索隐派》，载《国际汉学（第13辑）》，2005年第2期，第60页。
[2] 此文的《诗经》译介在注释中，较为散乱，后文不再转录，请参阅《中国丛刊》第八卷、第九卷的注释。
[3] ［丹］龙伯格著，高建惠译：《韩国英——中国最后的索隐派》，载《国际汉学（第13辑）》，2005年第2期。

作者简介：刘国敏，2009年考入北京外国语大学海外汉学研究中心，跟随张西平教授学习，2012年硕士毕业，现任职于重庆旅游职业学院，国际中国文化研究学会会员、诗经学会会员。目前主要从事中国古代文化典籍在法国的翻译传播、耶稣会士的传教史等方面的研究，曾参与"20世纪中国古代文化经典在域外的传播与影响"编年系列法国卷的编撰，负责"世界汉学诗经学"丛书法国卷；发表了《法国〈诗经〉翻译研究书目勾陈》《顾赛芬对〈诗经〉文化意义的探索》《顾赛芬〈诗经〉译本研究》等论文。

消失的中文藏书目录之谜

——斯特林堡曾经的汉学研究[1]

约翰·罗恩斯特罗姆[2] 著　阿日娜 译

在曾经接触过瑞典皇家图书馆早期中文文献的人之中，有一个大家熟知的人物——奥古斯特·斯特林堡（August Strindberg）[3]，他曾在自己担任皇家图书馆书记员期间投入大量时间研究、整理馆内的中文藏书。就算我们往书架上匆匆一瞥，也不难发现这位文学巨匠在这些17、18世纪印刷出版的中文书籍的封面上留下的笔记。据统计，斯特林堡约在25本书的封面上，以及若干书籍的扉页上做过标注。他用又大又清晰的字体写上该书的中文书名，并配上法文或拉丁文或其他西方语言所写的注释，另外还附有该书的册数。

可以看出斯特林堡曾尝试为这批中文藏书编写书目。这不禁让我们想起《女仆的儿子》（*Tjänstekvinnans son*）中的一个章节：作为皇家图书馆新晋

---

[1] 文章原载于《在图书与人类之间——图书与个人历史研究》（*Bland böcker och människor – Bok-och personhistoriska studier*），1983。译文刊登于《汉学研究》2016年秋冬卷。

[2] 约翰·罗恩斯特罗姆（John Rohnström），曾在瑞典皇家图书馆工作，主要研究满文，发表过一系列关于满文印刷的论文。其余信息不详。——译者注

[3] 奥古斯特·斯特林堡（August Strindberg，1849—1912），瑞典著名戏剧家，小说家，诗人，他被视为瑞典现代文学的奠基人，亦被视为世界现代戏剧之父。——译者注

书记员的男主人公约翰在一个放置手抄本书籍的书架上发现了一批印刷出版的中文图书,馆长要求他将这些书搬走,并留给他一个颇有挑战的任务:"有兴趣的话就给它们编一个书目吧!"这让约翰从此"一心扑到了中文学习之中"……"经过一年的刻苦学习,约翰怀着胜利的喜悦交出了一份中文藏书目录。"这些内容很大程度上是对斯特林堡现实生活的描述:文中提到的中文藏书正是瑞典前王后露维莎·乌尔丽卡(Lovisa Ulrika)收藏在皇后岛图书馆的中文图书。据说这些书籍都是瑞典东印度公司赠送这位王后的礼物。1777年皇后岛图书馆连同岛上的整座皇宫都被卖给了新国王古斯塔夫三世(Gustav III),以缓解前王后糟糕的经济状况。"图书馆馆长"正是艾洛夫·泰格涅尔(Elof Tegnér)[1],斯特林堡所描写的情景应该发生在1877年2月底,当时的图书馆仍位于皇后岛皇宫东北部的别馆。斯特林堡第一次借阅汉学图书的时间是1877年3月3日,所借书籍为奥地利汉学家恩德利希(S. L. Endlicher)所著的《汉语语法基础知识》(*Anfangsgründer der chinesischen Grammatik*,1845)。

斯特林堡全身心"投入中文学习"是一件无可争议的事情,1877年至1882年间他与很多专业汉学家的通信大多被完好的保存了下来。根据皇家图书馆的借阅记录,他可能用于学习中文的时间似乎仅限于1877年3月至1878年春,在这一年间斯特林堡确实投入了大量的精力学习中文,并尝试编写一部《皇家图书馆中文图书目录》。

但他努力的结果现在何处?这个问题已被问了将近一个世纪。

我们知道斯特林堡有相当一部分汉学研究手稿被移交至瑞典皇家科学院。在科学院的图书馆中,至今仍保存着一个密封的大纸箱,纸箱上简单地标着几个字:奥古斯特·斯特林堡各类手写稿件。稿件中包括各种创作手稿、摘录、笔记、信件等等,在手稿中还发现了斯特林堡所著论文《东方》(Orienten)中的大部分章节,这篇论文后来收入《文化史研究》

---

[1] 艾洛夫·泰格涅尔(Elof Tegnér,1844—1900),瑞典历史学家,图书馆学家。——译者注

（*Kulturhistoriska studier*），另外，还发现了17页中文书名，正好与皇家图书馆中文藏书的大部分书籍对应上，这可以视为斯特林堡编写书目的雏形，在这17页写有中文书名的纸稿中，有8页对折纸（正反共32栏，21栏写有文字，11栏空白），其中4页标有法文标题："瑞典公立图书馆中文图书及手稿目录收藏"（Catalogue de livres et de manuscripts Chinois qui se trouvent dans les Bibliothèques Publ. de Swède），在8个标有"哥德堡博物馆"（Musèe de Gothembourg）的书名后，有41个书名标有"印刷品"（Imprimès），8个书名标有"手稿"（Manuscrits）或"字典"（Dictionaires）（A-H），它们都被标识为"瑞典皇家图书馆"（Bibliothèque Royale de Swède），大体就是东印度公司时期瑞典皇家图书馆的中文藏书，这正是大家找寻已久的"斯特林堡中文书目"，而他也就完成了这些而已。

从汉学的角度对斯特林堡所编中文书目进行进一步核查，并与皇家图书馆现存藏书进行校对，仍是有待研究的任务，相信很快会吸引某位精通中文的汉学家前来研究。由于本人的能力有限，未进行这方面的调查研究，这也是我本人目前所作研究的题外话。在此我只想反映一些大家共同关注的内容。

斯特林堡所编书目，如前所述，有41加8条。其中大部分书籍（及其分类方法）与35年后哈拉德·斯万贝里编写的书目内容一致，哈拉德在他编写的书目中提到了100多本图书，1800种不同的版本，很多版本的图书应该是在斯特林堡离开皇家图书馆后才增补的。斯特林堡的编目工作包括：1.书名释义（据我个人判断，大部分是正确的），尽管有些注释（大多为法文）还有待讨论；2.对书中内容进行简单翻译或概括，这一部分工作主要依靠一些外国资源，包括克拉普罗特（Klaproth）、硕特（Schott）[1]、傅尔蒙（Fourmont）[2]、卫三畏（Williams）的字典以及儒莲（Hervey de St. Denys）的回信等等；3.斯特林堡只在《孔子》等经典著作下标注了作者，但注明了大多数图书的册数；另外还有一些著作引起了斯特林堡特别的关注，比如《本草纲目》、《1716年

---

[1] 硕特（Wilhelm Schott, 1802—1889），德国东方学家和汉学家。——译者注
[2] 傅尔蒙（Étienne Fourmont, 1683—1745），法国东方学家。——译者注

康熙皇帝致天主教会欧洲理事会的公开信》（见罗恩斯特罗姆Rohnström，满洲印刷书籍Manchu printed books，《远东博物馆馆刊》Museum of Far Eastern Antiquities Bull.，第44期，1972，第33页）以及《瀛寰志略》，斯特林堡正是从这3部书中得到启发，并结合在华传教士A. 埃里克维斯特（A. Elgqvist）的指导，在《文化史研究》上发表了论文《瑞典同中国以及鞑靼国家的关系》（Sveriges relationer till Kina och de Tartariska länderna，1881，第3页-17页）；4.他有时也会标出书籍的出版时间，但大多不太可信，因为当时的中国书籍往往只有第一版才会用中国古代纪年法标出书籍的出版时间。如此看来，斯特林堡的编目工作仅仅限于写出书名以及简要概述，这距离一部完整的书目还相差甚远。由于斯特林堡对这些中文书籍的序言以及标注了解不够深入，而他的辅助工具也少之又少，编目工作停滞不前也就不足为奇了。

斯特林堡对这部书目投入的所有努力，只能勉强算作一个准备工作，更确切地说只是一个不完整的书目手稿，斯特林堡本人应该也意识到了这一点，因而我们看到的是他在这个问题上的沉默。

文章标题所说的"谜"至此算是已经解开了，斯特林堡的中文学习也算明晰了。"消失的"书目本身其实算不上什么未解之谜，真正奇妙的是，包括笔者本人在内的很多人在不同时期明明看到了这些材料，却都没有发现它们其实就是那部"消失的中文藏书书目"。

然而，真正的谜题还有待解决，那便是斯特林堡在这一年时间里究竟掌握了多少中文？学者们表达了不同的观点，总体来说分为两派，一派认为斯特林堡能够阅读并翻译中文文献；而另一派则认为，即使是个天才，单凭个人能力，没有老师指导，仅仅依靠斯德哥尔摩当时能够获得的学习资料也绝不可能掌握到那个程度。后者的观点得到了多数汉学家的支持，而一些不懂中文的文史学家和其他学者则倾向于前者的观点。汉学家们在这个问题上的意见可以用O. B. 安德松（O. B. Anderson）的评论来概括："难道斯特林堡可以在如此短的时间里，在没有任何帮助的情况下，完成勤勉的语言学家们一辈子才能做完的工作？难道他拥有某种神秘的能力，能够不需要仔细认真地学习语言就可以猜出文献的意思?"这是安德松在读过瑞典传教士A.埃里克维斯特写给斯特林堡的两封信函后写下的评论。(《约勒布鲁图书馆之友》,第25期,1957,第64页)

斯特林堡在那里一年的借书记录可能会给出某种线索。这份记录最引人注目的是他广泛的兴趣爱好以及惊人的阅读能力。众所周知,斯特林堡不仅读书速度快,而且能够做到过目不忘。自1877年3月起,皇家图书馆当时所有关于中国语言、文学以及历史的文献他都借阅了一遍。1877年和1878年平均每年借阅50本图书,两年共借阅了约100本关于中国和东亚的图书。1879年关于中国图书的借阅量降至20本,1880年8本,而且几乎所有的书都是在年初的几个月借阅。1881年只有零星几次借阅了关于东方的书籍,1882年少量关于伊朗的图书。从1877年3月3日借阅恩德利希的《汉语语法基础知识》开始,4月2日和4月30日借阅了雷慕沙的《汉文启蒙》以及《中国语言文学论》,同时他还借阅了傅尔蒙的《拉丁语中文语法》(Grammatica)和小德金(Guignes)[1]《汉—法—拉丁语词典》(又名《汉字西译》),5月2日儒莲的《汉文指南》等等。斯特林堡在《文化史研究》中明确地表示,在中文学习方面他系统获取了一些基础知识,至少学会了214个最重要的字,原则上他就可以在字典里查找任何汉字了。任何一个投身中文学习的人都清楚,在学习的初始阶段有多么烦人。从斯特林堡与汉学家们的通信中也可以看出,对他而言辨析一个个汉字通常是最困难的事情。学过中文的人也都知道,即使能够很快辨认出一个个汉字,知道它们的发音与含义,距离翻译一篇文章还差得远。译者还需要大量地阅读以掌握这门语言的句法,并且需要对中国的国情有一定的了解。斯特林堡除了图书馆的日常工作与学习外,还要应对来自家庭、起居以及经济上的各种问题,他的中文绝不可能达到如此高的水平。如果斯特林堡能够全身心投入学习几个月他在5月2日借阅的儒莲所著的《汉文指南》,里面的内容应该能够教会他所需要的一切。但没有任何迹象表明他那样做了。很遗憾借阅记录十分难

---

[1] 德金(Joseph de Guignes,1721—1800),法国东方学家。——译者注

读,并且经常残缺,但斯特林堡似乎仅仅借阅了14天《汉文指南》第一部,虽然这个信息并不十分可信,而直到1879年8月他才借阅了《汉文指南》的第二部。借阅记录为我们展现了一位充满能量与求知欲的全才,他拥有极强的接受能力与工作能力,但他的雄心壮志涉及的范围过于宽广,因而不能进行深入的研究。这正与《女仆的儿子》中约翰的中文学习形成鲜明的对比(《女仆的儿子》第三部《在红房间》,第八章《皇家文书》,1874—1875年):

> 他对中文的学习渐渐地到了醉心入迷的程度,几乎把他的全部才智断送。他在那条新的路上走得很远,获得一枚俄国勋章对他来说只是唾手可得的事情,但就在此时外界的事变把他从长眠中唤醒,使他走上了他应该走的路。时间已经成熟,情况已经改变,天上的云彩开始集中,远方传来几声巨响,预示着一次不可避免的地震就要来临。

关于斯特林堡中文水平的问题,众人观点不一,但一份针对之前提到的皇家科学院图书馆收藏的斯特林堡手稿内容的研究却十分有趣。前文提到,这里有《文化史研究》中大部分论文的手稿,其中最重要的当属《瑞典同中国以及鞑靼国家的关系》,儒莲1879年6月6日在法兰西文学院上宣读了这篇文章的节选(之后又发表在《远东期刊》 *Revue de l'Extreme Orient I* 1882—1883第一期上)。在这些手稿中还有很多关于中国的欧洲文献摘录,这是斯特林堡协助考狄(Cordier)编写《中国书目》而做的准备工作(其中记录了150种当时在瑞典出版发行关于中国的著作)。1881年第一版《中国书目》出版时,考狄在前言第9页还鸣谢了斯特林堡。手稿的最后一部分便是哥德堡和斯德哥尔摩两地关于中国藏书的记录。从文献整理方面来看,所有这些工作都需要倾注大量的心血,这也证明了斯特林堡的勤奋与努力,但这并不能证明他的中文水平究竟如何。

手稿中也有大量例证说明斯特林堡曾经尝试书写汉字——从完全不像到基本掌握,里面还有从《乘槎笔记》中抄录的一份长长的生字表。《乘槎笔记》以日记的形式描述了1866年中国斌椿使团访问欧洲的见闻。其中关于瑞典的部分被译成瑞典语，并收录在斯特林堡与隆丁[1]（Strindberg-Ludin）合著的《古老的斯德哥尔摩》（*Gamla Stockholm*）一书中（第144页-146页）。据我所知，这篇译文是唯一一篇斯特林堡从中文"翻译"到瑞典语的长篇文章，但他本人从未明确表示自己做过这篇"翻译"。大众似乎普遍认为这确实是斯特林堡所译，因为在译文所属的《免费的娱乐》这一章节中几乎没有隆丁撰写的文章；斯特林堡则在很多年后的其他场合表示自己曾经"参与"了这一章节的写作。

相关背景是这样的：1878年初斯特林堡了解到有一本关于斌椿使团出使欧洲的书籍，于是他致信当时担任德国驻天津总领事的知名汉学家O. F. 冯·默伦多夫（O. F. von Möllendorff）[2]，请求他帮忙购买这本书。1878年11月15日默伦多夫将《乘槎笔记》寄给了斯特林堡，并一同寄去了斌椿所写的《游历诗歌集》。诗集记录了斌椿使团出访欧洲途中很多值得纪念的事件，还有关于使团从马赛回国的经历。默伦多夫在书中还亲自用蓝色笔标下了关于哥本哈根以及瑞典的章节。《乘槎笔记》的作者斌椿大人（Pin Chun Ta Jin）（后更正为Ta jen）是位满人，他的名字是按照普通话发音音译过来的。该书应该是1868—1869年间在北京印刷出版的。

这些书大概在1879年1月寄到斯德哥尔摩。斯特林堡于1879年1月19日借到了卫三畏的《汉英韵府》，并借助它阅读了《乘槎笔记》中事实陈述的章节。他翻查词典，临摹下字形，标上发音以及字义。斯特林堡所做的生字表上的字词呈现出不同的状况：开始的时候，斯特林堡认真地写下所有的汉字，渐渐地逐渐简化，特别是在结尾处，他只写汉字的发音以及瑞典语的释义。例如：聪（Chung）= 聪慧的，有天赋的；清（Ching）= 清廉的，诚实的，正直的……斯特林堡有考虑到中文同音不同字的情况，在他做的生字表中确实出现了不同解释的Chung和Ching，但没有汉字、没有音调，只有发音其实毫无意

---

[1] 隆丁（*Claës Johan* Lundin，1825—1908），瑞典记者，作家。

[2] O. F. 冯·默伦多夫（Paul Georg von Möllendorff，1847—1901），德国外交官，语言学家，汉学家。——译者注

义。另外值得注意的是,斯特林堡有意识用复数形式来解释"聪"[1],他在翻译的时候清楚地知道这个字是在形容所有的瑞典女性("我们听说她们优雅、聪慧、高尚。")。生字表中另外一些释义是简化的原文翻译,如,计=从延雪平算起共1400里。总体感觉这份生字表是在匆忙之下做成的,它更像是一份编辑"题解"所需材料的记录。斯特林堡还在几处将字总汇成一篇篇小短文——这便是《古老的斯德哥尔摩》中开头3页的手稿。

在对《乘槎笔记》节选的翻译中,斯特林堡透露了许多中国使团访问瑞典时十分可信的细节,例如:他知道负责接待使团的官员名叫安内斯泰德(Annerstedt),是国王的弟弟,东约特兰省的公爵——而不是达拉那省的公爵。斌椿所写的《游历诗歌集》据说还包含了多首描写不同人物、国王行宫、"马尔姆小蓝鲸"[2]的诗歌。斯特林堡转述了诗集中的一首诗《参见瑞典国王的弟弟》;斯特林堡一定对斌椿使团访问瑞典期间发生的事情十分了解。

但他是怎样做出这篇翻译的呢?理论上他可以根据一些日后的报道以及词典给出的字义解释猜出文章部分段落的内容:"登上,火车,东北,走,900里,多,……到达,云,居,平,湖,岸,大,塔,过夜,湖,长,300里,多"就可以翻译成"我们坐上火车,向东北方行进900多里……到达云居平(即延雪平),夜宿一家饭店,这家饭店位于一片大湖的岸边,湖面约长300里……"(《古老的斯德哥尔摩》第144页)但这样做,对一个译者而言是十分危险的,他很容易便迷失在不同的字义之中——除非对中文的造句法有相当深厚的了解,否则便意味着彻底的失败。汉字在字典中通常都有几个不同的意思,一下子就掌握确切的意义可不是件简单的事。一个非常难的例子便是"云居平"三个字,字典中这三个字分别是"讲话、居住、平坦或和平"的意思,《乘槎笔记》中作者只采用了这三个字的音,即音译地名"延雪平"(Jönköping),单从这一点我们可以想象这要求译者要么具有丰富的中文阅读经验,要么具备

---

[1] 瑞典语的形容词会根据所修饰的中心词发生复数变化——译者注
[2] 1865年搁浅于哥德堡西南海岸的一条幼年雄性蓝鲸,后制成标本,现存于瑞典哥德堡自然历史博物馆。——译者注

超常的悟性。

可以肯定的是,斯特林堡在翻译《乘槎笔记》时一定得到了专业人士的帮助,他所做的翻译诚然有几处理解错误,但他做的绝对不比一个精通中文的人差。斯特林堡还译出了文章中一些十分难懂的章节,对于一个非专业人士来说,他能够做到这一点确实令人难以置信。

但斯特林堡可能会向谁求助呢?关于这一问题我们还不能给出确切的答案。前面提到的默伦多夫曾在原书中标下了有关瑞典的章节,这无疑给予斯特林堡很大帮助,但除此以外他似乎没有再做其他的事情了。从默伦多夫1878年11月15日发自天津的信件中(现存于奥勒布鲁市,"莫内尔藏书")我们没有发现任何这方面的暗示。斯特林堡还得到了其他汉学家的帮助:传教士A. 埃里克维斯特,挪威医生同时也是业余汉学家的Fr. 布里奇(Fr. Blich)(他的中文造诣很高),儒莲——斯特林堡在写给考狄的信中称儒莲为"汉语大师",当然还有考狄本人。但我们怀疑这些人中没有谁会基于某种原因匿名帮助斯特林堡完成翻译。莫内尔收藏的手稿也不能给出任何解开谜题的线索。在手稿中还有很多其他中国爱好者的书信:巴黎的罗丝尼(Rosny)与弗萨里奥(Fossarieu),圣彼得堡的格鲁特(Groot),莱比锡的加贝伦兹(Gabelentz),罗马的马力严(Maliyan),在上海担任副领事的克里斯滕森(Christiensson)等等——但没有迹象表明他们帮助斯特林堡完成了翻译。

我们就此作出判断,认为斯特林堡自己完成了翻译似乎也不太合理,读者们一直困惑的是,斯特林堡从未说过自己翻译了某些中文作品,但他也从未说过自己曾向他人寻求帮助完成翻译。在《中国——几种观点》(Kina--några synpunkter)一文中,斯特林堡抄录并翻译了诗经中的一首诗(《文化史研究》,1881,第88页)。但这首诗是直接从雷慕莎的《汉文启蒙》第174页中抄下来的,斯特林堡只是将它从法文译成了瑞典语。

另外,斯特林堡的书信并没有全部都保留了下来,包括他与考狄的通信,这一方面博·本特松(Bo Bengtsson)有专门的考证(《来自斯特林堡友人的通知》*Meddelanden från Srindbergssällskapet*第59-60页,1978),双方的通信都有遗失。与儒连的通信，据我所知，除了在莫内尔藏品中几行毫无意义的话以外，也没有什么保留下来的。斯特林堡得到的都是一些无关要紧的帮助，因而他自己也无意将其全部记述。尽管缺乏确凿的证据，我们仍很难排除这篇翻译是在一位无名氏或不出名的文献帮助下完成的。

很明显，斯特林堡通过对《每日新闻报》（*Dagens Nyheter*）和《瑞典晚报》（*Aftonbladet*）的研究，能够很好的掌握中国使团7月7日到12日在斯德哥尔摩活动的细节。两份报纸，特别是《每日新闻报》在7月9日、12日、13日对中国使团的访问活动都做了相当细致的报道：使团领队斌椿、安内斯泰德的接待工作、参观工业展览和国家博物馆、在动物园岛乘坐电车游览、观看马戏团演出、在乌尔里克达尔觐见瑞典国王，参观王后岛等等。但报纸在使团抵达瑞典的时候只说了一句，"一行人乘坐火车从马尔默出发"——并未提及延雪平。这确实也没有必要，因为在使团行程中延雪平只是一个夜宿的地方，火车下午2点从马尔默出发，10点03分到达延雪平，第二天一早6点45分再次启程，下午5点45分到达斯德哥尔摩。当时只有这趟火车每天从马尔默出发开往斯德哥尔摩，时间都是依照当时的列车时刻表查找到的（《瑞典旅行指南》*Vägvisaren för resande i Sverige*）。所有这些信息都有助于斯特林堡完成翻译。

如果我们考虑到他独特的处境，就自然能够为这位大胆又充满雄心壮志的天才给出一个合理的解释。他自己学会了一些基础中文，自己从词典中查找出各种字和释义，没有一个老师、没有任何指导会提醒他翻译上的困难与陷阱。我们可以想象，当他看到《乘槎笔记》中开始几行关于"瑞典国"简单而清晰的描述时，斯特林堡的惊愕与骄傲。在此之后的一年多的时间里，他努力翻译各种中文文献——其中包括那部粤语民谣集。天才无限的自信——相对而言是对正确自我评判的缺失——是斯特林堡最显著的特征。他甚至自视为中文的权威，在瑞典除他以外无人有这一特长，不可否认他经常被一种不可思议的正确直觉所指引。

尽管看似不太可能，尽管仍有许多"谜团"有待解释，但我们不得不承认：斯特林堡确实是在没有任何语言帮助的情况下独立完成了《乘槎笔记》中关于瑞典那一部分的翻译。这是对他中文水平一个不可忽视的证明，或者至少是对他能够使用中文能力的一个有力证明。那不是一篇完美的翻译，但是一篇值得尊重的作品。关于斯特林堡中文水平的两种观点都算是正确的，他的中文水平只能算刚刚有资格去做翻译工作，况且那篇文章相对比较简单，斯特林堡也有着相当良好的基础条件——这也是无知者无畏的优点。

他本不能完成，但他却完成了。斯特林堡用这种方式很好地诠释了这首略带伤感的意大利诗歌：

能者不愿，

愿者不能，

知者不为，

为者不知，

如此世间多纠结！[1]

作者简介：阿日娜，女，蒙古族，北京外国语大学欧洲语言文化学院瑞典语专业讲师，2016年起跟随张西平老师读博。

---

[1] 原文为意大利语——译者注

第三部分　比较语言与文化

第一部葡萄牙语——汉语双语辞典

[葡]梅斯纳 著　韩晓燕 译[1]

在我有关葡萄牙语词汇学史的研究中,《葡萄牙语辞典之辞典》（*Dicionário dos dicionários portugueses*）中的几卷已出版了。在1994年的第一卷中，收录了所有以 ABA—ABC开头的词条，囊括约3个世纪（1554—1858）期间出版的60多部辞典及词汇学书籍。这应算是目前收录最完整的清单了。每项词条后面附有当时作者的诠释和说明全文。这一卷已对不同辞典进行了比较，并在以前辞典的基础上加以改进，因为在极少的情况下，有的语言学家不参照旧有模式而重新编写。

在准备阶段，我决定只研究三种辞典：单语辞典；以葡语为第一语言的双语或三语辞典；古代多语辞典。未按葡语词汇编排的辞典除外。当我试图收集有关图书的数据时，发现许多介绍太简短，以至于难以真正了解那些辞典。因此，我必须亲自阅读这些辞典，于是我出版了对8部辞典的详尽分析（附大量词汇单和许多版本），其中包括1603年出版的著名的《日语和葡语词汇手册》（*Vocabulario da lingoa de Japan com a declaração em Portugues*）。它是1595年后第二部出现日语的词汇学著述。

---

[1] 原文刊登在2003年澳门《文化杂志》上。

第一部葡萄牙语——汉语双语辞典

众所周知，第一部双语辞典（葡萄牙语-拉丁语）是由热罗尼莫·卡尔多佐（Jerónimo Cardoso）编撰的。对这部著作的评价是："热罗尼莫·卡尔多佐（1500—1569）的著作，尤其是《卢吉塔尼亚语-拉丁语辞典》（*Dictionarium ex Lusitanico in Latinum Sermonem*）（1562）标志着葡萄牙语辞典化的开端。在这部辞典中，卡尔多佐推动建立了第一个本地按字母顺序排列的辞典体系。这个开端或多或少影响了所有以后的葡萄牙语辞典，尤其是在辞典技术、词族的提出、词汇的语法作用以及固定拼写方面。"

第二部葡萄牙语-汉语双语辞典也就是我这篇文章评论的对象，从理论上讲，这部辞典早已广为人知。在古典著作《葡萄牙语在东方的传播》（*A expansão da língua portuguesa no Oriente*）中，作者有以下论述："由传教士罗明坚（Ruggieri）和利玛窦（Ricci）编著的葡萄牙语-汉语辞典（至少在罗马存有一份手写本，著于1584—1588年）。"但奇怪的是，除了这条信息外，没有葡萄牙语语言史学家去寻找和阅读原作。因此，我认为研究葡萄牙语辞典学史的同行们同样也遗漏了另一本献给耶稣会教士利玛窦—— 一位涉及中葡关系重要人物的书，即帕斯卡勒. 德艾利亚（Pasquale D'Elia）作于1949 年的《利玛窦的著作》第二卷（《*Fonti Ricciani*》Vol.II）。令人惊奇的是，一位葡萄牙外交官在1988年就引述过此书。在这本书中详尽地描述了这本辞典："事实上罗明坚和利玛窦在头几年已做出了一个'漂亮的词汇册'……有可能在1584—1588 年间。1598 年10 月，隆哥巴尔（Longobardo）称赞利玛窦编写了'中欧辞典的一部分'。这部汉学的珍宝就是世界上第一部中欧辞典，我们把它称作《葡萄牙语·汉语辞典》。在印刷第一卷页198 （ARSI.Jap.Sin.I.198）上有手写体，这是我于1934年找到并加以鉴定的。"

这本葡萄牙语-汉语辞典在德艾利亚1949年写的一章杂记中有详细引述。在此我认为有必要介绍一下，以便于读者更好地了解原文：

……23×16.5cm 幅度的中文页数共有189页。

在上述辞典之前有许多文件：1.一场对话；2.利玛窦传教；3.宇宙结

构记录；4.24 个天体运行周期；5.天柱；6.天柱名单；7.省份名称；8.24 个周期的名称_9.不连贯的字，后面便是葡萄牙语–汉语辞典（页32-156）、两个附录（页157–169 和页172–186a）、辞典之后还有其他几页。

根据这篇文章，这本葡萄牙语-汉语辞典在第32-156页上。然而并不完全属实：其中有一些空白页：49r, v；54v；67-71；85v；86r.v；114v；135r；141v；152v；156v；159v；168r。

一般来讲，手写卷的边缘被裁剪掉，因此一些词就被裁掉了（尤其是书页上端的词，例如第17页）。词汇按开头字母分布在如下页码上：A32r-48v；B50r-54r；C55r-66v；D72r-85r；E87r-99r；F99v- 105r；G106v-197v；I.J108r-110v；L110v-114r；M115r-121v；N122r-123r；O123v-125v；P126r-134v（和157r）；Q135v-136r；R137r-141r；S142r-146v；T147r-152r；UV153r-156r；X156r；Z156r。

辞典在第156页上以"赞美上帝和圣母，大卫.热瓦西奥.艾普多塔西奥，阿门，耶稣！"结束。

页158至169、172、174，以及页177至182，和页185是一些补充单词页（只有正面页有字）：A158；B160；C161；D162；E163；F164；G165；I.J166；M168；N172；P174；Q177；R178；S179；T181；V182；X185。

辞典每页上有三道竖隔线：左边为葡语单词，右边（并不全是）为汉语，中间用罗马字母标出汉语发音。在第32-34页还有第四道竖隔线，有罗明坚手写的意大利文（请看德艾利亚书中的复印部份）。

手写体复印页上第一个例子是：abreviada cousa（简要的）。它使我们了解到辞典的内容。在拙编的《葡语辞典之辞典》中的编年体古代葡语辞典录中只有三部辞典将形容词后加上了名词"cousa"（某物）。葡萄牙语-汉语辞典也体现了这个传统：如 abastada cousa（供给），bastante cousa（足够的），aberta cousa（敞开的），abominavel cousa（讨厌的），等等。

保留这个传统的的最后一本着作是本托.佩雷拉（Bento Pereira）的《葡

萄牙语宝库》（*Thesouro da Lingoa Portuguesa*）（1647）。这本书直到18世纪中期还在出版。作者是阿戈什蒂纽. 巴尔博扎（Agostinho Barbosa）的继承者，后者于1611年出版了《葡语拉丁语辞典》（*Dictionarium Lusitanicolatinum*）。这两位作者对早于他们几十年的利玛窦和罗明坚的辞典不可能有任何影响。唯一可起到参照作用的辞典是热罗尼莫. 卡尔多佐编写的辞典，即现存最早的葡语·拉丁语辞典：将葡语译为拉丁语，是在1563年出版的。

比较一下利玛窦、罗明坚和卡尔多佐的著作，即可清楚地看到卡尔多佐对这两位耶稣会士，或是对辞典中葡语部份的书写者产生的样板作用。因为德艾利亚说"……若说只有一个人书写葡萄牙语单词的话，确有两种不同的写法：这一点可以从字母d的写法上看出：在前几页上d的长笔画向右倾斜，而后面的手写体则向左倾斜。这些特点可以从agradecer（感谢）和 desagradecer（不领情）等单词上得到证实。c下面的小勾在前几页上向左倾斜，而在d字头单词后就向右倾斜了。"

卡尔多佐有时只写形容词的阴性形式，而不加cousa（某物）。例如单词 Abalado（摇晃的），佩雷拉1647年的辞典中是 Aballada cousa（某物摇晃的）。在葡萄牙语-汉语辞典中也是只写阴性形式Abalado（摇晃的），并不是Abalada cousa（某物摇晃的）。这是第一个佐证，证明了罗明坚和利玛窦的辞典并非是开创先河的新作。我们就两本辞典的某页作一下比较就能获得更多的证实：

卡尔多佐		利玛窦、罗明坚	
Ajudar	帮助	Ajudar	帮助
Ajuda	帮助之名词		
Ajudador	助手	Ajudador	助手
Ajudadora	女助手		
Ajudar a carga	职位助理	Ayudar a carga	职位助理
Ajuntar	聚集	Ayuntar	聚集
Ajuntarse	汇集	Ayuntarse	汇集

Ajuntada cousa	汇集的	Ayuntada cousa	汇集的
Ajuda s. cristel	神助	Ayuda cristel	神助

利玛窦/罗明坚（或是抄录卡尔多佐的人）并未照搬卡尔多佐辞典上的所有词条：如上述摘录缺少了ajuda（帮助），ajudadora（女助手），但基本上是完全照搬卡尔多佐的单词排序。

如前所述，卡尔多佐的辞典再版了许多次。有人认为辞典的版本毫无变化，但我可以证实，的确是有变化的。如比较1563年第一版和1596年的第二版，后者不仅增加了新的词条，而且许多词项增添了更多的释义。

卡尔多佐1563年版：

abalroar（停泊）navem navi appellere

abasta（提供）satest, hactenus

abelhinha（小蜜峰）apicula, ae

abondosa cousa（丰富的、肥沃的）abundans, antis uber, eris, faecundus.

卡尔多佐1569年版：

abalroar（停泊）navem navi appellere

abalroarcom alguem（与某人会面）Congredior, oris

abasta（提供）sat est, hactenus

abastarda（堕落）demissis sta pedibus

abelhinha（小蜜峰）apicula, ae, dimin.

abondosa cousa（丰富的、肥沃的）Abundans, antis uber, eris, faecundos, a, um.

正因为利玛窦、罗明坚没有采用卡尔多佐的所有词条，所以我们有幸能在葡萄牙语-汉语辞典找到一些在卡尔多佐辞典1569年版本中已有而在1563年版本中没有的词汇，如：Abasta（提供），Abastarda（堕落），Abasteser（供给）。

第一部葡萄牙语——汉语双语辞典

以上清楚地表明，耶稣会士作者是在卡尔多佐1569年版辞典的基础上编写的。卡尔多佐辞典的第三版是于1588年出版的，耶稣教士显然未看到该版本。

在利玛窦、罗明坚的辞典中，包括附录在内，所有A字头词条共计1197条，而卡尔多佐1569年版辞典中的词条数大大多于这个数目，共2193条。

关于耶稣会士在卡尔多佐辞典基础上所作的删除，有一个值得注意的现象，即删去一种专门性词汇：宗教词汇。例如——

卡尔多佐		利玛窦、罗明坚	
Aba de vestidura	衣服下摆	Aba de vestidura	衣服下摆
Abada	一裙兜		
Abade	修道院长		
Abadessa	女修道院长		
Abadinho	小神甫		
Abadia	修道院		
Abafar	使窒息	Abafar	使窒息

即使出现一些宗教词汇（天使、牧师等），也没有中文译文。

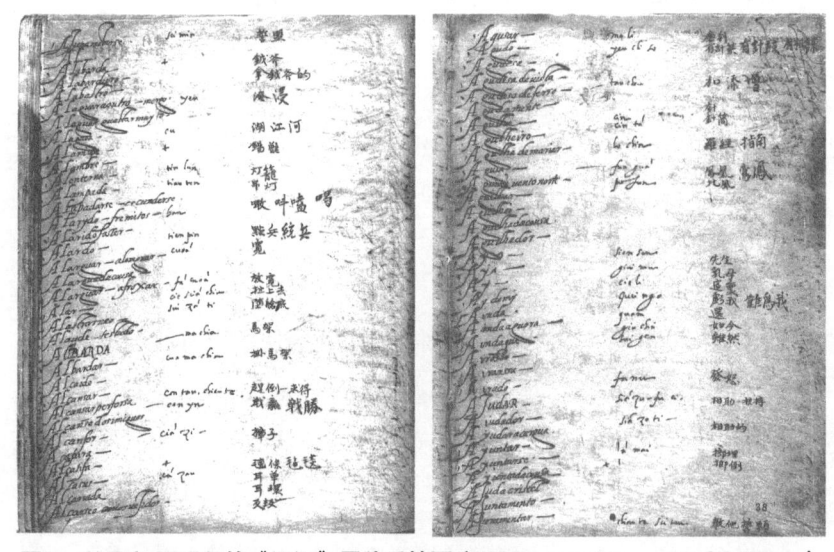

图1 利玛窦/罗明坚的《词汇》原稿手抄页（ARSI. Jap. Sin., 198. fol. 38 ro.）

227

图2 葡萄牙王国盾形徽章和里斯本国家图书馆徽章若奥·阿尔瓦罗出版社出版 1562年

但也有与此相反的情况，如卡尔多佐的辞典中有以下词条irmão（兄弟），irmão inteiro（亲兄弟），irmaã（姊妹），irmaã inteira（亲姊妹），而利玛窦、罗明坚辞典中增加了irmaã pequena（妹妹），irmaã grande（姊姊），irmão pequeno（弟弟），irmão grande（哥哥），irmaã de pai e mai（姨姑）（或许是源于汉语词汇结构？）

现在我们谈谈词汇的构成。利玛窦、罗明坚辞典中的葡萄牙文拼写有时与卡尔多佐的不同。他俩是按原本的葡萄牙文写的吗（某位德艾利亚手记）？抑或他们纪录了经口述的葡萄牙文词汇？我们不得而知。

字母a始终保持不变。鼻音ã在两本辞典中的变化均没有规律：

卡尔多佐		利玛窦、罗明坚	
Abegam	监工	Abegan	监工
Abelhão	雄蜂	Abelhan	雄蜂
Acarão	大蜱蚼	Acarão	大蜱蚼
Açafram	番红花	Açafrão	番红花

在卡尔多佐和利玛窦、罗明坚的辞典中，b的使用没有区别。

关于字母c我们注意到，当它发爆破音时（在a，o，u，之前）写法不变，但在e，i之前却有所不同，包括写成ç，例如：

卡尔多佐		利玛窦、罗明坚	
Aborrecer	憎恶	aboreser	憎恶
Aborrecida cousa	憎恶的	aborecida cousa	憎恶的
Acrecentar	增长	acresentar	增长
Agradecer	感谢	agradeçer	感谢
Antecessor	先导	anteçeçor	先导
Ancinhos	手钎	anjinhos	手钎

将二合字母ch写成其他字母的情况很少：

卡尔多佐		利玛窦、罗明坚	
cachado	隐藏的	cayado	隐藏的

字母ç有时也有不同写法，似无规律可循：

卡尔多佐		利玛窦、罗明坚	
Abençoar	祈福	abensoar	祈福
Abraço	拥抱	abraço	拥抱
Açafram	番红花	açafrão	番红花
Beiço	嘴唇	bexo	嘴唇
Beiçudo	有厚嘴唇的	beixudo	有厚嘴唇的
Berço	摇篮	berjo	摇篮

字母d没有变化。关于e我们注意到在重读音节中的写法是相同的，而在非重读音节中却有所不同：利玛窦、罗明坚把 antes（之前）也写作 antis，但只是在如 aguora antis（刚才）这样的词序下才如此拼写。在这种非重读音节中有时e, i也混用，如下例：

卡尔多佐		利玛窦、罗明坚	
Agradecimento	感谢	agradiçimento	感谢
Alecrim	迷迭香	alicrim（也写作 alecrim）	迷迭香
Beringela	茄子	biremzela	茄子

Penhora	扣押	pinhorar	扣押之动词
Pepino	黄瓜	pipino	黄瓜
Pepinal	黄瓜地	pipinal	黄瓜地

两本辞典中f的用法没有区别。在利玛窦、罗明坚的辞典中，有时在g之后、a，o，u 之前加上u：alonguar（延长），aguabar（结束）；但也有gabar（称赞），aguoa（水），等等。也存在其他改变，如单词biremzela（茄子，利玛窦、罗明坚）= berengela（茄子，卡尔多佐）。

字母h不仅与其他辅音一起使用：agasalhar款待，alcunha绰号；而且在动词ir（去）中也使用：hir。

在卡尔多佐辞典中，字母i有两种写法：一般写成i，也写作y，如aguia鹰，ainda 还，ayo 家庭教师，ayroso 优雅的。在利玛窦、罗明坚的辞典中，在辅音前写成i（airoso 优雅的），在元音前写成y（ayo 家庭教师）。

关于卡尔多佐辞典中普遍使用的j，在利玛窦、罗明坚辞典中被写成i，j，y（aiudador 助手，ajudar 帮助，ayuntar 聚集）。l是固定不变的。与此不同的是 m，在利玛窦、罗明坚辞典中有变化：abegan（监工），卡尔多佐辞典中是abegam（监工）。关于n有许多变化，下面举几个例子：

卡尔多佐		利玛窦、罗明坚	
abondança	财富	abomdança	财富
Ancinhos	手钎	amjinhos	手钎
Canfora	樟树	camfora	樟树
Cantar	歌唱	cantar	歌唱

将发辅音的o写成u的情况很少：assolutamente（完全地），aferrolhar（上门闩）（卡尔多佐）；asulutamente（完全地），aferulhar（上门闩）（利玛窦/罗明坚）。字母p的写法是一样的。关于 qu我们遇到了多种写法：除了 esquecer（忘记），esquecida（忘记的）（卡尔多佐）；esqueçer（忘记），esqueçida（忘记的）（利玛窦/罗明坚），还有 mezquinho（穷困的），

mezquita（清真寺）（卡尔多佐）；meschino（穷困的），meschita de mouros（摩尔人的清真寺）（利玛窦/罗明坚）。在卡尔多佐辞典中将双r（aferrar 抛锚）缩减成一个：aferar（抛锚）。关于双s有不同写法：

卡尔多佐		利玛窦、罗明坚	
Atravessar	横穿	atraveçar	横穿
Assentar	就坐	asentar	就坐
Assinalar	做标记	asinalar	做标记
Assi	如此	assi	如此
Assi como	正如	asi como	正如
Assossegar	使平静	asocegar	使平静

在两本辞典中，字母t和x没有用法上的区别。卡尔多佐的辞典在重读音节的前一个音节中多用字母u，很少用o：

卡尔多佐		利玛窦、罗明坚	
Acudir	救助	acodir	救助
Acurtar	切断	acortar	切断
Afumar	用烟熏	afomar	用烟熏

字母u也等同于v。chuva（雨水）（卡尔多佐）一词也写作 chuiva（雨水）同样也有以 b 代替 v 的情况：avaliar（评价）（卡尔多佐）= abaliar（但avaliação评价之名词）。z也有几种写法，如beleza（美丽），almazem（仓库）（卡尔多佐），也写成belesa（美丽）almaxem（仓库），almagem（仓库）。

如比较安东尼奥．热拉尔多．达．库尼亚（António Geraldo da Cunha）在《中世纪葡萄牙语汉语词汇录》（*Índice do Vocabulário do Português Medieval* 里约热内卢，1986）中收集的单词，我们发现在这本葡萄牙语—汉字词典中词汇的不同拼写法（包括与它的参照本卡尔多佐辞典中不同的拼写法）并不算多。在15世纪（甚至更早），所有利玛窦、罗明坚辞典中收录的词汇基本都已存在。利玛窦、罗明坚辞典中葡语单词的撰写者使用了保守的拼写法。因其写法与卡尔多佐的有所不同，因此，我们认为这些单词是经口述记录的。当发轻辅音时s时，-s，-c，听不出字母上的区别，甚至出现一些错写，如将Afervorarse（沸腾），darse pressa（赶忙）（卡尔多佐）写成Aferuorrase darse preço。

在结束我们这篇对第一本葡萄牙语-汉语双语辞典所作的简短介绍时，我们要向那些在东方的传教士们所做的工作表示敬意。

作者简介：韩晓燕，女，毕业于北京外国语大学西语系葡萄牙语专业。1996年进入中国外交部，主要从事中外交流、外交政策、国际关系等方面研究，期间先后攻读并获得新加坡南洋理工大学政治经济学硕士学位和南开大学经济学硕士学位。2017年起跟随张西平教授攻读博士学位，主要从事传教士汉学领域的跨学科研究。

来华耶稣会士马若瑟语言研究代表作《汉语札记》之版本流变考[1]

李 真

法国耶稣会士马若瑟（Joseph de Prémare，1666—1736）所撰写的 *Notitia Linguae Sinicae*（中译名《汉语札记》）是在西方汉学史、西洋汉语语法研究史以及世界汉语教育史上具有奠基意义的一部作品。该书1728年在广州完稿后，因种种原因尘封在法国王室图书馆长达百年之久；1831年正式出版后，仍被很多欧洲的汉学家和语言学家评价为西洋汉语语法研究源头时期最重要的著作，奠定了19世纪欧洲专业汉学的基石。《汉语札记》注重从学习者的视角来观察和描述汉语语法现象，有意识地突破拉丁文法的描写范式，启发我们当下进一步探讨在世界范围内的汉语研究对中国语言学所产生的影响和借鉴作用。

个案考辨、文本诠释是学术史研究的基础。研究《汉语札记》的文本史，需以版本为依据。本文试将该书目前存世的版本分为手稿、抄本、刊本和

---

[1] 本文曾发表于《北京行政学院学报》2013年第2期，收入本文集时经原作者修改，字数有所删减。

译本四类，重点分析其版本传承流变的过程。[1]

《汉语札记》现存各版本一览表[2]

	时间	版本	语言	作者	抄写者	译者	藏地或出版地	文本情况
手稿	1728	第二稿	拉丁文	马若瑟			法国：国家图书馆	三卷全本
	1728	第一稿	拉丁文	马若瑟			英国：大英图书馆	残本
抄本	1825?		拉丁文		儒莲[1]		英国：大英图书馆	残本
刊本	1831	初印本	拉丁文	马若瑟			马六甲：英华书院	以法国手稿为底本
	1893	重印本	拉丁文	马若瑟			香港：巴黎外方传教会	以1831年拉丁文本为底本
译本	1847	初印本	英文			裨雅各	广州：《中国丛报》社	以1831年拉丁文本为底本

一、手稿及抄本概况

1. 法国国家图书馆藏手稿

《汉语札记》手稿之一现藏于法国巴黎国家图书馆，编号为MSS Orient. Chinois 9259，三小卷合为一本，汉字从左至右排列，手稿中拉丁文字迹有多处模糊，因此难以辨认。

正文前附有几页相关文件。首页左上角用法文写明"3 cahiers en un vol. reliés en 1825"，即于1825年由三卷合为一册，右上角同时也用法文标明藏王室图书馆中国手稿部。页中是关于此手稿在中国所获得的来自教会内部人员

---

[1] 因篇幅有限，加之出版本也便于查阅，故本文不对该书拉丁文初印本、重印本和英译本进行详细介绍。

[2] 此抄本并没有标明抄写者的名字，克拉普特和大英图书馆均把此抄本视为儒莲所作，抄本由大英图书馆重新装帧，封面为硬壳，在书脊处注明Julien（儒莲）的名字；但考狄经考证后认为该抄本为雷慕沙所作。如为儒莲，则时间应在1825年8月；如为雷慕沙，时间可能还要早一些。故此抄本作者及制作时间都存疑。

批准的介绍,表明曾由聂若翰(François-Jean Noëlas,1669—1724?[1])[2]、赫苍璧(Julien-Placide Hervieu,1671—1746)、郭中传(Jean-Alexis de Gollet,1666—1741)及孟正气(Jean Domenge,1666—1735)几位神父审阅。下面写明正文前另附有马若瑟的两封短柬,分别是1728年11月1日写给王室图书馆馆长比尼昂(Abbé Bignon,1662—1743)的信,以及1728年11月3日写给皇家金石与美文学院的信。

第一份审阅书由聂若翰1728年12月12日所写,在鉴定中认为这部作品对传教士阅读中文书籍、口头交际与写作都有很大帮助;书中包含丰富的例句和正确的指导,结构明晰,展现了汉语的魅力,并为读者打开一扇简捷方便的学习之门。鉴定书后有赫苍璧神父的亲笔说明:"耶稣会中国、日本、东京三地监会铎德玛诺神父(Romain Hinderer)命令聂若翰神父对马若瑟的手稿进行检查,他对该书作出了上述评价。——耶稣会中国教区会长赫苍璧证明,1728年12月16日于广州"。

第二份是郭中传于1728年4月12日写的,称赞该书有助于在华传教士学会说地道的汉语,学会写文雅的文章,汉语口语和写作的学习都变得更加简便。书后同样也有赫苍璧手书的相同说明。

第三份是由孟正气于1728年8月2日写的,认为这部书对于所有真正想快速而扎实掌握汉语的神父们极其实用。信后亦同样有赫苍璧签署的证明。

在这三份文件后面是两封信札。第一封是马若瑟致比尼昂的信(拉丁文),信中表达了对比尼昂的尊敬之情,重申编撰此书之目的为教会人们用中文阅读、理解经典和写作,将引领读者沉浸在中国古籍的知识海洋。第二封是

---

[1] 聂若翰的卒年尚无定论,《在华耶稣会士列传及书目》中提到在1740年前后聂若翰或在湖广一带。参见[法]费赖之著,冯承钧译:《在华耶稣会士列传及书目》(上),北京:中华书局,1995年,第597页。

[2] 扉页上仅写有Noel的人名。《在华耶稣会士列传及书目》提到此处可能为卫方济神父,此说有误,因卫方济的外文名为(François Noël),与聂若翰神父(François-Jean Noëlas)名字容易混淆。卫方济于1702年已离开广州,仅在1707年短暂回来过;此处应是聂若翰,因他于1724年与马若瑟等神父一同被逐还广州。此外手稿第二页即为聂若翰的审阅意见下方署有他本人的签名:Franç Noël S.J,由此可以明确判断扉页上的Noel指的是聂若翰。

马若瑟致皇家金石与美文学院诸先生的信（法文），措辞优美，行文典雅，既表达了对诸位院士的敬仰之情，亦流露出对自己多年研究汉语的充分自信，信中多次提到了中国古籍的普世价值。

手稿正文分三卷。第一卷含两个部分，第一部分共69页，为全书的"绪论"部分。第二部分共106页，为全书"第一编第一章"及"第二章第一节"内容；第二卷共173页，为"第一编第二章第二节"和"第三节"内容；第三卷共230页，内容为全书的"第二编"，最后"第五章第五节"以下的部分无内容。

马若瑟1728年10月20日致信傅尔蒙（Étienne Fourmont，1683—1745）说将一部论中国语言的作品寄给他，后在12月4日的短柬中附录了给傅氏的礼物清单，第2项清楚写明为五卷本《汉语札记》。[1]该手稿及其他礼物连同1728年的10封信一起放在一个大包裹中，于当年12月中旬被寄回欧洲，直到1730年1月11日[2]最终到达巴黎。

在现藏法国国图的三卷本手稿扉页上，有这样的说明："于1825年将3卷合为一册书"，可知该手稿原来就是三卷；法国汉学家雷慕沙（Abel-Rémusat，1788—1832）在《汉文启蒙》序言和《马若瑟神父小传》中分别提到自己在王室图书馆找到的手稿为三小册。如果将上述两个史料与法国手稿实际情况对照后，会发现手稿卷数和马若瑟第一次寄往法国的卷数是不符的。那么我们不禁要问：为马若瑟所寄，傅尔蒙所见而雷慕沙所未见的其余两卷去向何方了呢？或者说，法国所藏的这份手稿是不是1728年12月寄回欧洲的那个本子呢？要解答这些问题，需要对藏在大英图书馆的另一手稿进行考辨和解读。

2. 大英图书馆藏手稿

据考狄《西人论中国书目》介绍，在大英图书馆东方手稿部还藏有一份编号为O/C ADD.11707的手稿，书中有多处修订改动的地方，与1831年马六甲

---

[1] 关于此信详情请参阅［丹］龙伯格著，李真、骆洁译：《清代来华传教士马若瑟研究》，郑州：大象出版社，2009年，第47-51页。

[2] 此日期在《西人论中国书目》中第397条有关Notitia Linguae Sinicae的说明中记为2月11日。

出版的版本[1]有所不同，被考狄认为也是马若瑟的原稿之一。笔者访英期间，在大英图书馆申请查阅了11707号手稿，其主要概况如下：

四小开本，纸张很薄，字迹力透纸背。正文首页从第3页开始编号，至322页完，共有320页。每页页长约17厘米，页宽约13.5厘米，每行行距约0.5厘米，每页22行。此手稿非全本，无"绪论"和"第二编"，只包括"第一编"前两章内容。

正文前一页用墨水笔写"Purchased at Klaploth's sale at Paris，April，1840"（1840年4月购自巴黎克拉普罗特卖会）。背面中间用铅笔标有"Premare（J.H.）"的字样。

原书正文首页第一行写有书名"Notitia Linguae Sinicae"。右上角有一个模糊不清的书章，为中国篆体印章，但究竟是什么字已难以辨认。

3. 大英图书馆藏抄本

大英图书馆还有一份编号为O/C ADD.11708的写本，题目也是*Notitia Linguae Sinicae*，注明是抄本。该写本为大对开本，比11707号手稿略大，用硬壳纸重新装帧过封面和封底，内容页纸张是比较厚的吸墨纸，每页页长约19厘米，页宽约16厘米，每行行距约1厘米，每页约21行。该抄本纸张质量上乘，墨水不易渗透，字迹清晰工整，汉字从左到右排列，每页纸上能清楚地看到铅笔所画的横线和外框，应为抄写时标齐所用。这显然是一份精心制作的抄本。

正文前一页用墨水笔写着"Purchased at Klaploth's sale at Paris，April，1840"（1840年4月购自巴黎克拉普罗特卖会）。背面中间用铅笔标有"Premare（J.H.）"的字样。可知这个抄本与11707号手稿均为大英图书馆在克拉普罗特的藏书卖会上一并购入的。

全书正文分两个部分，第一部分共95页，为"绪论"的内容。第二部分共394页，是"第二编"的内容。

---

[1] 1831年在马六甲出版的拉丁文本依据是儒莲的抄本，而儒莲誊写的是雷慕沙据法国王室图书馆藏的三卷本所作之抄本。因此可以说1831年拉丁文本是以法国国家图书馆的9259号手稿为母本的。

此抄本硬皮书脊处注明有"Transcript Per Stan Julien"即"儒莲誊抄"，但考狄却认为该抄本应为雷慕沙所作。[1]目前一个证据就是1831年马六甲出版的拉丁文本是以儒莲的抄本为底本的，马礼逊当年委托儒莲誊写雷慕沙之抄本，而儒莲在誊写时按所谓"中国方式"将中文例句中的汉字改为从右到左排列，直接导致了1831年的刊本也如法炮制，中文部分读起来十分别扭。现藏大英图书馆的抄本汉字却是从左到右排列，从这一事实来看此本不太可能出自儒莲之手，考狄推断为雷慕沙之抄本相当有可能。由于此抄本文本不全，未明确出现过抄写者的名字，所以准确的抄写者尚需进一步的考证才能得出最终的结论。

二、版本之流变路径初探

1. 两份抄本之谜

雷慕沙曾在《学者报》发表的《汉语札记》的书评中提出过疑问，即马若瑟寄往欧洲的作品何以有两份手稿面世？法国藏手稿是1831年马六甲刊本所依据的母本，但这份与傅尔蒙对自己手中所持本的描述却不尽相同。马若瑟信中曾言寄出为五卷本，傅尔蒙也称手中的《汉语札记》是五卷本，但法国藏本却只有三卷。法国藏本的第一编结束于314页，而英国藏本在314页之后还有40页"论中国礼仪"的内容。傅尔蒙曾对这部分内容进行过介绍。雷慕沙也声称自己在誊写法国藏本时并未作任何删节，但英国藏本的40页内容确实不见于法国藏本。[2]

如此看来，英国藏本极有可能是1728年寄给傅尔蒙的那份五卷本的残本。此本曾属傅尔蒙，后来转手至克拉普罗特，最后在克拉普罗特死后的藏书拍卖会上被大英图书馆收入。法国本可能是英国藏本的一个副本。雷慕沙认

---

[1] 参见［法］考狄《西人论中国书目》中第1665条，及 *Revue de l'Extrême-Orient*. I, No.1, 1882：115-116.

[2] Abel Remusat：*La Notitia de Prémare* à l'Arte China de Gonçalvez. *Journal des Savans*, Sept. 1831：537-545.

为,由于当时身在中国的传教士时常担心寄往欧洲的手稿会在漫长的海上航行中遗失,所以往往会将文稿抄成双份,备一副本寄回。这是一个通行的做法。他认为法国所藏手稿应是马若瑟第二次寄回欧洲的抄本,这份抄本寄到巴黎之时,傅尔蒙已去世,可能在傅死后进入了王室图书馆,也就是后来被雷慕沙、儒莲等人传抄,以及马六甲1831年刊本所忠实的母本。

费赖之在《在华耶稣会士列传及书目》第二三五传中认为马若瑟似曾将《札记》手稿作了三个抄本寄回欧洲,第一个抄本1728年12月10日寄给傅尔蒙,1731年2月11日（此日期应为1月11日）寄达,后不知所终;第二个抄本寄达时傅尔蒙已故,此本为雷慕沙在王室图书馆发现的三卷本;第三个抄本有"论中国礼仪"的内容。[1]费赖之依据大英图书馆所藏抄本有"论中国礼仪"的部分,认定最后一个抄本是致傅尔蒙的那个抄本。如照费赖之所言,寄给傅尔蒙的第一个抄本已经遗失,那么费氏据英国藏本含有"中国礼仪"章节来判断此本当属傅尔蒙,但此前又提到这为寄出的第三个抄本,如果第二个抄本寄达时傅尔蒙业已去世,那所谓的有"中国礼仪"部分的第三个抄本如何能到傅尔蒙之手呢？因此,费赖之的说法前后颇有矛盾之处;亦是让后来的研究者感到困惑的地方。

2. 传本流传路径

为试着解决这个疑惑,笔者暂且做一个假定：马若瑟在广州撰有一份《札记》的原始手稿,可称之为原本（或称祖本）A[2];1728年给傅尔蒙寄出一份五卷本的抄本,称之为抄本B;而后担心运送途中遗失,又作一份三卷本的抄本,称之为抄本C。

那么,到底英国所藏和法国所藏的哪个才是1728年寄出的抄本B？按马若瑟信中所说,他随文稿寄出三封审阅鉴定书,并附了两封信作为出版时的题

---

[1]　[法]费赖之著,冯承钧译：《在华耶稣会士列传及书目》（上）,北京：中华书局,1995年,第531页。
[2]　这份原本显然已经亡佚,即使存世也不知所踪,只能经由现在存世的两份抄本或可重建其文本。

词，而现在这五份文件都保存完好地附在法国所藏之抄本的前面。据此可暂认为法国藏本为抄本B。但对这个结论最大的反证来自傅尔蒙，他声称手中抄本为五卷，并包含有"论中国礼仪"的章节，法国藏本却只有三卷，且无这部分内容；照此看来英国藏本又更符合条件。

再对校两份手稿，笔者更加觉得英国本所收的第一编第三章，不一定是法国本所缺失的。相反，三卷法国本是相对独立和完整的一套手稿（除了最后一节"五字短语"未补全外）。为何这么说呢？笔者注意到法国本在绪论部分的最后一页（71页）以及第一编第二章的最后一页（314页）末尾，都用拉丁文写明：Finis（结束）。显然这是作者对章节划分的一个标记。另一个佐证是雷慕沙提到自己在抄写国图所藏手稿时未对此作任何删节。[1]故从结构上来说，法国本的绪论和第一编应是完整的。相反，英国本在第一编第二章的最后一页（314页）没有这个finis，而下一页直接标明"Caput Tertium"（第三章），与第7页的"Caput Primum"（第一章）和第35页的"Caput Secundum"（第二章）相呼应。

从以上分析可以推测马若瑟最早写作《汉语札记》时，第三章原本就在撰写计划中，现在我们看到的英国藏本在结构上最为接近其原本A；而马若瑟在做第二个抄本C时，不知何故删去了第三章论中国礼仪的内容，只到第二章就结束了，因此法国藏本就没有第三章。这是从手稿的细节分析所得的结论。

前文已提到，马若瑟行文时明确说过，第一编分为三章，第一章介绍日常使用的汉语语法，第二章讲解虚词和修辞法，第三章是这些知识在实际生活中的运用，其中包含两个部分：一是各种礼貌用语的汇编，二是一些对话和小故事。[2]这段话可同时见于法国本、英国本和1831年拉丁文刊本，只不过法国本虽从结构上将第三章删去，但忽略了改动行文中相应的介绍性文字，1831年拉丁文刊本以法国本为底本，也依样画葫，照搬了这段话。

---

[1] Abel Remusat: *La Notitia de Prémare* à l'Arte China de Gonçalvez. *Journal des Savans*, Sept. 1831: 537-545.

[2] Joseph de Prémare: *Notitia Linguae Sinicae*. Malacca: Cura Academia Anglo Sinensis, 1831: 38.

如按雷慕沙分析的那样，传教士习惯将文稿抄写双份寄回欧洲以防遗失，那么马若瑟信中提到的几份附在《札记》前面的文件也是完全可能抄写双份的。由于英国本已经是一份残稿，绪论部分和第二编均已遗失，或可推测遗失部分中有可能也包括三份审阅鉴定书和两封信件的抄本。

如此一来，费赖之的矛盾之处便可迎刃而解，所谓的第三个抄本极有可能本就不存在。"中国礼仪"的章节是包含在抄本B中的内容，也就是费氏提到寄给傅尔蒙的第一个抄本，此内容已经在傅尔蒙处得到印证。抄本B后来转手克拉普罗特，最后被大英图书馆收藏。第二个完整抄本C不含"中国礼仪"的内容，寄达时因傅尔蒙已故，后被王室图书馆收藏。据此可以基本断定英国所藏的抄本应是傅尔蒙收到的抄本B。

不过此推论仍需进一步论证，其中一个疑问就是马若瑟的第二个抄本C何时寄出？又由何人寄出？从现有的马若瑟与傅尔蒙的通信来看，他似乎没有提到寄出过第二个抄本。雷慕沙、费赖之两人又都提到第二个抄本寄达时，傅尔蒙已故。傅尔蒙逝世于1745年，那么按二者所言抄本C寄达法国之时当在1745年之后，可马若瑟已先于傅尔蒙9年，在1736年就去世，显然他不可能寄出抄本C，那马若瑟将这个抄本留给了谁？又是谁在何时将这个抄本寄回法国呢？由于目前缺乏进一步的材料，这个问题只能留待今后继续考证后再得出更确凿的结论。

上述分析基本厘清了《汉语札记》手稿几个抄本间的传承路径，笔者希望借用西方文献学、校勘学中常用的谱系图来初步展示该书手稿、抄本及出版本之间的关系。

在海外汉学领域，材料纷繁，语言众多，散落各地，基础文献的搜集和整理工作确实不易；不过随着每一个文本的发掘，每一条线索的考辨，每一种关系的厘清，都能推动我们往前一步，有助于进一步加深对来华传教士手稿的文本史和文献学的研究。这亦是笔者多年专注于此书个案研究的一点心得。

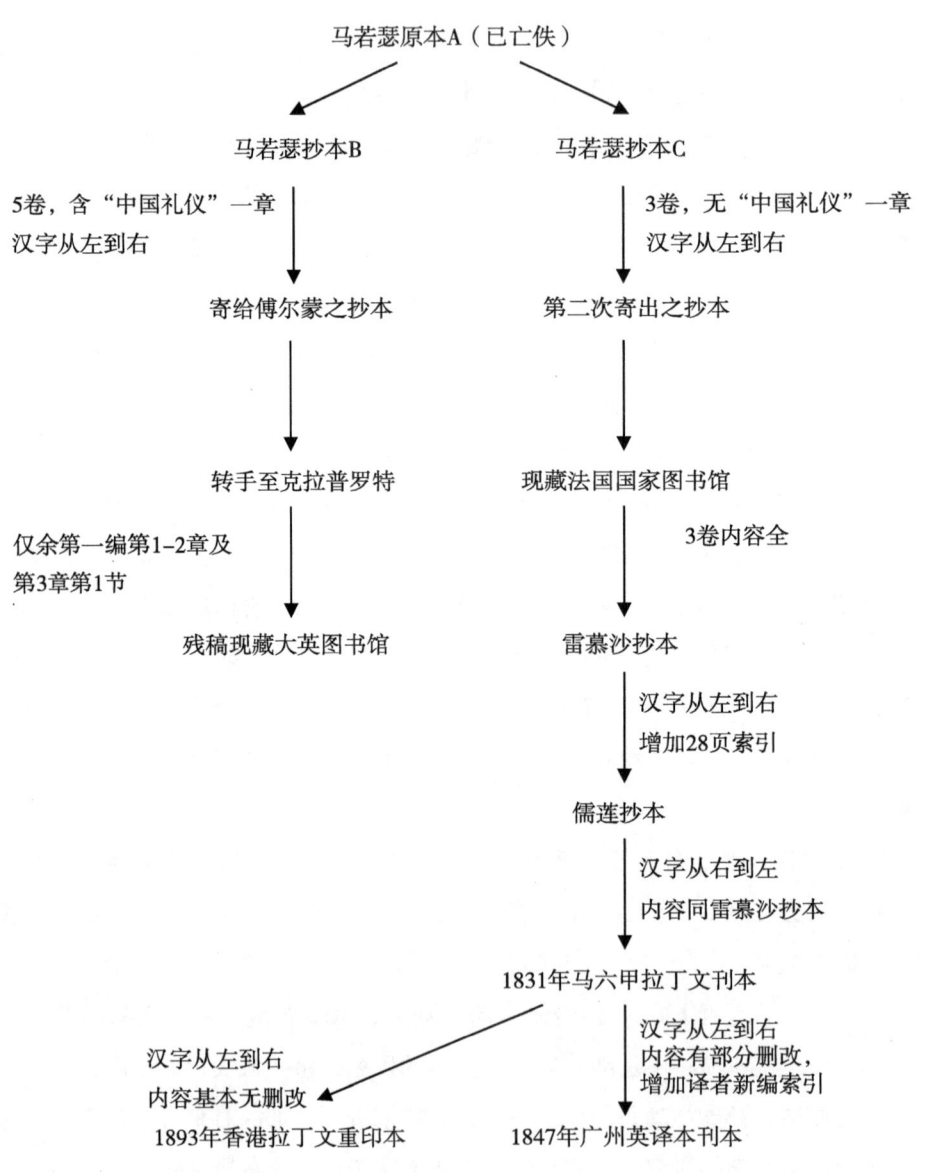

《汉语札记》传本流传路径

作者简介：李真，1999年跟随张西平老师攻读硕士学位，为第一届硕士生。2002年获得北京外国语大学语言学及应用语言学硕士，留校在中国语言文学学院任教。2007年开始随西平教授攻读博士学位，2012年获得北京外国语大学比较文学与跨文化研究博士学位。现为北外国际中国文化研究院（原中国海外汉学研究中心）副教授。目前担任世界汉语教育史研究学会秘书长，北京市对外交流与世界文化研究基地特聘研究员，北外中国文化走出去协同创新中心特聘研究员，国际儒联国际联络委员会委员。主要从事明清中西文化交流史研究、世界汉语教育史研究及传教士汉学研究等。近年来，已出版学术专著《马若瑟〈汉语札记〉研究》、西方汉学名著译著《清代来华传教士马若瑟研究》；参与合编《西方人早期汉语学习史调查》《国际汉语教育史》《西方汉学十六讲》等书。现主持1项省部级项目，参与3项国家及省部级项目，并已顺利完成多个省部级和校级科研项目的结项。多次受邀参加领域内国际国内学术会议并发表学术报告，已在《国外社会科学》《世界汉语教学》《国际汉学》《汉学研究》《鲁汶大学中国研究》等国内外学术刊物上发表相关中英文学术论文近40篇。

传教士与中芬文化交流[1]

李 颖

如果说由利玛窦所开启的中西文化交流是一种双向度的文化交流,是一次在中欧两地同时展开的文化传播,是中欧交流的主流特点,那么在欧洲的大版图下,中国与欧洲的交流中也存在另外一种"单向度"的文化交流。芬兰正是这类欧洲"弱小"国家的代表。一方面,从自身文化发展状况而言,历史上中国与这些国家的文化传播是单向的;另外一方面,这些国家在欧洲各大强国的夹缝中求生存与发展,他们出于自身政治经济利益的考虑,在对华的政治和文化政策上与欧洲的主流强国有着明显的差异。

芬兰的传教士来华时间要比意大利、法国等国家的传教士晚几百年,但是芬兰的传教士是最早一批,也是很长时间内唯一一批懂中文,并且长期在中国生活过的芬兰人。芬兰传教士的报告和游记在中国形象的描述和关于中国知识的传递中,对芬兰人起了早期的"启蒙"的作用。

一、早期中芬交流

芬兰对中国最早的研究出自18世纪随瑞典的东印度公司乘船到达中国的

---

[1] 本文曾发表于《北京行政学院学报》2014年第6期,收入本文集时受字数限制略有删减。

芬兰人伊斯雷尔·雷尼尔斯（Israel Reinius，1729—1797）。1746年2月13日他乘船离开瑞典港口城市哥德堡，直到1747年6月13日才屡经波折到达广州，停留半年后于1748年1月5日返航，同年6月27日回到哥德堡。次年，他向图尔库学院（the Academy of Turku）提交了他的硕士论文《旅华笔记》（*Notes Collected During a Trip to China*）。这是芬兰出版的第一本有关中国的报告。另外一位瑞典东印度公司的芬兰人彼得·约翰·布雷德（Peter Johann Bladh，1746—1816）曾先后5次在广州逗留。[1]他后来把自己在中国观察到的自然现象写成报告提交报告给斯德哥尔摩科学协会。但考虑到当时芬兰语在芬兰的地位[2]，这两篇报告的受众可能只限于上层的瑞典语学术圈，并未广泛流传。在1878年之前[3]芬兰出版了一本叫《有关中国》（*Kiinalaisista*）的书，书中介绍了中国的地理等基本信息，以及中国的风俗人情等，包括中国婚礼习俗、中国人对父母的孝敬等。这是笔者目前看到最早的芬兰语版本的有关中国的书籍。

从芬兰的历史可以看出，整个19世纪的芬兰都是"芬兰意识"——民族意识、国家意识逐渐的觉醒的过程。在近一个世纪的发展之后，芬兰的行政体制和经济都得到了前所未有的发展。直到1917年俄罗斯十月革命胜利，同年12月，芬兰才宣布独立，正式脱离俄国统治。19世纪末20世纪初，其他帝国主义列强纷纷瓜分中国之际，芬兰国内正在从其他帝国主义手中争取自身的发展和独立，因此芬兰在独立前并没有和中国的双边交往。[4]

---

[1] 5次时间分别为1766—1768年，1768—1770年，1772—1773年，1774—1775年以及1777—1784年。最后一次在广州期间出任公司驻广州办事处副主管，后晋升为主管。

[2] 在19世纪60年代的民族觉醒和民族运动之后，直到1863年俄罗斯沙皇亚历山大二世才宣布芬兰语为正式的行政和法律场合用语。芬兰语这个民族通用的语言才终于从通用的普及的口语形式成为芬兰的官方书面语言。

[3] 1878年此书已经第2版，第1版的出版时间仍有待考证。

[4] 在19世纪初，有一位著名的芬兰人马达汉作为俄罗斯军官，随伯希和的探险队到达新疆，之后独立从西北到达过中国北京，名为探险，实为为俄国搜集情报。二战后他成为芬兰总统。他有关中国的报告当时递交给俄国沙皇。关于马达汉的相关内容可以参看中国社科院边疆史地研究所马大正教授主编的相关丛书。

芬兰独立后，兰司铁[1]作为友好使者被派往北京，芬兰希望与中国建立外交关系。1919年7月中国承认其独立，两个月之后芬兰向远东地区派出代办。其代办的主要任务是监控苏联在远东地区的行动，并且在国际社会中为芬兰与邻国有争议的领土问题争取远东地区国家的支持，争议领土主要指奥兰岛（Aland islands）和东卡累利亚（East Carelia）。兰司铁被任命为第一任驻日本、中国和暹罗（今泰国）的公使。此后中国先前驻圣彼得堡的大使被派往赫尔辛基，并在那里建立了第一个中国驻芬兰公使馆。1921年，芬兰为了开展中芬贸易，以及落实在华芬兰人的权益问题，向上海派驻了领事。芬兰在1923—1925年间，以中芬平等互惠宣言从中国当局获得了外交领事权，并于1926年10月与中国缔结了友好条约，没有提出任何治外法权的要求。[2]

在有关中芬交流史的记叙中，19世纪末到20世纪前半期这一时间段芬兰与中国的官方交流是非常淡薄的，这一时期中国与芬兰之间的交流活动主要是传教士来华。如果说马达汉以俄国军官的身份离开伯希和的考察队伍，是出于个人道德上的"正确选择"。那么放大而言，作为一个国家，芬兰也是第一个放弃所有在华特殊利益和权利的国家。就芬兰的国情而言，作为一个长期被外国（瑞典和俄国）控制，刚刚独立的国家，不论从国力还是从军力而言，它都完全没有能力侵占其他国家的利益。芬兰此时更关心的是发展自身的国民经济和政治，如何得到世界的承认以及保住这份从未有过的独立状态。芬兰对中国的态度，更多是争取中国当局在国际事务上对芬兰的支持，这胜过在帝国主义瓜分中国时分一杯羹。在中国当局而言，芬兰有别于其他任何欧洲国家。[3]

---

[1] 在此期间，一些学者出于对自己的语言和民族来源的研究兴趣，把研究的视野夸大到突厥学、蒙古学和汉学，有些考察人员经俄罗斯等地到达南疆、蒙古地区。其中的一位说瑞典语的芬兰人兰司铁（Gustav John Ramstedt 1873—1950）在芬兰开创了蒙古学的先河。参看马大正、厉声、许建英主编，《芬兰探险家马达汉新疆考察研究》，哈尔滨：黑龙江教育出版社，2007年10月，第304页，《芬兰的东方学考察和研究》（王家骥著）

[2] Uola, Mikko. *Suomi ja keskuksen valtakunta*：*Suomen suhteet Kiinan tasavaltaan 1919—1949*. Kangasala：Kangasalan Kirjapaino Oy，1995（《芬兰和中间之国：芬兰与中华民国关系史1919—1949，刚艾萨拉：刚艾萨拉印刷公司，1995》），第128页。

[3] 芬兰有别于欧美大国，即使是其他欧洲"小"国，在同样的领事问题上，包括中欧的波兰和捷克斯洛伐克直到20世纪30年代才被中国当局承认。

二、芬兰传教士来华

1892年，芬兰播道会（The Evangelical Free Church of Finland）派遣威海米娜·阿比爱宁（Vilhelmiina Arpiainen）和另外两名传教士到达扬州，辗转浙江、江西为中国内地差会工作。[1]

而在中国最重要的传教组织是基督教信义会芬兰差会（Suomen Lähetysseura）。19世纪70年代，基督教信义会芬兰差会开始在非洲的西南部奥万博兰（Ovamboland，现属纳米比亚北部）展开传教工作。此后19世纪末，芬兰在非洲的传教区域严重萎缩，芬兰信义会开始考虑开拓新的工作区域。中国北部在他们看来再合适不过，芬兰和中国都与俄罗斯接壤，芬兰可以途径俄罗斯到达中国，比当时远赴非洲便捷得多，而且中国的气候条件也比芬兰和非洲都要好。于是1899年6月7日信义会芬兰差会决定在中国开拓新的传教工作区域。1900年6月，基督教信义会芬兰差会打算向中国派出第一名传教士苏博伦（Johannes Sjöblom）。有关义和团的报道直接导致苏博伦改变来华行程。此后，中国动乱的局面很快平息。中国政府被迫向外国开放贸易，政府也必须给予保护。于是1901年10月15日苏博伦携其妻子到达上海。在苏博伦离开芬兰派往中国之初，基督教信义会芬兰差会商定的传教地点是位于中国北部的满洲里地区。早在19世纪，英国人和美国人就对各自传教机构的传教区域进行了划分，而俄罗斯在义和团运动时期已经占据了满洲里，所以芬兰的传教协会不可能按照原定计划在俄罗斯沙皇权利范围内的满洲里进行传教。另外，在19世纪末20世纪初，芬兰国内针对俄罗斯沙皇统治的民族独立运动也如火如荼。介于双重原因，苏博伦必须重新选择传教地区。当时已经身处中国上海的苏博伦听说湖南地处内陆，还是一片未开发的"净土"，决定先进入湖南进行考察。他来到湖南北部的澧水流域，并建议将此地作为基督教信义会芬兰差会中心，建立传教站。1902年12月，他到达湖南北部津市（Jinshi）。此后在湖南传教50余年，

---

[1] 参看高歌（Kauko Laitinen），《芬兰汉学发展》，载《国际汉语教育》2009年第3辑，北京：外语教学与研究出版社。

直到1951年离开中国大陆。

从苏博伦开始,在湖南传教的芬兰传教士一直没有中断。1901—1953年,基督教信义会芬兰差会总共有88位传教士来华传教。在20世纪初传教士的报告中,他们大篇幅地介绍中国现状、风土人情。传教士发表了几十份旅行游记,有的刊登于报刊杂志,有的单独出版发行。正是通过这些传教士,芬兰人开始了解20世纪"真实"的中国。

三、第一本儒家典籍的翻译

芬兰传教士最早关注的必然是中国思想传统中最具有主导地位的"儒教"。为了传教,许多传教士要学习当地的语言,学习中国文化,并且开始尝试翻译中国的古代儒道经典。卡勒·柯和宁(Kalle Korhonen)就是第一个尝试者。柯和宁翻译的《大学:儒家世界观导读》(*Suuri Oppi:Johdatus Kunfutselaiseen elämän katsomukseen*),于1921出版。柯和宁是信义会芬兰差会的一名牧师,前后于1910—1917年,1921—1925年,1929—1935年在中国传教,对中国文化有一定的切身体验。选择《大学》作为儒家典籍的第一个译本,正是因为《大学》是某种道德规范,以及其以简短的形式介绍了儒家思想的核心。在他翻译的这本书中,《大学》的文本只是很少的一部分内容,书用更多篇幅较为系统地介绍了孔子的生平以及孔子的思想。全书共300多页,分为五章:"孔子的一生""儒家思想的基本特点""作为宗教的儒家思想""大学"和"注释和备注"。此外,罗列排印了"道德经""孔子""性""孝""破地狱""天下""鬼神""神主"等中国文字。值得注意的是,这本书插图非常丰富,共有54幅,包括中国的一些历史古迹、日本的孔子画像、衙门、曲阜的孔墓、孔庙、北京的国子监等。

编译者卡勒·柯和宁希望将中国博大的儒家哲学思想介绍给芬兰人,这也是最早用芬兰语对中国儒家思想进行的普及性介绍。不过这个最早的版本也存在明显的问题。卡勒·柯和宁是最早一批来到中国的传教士,即使他长期在中国生活、工作,在汉语学习中得到了一些中国人的帮助,但是对于中国庞大久远的文化传统，仅仅几年甚至十几年的学习和浸淫还是远远不够的。当时芬兰传教士的汉语水平要远低于已经与中国人交往了几百年的西欧强国的传教士，这种误译是两种文明相遇的早期过程中必然产生的。虽然他对中国文化的成就评价非常高，但是作为传教士，他的宗教信仰深刻影响了他理解中国文化的视角，在其翻译的文本中这种宗教立场非常明显。他在书中提到基督教是拯救中国的唯一途径。这不仅仅是在卡勒·柯和宁传教士理解、翻译儒家文化中才出现的问题，"该芬兰语译本最严重的问题，也是早期翻译作品的原罪，他们的中心主义，认为自身文化的优越的视角去审视其他文明"[1]。两种异质文化在早期接触碰撞过程中，带着自身的价值视野去观察接触对象是无可避免的，在中国文化西传欧洲的过程中有过体现。这种原罪体现在翻译中则是误译问题，那个时期从欧洲文化背景之外的国家语言翻译到芬兰语的作品，在诠释上普遍都有一定的误译。

四、中国哲学的"大量"翻译

在所有芬兰传教士中，王为义（Toivo Koskikallio）对中国哲学的翻译和研究最多。虽然王为义的身份一直是传教士，且在他在中国传教过程中，甚至是大部分时间中国都处于战乱中，但他表现出的对中国语言和文化的兴趣是芬兰的其他传教士所没有的。王为义出生的1889年正值芬兰经济大跨步发展时期，社会矛盾不断累积。在没有一点语法概念时，他自学了英语和德语。晚上他常常一边学习英语和德语的语法，一边阅读《圣经新约》的英语版和德语版。可见王为义对基督教和语言都格外有兴趣。王为义小时候内心就有一种渴望，希望接触遥远陌生的事物。年轻的时候，他就希望能有机会研究东方的哲学信仰，希望从中发现隐藏着的智慧。在学校读书的时候，他阅读了所有能找到的关于东方哲学和信仰的书籍，主要是英文版和德文版的。而且很早他就对汉语有浓厚的兴趣，自己研究了马丁·路德的小本《教理问答》的中文版。当

---

[1] Saarti, Jarmo：*Kiinan kirjallisuus*，收于H.K.Riikonen主编：《芬译文学史》，赫尔辛基：芬兰文协会，2007，第262页。

他得知他要被派往中国传教之时,他感到"无比欣喜"。

王为义先后三次(1920—1928,1930—1935,1937—1947)到中国大陆传教,担任中国工作区的负责人。在第一次在中国传教的过程中,王为义一边跟着中国老师认真学习汉语的同时,一边已经开始研究中国的信仰。他在教会开办的男子学校教授唱歌,还用中文教授英语,认为这是非常好的锻炼中文的机会。1935年他出版了自己的牧师结业论文《约翰的道和老子的道》(*Johanneksen Logos ja Lao-tse'n Tao*),将中国道家文化与基督教教义进行了比较。王为义在华传教期间,他一直倾向本地化、中国化的传教策略。[1]随着对中国信仰和哲学思想的研究也越来越深入,他的神学思想也不免受到中国传统文化,包括儒家、道家、佛教和民间宗教信仰的影响。[2]

1947年,当王为义离开湖南之际,他对中国宗教信仰、哲学思想的研究已经有27年了,他感觉汉语已经完全向他敞开大门,他已经能够独立阅读中文书籍,在现代汉语(白话文)注释、西方其他语言注释以及中国老师的帮助下,他也更深入地理解了中国古典典籍。之后他对中国哲学典籍的翻译不断出版。1950年,王为义翻译的《道德经》由芬兰Werner Soderstrom(WSOY)出版公司出版,书名为《老子—神秘之道》(*Lao-tse, salaisuuksien tie*),共107页。[3]他自己在1950年版本的前言中提到:"我在中国的漫长岁月中,我一直研究《道德经》,与我的中文老师以及很多文人志士讨论书中内容,他们非常有耐心地指导我这个外国人,理解中国的思想世界,了解这些古老智者的学说。——最后成果就是这本由中文翻译成芬兰语的老子的著作,《道德经》。"[4]虽然王为义把这个版本也定名为"神秘之道"(salaisuuksien

---

[1] 在中国几十年,他认真学习汉语,将很多基督教的书籍翻译成中文,并用中国文化中的概念加以阐释,便于理解,利于传教。

[2] 参看Kaisa Nikkilä的*Kristillinen usko ja Kiinan salattu viisaus*,《基督信仰与中国的深处智慧》。

[3] 这是《道德经》在芬兰翻译出版的第二个译本。第一个译本由派嘉·尔瓦斯特(PekkaErvast)1907年有英文转译为芬兰语并出版。

[4] Koskikallio, Toivo, *Laotse-Salaisuuksien tie*《老子:神秘之道》,1950,赫尔辛基:WSOY出版社,前言。

tie），但是对于他而言，《老子》的道家哲学不再像派嘉·尔瓦斯特认为的那样属于完全的"神秘主义"而无法理解。相反，老子的学说更具有一种宗教的意义："在我们紧张的时间中，老子几千年的话语一直回响耳边，提醒人们安静下来，倾听内在的声音。它谈的是安宁与平静，如何通过追寻和实现精神价值，获得安宁和平静。"[1]

在《道德经》的译本中，王为义介绍了老子的生平（Lao-tsen elämästä），主体分为两部分，第一部分：道（"Tao"），一——三十七章；第二部分是德，即最高的美德（完善）（"Te，eli korkein hyve"），三十八—八十一章。王为义还为每一章节补充了一个简短的解释，这样便于读者对每章的理解。第二部分又分为四个部分，分别为"老子的学说"（Lao-tsen oppi），"老子的形而上学"（Lao-tsen metafysiikka），"老子的伦理观"（Lao-tsen etiikka），及"老子的政治观"（Lao-tsen politiikka）。这是芬兰人直接从中文出发对中国原典进行研究，第一本从中文直接翻译的《道德经》版本。芬兰著名的文化界人士阿尔内·穆斯托宁（Aarne Mustonen）还帮助审定了王为义的版本，将他的翻译与其他欧洲语言的译本相比较，并且提出了很多"值得注意的意见和建议"。所以相比《道德经》的第一个译本，1950年的版本不仅仅是一个译本，更是芬兰人第一次基于中国传统《道德经》研究和西方汉学的研究成果所做的《道德经》研究，以《道德经》的译本为基础，将老子思想较为全面地、系统地介绍给芬兰人。王为义的版本是芬兰人阅读最广的版本。

王为义在中国传教期间，对中国文化有了较深的理解，已经积攒了很多文本的翻译手稿。继《道德经》之后，20世纪50年代出版了数本经典的译本：《孔子：论语》（Kung Fu-tse：Keskustelut，1958）、《孟子：教学》（Mung-tse：Opetukset，1959）。其中《论语》的译本，在出版时与王为义存于芬兰国家档案馆的手稿有改动，《论语》第一次出版后多次再版。在前言

---

[1] Koskikallio, Toivo, *Laotse-Salaisuuksien tie*《老子：神秘之道》，1950，赫尔辛基：WSOY出版社，前言。

中,王为义提到其在中国传教过程中一直在研究、翻译儒家的典籍,在这些翻译和研究中,逐渐熟悉中国文化,他的翻译和研究得益于他的中国朋友们(中国文人学士),他试图使芬兰语的译本尽可能贴近本义。王为义广泛介绍了孔子的学说和儒家思想,认为孔子的学说并非宗教的性质,而是世俗的哲学范畴,他的宗教性只是对古老习俗的遵守,而没有个体的超自然的存在。[1]但是整体介绍显得"信息偏陈旧"[2]。

王为义在《孟子》的前言中介绍了孟子的生平,并介绍了孟母三迁择邻的故事。关于孟子的师承,王为义认为孟子的数位老师的前辈应该都是孔子的门生,但是老师对孟子的影响应该并不大。孔子的学说在孟子这儿得到继承,孟子也继续发展了孔子学说。此外他还提到:在孟子生活的时期,孔子的学说并不是主流,"其他学说,特别是杨子(Jang Tse)和墨子较为兴盛,而孟子的一生都在宣讲孔子的学说,以免孔子学说被遗忘"。在前言中王为义还介绍了孟子的主要观点。他认为孟子有很多关于"天"(taivas)和"天道"(taivaantoiminnat)的论述,孟子所言之"天"是个一个非人的力量,但是在指"天"时,他除了引用其他前人的言论之外,没有使用"上帝"(Shang Ti)这样的词汇。孟子时代对人性本善还是本恶的争论非常激烈,而孟子倾向相信人性的善,"他认为人性并非纯善,但是人性中有强烈的向善的倾向,正如水向低处流一样"。人的恶"多是由外部环境因素的影响",比如"好的光景里,人性常善,到那些低谷的岁月中,人就是恶的,因为匮乏和意外会驱使他们走上犯罪的道路"[3]。

在芬兰档案馆,王为义的书信、报告,研究的手稿、翻译文稿和笔记占据了长长3米的书架。直到王为义去世很多年以后,他关于中国古典文学的研

---

[1] 在对孔子的学说是否是宗教这个问题上,王为义与之前翻译《大学》的传教士柯和宁有不同的意见。很显然,王为义对孔子学说和儒家思想的研究不再停留在祭拜这一形式上,而更加深入地分析了仪式的思想根源。

[2] Saarti, Jarmo,《中国文学》(Kiinan kirjallisuus),收于《芬译文学史》,H. K. Riikonen编,赫尔辛基:芬兰文学协会,2007,262页。

[3] 如孟子的"富歲,子弟多賴;兇歲,子弟多暴,非天之降才爾殊也,其所以陷溺其心者然也"(11.7)。

究才得到学术界些许关注,部分译著又得以出版。2001年,王为义的译本《诗经》(Shihking, Laulujen kirja)出版。2008年,芬兰东方协会资助《列子:神秘道路上的流浪人》(Liezi: salaisuuksien tien kulkija)出版。不同于其他的芬兰传教士或者汉学家,王为义是从汉语原本入手,他的译本都会特别注明译自中文。在前言中,王为义一般也会比较和参考其他欧美汉学家的翻译和研究成果,但是他对中国哲学思想的理解大多是他自己的独立思考和研究。

五、结语

母体文化必然对观察者的视角和期待产生影响,但是传统的欧洲中心主义的影响在芬兰这个个案上似乎被淡化了,芬兰以自身为中心的概念远不及其他欧洲帝国主义国家强烈。从自身发展的历史而言,芬兰传教士和政治家,没有同时期的欧美强国传教士和汉学家的居高临下,相反他们能以一种"安静"的平和心态面对中国。作为一个刚刚独立不久的国家,20世纪初的芬兰完全没有底气来瓜分中国的任何利益。没有能力也没有意愿侵占他国领土或者攫取各种特权,或许也因为芬兰政权在中国并不谋求太多的利益。其次,芬兰希望在远东观察俄国的动态,并以与日本的关系牵制俄国。于是芬兰第一个在中国放弃特殊利益,与中国签订了友好协定。

以王为义为代表的芬兰传教士大多生于19世纪后半期,正是芬兰经济大发展、同时社会矛盾不断积累的时期。19世纪末,芬兰民族运动才刚刚兴起,他们也如同20世纪初的中国一样,经历了赶走占领者、特权者的运动,从瑞典和俄国的夹缝中终于独立。芬兰自身的历史,决定了芬兰人更能够理解中国人反侵略、要求民主独立的情绪。

但是不论是柯和宁还是王为义,他们身上抹不去的是其传教士的宗教背景。作为传教士,他们所担负的传教事业受到了几乎灭顶的冲击,因为客观的时局原因,他们在中国传教期间成果甚微。芬兰传教士在短暂的享受到其他帝国主义争取到的平静期和保护期后,也同样的承担了中国人民对于所有帝国主义和所有外国的仇恨和愤怒。作为传教士,为了更好的传教,他们需要在不同的信仰中发现同一个"上帝"的存在[1],将中国人更快地领上通向上帝的道路。传教士翻译的中国古典典籍,特别是哲学思想的翻译,向芬兰人打开了一扇东方哲学的窗户。这些都是芬兰人了解中国文化最直接的途径,甚至一些芬兰的哲学教授、汉学家都是通过读这些译本,从而对中国哲学和文化产生兴趣的。在中国古典哲学的普及方面,传教士的翻译起了不可磨灭的作用。

作者简介:李颖,2006年师从张西平教授,从事中欧文化交流史研究。现任北京外国语大学北欧研究中心主任,芬兰研究中心主任,研究领域涉及中芬文化交流、北欧区域研究、翻译研究和跨文化研究。

---

[1] Nikkilä, Kaisa. *Kristillinen usko ja Kiinan salattu viisaus*:*Toivo Koskikallion teologia ja sen kiinalainen konteksti*,第215页。

人类最初的语言是汉语?

——走近一部17世纪的汉语论著《论中华帝国的语言是原始语言的可能性》[1]

陈　怡

18世纪前西方人对汉语的早期研究近年来受到学界的广泛关注。1669年，英国出现了一本以汉语为主题的专著《历史论文：论中华帝国的语言是原始语言的可能性》（*An Historical Essay Endeavouring a Probability that the Language of the Empire of China is the Primitive Language.*）。作者约翰·韦伯（John Webb, 1611—1672）是一位英国建筑师。

全书没有目录和章节。笔者根据内容将全书划分为两部分：第一部分从第1页到143页，作者根据《圣经》和释经学内容论证人类最初的原始语言在挪亚和他的后裔中得以保留。根据对世界历史材料和流传于欧洲大陆的有关中国的报道材料及《圣经》内容进行比较，证明中国的语言确为原始语言；第二部分从第144页到209页，作者阐述了自己对人类语言的一些总体看法，通过中国历史的证据证明中国在远古时期就已产生了文字，并通过剖析中国的语言和文

---

[1] 本文曾发表于《国际汉学》2009年第1期。

字证明汉语一直保持着原始状态。最后作者提出原始语言的六大特征：古老、平易、普遍、表达端庄、有用、简洁，并证明汉语完全符合这六大特征。这部分是全文的重心，也是笔者关注的焦点。

一、作者所处时代的欧洲思想文化背景

在宗教和文化方面，随着新航线的开辟，17世纪西方人的文明观念经历了一场大更新，人们开始主动了解欧洲文明之外的其他文明。但以《圣经》为核心的宗教文化仍占统治地位。比如当时大部分人认为，语言学的全部理论都在《圣经》描写巴别塔言语变乱的几行文字中[1]。此时西方人还未准备好接受《圣经》中未写到的东方异教文明，因此宁可相信它们和《圣经》历史有某种神秘联系，并在介绍东方文明的时候竭力抹上基督教的色彩。不过从17世纪起，欧洲宗教开始经历巨大的变革。随着新教势力的兴起和在异域发现的新问题不断的困扰，一向能解释世界万事万物的权威《圣经》受到了挑战。

在学术上，17世纪近代科学和理性主义正逐渐取代文艺复兴的学术色彩，但中古时期的学术特征却仍处处可见。比如17世纪上半期的英国各类著作中有大量揭示教会历史知识的典故。这一时期英国因宗教问题与学术发达、出版业兴旺的法国、荷兰等国加强了联系。荷兰的卡索邦、沃西攸斯（Isaac Vossius, or Issac Voss, 1618—1689）、格劳秀斯（Hugo Grotius, 1583—1645）等学者的作品在英国读者中广为传播，韦伯的《论文》中就充满了对他们著作的引用。17世纪初，英国历史学家雷利（Sir Walter Raleigh, 1554?—1618）的《世界史》（the History of the World）的问世让英国读者头一次读到了对《圣经》历史和年代学问题的浅显易懂的探讨，这很可能也启发了韦伯。此外，17世纪地理学科兴起，一批英国地理学家如海林（Peter Heylin, 1599—1662）及游记作者珀切斯（Samuel Purchas, 1577—1626）等，为韦伯等欧洲大众提供了大量中国地理信息。

---

[1] 参见［法］安田朴著，耿昇译：《中国文化西传欧洲史》，北京：商务印书馆，2000年，第391页。

二、作者汉语观形成的背景

17世纪的中国报道中点滴提到的独特的中国语言逐渐引起了欧洲人的关注。同时，一股寻找普遍语言或原始语言的潮流也正在那里兴起。这两种兴趣很快汇集在了一起，寻找原始语言的学者们纷纷猜测汉语是否就是原始语言，而将这个猜测表达得最彻底的当属韦伯和他的《论文》。

17世纪西方人与陌生的东方语言开始接触，这便复活了一个《圣经》中的观点：上帝在创世之初曾授予亚当一种完美的全球通用的语言。于是有些人希望找回并恢复这种语言，也有些人则试图创造出一种新的完美的全球通用语言，比如威尔金斯（John Wilkins，1614—1672）[1]的普遍语言方案。关于原始语言的话题在17世纪的英国也十分流行。雷利、海林、布朗等英国作家的著作中曾多次提到原始语言，这些零碎的线索后来被韦伯全部集中在了《论文》中。17世纪以前，原始语言一度被认为是希伯来语。[2]但是16世纪末以来欧洲人逐渐将兴趣转向了汉字。当时人们对汉字存在普遍的误解，认为它能直接表达观念。有些人便相信这恰好符合"单一"和"平易"这两个评判普遍语言的标准。这就是韦伯著书的主要依据。汉语起了推动普遍语言运动的作用，也可以说在一定程度上一度影响了欧洲语言学发展的历程。

欧洲人对汉语认识上误解的形成是有一个过程的。新航路开辟后，葡萄牙人和西班牙人对汉语有零星描述，如门多萨的《中华大帝国史》[3]，但门多萨本人并没有学过汉语。真正学习汉语的是以利玛窦为代表的主动适应中国文化的耶稣会士。他们学习汉语的规模和成就开创了汉学史上汉语研究的先河。从16世纪两本代表性的中国报道著作——利玛窦的《中国札记》[4]和曾德昭的

---

[1] 威尔金斯，英国皇家学会的创建人之一，也是普遍语言运动的主要参与者之一，著有《论真正文字和哲学语言》（*Essay toward a real Character, and a Philosophical Language*）。

[2] 参见岑麒祥著：《语言学史概要》，北京：科学出版社，1958年，第52页。

[3] 参见［西］门多萨著，何高济译：《中华大帝国史》，北京：中华书局，1998年，第112页。

[4] 《利玛窦中国札记》中提到的语言问题，还可参考鲁国尧：《明代官话及其基础方言问题——读〈利玛窦中国札记〉》，载《南京大学学报》，1995年第4期。

《大中国志》来看，耶稣会士对汉语的发音、词汇和语法等问题都已有所涉及，对汉语的一些特征和规律还提出了自己的见解。同前人相比，已有实质性进展。但总体上说，对汉语的描写缺乏体系，还称不上专门研究，更不足以构成他人研究的基础。另外，他们认识上的偏差在后人的传抄中被不断重复、夸大，导致了对汉语习惯性误解的产生。

不过，欧洲本土还是孕育出了一批汉语的研究者，虽然他们没有去过中国，也没有接触过汉语，他们的研究缺乏最基本的科学原则，但他们将传教士著述中关于汉语的内容编辑一番后写入了自己的书中。基歇尔就是一例。他在《中国图说》中试图分析汉字的结构，并将中国文字的起源同埃及象形文字挂钩。[1]基歇尔对汉字的研究结论很荒唐，意图却很明确：汉字起源于埃及，并没有独立源头，由此得出中国文明也没有独立的源头，它仍被归纳进《圣经》体系中。基歇尔的进步在于：他并不仅仅复述传教士说过的东西，而是在自己的知识体系内将所得到的新信息进行了重新阐释，并上升到了学术研究的高度，尽管这种学术尚显幼稚。韦伯的模式和基歇尔是一样的，他们在欧洲早期汉语研究史上可以被归为一类——业余汉学家。

三、作者对汉语的认识

韦伯《论文》的最后一部分对汉语进行了全方位的描写，是全文的精华。论述涉及语音、语法、词汇、文字各方面，向读者提供了一个汉语的清晰轮廓。然而，他还不能像18世纪的万济国（Francisco Varo，O.P.，1627—1687）、马若瑟等第一批专门撰写汉语语法的人那样构造出一个相对科学的语言学框架。

1. 语音

欧洲的语言都是多音节的，使用拼音文字，语法形态发达，这都促使他们注重语音研究，并在这方面做出了很大成就。这一特点在韦伯书中体现得很

---

[1] 参见［德］基歇尔：《中国图说》（Athanasius Kircher：*China illustrata*，*Translated into English*，Indian University Press，1987，p.214）。

明显，语音部分往往比语法和词汇部分更先受到重视，更多被分析，甚至连汉语方言之间的差异都被研究到了。

韦伯所描述的汉语语音特征有：汉语是全部由单音节构成的语言，音节以元音结尾的占绝大多数，少数以辅音M、N结尾。相同的音节只靠区别不大的声调来区别意义，给听力造成了难度。这些特征在早期传教士作品中就已提及。

在介绍汉语声调的时候，韦伯使用了庞迪我神父（Jacobus Pantoya，1571—1618）用欧洲的音名来对应汉字6种声调的方法。（Webb，1669：198）

耶稣会士使用的五个声调标注法集中体现在金尼阁的《西儒耳目资》中。用欧洲的音名来描写汉语的五个调值则是庞迪我神父的发明[1]，这种说法后来被基歇尔借用到了《中国图说》中，韦伯则又借用了基歇尔书中的内容。将声调和音名相比较的说法影响了后来某些欧洲人对汉语声调的认识，使他们一直存有误解，认为汉语听起来和唱歌没什么两样。

韦伯花了不少笔墨讲述方言发音问题。他虽然引用了一些门多萨和卫匡国的叙述，却往往能发表自己的意见。比如关于福建人"N""L"不分的例子。（Webb，1669：183）[2]

2. 语法

韦伯对语法讲得很少，也没有什么自己的理解。这和当时汉语研究水平有关。当时传教士对汉语的研究尚未进入系统的语法分析阶段，只是笼统地谈表面印象。这项工作要到18世纪才开始有人做。韦伯的写作目的是论证汉语是原始语言，他要寻找的论据便是汉语是一种语法简单的语言。而他眼中汉语语法的简单性表现在：词尾不变化，词性富于变通（Webb，1669：163）；没有

---

[1] 当然，其他人有不同的描述方法：金尼阁对调值进行了感性描写；万济国的《华语官话语法》（*Arte de la lengua mandarina*）则用西班牙口语中常用的叹词a, ai及否定词no在口语中出现时的语调来描写汉语的调值。参见杨福绵：《罗明坚、利玛窦〈葡汉辞典〉所记录的明代官话》，载《中国语言学报》，1995年第5期，第57页。

[2] 其实利玛窦对福建人N、L不分的情况也有相同的描述。参见［意］利玛窦、［比］金尼阁著，何高济等译：《利玛窦中国札记》，北京：中华书局，1983年，第286页。

语法、逻辑和修辞规则（Webb，1669：167）；没有动词变化、数、性、态、时等语法细节（Webb，1669：192）。

印欧语言形态丰富，词法和句法规则严格清晰，而汉语则缺乏形态，让人觉得词法和句法结构并不严密，甚至让人觉得没有语法。印欧语系的人最初接触汉语时，都会产生上述印象。

3. 词汇

韦伯继承了前人基歇尔和曾德昭所谓汉语缺乏词的说法，认为汉语的词超不过1600个。（Webb，1669：163、165）曾德昭、基歇尔二人所说的汉语缺少词其实是指汉语中有很多同音词。这表明了使用拼音文字的人在认识表意文字语言时不能摆脱的认识惯性。汉语并不单单是靠发音（拼写）来确定意义的，和发音无关的字形也参与了意义的确定。因此，相同的发音完全可以通过字形的不同来区别意义，当时的欧洲人显然很难理解这一点。

4. 文字

韦伯将介绍汉语的相当篇幅留给了汉字。从他主要援引的基歇尔、卫匡国、曾德昭三人的文献中，我们发现当时人们对汉语最关注的、介绍最多的方面就是汉字。汉字的样子、笔画结构和不同字体常常被附在正文中呈现给读者。

汉字最让欧洲人咋舌的地方就是让人望而生畏的数量。由于不同作者对汉字总量的记载出入颇大，韦伯干脆将不同的说法都罗列了一遍。（Webb，1669：173）

韦伯十分强调汉字直接表意的能力，他认为每一个事物都有一个象形符号与之对应。（Webb，1669：191、192）这恐怕是对汉字最大的误解。和音义结合的拼音文字相比，音形义结合的汉字显然多了一层由形表意的功能。但汉字即使是在初创时期也不都是完全表意的。

韦伯之所以对汉字直接表意能力感兴趣，是因为他认为这能带来两大好处：文字的普遍适用性和文字忠实地保存语言状况的优点。他认为汉字文化圈国家的人都懂汉字。（Webb，1669：201）此外，中国人用表意文字记载的古代记录直到今天仍同其初创时一样。（Webb，1669：188）韦伯很显然试图通过这两大好处告诉我们，汉语非常适合作为原始语言的代表。

韦伯这种过分强调汉字普适性的倾向从传教士时代就已经开始，并延续了很久。西方人以为日、韩、越南等邻国人都能毫不费力地靠汉字相互沟通，其实我们知道这是夸大了汉字在东亚文化圈中的作用。正因为当时传教士还未深入了解东亚诸语，汉语这种看似强大的普适性让欧洲人兴奋不已。欧洲不少学者从中看到了构建普遍语言的希望。正是这种热望，使人们对汉语的表意性过分乐观，也使这种夸大和误解在当时占据了统治地位，甚至对普遍语言运动起到了莫大的影响。

5. 口语和书面语

汉字在几千年内变化极小，这使得韦伯相信，汉语的书面语也同样保持了几千年前的原始状态。这使他更加确信汉语完好地保存了原始语言的精髓。

既然从他们国家最初开始形成起，他们的语言就一直连续不断地被保存在各个时代的书面文字中；既然那些书面文字来自他们很久以前原初的象形文字，并从此一直保持如一；既然他们的语言一直存在于这些文字中，而且据他们说至今仍不失其纯正……那么我们完全可以大胆得出结论：中华帝国的母语或天然语言永久地保持了其古老的纯洁性，没有任何变化或改动。（Webb，1669：189）

所以这就更明显了，被保存在书面文字中的语言不会遭受变化。（Webb，1669：189）

当然，这种看法显然是站不住脚的。汉语书面语从古至今产生的变化之大，使后人阅读上古的文献非常费力，这是一个常识，但当时传教士们受汉语能力所限，可能还不能敏锐地感受到书面语的时代差异，对书面语变化认识不足也是很自然的。

韦伯从传教士的报道中看到了反映汉语方言差别巨大的记载，方言之间差异导致人们互相不能理解的例子比比皆是。这使他无法相信口语像书面语那样没有产生变化。所以他只能在公认相对稳定的书面语上做文章，对口语的变化则避而不谈。

四、结论和评价

1. 该书影响有限

韦伯的作品在当时影响力很小,这是学者们的共识。当时的英国并不是中国知识的源泉和集散地,英国人的中国知识大多来自欧陆,他们能接触到的最新的汉语知识也远不及欧陆。从韦伯的参考文献中就可以看出:根本没有英国作者关于汉语的原创内容。

"汉语和原始语言"的命题放到欧陆会得到更多的关注,因为来自欧陆的天主教复兴运动的排头军耶稣会正在中国寻找上帝光顾过的足迹。但当时英国的新科学热潮使人们更关心创造发明,对复古热心不大,虽然普遍语言运动也一度使英国人激动,但他们更倾向于自己创制新的语言,而不是从古语中复活什么。我们从皇家学会的活动性质和威尔金斯当时赫赫有名的普遍语言计划就可以嗅到这种味道。另外,韦伯对汉语的狂热感情本身也说明:这不是那个时代人们对汉语态度的代表,韦伯个人在其中注入了极大的主观因素。

韦伯对后人作品的影响也极为有限。霍克(Robert Hook)是继韦伯之后第二位研究汉语的英国人,他于1685年在皇家学会哲学学报上发表的《对汉字的一些观察和推测》(Some Observations and Conjectures concerning the Chinese Characters)一文,却只字未提韦伯的论文。Sir Matthew Hale(1609—1676)在1677年发表的《从自然的角度对人类最初的起源所作的考察》(The primitive Origination of Mankind considered and examined according to the Light of Nature)一文中批评韦伯在《论文》中自称的信史根本就不可靠,并认为他的整个理论不过建立在推测出来的原因之上。[1]韦伯《论文》出版70多年后,Samuel Shuckford(1694—1754)在《世界圣俗史》(Sacred and Profane

---

[1] 参见钱钟书:《17世纪英国文学中的中国》(Ch'ien Chung-shu, "China in the English Literature of the Seventeenth Century"),载《中国社会政治科学评论·第19卷》(Chinese Social and Political Science Review, V. 19, 1940, p.370)。

History of the World，1731—1737）中才正面提到了韦伯的论点。韦伯和莱布尼茨的关系可能是最值得一提的。莱布尼茨在与人的通信中曾提到：韦伯相信汉语就是原始语言。韦伯的论点极有可能激发了莱布尼茨对汉语作为原始语言最初的兴趣，而这种兴趣伴随了莱布尼茨的一生。

2. 该书在西方早期汉语研究史上的地位

有学者将16世纪40年代到18世纪后期耶稣会大规模来华传教背景之下西方对中国的了解分为两个阶段，以1687年为界：前一阶段始于利玛窦，终于南怀仁（Ferdnand Verbuest，1623—1688），属于教士中国观；后一阶段以法国学者型传教士的活动为代表，是教士中国观走向职业中国学的开始。学术研究的萌芽为后来专业汉学的发展奠定了基础。

欧洲汉语研究史也可套用上述两个阶段的划分。在教士中国观的阶段，西方人对汉语的认识处在初步了解阶段，谈不上研究，也没有专著出现，介绍者一般不是专门研究汉语的人，多为教士和（或）其他学科的学者，汉语在他们的著作中只占很小一部分，这一阶段可以以利玛窦为代表。到了第二阶段，专门研究汉语本体的学术性著作才纷纷涌现，学者也越来越接近于专业型汉学家，这一阶段可以马若瑟（Joseph-Henry-Marie de Prémare，1666—1736）为代表。但在第一、第二阶段之交，过渡性的人物——早期业余汉学家已经出现，以基歇尔和韦伯为代表。这些欧洲早期汉学家们本人对中国知之甚少，但他们著作中中国信息的准确性却远远超过了自己的中国知识水平。这是因为他们的材料来源于在华传教士，主要是耶稣会士。早期汉学家和和传教士们的最大的区别在于前者几乎没有人去过中国，而后者却全到过中国。这就使早期汉学家成了在华传教士口头或书面报道的编纂者。他们对汉语也有了比较集中的研究，韦伯还写出了专著，类似的作品在同一时期的欧洲大陆并没有出现过。汉学家何莫邪（Christoph Harbsmeier）甚至曾称韦伯的《论文》是西方出版的第一本关于汉语的大型出版物。虽然书中的材料都来自别人，但他以敏锐的洞察力总结出了汉语区别于其他语言的独特性质。韦伯对汉语的研究还没有上升到真正语言学的高度，我们很容易就发现他甚至缺乏语言学的基本常识。但这正是当时的时代特点。今天的人只能对这本充满矛盾的作品发出感慨，感慨近一个半世纪内英语作品中关于汉语的最好描写居然存在于这本被人遗忘的、其论点在当时看来就太荒谬的书中。这种准确而又矛盾、精彩而又荒谬的结合，可以说是早期业余汉学家作品的一大特征。

韦伯在西方早期汉语研究史上的地位是不可抹杀的。他对以前传教士零散的汉语知识作了概括，并在思考的基础上对汉语做出阐释，他是第一个通过长达一本书的系统论述试图为汉语在世界语言中确立一个位置的人。虽然他得出的结论有着鲜明的时代偏见，但不能不说这是一种有趣的尝试。作为一个关注汉语的业余人士，韦伯是从传教士汉语观到职业汉语研究之间过渡的一个典型代表，随着他被遗忘而出现的，是学术上更为成熟的职业学者。

作者简介：陈怡，2001—2003年跟随导师张西平教授在北京外国语大学国际交流学院攻读硕士学位。现任教于上海交通大学人文学院。

理雅各的道教研究及其转变[1]

潘 琳

一、理雅各早期对道教及道教及道教经典的态度

1861年起理雅各陆续出版了《中国经典》系列，开始其研究生涯。然而与其说理氏感兴趣的是中国宗教，毋宁说是古典文献，因为他首先想要翻译的，是被看作中国最古老历史记载的《尚书》。就道教而言，理雅各在早期与其接触有两方面，一是文本上的，二是生活中的。理雅各在整个传教生涯中所发表的文章中从未讨论过道教，虽然他自己在1883年发表在《英国季评》上的文章中曾提到自己此前已经翻译过数个版本的《道德经》，但从未发表；合理的推测是他在早期就已经读过《道德经》，并试图进行翻译，只是还没有把握，所以他几乎没有发表过对老子及道教的公开评价。就生活中来说，理雅各在香港生活近30年，与中国信徒多有来往，也时常接触到道教信仰。通过梳理一些游记、日记等文献资料，我们可以窥见理雅各在早期对道教的观点和态度。[2]

首次记录出现在1861年，理雅各与湛约翰一起乘船去广东看望一位教徒

---

[1] 本文曾发表于《宗教学研究》2017年第2期，因篇幅所限在收入本文集时经作者修改有较大删节。

[2] 在理雅各传记中就记载了一个道士最后皈依基督教的事。参见Helen Edith Legge, *James Legge: Missionary and Scholar*, London: The Religious Tract Society, 1905.

车锦光。[1]返回时他们顺道游历了道教圣地罗浮山，并造访了山上的道观和佛寺。但显然，这些道观并没有给他留下什么好印象。理雅各评论道："如果有人期望这些庙宇是虔诚向道之人的修身养性之所，据我所见，他会非常失望。我们所见到的僧侣粗俗无知，修道生活对此也丝毫无补。"[2]

1864年底理雅各与朋友乘船至广东西江进行长达三周的游历，沿途所见不乏佛寺和道观。如在日记中记载，11月19日他们在梧州见到几处道观，"当中充满道教所喜欢的荒诞形象"。[3]28日理雅各一行到西樵山（今佛山境内）游览，见到有供奉吕洞宾的大殿，并对其建筑品位大加赞赏。

在理雅各的各种记录中，曾多次出现道教徒皈依基督教的事迹。[4]因而理雅各认为信仰道教的中国人可能比儒教徒更容易接受基督教：

> 尽管道教在大众层面是一个低劣的信仰系统，但道教徒将自己限制在修习古代书籍，以及培养其中所主张自我否定和谦逊时，他们远比儒家学者更容易接受和同情基督教真理。这是因为儒教促使人傲慢自大，而道教则使人谦逊卑下。[5]

从上面的一段短短的论述可以发现，理雅各早在香港时期对道教的一些典籍和思想有一些模糊的认识。像艾约瑟一样，他也将所谓"大众层面的道教"（实际上是他在现实中有机会接触到的一些道教形式）和"道教典籍"做了区分，他将前者归于一种荒诞不经的宗教系统，这一固有看法到1873年理雅各离开香港回国时仍毫无改变。他在游览泰山碧霞元君祠时，再一次使用了"低劣"来形容道教。理雅各对于道教经典的评价比较正面，他很可能在香

---

[1] 关于车锦光，参见Helen Edith Legge, *James Legge: Missionary and Scholar*, pp.102-121，以及SOAS馆藏档案Ch'ea Kin Kwang。

[2] Helen Edith Legge, James Legge: Missionary and Scholar, p.115.

[3] "Three Weeks on the West River"，Bodleian Library馆藏复印件，p.38.

[4] 在他的传记中还记载了一位长者及一位女道教徒愿意皈依基督教的事。参见Helen Edith Legge, *James Legge: Missionary and Scholar*, London: The Religious Tract Society, 1905, pp.169-170.

[5] Helen Edith Legge, *James Legge: Missionary and Scholar*, p.169.

港时已经读过《道德经》，因为上面提到的"道教使人谦逊卑下"显然是来自对《道德经》当中"清虚以自守，卑弱以自持"的初步解读。但他当时对道教（以及佛教）在现实中状况的了解显然不如艾约瑟。

毋庸置疑，理雅各是在牛津时期之后才真正进入道教研究的。1875年起理雅各在牛津大学任教，并与马克斯·缪勒一起着手编纂翻译《东方圣书》系列，并且在后者的建议和影响之下，他开始真正投身道教研究。1880年理雅各出版《中国的宗教》，其中第三讲"道教"可以说是他第一篇正式发表的道教研究文章，这时他已经65岁了。此后他在牛津大学的一系列公开演讲中也出现了大量道教相关内容，如《道教》（1880）、《老子》上下（时间不详）、《道德经》上下（1882）、《道教：老子和庄子》（1889）、《道教与佛教中的地狱》（1893）、《论业报》（时间不详）。[1]由此可以发现理雅各对于道教的全面研究大约始于1880年，他出版第一卷《圣书》前后，终于1891年《圣书》最后一卷《道教文本》出版，这是理雅各生命中的最后一本书。一直到他过世，理雅各或许还想要对道教做更多研究，却再也没有机会将其正式出版了。

二、比较的价值：理雅各对道教的研究

1. 找寻"唯一神"的努力

如同耶稣会士在儒家经典中寻找"上帝"一样，道教经典也曾经被传教士和汉学家拿来从中找寻早期东西方交流的蛛丝马迹。理雅各在尚未来东方之前就从大主教尼古拉斯·韦斯曼的演讲中得知雷慕沙将《道德经》中的"夷希微"解释为耶和华，根据他自述，他曾在两三年中一直在传教过程中使用"夷希微"来称呼耶和华。但1842年儒莲的译本问世，他就立刻服膺于儒莲的辩驳而放弃了这一颇有索隐派意趣的说法。尽管如此，理雅各并没有放弃他在中国

---

[1] 演讲时间根据伦敦大学亚非学院（SOAS）馆藏的一份手稿所记目录（CWM/BOX 9），该目录应是理雅各后人所整理。原讲稿均藏于牛津大学波德雷安图书馆，但上面并无标明时间，当中有一些与目录有所出入。

宗教中寻找唯一神的努力。他先是在1879年《东方圣书》中国部分第一卷中将《尚书》等古代典籍中的"帝"和"上帝"译为"God"而引起轩然大波，后又不畏反对声浪，在《教务杂志》上连载给缪勒的信，明确表示中国人所知的上帝就是基督教的上帝。而对于他认为同样古老的《道德经》，他自然不会放弃这一努力。

1880年，他为英国长老会做了4个演讲，即后来所出版的《中国的宗教》，当中理雅各首次完整讨论了道教，同时也对于"老子是否认识到上帝存在"这一对于新教传教士具有特殊意义的问题加以讨论。包括道格斯在内的汉学家都认为《道德经》中并无人格神的存在，但理雅各却不完全同意。解读的关键点，即在于对"道"和"天地"两词的解释。理雅各对于道教核心观念的"道"所做的解释一直是相当谨慎的，并且竭力避免用任何西文词来对译，但他仍尽力提出了几点：首先，"道"并非人格化的神；其次，"道"虽然先天地生，但这里的"天地"与儒教经典中的"天地"是不一样的。后者理雅各通常视之为"天"（Heaven）的二元论说法，也就是说与"上帝"是互用的；而前者则是指物质世界，也就是"天地万物"之义。因而老子所说"道"先天地生，并不等于把自己的"道"凌驾于"天"之上。而当老子把"天"用作非物质性的含义来谈论时，理雅各认为就是指上帝。[1]

相对于他之前强硬坚持儒教早期经典中的有作为唯一神的"上帝"的存在，他对于《道德经》中唯一神的表述方式是保守的。他承认自己在解读时遇到了很大困难，虽然最后他用谨慎的口吻说，"老子并没有说他不信仰唯一神。相反，他接受它的存在"，"对于老子是否认识到上帝存在，我回以肯定的意见"。然而随后他立刻说，"尽管上帝的存在没有被否定，但这本书中并没有什么宗教的教诲"。[2]这与他对待儒教的态度是大相径

---

[1] James legge, *The Religions of China: Confucianism and Taoism Described and Compared with Christianity*, London: Hodder and Stoughton, 1880, pp.225-229.

[2] 同上，p.229.

庭的。[1]

2. 世俗与典籍的距离：理雅各对"作为世俗宗教的道教"的研究

在《中国的宗教》一书中，理雅各第一次严格区分了"作为宗教的道教"和"作为哲学的道教"，这与此前的西方学者有了明显的差别。面对极度庞杂繁复的道教谱系，他试图梳理出一个"官方体系"，而最终他把道教的官方地位归结为江西龙虎山的"天师"：

> ……它的教主或教会首领所在地在江西省的龙虎山。他姓张，头衔是天师。从公元一世纪起，除了一段时间的中断之外，道教的领导权一直在张氏家族的手里。每一任天师都据说得到了第一任天师的真传，直到今天。[2]

这一描述并不准确，天师道（正一道）在魏晋时经陶弘景、寇谦之整肃，形成南北天师道，在唐及北宋时虽与官方有密切来往，但实际上并没有对全国道教的领导权。直到南宋第三十五代天师张可大时方获得掌管"丹鼎派"之权，同时间其他派别如茅山派等也颇见宠于朝廷。直到明代之后，天师道天师才被授权掌管天下道教。至于理雅各引用梅辉立所言"与此同时，（官府）又绝不干涉这两个宗教团体内部组织事务或教会成员等级的升迁，皇家机构为它们提供一个与无所不在的官僚体系和谐相处的框架，将这一框架嫁接在根据其自己的传统规则发展起来的这两个宗教的教阶等级制度之上"，则有待讨论。实际上宋代时有道官选任制度，中央级道官还有考试制度，这当然不

---

[1] 赵惊《理雅各〈道教文本〉译序和导言研究》一文中，认为理雅各赞同哈德威克等人将道解释为"自然"（Nature），并且引申出"自然"是造物主或上帝的说法。实际上理雅各从未接受这一译法，他明确指出"假如'道'有这一含义的话我会像巴尔福一样毫不犹豫采用这一译名，但它并没有，如果强加一个不自然的意思在其中只会使思绪混乱，并模糊老子的本意。"（Preface, p.14）将"道"译为Nature其实与早期法国汉学家将其译为Logos并无差别，理雅各历来反对，并且认为"天"或"帝"才是代表唯一神，这也是他花上许多笔墨为"道者先天地生"做解释的原因。参见赵惊：《理雅各〈道教文本〉译序和导言研究》，《基督教文化学刊》No.26, 2011, 第65-67页。

[2] James Legge, *The Religions of China: Confucianism and Taoism Described and Compared with Christianity*, p.162.

能说是"绝不干涉"。[1]由于理雅各并未提到任何其他宗派并把天师称为"教主",与孔氏相提并论,很容易使读者误以为这是唯一正统的道教宗派。在注释中理雅各对道教"天师"传承的描述也显示出他对这一问题并不清楚,如他认为寇谦之"篡夺"了张氏家族的"天师"之位,并且寇氏家族延续这一地位至唐玄宗时。[2]理雅各自己也意识到到了这一点,因而他表示希望有汉学家能深入研究这一问题。[3]

综上可以发现,理雅各在开始他的道教研究时遇到的最大问题是文献不足,除了其他汉学家的作品以外,他所依赖的道教文本主要就是一本《玉历钞传》和《太上感应篇》。《玉历钞传》(或称《玉历宝钞》)是清朝极为流行的善书,宣扬善恶果报的观念,每个版本都大量引述当时故事以便信徒加以理解,虽然贴近民间社会的宗教状况,但用来理解道教,无疑是非常不足的。[4]理雅各自己也意识到了这一点,与对儒教的研究比起来,他对于道教的很多描述都显得不那么确定,并多次提到要留待将来再研究。

3. 理雅各晚年的道教研究成果和观点修正

理雅各在1891年出版《东方圣书》中国部分的最后两卷(The Texts of Taoism,下称《道教文本》),这是他在该领域最后也是最重要的成果。而在这之前的插曲是他和翟理斯之间一场针锋相对的论战。理雅各在一篇题为《评翟理斯〈老子遗集,重译〉》中对翟理斯所提出的《道德经》是伪书的观点进行了尖锐的批评,其中大量引述历代《道德经》注家,表现出他在对于道教相

---

[1] 向仲敏著:《两宋道教与政治关系研究》,北京:人民出版社,2011年,第109-125页。

[2] 实际上是在寇谦之时道教才获得国家宗教的地位,之前的"天师"并未得到当时朝廷的认可。寇谦之所改革的天师道与之前的有很大区别,寇氏家族也从未继承"天师"的头衔。参见窪德忠:《道教史》,上海译文出版社,1987年,第117-129页。

[3] James Legge, *The Religions of China: Confucianism and Taoism Described and Compared with Christianity*, pp.233-234.

[4] 当代有学者研究认为,《玉历宝钞》虽被广泛视为道教经典,但其基本理念来自于佛教,是佛教劝善运动的产物。参见段玉明:《〈玉历至宝钞〉,究系谁家之善书?》,载《宗教学研究》2004年第2期,第31-38页。

关文献的掌握上已经大有长进。[1]而在《道教文本》出版时他重提这次论辩，极力为《道德经》和《庄子》的真实性辩护，并且在序中详细列举了他所使用的参考文献及本文。从这些文献文本来看，理雅各在儒莲等法国汉学家的研究基础上更进一步，引入了不少清代学者的研究，如陆舆编《道祖真传辑要》（1877年常州版）、陆树芝《庄子雪》（1796年版）、胡文英《庄子独见》（1751年版）、惠栋《太上感应篇注》（1749年版）等等。[2]可以发现，以上所举实际上皆以儒家学者见称，惠栋更是乾嘉经学的代表人物，从理雅各的文本抉择来看，他受清代经学影响是毋庸置疑的。

理雅各对于自己早期观点的第一个修正是关于道教思想的起源问题。在《中国的宗教》及《东方圣书》第一卷中他都提到过"老子是道教被认可的始祖"，但《道教文本》出版时，他一上来就提出"在老子写《道德经》以前就已经有道教思想存在了"，老子有可能与孔子一样"述而不作"，并引述宋末元初的道士杜道坚的说法，认为老子习惯于引用前人的书，如"谷神不死，是谓玄牝"就是引自黄帝书。[3]所谓的"黄帝书"自然是不存在的，虽然道教中的一些思想、仪式和习俗在周代前就已存在这一说法现在得到了公认，但理雅各认为老子引述前人作品却并无证据。

在第一卷《东方圣书》（1879）出版时理雅各曾因坚持把《尚书》中的"帝"译为"God"而引起"译名之争"，多名在华传教士甚至联名写信给丛书主编马克斯·缪勒抗议。而在《道教文本》中理雅各的态度却一百八十度转弯，他明确反对用任何英文词汇来对译"道"，他对雷慕沙所说的"理性"（raison），儒莲所说的"方法"（la Voie）以及哈德威克和巴尔福所用的"Nature"都不赞同，认为都未尽老子的本意，因而提出音译。[4]虽然此前

---

[1] James Legge, "A Critical Notice of Remains of Lao Tsze, Retranslated", *The China Review*, vol.16 No.4, 1888, pp.195-214.

[2] James Legge, *The Sacred Books of the East*, Vol.XXXIX, Oxford: Clarendon Press, 1891, "Preface", xx-xxii.

[3] 同上，Introduction，pp.1-2.

[4] 同上，pp.12-15.

在《中国的宗教》中他已经提倡音译，但未尽其义，因而在《道教文本》中他对此问题又详加论述。理雅各反对用"Nature"一词的首要原因是，他认为Nature让人联想到的上帝所创立的一种法则，而在"道"在道教文献中并无此意。他指出"道"不是"实质性存在"（有），而是"存在的方式"（a mode of being），因而无法在英文中找到一个实义的词与他对译。[1]

对于翟理斯在其《庄子》英译本中将"帝"译为"God"，理雅各更是大为不满，称对其感到"刺眼"。[2]这实际上反映出理雅各对中国古代宗教一贯的看法：他坚持认为在上古时期中国有一神信仰，因而《尚书》等成书较早的文本中的"帝""上帝""天"等都是这种早期信仰所反映的正是这种一神信仰；在一神论的前提下，用基督教名词进行对译自然不成问题；而《庄子》《老子》成书年代都较晚，已经是上古信仰"崩坏"的时代，自然书中也不可能再有一神论存在了。

除了《道德经》和《庄子》外，理雅各选择了《太上感应篇》作为反映中古道教的样本。对于西方学者来说，《太上感应篇》并不全然陌生，早在1816年雷慕沙就译出了第一个法文版，后来克拉普罗特、儒莲等人也曾翻译。理雅各在说明他为何选择这一文本时说：

> 这一篇章更多地像是我们所理解的布道词或是大众性的小册子。它避开了复杂了讨论，而直接摆出了若干种好的特性和行为，以及更多坏的（特性和行为），鼓吹实行好的而反对坏的。……在《东方圣书》当中给它一个位置是因为它在中国的流行性。[3]

他提醒读者注意自中古以来道教产生的变化：《太上感应篇》中所说的

---

[1] 在《庄子·则阳第二十五》中有"道不可有，有不可无。道之为名，所假而行。或使莫为，在物一曲，夫胡为于大方？言而足，则终日言而尽道；言而不足，则终日言而尽物。道物之极，言默不足以载；非言非默，议有所极。"说明用语言来描述道的坏处和不可能性。James Legge, *The Sacred Books of the East*, Vol.XXXIX, p.15.

[2] James Legge, *The Sacred Books of the East*, Vol.XXXIX, p.17.

[3] 同上，"Introduction"，p.37.

报应没有超出现世，而近世道教中则充斥了对阴府地狱的描述以及罪人受到永罚的说法，这无疑是受到佛教日益严重的影响。[1]

而他唯一没有突破的，是在道教的教派和世系方面，他沿袭了《中国的宗教》中对"张氏家族"的描述，在文献方面也没有更多进展，这大概主要还是因为文献不足的缘故。

三、手稿与其他：理雅各道教研究中的一些矛盾

经过《道教文本》的翻译和研究，理雅各在道教研究和文献掌握上已经有了很大进展，他本可以取得更多成果，但在《道教文本》出版时他已经76岁，这也是他出版的最后一本著作。除了以上所引过的著作及讲稿外，据笔者所见在牛津大学波德雷安图书馆还藏有理雅各手稿一本，主要讨论老子及道教学说。[2]手稿本中内容均不见于《道教文本》，从内容和结构来判断，应是《道德经》译本的序（Preface）和简介（Introduction），当中"简介"部分共有30节。有两种可能性：一是理雅各在自己的某个《道德经》译本所写的前言，不知什么原因后来并未出版；二是《道德经》再版单行本，理雅各为其撰写的新序，但笔者并没有找到这个"单行本"的《道德经》。无论是前者还是后者，都证明理雅各在不同时间对老子和《道德经》的理解有模糊和矛盾之处。以下笔者将用有限的篇幅简述其中一些要点，特别是与《道教文本》有出入之处。

从手稿第1节至第5节理雅各简述了从柏应理、杜赫德到雷慕沙、儒莲的欧洲《道德经》译介历史。他称儒莲的译本"正确性不容质疑，将永远保留其价值，想要超越是不容易的"。但同时理雅各也批评说，儒莲走到了雷慕沙的对立面，竭力避免把老子与西方思想家相比较，否定双方有任何接触和可比性。他还从《史记》中老子出函谷关的记载和"老子化胡"的传说出发，讨论

---

[1] James Legge, *The Sacred Books of the East*, Vol.XXXIX, "Introduction", pp.43-44. 儒、道、佛之间的关系和影响也是理雅各在道教研究后期所关注的课题之一。

[2] 无标题手稿本，Bodleian Library馆藏。该稿本共有82页，双面。

了老子与西方世界接触的可能性。这些内容无论在《中国的宗教》或是《道教文本》中均未被提到。

理雅各在手稿中第7节称老子的学说"从根本上来说是神智学（theosophical）的"，称老子是"属于最深刻的追问者和思想家，人们或许以为他们是神秘主义的，但他们是从所有存在的最深刻处出发"；并且说虽然没有启示，但老子的知识来自于最准确的经验，并成为一种"世俗智慧"。同时他举证笛卡尔、斯宾诺莎、莱布尼茨、费希特、谢林和黑格尔等人，认为伟大学说之间有可能相互矛盾，而不同思想也可能是同源的。这里理雅各的说法非常模糊，似乎是想证明老子虽从字面上与基督教学说无关或抵触，但两者仍可以同时成立。这一说法在《道教文本》中当然也是不存在的。

另一个值得注意的地方则是在第10节中，理雅各讨论到"道"的翻译问题。他首先引述了《道德经》在若干处对于"道"的描述和解释，并表示不同意雷慕沙"Reason"和儒莲"The Way"的译法。但令人吃惊的是，理雅各接下去说，"如果非要翻译'道'这个词，它表示'存在'（Being），由于我们在英文中找不到其他表示最高存在的词，除了God以外我们没有其他选择"。这与理雅各一直以来的态度都大相径庭，因为在其他出版物中我们可以看到理雅各一贯都反对用任何词翻译"道"的。相对而言他稍微能接受的是儒莲的译法，而God是他一直都反对的译法。在第12节他再次谈到这个问题，他指出上古时中国人可能用不同的名词指代"最高存在"，最为对应的是"帝"或"上帝"，而"道"是另一个程度上的对应说法。

从上面的描述可以发现，在这一手稿本中理雅各非常热衷于将老子描述为一个虽然没有"启示"，但自发地探索世界本源和存在的思想家。与儒莲不同，理雅各虽然不同意雷慕沙和波蒂埃的过分发挥，但也同样将老子与西方一些宗教、哲学家进行比较。由于我们无法确定手稿本所产生的时间，因而也无法知道理雅各是在后期抛弃了这些想法？或是在晚年思想有所转向？在没有新文献的发现和证实之前这些都不得而知，但从手稿所见，理雅各在研究道教的过程中所经历的思想上的摇摆和激荡，是毋庸置疑的。

作者简介：潘琳，2008年起随张西平教授学习，2012年获得北京外国语大学比较文学与跨文化研究专业博士学位，现任职于福建师范大学海外教育学院。曾在英国牛津大学、香港浸会大学、伦敦大学亚非学院等海外高校访问或短期研修，并曾在理雅各家乡苏格兰亨特利做田野调查。目前从事有关理雅各、基督教思想史及典籍外译史等方面的研究，已出版译著《灵与肉：山东的天主教，1650—1785》，发表相关研究论文若干。

《印中搜闻》视域中的中国社会信仰和习俗[1]

刘美华

中国和西方各自的传统文化，都有自身独特的历史和文化根基，并形成了迥异的社会信仰和习俗。自16、17世纪以来，西方国家以利玛窦为代表的天主教传教士的作品和书信为基础，已经初步构建了一个关于中国的知识体系和中国形象；中西"礼仪之争"使得这一体系更加巩固和生动。然而，到19世纪初期，这一知识体系和中国形象逐渐遭到冲击、质疑甚至否定。随着以马礼逊为代表的新教传教士的到来，西方社会正酝酿着重新建立关于中国的知识体系和中国形象。在此过程的初期，伦敦会传教士米怜（William Milne，1785—1822）和马礼逊等人在广州、澳门以及南洋一带的文字活动中扮演了举足轻重的作用。其中，1817—1822年由米怜和马礼逊创办和主编的《印中搜闻》（Indo-Chinese Gleaner，1817—1822）可以作为典型代表。

一、《印中搜闻》

《印中搜闻》由米怜和马礼逊共同创办，而具体的编辑和发行工作由米怜负责。1817年（嘉庆二十二年）5月《印中搜闻》正式创刊，至1822年米怜

---

[1] 本文曾发表于《北京行政学院学报》2014年第2期，在收入本文集时经原作者修改，字数有所删减。

逝世，这份刊物仅刊行5年，共三卷分20期，三卷共1001页。《印中搜闻》的各期篇幅均不相同，从页数上看，总的趋势是上升的。该刊的主要撰稿人，除米怜外，还有居住在广州、汉语水平能翻译《京钞》的马礼逊，以及受伦敦会之聘前往马六甲协助米怜主持印度以东伦敦会的印刷事务的麦都思应该也为该刊投过稿。

米怜谓其办刊宗旨，"为了使在东方的伦敦会传教士了解关于欧洲和亚洲的各种消息，为他们提供相互沟通的媒介、为他们提供相互了解各地传教动态的平台"[1]。然而，通览《印中搜闻》，不难发现它的世俗性是高于宗教性的，其内容不仅包括传道会在东方的动态、通讯和报道，还囊括了包括中国、印度、日本、朝鲜和南洋等在内的各地历史、哲学、文学和信仰以及社会的实时报道，最后甚至以中国为主要关注对象，它对中国的观察是多方位的：涉及中国政治、经济、生活、文化和信仰等方方面面，也是多角度的：包揽了中国皇帝、官僚和普通百姓各个阶层。米怜在第三卷发刊词中进行了比较明确的说明："《印中搜闻》的宗教特征只能令很少人感到满意，对有些人来说宗教性不足，但对很多人来说却是宗教性太过。我们并不奢望摆脱这种尴尬，实际上也不急于脱离此项工作。将刊物办成完全或主要是宗教性的，将会背离最初的设计；而将宗教内容完全排除在外，则又丢弃了上天所赐予的最好的礼物——那是医治人类悲伤的唯一门径。"[2]正是由于这一原因，《印中搜闻》的刊行并未得到伦敦会的经费支持，米怜曾称"该刊一直未能收支平衡"[3]，又或许正是由于经费问题，《印中搜闻》印刷质量并不理想，有印刷错误、印刷模糊以及还有手写的改动等问题。

即便如此，《印中搜闻》还是在欧美的知识界与社会公众中产生了一定的影响，它所刊载的消息、资料、译文和评论，成为人们了解和研究中国的一个比较重要的资料来源，它在西方学术界重新构建关于中国的知识体系和中

---

[1] "Introduction", *The Indo-Chinese Gleaner*, vol. I, No. 4, p. 7.

[2] "Introduction", *The Indo-Chinese Gleaner*, vol. III, p. 741-746.

[3] WilliamMilne, *A Retrospect of the First Ten Years of Protestant Mission to China*, Malacca: The Anglo-Chinese Press, 1820, p. 190.

国形象的初期,有着至关重要的作用。特别是为人们论述嘉庆末年和道光初年中国的状况,提供了不少原始的材料,其中部分文章被后来的一些报刊利用或再印,如《中国丛报》(Chinese Repository)、《广州纪事报》(Canton Register)和《广州周报》(Canton Press)等,[1]特别是有些报道的细节在中文文献中都很难查找,对研究中西文化交流史具有不可忽视的价值。

二、对于中国社会信仰和习俗方面的认识

19世纪初英国新教传教士来华的宗教使命让他们对中国信仰状况格外关注。《印中搜闻》对于中国人精神生活、宗教观念和态度的关注是情理之中的。它对中国人信仰状况和习俗的记载,主要有以下几个方面。

1. 关于中国人的迷信和习俗

《印中搜闻》有四期文章通过"翻译"和"介绍中国文学"的栏目连载了题为"中国的迷信和习俗"(Superstitions and Customs of the Chinese)的文章。这些文章在每一条"迷信和习俗"后都注明"罪"(SIN),并有小一号字体的阐述。从文章的形式上来看,文章的作者事实上是在一条一条的对中国的情况批判和否定。这些批判深入到中国社会生活的方方面面:

(1)日常生活中:佩戴"护身符"、"乌鸦道丧、喜鹊报喜"、烛光或火苗之势代表着福与祸、打喷嚏缘于被谈论、新房悬挂红布、地基或门槛下放钱以及"占卜"之术等。

(2)婚礼仪式上:贴"双喜"字、门前挂肉、门口放筷子、用拳头击打衣服箱子、把镜子绑在被子里、焚香以及往新娘身上撒米等。

(3)丧礼:"墓地风水"之说、安葬死人在口中放钱币、把米放在瓶中给死人陪葬、丧礼上致悼词、哭丧以及烧冥币、扫墓、墓碑前哭悼等。

(4)节日:春节贴春联、端午节的赛龙舟、敬天地以及清明节扫墓。

(5)其他:"黄道吉日"之说、张贴"符咒"以及张贴匿名告示污蔑他

---

[1] 吴义雄:《〈印中搜闻〉与19世纪前期的中西文化交流》,载《中山大学学报》,2010年第2期。

人的习惯；甚至把绑架儿童、服毒药堕胎、杀婴和鸡奸等行为也列为"中国的迷信和习俗"，这显然有失偏颇。"溺婴"是来华西方传教士尤为关注的现象，显然，这也是中国这个古老的文明国度里最深的伤疤之一，《印中搜闻》中对此也有涉猎，文章提出"杀婴"在中国存在的证据：中国人自己的忏悔、一些劝诫的伦理道德文章以及定居在中国的欧洲人所言。

2. 关于中国人的偶像崇拜

《印中搜闻》有多处讨论中国人的偶像崇拜，作者认为中国人所信奉的仅仅是造物主所造之物而并非造物主，还指出中国人的偶像崇拜是多样的。

《缺雨》[1]一文中，颁布缘因京城雨季无雨，故皇帝下令对罪犯从轻发落以感动上天而降雨。作者由此认为，人原本是有宗教的概念的，只是丢失了而已，愚笨的人们自作聪明，信奉造物主所造之物却不信奉造物主。然而，上帝却依然仁慈地启示人们，得到神启示的人有义务去帮助其他人。

人类文明的进步从来就没有离开过宗教的影响，这在一定意义上和传教士所说"人原本是有宗教的概念的"是相呼应的，然而，东西文明的差异，也使得不同文化的人对"宗教概念"的理解大相径庭。其中"祭孔"便是其中最值得讨论的话题。祭孔不仅是中国古代政治文化生活中的重要内容，也是中国传统礼俗的核心内容。明末清初来华天主教传教士曾为此曾展开过"礼仪之争"，后来的新教传教士当然不会忽视这一话题。

《祭孔》[2]一（译）文就这一内容进行了讨论，此文以书信的形式展开，首先讨论了偶像崇拜，作者认为"对人（与造物主相对）的崇敬""精神上对于上帝之外任何人、物的崇敬"都是偶像崇拜。而精神上的崇敬付诸行动便是诸如祈祷、祭祀等行为。在作者看来，中国文人的祭孔礼仪完全可以称得上是偶像崇拜。作者还根据《圣庙志》提供的数据，质疑中国有识之士祭孔的这一行为。

---

[1] "Want of Rain", *The Indo-Chinese Gleaner*, vol. I, No. 4, pp. 94-95.
[2] "The Worship of Confucian", *The Indo-Chinese Gleaner*, vol. II, No. 11, pp. 500-502.

3. 关于儒学/儒教[1]

马礼逊和米怜很早就深刻了解到儒家经典在中国的社会地位，并决定研读并翻译[2]。他们以儒家经典语句装点中文报刊《察世俗每月统记传》，在英华书院提倡学习儒家经典。虽然马礼逊和米怜对儒学的兴趣甚高，但是他们对于儒学的认识却不尽相同。马礼逊否定儒学的宗教性，他在1809年的一封信中说："现在我正在学习孔夫子的'四书'，这是一部中华帝国最伟大的圣言书，孔夫子是一位智者也是一位正直的人，他扬弃了当时大部分的迷信，但他的教训不能称作宗教。"[3]而米怜对儒学的态度要更为复杂和功利，他一边视儒学为迎合中国人的工具加以附会，一边又认为儒学更倾向偶像崇拜和迷信，他甚至翻译圣经所用文体也都参考儒学作品的文体。[4]然而他在《新教在华传教前十年回顾》中说："儒者……终于在社会上形成了实力强大的偶像崇拜和迷信。"[5]

《中国的玄学》[6]一文引述了《性理大全》和《朱子全集》，译介了"太极""阴阳"和"魂魄"等概念。或许是为了文章的可读性，作者还极富创新性地将中国的玄学和西方的各种思想相提并论。如：用瑞典博物学家林奈的"植物性系统"（the sexual system of plants）来解释说明玄学的宇宙论，用毕达哥拉斯（Pythagoras）的"概念数字"（intelligible numbers）解释易经中的各种符号等。

正是由于米怜把儒学视为"异端"、偶像崇拜，他在英文作品中常有意识地把儒学的意识形态和思想混为一谈，甚至以儒学的意识形态代表儒学的思

---

[1] 关于儒学是不是宗教、儒学宗教性的问题，并非本文重点，本文关注的是《印中搜闻》对儒学/儒教问题的译介和研究，为行文方便，下文用儒学表述。
[2] Eliza Morrison, *Memoirs of the Life and Labours of Robert Morrison*. London：Orme, Brown, Green and Longmans, 1839, p. 232.
[3] 同上，p.281.
[4] WilliamMilne, *A Retrospect of the First Ten Years of Protestant Mission to China*, Malacca：The Anglo-Chinese Press, 1820, pp.89-93.
[5] 同上，p. 27.
[6] "Chinese Metaphysics", *The Indo-Chinese Gleaner*, vol. II, No. 9, pp.390-399.

想,以贬低儒家思想的价值。[1]20期的《印中搜闻》有13期连载米怜的《中国书目》(Bibliotheca Sinica)以介绍中国的书籍文献,其中儒家经典"四书"和《圣谕广训》便位列其中。就在这些书目的介绍说明和评价中,米怜多处对儒学进行肆无忌惮的抨击、扭曲甚至讽刺。在对《论语》的译介中,米怜由"未能事人,焉能事鬼"和"未知生,焉知死"指出孔子对上帝的本质和来世的无知。米怜认为《中庸》宇宙论中所讲的鬼神和柏拉图主义的"世界灵魂"(Anima Mundi)相同,将《中庸》中"体物而不可遗"解释为"鬼神体现在一切事物之中,是一切物质所不可或缺的"[2]。事实上,《中庸》的本意是要人以诚敬之心感格鬼神,而觉其为类于无限的存在,《中庸》所言"体物而不可遗"并非是客观的肯定。[3]在对《圣谕广训》的说明中,米怜指出此书充斥着无神论者对每一种宗教形式以及虔诚职责的漠视。[4]在对《大学》的阐述中,米怜引述"曾子临终易席"典故,把《大学》记述者、以孝著称的曾子之死与雅各布、大卫和西蒙之死相比,指出曾子临终关注的事情如此微不足道、毫无启发性。米怜还认为曾子的哲学为"异端"。[5]

4. 关于中国的佛教

在中国社会生活中几乎无处不在并占有重要地位的佛教,也是来华传教士所关注的焦点之一。《关于中国的宗教观》[6]一文先是介绍中国的"儒、释、道",或许是由于儒教的宗教性不足,继而用一半的篇幅用来谈佛教,作者已然注意到"佛教在中国广为流行,对民众影响至深"[7]。《印中搜闻》在

---

[1] [新加坡]龚道运著:《近世基督教和儒教在十九世纪的接触》,上海人民出版社,2009年,第81页。
[2] "Bibliotheca Sinica: Chung-Yung", *The Indo-Chinese Gleaner*, vol. II, No. 13, pp.643-647.
[3] 牟宗三著:《心体与性体》第一册,台北正中书局,1968年。
[4] "Bibliotheca Sinica: Shing-yu Kwang-hium", *The Indo-Chinese Gleaner*, vol. II, No. 7, p.281.
[5] "Bibliotheca Sinica: Ta-heoh", *The Indo-Chinese Gleaner*, vol. II, No. 14, p.712.
[6] "On Religious Opinions in China", *The Indo-Chinese Gleaner*, vol. III, No. 18, pp.932-935.
[7] "On Religious Opinions in China", *The Indo-Chinese Gleaner*, vol. III, No. 18, pp.932-933.

翻译和文学栏目中直接翻译和介绍了5篇关于佛教的文章。其中一篇《佛儒体系的对比》是全文翻译了王阳明的《谏迎佛疏》[1]，另一篇《佛骨》全文翻译了韩愈《谏迎佛骨表》[2]。虽然王和韩的这两篇文章风格迥异，却都是谏阻皇帝崇信佛教的，王的《谏迎佛疏》委婉、雍容大度，全篇不费一字贬低佛教，却在字里行间以儒家思想的博大精深衬得佛教思想捉襟见肘，以中国圣人和释迦牟尼的对比使得佛教思想相形见绌；韩愈的《谏迎佛骨表》则激进、疾恶如仇，对佛教是不依不饶的攻击和挑衅。从《印中搜闻》对这两篇译文的刊载，作者和编者对佛教的态度便不言自明。

谈及佛教，不能不提佛教的天堂观和地狱观，对此，《印中搜闻》分别刊载了《佛教之天堂》[3]介绍佛教天堂说、《中国人的地狱观》[4]译介地狱说。此外，还有一篇文章介绍了佛教的语言，题为《佛教和伊斯兰教神职人员的语言》[5]。另外还有一篇《喇嘛教抢劫案》[6]。

直到1822年，新教传教士来华时间和人数仍寥寥可数，能选择王阳明和韩愈的文章"软硬兼施"地对待佛教思想，说明当时的传教士在这方面是下过功夫的。关于中国的佛教，马礼逊曾说："佛教在中国被学者诋毁，被放荡者嘲笑，但是被所有人信奉。"[7]总体来说，这些文章篇幅不短，理解亦非肤浅，但是并非学术性文章，译者译介这些文章不外乎是为了将佛教名正言顺地纳入异教的归类加以否定。

5. 其他宗教

在中国，除佛教以外中国的民间宗教和其他宗教信仰是他们关注的另外焦点。《印中搜闻》中对于其他宗教的介绍，大多是穿插于历史事件中的，如

---

[1] "The Systems of Foe and Confucius Compared", *The Indo-Chinese Gleaner*, vol. I, No. 5, pp. 156-164.
[2] "A Bone of Fuh", *The Indo-Chinese Gleaner*, vol. II, No. 12, pp. 551-554.
[3] "The Paradise of Fuh", *The Indo-Chinese Gleaner*, vol. I, No. 6, pp. 208-214.
[4] "On the Chinese Hades", *The Indo-Chinese Gleaner*, vol. III, No. 20, pp. 1034-1039.
[5] "The Ecclesiastical Language of the Buddhists and Mahometans", *The Indo-Chinese Gleaner*, vol. III, No. 17, pp. 887-893.
[6] "Lama Priests Commit Robbery", *The Indo-Chinese Gleaner*, vol. I, No. 5, p. 150.
[7] Robert Morrison. "Observations", *The Chinese Repository*, vol. 1.

译自《京钞》的《清茶教》[1]为清政府官员破获该教的奏折。以清茶门教为代表的中国民间宗教被朝廷官员"破获"并处决、传教士在中国被杀害、皇帝以"浪费时间和金钱"为由禁止宗教聚会等文章，以反映中国宗教信仰来自中国统治者的压力。

《印中搜闻》有6篇文章论述伊斯兰教，涉及伊斯兰教神职人员的语言、国王、伊斯兰教反对福音的原因、教徒的经书历史观、伊斯兰教历史中的该隐和亚伯和广东伊斯兰教寺院。众所周知，中华帝国内的开封存在着犹太人被称为"中国民族学史上一大奇迹"。此刊也有所提及，《中国的犹太教》[2]开篇即交代"长久以来，一些有识之士认为以色列失踪的十个部落在中国，并定居河南"。文中摘录了马礼逊赴北京路上的见闻，其中介绍河南开封部分家庭信仰挑筋教，他们每吃各种肉都要挑去筋而不食；作者指出那些人的宗教形式和其他中国人的大不相同，和犹太教却有相似之处。对此，作者表现出浓厚的兴趣：他们的宗教仪式是什么？有多少人？如果是犹太人，他们是如何来到中国的？如果不是犹太人，那他们又是什么种族？什么宗派？这个问题很有意思也很值得研究。

三、结语

《印中搜闻》在创办不久便在欧美学术界和汉学界产生了很大影响，这也属于东学西渐的一部分，他们对于中国社会信仰及其习俗的叙述，既包含了有关中国的叙述，又带有西方对当时的中国及其人民的评判和审视，而他们大多是以西方文明的视角和价值来选择和扬弃的，从而产生不同的理解甚至误读。或许是由于文化隔膜和不了解中国文化产生的偏见和错觉，或许是由于作者特定身份和视阈决定了他的立场，或许正如约罗伯茨（J. A. G. Roberts）在其著作中所说："传教士带着不可动摇的成见来到中国，即认定中国文化是异教文化、停滞的文化，而他们自己的主要任务就是向这些异教传统发起挑战并

---

[1] "Of the Tea Sect", *The Indo-Chinese Gleaner*, vol. I, No. 1, pp. 21-24.
[2] "Jews in China", *The Indo-Chinese Gleaner*, vol. I, No. 1, p. 25.

战败它们。"[1]

认识一个民族是一项长期、复杂而艰巨的工程,《印中搜闻》刊行时期,新教传教士与中国的接触是有限的,加上语言的不便,对中国的了解只能是管中窥豹。

作者简介:刘美华,自2009年起师从张西平教授在北京外国语大学汉学中心学习,2012年获比较文学与世界文学硕士学位,2015年获比较文学与跨文化研究博士学位。期间,曾在香港浸会大学、英国牛津大学等海外高校访学或研修。研究方向为早期传教士汉学、中西文化交流史等。现任教于浙江外国语学院国际学院。

---

[1] [英]约·罗伯茨编著,蒋重跃等译:《十九世纪西方人眼中的中国》,北京:中华书局,2006年,第50页。

对中西源头经典中人性论的一点思考

马丽媛

一般来说,一说到中西文化中的人性论,有个普遍的简单结论:中国文化认为人性本善;西方文化认为人性本恶。我认为这种概论可以作为思考两个文化体系的起点,但不能作为定论。作为跨文化研究来讲,这种思路很可能把研究者带入误区,比如研究者往往可以从两个体系中选择支持这一观点的来进行论述,从而忽略体系内部的复杂性。其实就经典文本本身的解读也不应随意依从所谓的权威,如果我们不带有前见地重新审视,不难发现经典的多层面内涵和宽阔的诠释空间。

纵览中西文化,如果我们要找到源头型的经典文本,在中国文化中不可争议地指向《论语》和《道德经》;在西方文化中就是《理想国》和《圣经》。儒家文化是中国文化的外化表现,孔子是中国文化的现代代言人。以《道德经》为核心的道家文化是中国本土产生的形之上的最经典论述,后世儒家文化里融入了很多道家的理念,包括朱熹提出的"理"。关于柏拉图,有名家称后世西哲都只是他的哲学的注解而已。虽然这句话有些夸张,但绝不离谱。至于《圣经》,是对欧洲文化影响最深远的经典,西方传统中或赞或贬低,都是围绕着《圣经》所提出的关于世界与人的观点展开的。基于此,本文从这4个经典文本中提取关于人性的论述,试图以关注文本的复杂和多角度内涵，寻求一个开放式的结论。

一、《论语》与《道德经》

《三字经》中的"人之初，性本善"成了中国人对人性的确定判断，但它并不是孔子讲的。"性相近也，习相远也（17.2）。"确是孔子所言，这句话似乎也成了性善的依据。其实如果我们把这句话放到《论语》的大框架下，就会发现孔子对人性的看法是喜忧参半的，而且并不一定是倾向于善的。孔子的核心概念一般被界定为"仁"。孔子对"仁"的定义是多层面的，即明确又笼统。明确的如："孝悌也者，其为仁之本与（1.2）"，"克己复礼为仁（12.1）"。笼统的如："夫仁者己欲立而立人，己欲达而达人（6.30）"，"志于道，据于德，依于仁，游于艺（7.6）"，"樊迟问仁。子曰：'爱人'（12.22）"。要想把明确的和笼统的"仁"理出头绪来，也许要从解字上破密。"仁"是两个"人"的组合，那么人的"仁"性就体现在如何对待他人上。"孝悌""立人与达人"都是从基础到高阶对"仁"的描述。孔子不讲善，他以"仁"代善，他的"仁"是有等级，有差别的善。从对亲缘关系的仁爱波及对他人的爱，从"孝"到"信"到"忠恕"，都是"仁"的不同层面的表现。值得注意的是，孔子把"仁"也融入对人的品格乃至个性的要求中。"巧言令色，鲜矣仁（1.3）！""刚、毅、木、讷近仁（13.27）。"从中可以看出孔子反对"巧言"，倡导"木讷"，强调的是"仁"的内省性。孔子讲"仁"不是只针对其本身系统地阐述，所以"仁"的内涵从"义""礼""知""信""君子""圣"等等中还可以折射出来。其中尤其是"礼"。仁为本，礼为表。当颜渊问孔子"克己复礼"的含义时，孔子回答说，"非礼勿视，非礼勿听，非礼勿言，非礼勿动（12.1）"。可见"礼"是"仁"的外化。

在《论语》里没有孔子关于人本性里的"仁"是否存在的讨论，也许对于他来讲是无须证明的。从这一点上看孔子是肯定性善的。不仅如此，他对人可以实践"仁"是很确定的，这种肯定来自于对人的内省能力的肯定。

"为仁由己，而由人乎哉（12.1）？""见贤思齐焉，见不贤而内自省也（4.17）。"这种内省能力也是善的重要体现。然而，换个角度来看，孔子对于"仁""礼"的强调也可以解释成为对人性善的否定，因为"仁"表明了人性善的局限性。孔子讲"孝"也可以理解成他洞察人善性的有限。当子贡问孔子："如有博施于民，而能济众，何如？可谓仁乎？"孔子回答道："何事于仁，必也圣乎！"孔子只谈到君子，不谈圣贤，他把君子置于圣贤之下，恐怕也是看到人的善的局限性吧。子曰："君子有三畏：畏天命，畏大人，畏圣人之言。小人不知天命而不畏也，狎大人，侮圣人之言（16.8）。"这里孔子指的"小人"是性恶的表现。《论语》中频繁出现的君子与小人的对比。"君子周而不比，小人比而不周（2.14）。""君子喻于义，小人喻于利（4.16）。""君子求诸己，小人求诸人（15.21）。"我们可以把这种对比看成是人性中善与恶的对比，尽管孔子似乎认为有些人可以成为君子，有些人只能是小人。"中人以上，可以语上也，中人以下，不可以语上也（6.21）。"

对于人性孔子做到了"中庸"处之，肯定性善的局限，就等于肯定了性恶的存在。他对性善的肯定源于对人可以"学"的能力，有自省的能力。连孔子都认为自己并非"生而知之"，但从小能"志于学"，必然在不同阶段有不同的提高，从"而立"到"不惑"到"知天命"到"耳顺"到最高境界"从心所欲不逾矩"。也许这最高境界接近老子讲的"处无为之事，行不言之教"。在人性的问题上，老子与孔子的契合在于他们都认为人是差别存在的。在孔子眼里有君子有小人，老子眼里有圣人有民；孔子讲中人以上，中人以下；老子讲上士、中士、下士。孔子不直接讲善，老子针对"善"有非常独到的见解。"上善若水。水善利万物而不争，居众人之所恶，故几于道（8）。""善行，无辙迹；善言，无瑕谪；……是以圣人常善救人，故无弃人；常善救物，故无弃物。是谓神明。故善人者，不善人之师；不善人者，善人之资（27）。"

老子不直接讲性恶，但我认为他对人性的善恶比孔子要悲观得多。在那个纷乱不治的时代，孔子感慨"古之学者为己，今之学者为人（14.24）"，但他相信"孝"可治家,"归仁""礼乐"可以治国安邦平天下。而"仁礼"在老子眼里就是"恶"的伊始了。"大道废,有仁义;智慧出,有大伪;六亲不和,有孝慈;国家昏乱,有忠臣(18)。""故失道而后德,失德而后仁,失仁而后义,失义而后礼。夫礼者,忠信之薄,而乱之首(38)。"可以说,老子从根本上否定了孔子提出所有的这一层善的概念。孔子讲"道"与"德"是很笼统的,"志于道,据于德,依于仁,游于艺(7.6)"。而"道"与"德"到底指的是什么,他没有讲。而老子是直接针对"道"与"德"著81篇,故被称作"经"。他是在形之上的层面谈人性善恶,因此上把孔子和老子相比是一个误区。

孔子讲如何尽人事,以平天下;老子讲如何弘道,以德配天;孔子提倡为学日益,老子主张为道日损。"圣人"与"民"是老子眼中的人的形象。老子认为人性恶的一面面对诱惑是脆弱的,"五色令人目盲;五音令人耳聋;五味令人口爽;驰骋畋猎,令人心发狂;难得之货,令人行妨(12)"。"大道甚夷,而民好径(53)",这句话老子切中了人性的要害。老子眼里的"圣人"的形象是完美的道的化身,是人性善的极致体现。我们不能假设老子讲"圣人"时,像孔子一样把尧、舜、周公作为真实的人的典范。我认为老子的用意不在描述某个具体的国君,他是要描述一个可以弘道的纯善的人的形象,而他对这一形象是否可能在历史上出现并不期盼。这一点我们可以从老子出关,强为之,著《道德经》的典故中获取几许理解。我倾向认为能讲出"大道废"的老子,他所描述的圣人更多的是给予当政者的警示恒言。老子指出了人性的脆弱,同时肯定了榜样的重要。如果圣人无为,好静,无事,无欲,那么民就可以"自化,自正,自富,自朴(57)"。这里老子一方面揭示了人性的恶,同时也肯定了人可以复归于善的可能性。假如我们因此就认为老子是倾向于性恶的,可能就误会了老子本意。

二、《理想国》与《圣经》

老子所描述的"圣人"和柏拉图设计的"哲人王"形象有异曲同工之

妙。两者都是智慧的拥有者和执行者，是善的力量，是人的典范和榜样。同孔子和老子一样，柏拉图也认为人是差别存在的，有天然秩序存在的。人有"金银铜铁"之分，有人可以成为哲人王，有人成为护卫。他认为人有向善的本能，即便他不清楚善的实质内容。在他的理想国里，哲人王通过教育可以管理国家，护卫以美好的品德具体执行，人都可以各司其责，维持正义与秩序。由于柏拉图的理想国把人性善的一面放大到了极致，认为人有理性，可以认识真理（the Good），所以一般认为他是绝对倾向于性善的。但是，如果我们换个角度去看理想国，我们甚至可以认为他是倾向于性恶的。《理想国》一书中最有名的譬喻是洞穴说（allegory of the cave）。柏拉图描述人的生存状况是这样的：在山洞里，人像囚犯（prisoners）自幼被绑缚，在他们后面有人拿着各种器具表演着，由于不能回头，这些囚犯只能看到映在他们视线前的光影（shadows），这些光影是他们终身谈论的话题，并因为这些就是现实（reality），是真实的存在，是现实的全部。其中有人挣脱了束缚，爬出洞穴，看到了洞外的光和真实的存在。他必然希望回到洞内告知那些囚犯。可是当他回到洞中把真实的一切讲给囚犯时，他却被看成是傻瓜，如果他想解开他们身上的锁链，那些人会反抗，甚至要杀掉他。

　　洞穴说是柏拉图思想体系的基点，在这个构想里，人是在无明中显示出恶的一面的。对于真理，人的本能反应是抵触和敌视，这种描述不仅是柏拉图在暗示他的老师苏格拉底的殉道，而且在历史的过程中确实出现了无数为揭示真理而被世人所害的人。人性在真理出现时近乎本能的恶的表现，是柏拉图对人性善的极大否定，因为这种恶不是一般意义上的恶，而是对真理的行恶。在《理想国》的最后一章，柏拉图讲了另一个譬喻式的故事，即伊尔的故事（the myth of Er）。在这个故事里柏拉图认为善恶是人一念间的选择。这个故事在《圣经》创世纪中得到了神奇的呼应。在上帝造人的故事中，有两点非常值得注意：一是人是上帝照着自己的样子造出来的（in His own image）；二是在造出亚当身体（body）之后，上帝赋予他生命（give him life）。从这两点中可以看出，人有神的外形，也有神的特性。拥有身体后的亚当并没有拥有生命，说明人的存在是两重的，身体的存在和灵魂的存在。这一点在原罪的产生这一故事中可以得到证明。

在伊甸园里的亚当和夏娃的表现是至善的，而伊甸园里的善恶树使他们最终走向了恶的一面。细读撒旦诱惑夏娃一段，我们不难看出撒旦击中的是人的要害：傲慢与贪婪。当撒旦告诉夏娃，其实耶和华不让他们吃善恶树的果实的原因是因为上帝担心他们吃后会使他们的智慧与上帝的一般大时，夏娃动了心。《圣经钦定本》（*King James version*）中是这样描述的，夏娃看到那树的果实成熟可吃且悦目，又能使她像上帝一样的大智大慧，于是她就取下一个果子吃了。（And when the woman saw that the tree was good for food, and that it was pleasant to the eyes, and a tree to be desired to make one wise, she took of the fruit thereof, and did eat. Genesis 3.6）天主教的"原罪说"实际是对人性"恶"的具体描述，如果说西方文化普遍认为性本恶，从这一点上看也是很有道理的，因为确实在中国文化里没有非常明确的、系统的针对恶的描述。即使是荀子那里也不过是指出了人的七情六欲之恶，而在原罪说中我们可以看到人性的本质的恶，"七宗罪（seven deadly sins）"的描述是：傲慢（pride），妒忌（envy），暴怒（wrath），懒惰（sloth），贪婪（greed），贪食（gluttony），色欲（lust）。圣经中也描述了由于性恶，导致人世间的痛苦和悲剧的产生。旧约的摩西十诫中有六诫是针对人性恶的一面的，包括禁止杀生、说谎、妒忌、通奸、偷盗。在新约中耶稣对性恶有了更深入的阐述。在"登山宝训"（sermon on the mount）一段中耶稣指出了控告兄长为罪；用淫邪眼神注视女性已成通奸；以牙还牙以眼还眼为罪。对于人性恶的一面揭示得十分深刻。

《圣经》中认为人之恶体现的极致莫过于耶稣的殉难。我们假设这个故事是真实的话，那么人的恶的一面是滔天大罪，是不可饶恕的。不管真实与否，性恶表现了人的嘲讽、恶毒、背叛、怀疑、仇恨、厌弃等等丑态。然而，我们不能因此就认为《圣经》是倾向于性恶论的，单看它的最后一章《启示录》中对善与恶的大审判，就不能得出这样偏废的结论了。我们发现

《圣经》中的人物大都是善恶同在的。比如，诺亚是耶和华认定的可以免除劫难的好人，可他也发脾气，还酗酒。大卫可以说是接近完美的，他宽容大度，忍辱负重，才华横溢，但是最终还是犯了通奸且杀人之罪，受到丧子之罚，孤老而终。天主教在提出七宗罪后，又提出了与之对应的七美德：谦逊（humility）、宽容（kindness）、耐心（patience）、勤奋（diligence）、慷慨（charity）、节制（temperance）、贞洁（chastity）。进一步讲，《圣经》最根本的讯息是关于上帝的恩典与人的救赎，那么，首先应该肯定的是人有可能被救赎的可能性，对这种可能性的肯定本身就是对人性善的根本肯定。

三、跨文化视野下的中西人性论

人性论的话题是哲学的根本话题之一，尤其在西方哲学中。文化的不同就是思维方式的不同。中国文化虽然没有西方哲学意义上的讨论，但人性的问题来得太根本，终极性的话题是回避不了的。表面上看，孔子和柏拉图倾向于扬善，而老子和耶稣是倾向于抑恶。在深层上看，中西文化中各有不同的思想体系均衡人性论，使善恶观不至偏废。同时，我们惊奇地发现，对于孔、柏、老、耶的善恶观，我们似乎也可以得出相反的结论，即孔、柏为抑恶，老、耶为扬善的。我认为如果深究下去，就走入了思维误区。讨论善恶观的意义不在于刻意区分文化间的差异，恰恰相反，是要从不同文化体系中找到人类所共有的普世思想，我想哲学作为一切学科的基础，它的特质就是寻求这种普世思想，人类"共此凉热"的精神财富。

通过对4种典籍的简要描述，我们可以看出在中西两大文明体系中在人性观的问题上有如下共识：1. 人性善恶并存。2. 人性善恶受外在因素的影响，所以外在的善的力量可以起到弃恶从善的作用。比如孔子和柏拉图都善化强调教育的重要。3. 人的自由意志（free will）对善恶起重要的作用。4. 人的差别存在和人的善恶大小有一定关系。在这一点上，我们发现古典哲学和现代哲学的本质不同是人的道德性问题，说到底，还是人的本性的界定。古典哲学是把道德作为人的本性的，而现代哲学是把道德剥离开谈人的本性，这也许这正是哲学没落的原因。道德属形而上的话题,剥离开人的道德谈人,如釜底抽薪,哲学也就失去了它的生命力和根本意义了。

作者简介:马丽媛,北京外国语大学英语学院美国文化与社会专业硕士,后留院任教。2011年在海外汉学研究中心师从张西平教授在职攻读博士学位,2016年毕业。目前研究领域是中西文明比照和美国思想史。

波斯语游记中的中国

——以《中国纪行》为例

王 莹

中国和伊朗之间的往来历史悠久，关于两国文明交流的记载，在中文、波斯文的史料文献中亦俯拾皆是，比对史料，稽古钩沉，文明交互的历史脉络愈发明晰。成书于16世纪的波斯语文献《中国纪行》[1]即是这一历史时期中伊相互交流往来的明证。

明王朝建立以后，历任帝王推行"非入贡即不许其互市"的朝贡贸易体系，并施以"怀柔远人，厚往薄来"的外交政策，外使朝贡的物品可以得到相应的回赐，朝贡所得回赐之物也可出售。明政府允许贡使进京以后在会同馆开市5日，"许官民各色铺行人等持货入馆，两平交易"[2]，使团因而获利颇丰。而明朝的民间贸易也从当时官方的朝贡贸易体系中受益颇丰，"自永乐改元，遣使四出，招谕海番，贡献毕至，奇货重宝，前代所希，充溢库市。贫

---

[1] 波斯语音译转写为khatāynāma。波斯语的音译转写参照《国际中东研究期刊》(*International Journal of Middle East Studies*，简称IJMES) 的转写标准拼写。

[2] 《明会典》卷一一二《礼部七十·给赐三》。

民承令博买，或多致富，而国用亦羡裕矣"[1]。伴随陆上、海上丝绸之路的畅通，明与域外各地政治、经济、贸易往来不断。仅永乐年间（1403—1424），西域诸国来华朝贡的次数就多达百余次，[2]出现了"往来道路，贡无虚月"[3]的盛况。而明朝统治者出于国计民生之考量，也屡派使臣、招徕四夷。永乐年间明朝使臣陈诚就曾数次奉召远使西域，其撰写的《西域行程记》《西域番国志》详细记载了使团出使西域的具体行程以及沿途的山川地理、气候物产、风土民情，是研究明初期与中亚诸国朝贡往来的重要史料。同时代的帖木儿王朝沙哈鲁国王也向明王朝派出了数百人规模的使团。沙哈鲁国王之子拜宋豁儿所率使团中的随行画家盖耶速丁奉命记录使团的出使经过以及沿途所见的地域风俗、管理制度、皇帝狩猎等见闻，该旅行日记后收录于沙哈鲁时期宫廷史学家哈菲兹·阿布鲁所著的《历史精华》一书中。1934年，麦特列依据《历史精华》将盖耶速丁的出使见闻录译为英文[4]，1981年何高济据此英译本出版了中文版的《沙哈鲁遣使中国纪》[5]。

《中国纪行》是又一部中亚使团描述出访明代中国见闻的波斯语文献，成书时间比《沙哈鲁遣使中国纪》晚了约一个世纪，伊朗历史学家认为该文献是"在画家盖耶速丁著作之后，记录中国的最重要的波斯文书"[6]，可见其史料价值极为重要。对于欧洲学者而言，《中国纪行》是自13世纪马可·波罗游记之后到17世纪后半叶耶稣会传教士的中国报告之间"全面描述中国的文献"[7]。欧洲学者对该书的历史价值评价甚高，德国伯恩大学东方学院前院长保尔·卡莱认为"由于自16世纪初以来，还没有中国外部的人（对中国）有较

---

[1] ［明］严从简著，余思黎点校：《殊域周咨录》卷九，北京：中华书局，1993年。
[2] 杨富学：《明代陆路丝绸之路及其贸易》，载《中国边疆史地研究》1997年第2期，第10-18页。
[3] 《明仁宗实录》卷五上。
[4] K.M. Maitra（trans.），*A Persian Embassy to China: Being an extract from Zubdatu't ol Tawarikh of Hafiz Abru*，Lahore，1934.
[5] ［波斯］火者·盖耶速丁著，何高济译：《沙哈鲁遣使中国记》，北京：中华书局，1981年。
[6] ［波斯］阿里·阿克巴尔著，张至善编：《中国纪行》，北京：生活·读书·新知三联书店，1988年，第295页。
[7] 同上，第11页。

长的叙述，这个叙述就变得特别富有意义。它填补了从马可·波罗到17世纪下半叶开始的耶稣会传教士所作报道之间的空白"[1]。而近年来在前人的研究成果基础之上，欧洲学者对《中国纪行》的研究仍在继续。[2]

而《中国纪行》中文译本的刊行可谓命运多舛。张星烺先生于1936年发表文章——《德文译本阿里·阿克巴尔之〈中国志〉（Khitayname）之介绍》[3]最早将此文献告之中国学界。德国的保尔·卡莱教授曾与张星烺通信讨论该文献的译注及赴德合作研究事宜，后因时局变迁终未成行。20世纪80年代，张星烺先生之子张至善继承乃父遗志，辗转联系到存有保尔·卡莱教授译稿的意大利都灵大学卡莱氏图书馆负责人，后经多方努力译稿得以复制。中文译本的《中国纪行》依据保尔·卡莱的德译文手稿和哈米杜拉的英译文手稿编译成汉文[4]，并比照伊朗阿夫沙尔教授的波斯文修订本[5]进行核对，注释部分参考相关的中外史料加以补订，并在张星烺诞辰一百周年之际出版该书以示纪念。

《中国纪行》写于1516年（明武宗正德十一年），著者阿里·阿克巴尔将此书作为礼物先后呈献给土耳其苏丹赛利姆一世（1470—1520）和苏莱曼·沙（1496—1566）。全书共21章，系著者于1500年前后（明孝宗弘治十三年）来华游历的见闻录。在导言的颂辞中，阿里·阿克巴尔称赞苏莱曼国王是"真理、麦加和麦地那禁城的护卫者""伊兰和图兰的帝王"。作者以谦恭的语气称"每个人来时都带上了稀有珍贵的礼品，我这贫穷而无功的人也从秦和马

---

[1] 《中国纪行》，232页。原文原载于 *Proceddings of the Iran Society*，Nachlass Paul Kahle, "China as Described by Turkish Geographers from Iranian Sources", Vol. 2, Part 4, 1940.

[2] Prof. Dr. Ralph Kauz, Das China der Ming-Zeit im Spiegel des Khatayname（"《中国纪行》所折射出的明代中国"）, 26 May, 2011. His inaugural lecture at the Philosophical Faculty of the University of Bonn.

[3] 《地学杂志》，1936年，第2期。

[4] 英、德译文依据的是伊斯坦布尔图书馆所藏的编号I609波斯文手抄本。

[5] Ali Akbar Khatāi, edited by Iraj Afshar, Khatāynāmih: a persian text describing a voyage to China, Asian Cultural Documentation Center, Tehran, 1979.

秦[1]、契丹及和阗带来了一部关于奇风异俗、奇特治国的叙述"[2]。关于此书著者的身份和记述之事的真实性，各国学者观点不一。德国学者保尔·卡莱认为著者在各章节的介绍翔实入微，如对军事防戍、宫廷宴会、皇帝出行、监狱管理等很多情况的描述，"本质上都是他亲眼所见或者他身处其境所经历的"[3]。林义民则认为著者声称经历了来华的长途旅行，但"避而不谈所见城市风光及一路见闻，简直不可让人相信！而有关国家及大城市的中文名称，更加深了我们的怀疑"[4]。

《中国纪行》各章节的记述详略不一，其中有些章节的主题只是寥寥数语，有些则洋洋洒洒描绘数页。该书对中国的省份、军队、法律、经济、城镇、历史、地理、艺术、宫廷礼仪、宗教信仰、社会习俗等都做了生动有趣的描述，基本展示出了当时中国明代社会的社会图景。而从其内容来看，著者更多关注的是对贸易、监狱、刑制及宫廷礼仪的描述，对于教育、农业等方面则所言甚少，有些关于行省划分、地理路线的描述也的确与蒙古王朝时期的记载有所重合。实际上，历史文本不仅传给后人知识与事实的记述，也留给我们理解与诠释的空间。爬梳史料、重新审视当时的历史背景，或许可以对这一历史文本做出不同的释读。

出于穆斯林的信仰身份和宗教情感，作者以较多的篇幅着重记录了伊斯兰教在明代社会的发展境况以及穆斯林的社会地位和日常宗教活动。在第二章"中国人之宗教信仰"中，阿里·阿克巴尔称"有许多穆斯林得到中国皇帝的许可，永久居住在那里。仅仅巩昌府一地，据说就有三万定居的穆斯林。

---

[1] 根据《德胡达大辞典》的词条解释，波斯文历史文献中对中亚地理疆域的称谓，秦一般指代今天中国境内西北部的新疆地区；马秦一般指代"秦"以西更大的地理范围。

[2] Ali Akbar Khatāi, edited by Iraj Afshar, *Khatāynāmih*: *a persian text describing a voyage to China*, Asian Cultural Documentation Center, Tehran, 1979, p.27.

[3] Kahle Paul, *Eine islamische Quelle uber china um 1500*: *Das Khitayname des Ali Ekber*, Acta Orientalia, 1933, Vol XII, p.91-101. 转引自：［波斯］阿里·阿克巴尔著，张至善编：《中国纪行》，北京：生活·读书·新知三联书店，1988年，第198页。

[4] 林义民博士论文《关于〈中国纪行〉与中国资料的比较评论》引言部分。转引自：［波斯］阿里·阿克巴尔著，张至善编：《中国纪行》，北京：生活·读书·新知三联书店，1988年，第262页。

不论什么人来中国定居，中国人对他们都不收税；相反，朝廷还给其职务和薪俸"[1]。明代的朝贡贸易体系吸引了各地的商人来华从事贸易往来，沿途经商、定居的域外商人遍及西域、河西及北京一带，其中大部分即为中亚穆斯林商贾，如肃州城内穆斯林聚居甚多，"其人皆来自西域喀什噶尔等地，专为营商，多有在此娶妻生子者，家室缠绵，因留于此，不复西返，遂籍入土人之列。每夜回人皆退入城中回教徒之居留地，扃门自守，余事待遇，皆同土人"[2]。可见实际情况确如著者所言。

阿里·阿克巴尔在游记中还写道，"中国皇帝认为自己是释迦牟尼的信徒，这是他信仰的唯一的真主。他称释迦牟尼为先知，称穆罕默德为圣人"[3]，而且"中国皇帝在汗八里为穆斯林建造了4座清真寺。中国境内共有90座清真寺……每个部族都有自己的标帜和官府设立的礼拜处所"。[4]文中还记录道"在汗八里城的郊区，中国皇帝建造了一座清真寺"以作"祈祷之地"，"在朝向麦加方向的墙上刻有古兰经和真主的名字，有阿文和中文的解释"[5]，对帝王前往清真寺礼拜的描述也颇为生动，"皇帝在乐手们的围簇下，让那些经挑选的高贵轿夫抬着前进。乐手们吹奏着美妙的音乐，使人心欢神悦。在这些侍从中，有两个穆斯林太监骑着高头大马，走在皇座的前面引路。这表示对穆斯林的极端崇敬与尊重。其他显贵和大臣们都是步行的"[6]。阿里·阿克巴尔的描述虽有夸大之嫌，但的确指出了明统治者在崇奉佛教的同时，对伊斯兰教也采取了兼容并蓄的宗教政策，借此也可以一窥当时中国社会宗教的发展状况。关于明代穆斯林的社会地位，陈垣先生曾撰文写道，"至于明代回回教，乘元代之后，由中亚东来之回回人，散居中国已及百年。以武功著者固多，其

---

[1] ［波斯］阿里·阿克巴尔著，张至善编，《中国纪行》，北京：生活·读书·新知三联书店，1988年，第46页。
[2] 张星烺编注，朱杰勤校订，《鄂本笃之来中国》，载《中西交通史料汇编》第一册，北京：中华书局，2003年，第537页。
[3] ［波斯］阿里·阿克巴尔著，张至善编，《中国纪行》，北京：生活·读书·新知三联书店，1988年，第40页。
[4] 同上，第46页。
[5] 同上，第41页。
[6] 同上，第41页。

读书应举者亦不少。仅以元统癸酉《进士题名录》计，回回进士，一科已有十人，其盛可想……明时回回人给事宫廷者甚多。武宗曾纳回回女为妃，事详《野获编》及《艺海珠尘》之《武宗外纪》，不具述"[1]。同中文史料考证比对，可见阿里·阿克巴尔的叙述或许有言过其实之处，但基本上符合当时的社会情况。

"学堂"一篇，阿里·阿克巴尔的记述则极为简略，仅仅提到"中国各地都有数学和其他科学的学堂。只有皇帝批准才能办学，法律不准私人办学"。该篇并未详述明代的官学体系及科举制度，仅仅提到"在学堂里学成后就可成为贵官。他们学习过法律，将是执法者，实际上也是国家的治理人"。实际上，中国历代王朝都秉承兴学重教的悠久传统，自汉代以来，以中央太学和地方郡学为主体的官办儒学教育体系经宋、元至明已日臻完善。明初期即强调"治国之要，教化为先；教化之道，学校为本"[2]。阿里·阿克巴尔作为域外来华的使团成员，并未在此长期生活居住，自然缺乏对当时中国社会深刻的洞见和入微的剖析。且当时的域外朝贡使臣中有很多人是假借朝贡之名来华从事贸易经商的，如礼科给事中黄骥所言，"西域使客多是商贾，假进贡之名，籍有司之力以营其私"[3]。

从著者记述内容的详略、描述语气、准确性以及对陆路来华路线的舆地知识的了解来看，阿里·阿克巴尔或许也是众多来华经商的西域商贾中的一员。从第一章"去往中国之路"的描述即可见作者稔熟沿途的地理情况，"从伊斯兰国家经陆路到中国去，有三条路线可走……和阗路和克什米尔路上人烟稠密，一路有水和饲草"，"沿着吉洪河即阿姆河两岸到中国边境的肃州关口，有三个月路程。在这个关口上，他们建造了一座非常坚固的城堡，周围挖了一条壕沟，并筑起一道长城和许多箭楼"[4]。

---

[1] 陈垣著：《陈垣学术论文集》，第一集，中华书局，1980年，第556页。
[2] 《明太祖实录》卷四十六，"洪武二年十月辛巳"条。
[3] 《明仁宗实录》卷五上。
[4] ［波斯］阿里·阿克巴尔著，张至善编：《中国纪行》，北京：生活·读书·新知三联书店，1988年，第38页。

通过进一步的文本细读可注意到，著者通篇所述内容的侧重点明显偏向对明代社会律法的强调与凸显。在序言部分，阿里·阿克巴尔明确写道，"他们的世代生活一直延续下来的原因就是遵守律法，甚至是中国的君王都不能触犯一丝一毫"[1]。关乎法令律例、赏罚奖惩的记述几乎在书中的每一章都有所涉及。对于中国社会的井然有序，文中写道"谁也不敢违反法律。向真主保证，这里没有夸张，都是事实……他们的法律特别详细，守法是强制的"[2]。诸如此类的夹叙夹议式话语在文中重复出现。除了评价性的概述话语，阿里·阿克巴尔还提到了一些具体事例，如击鼓申冤，"在殿里如果响起申冤鼓声，许多大臣会心惊胆战，有的晕倒在地，有的甚至畏惧而死。因为击鼓申诉将涉及一些大臣，他们会因此被关进监狱或处死"[3]。而这一细节在同时期的中文史料中也有迹可循，"登闻鼓，洪武元年置于午门外，一御史日监之，非大冤及机密重情不得击，击即引奏。后移置长安右门外，六科、锦衣卫轮收以闻。旨下，校尉领驾帖，送所司问理，蒙蔽阻遏者罪"[4]。

文中，阿里·阿克巴尔还详细描述了使团一行人因故囚禁入狱的经历。据著者自述，"我们中间的一个粗鲁家伙和一个西藏人因故打起架来。由于打架的是我们中的一员，其他无辜的人也全部被拘禁起来"[5]，按他的描述"汗八里城有两个监狱，一个叫刑部，另一个叫锦部。锦部的刑具和镣铐较重，活着从里面出来的不多。刑部的较轻，大部分人可以活着完好地出来"[6]。阿里·阿克巴尔一行人"在监狱里度过了26天……每隔几天就被带出监狱到汉八里城郊外的一个殿里受审"，最后接受的宣判是每人"交粟三升"。至于打人

---

[1] Alī Akbar kha āyī, ed. īraj Afshār, khatāynāma, Tihrān: Markaz-i asnād-i farhang-i āsiyā, 1978, p.32.
[2] ［波斯］阿里·阿克巴尔著，张至善编：《中国纪行》，北京：生活·读书·新知三联书店，1988年，78-79页。
[3] 同上，第78页。
[4] ［清］张廷玉等著：《明史》卷九十四，志第七十，刑法二。引自中华书局编辑部编：《二十四史（简体字本）》明史卷二，北京：中华书局，2000年，第1547页。
[5] 同上，第85页。
[6] 同上，第84页。

致死者,"须关押三年,然后处以死刑,在此之前须禁锢在狱中"[1],而其余人则无罪获释。阿里·阿克巴尔描写的情节、语气、细节颇为生动形象,且和正史《明史》的记载有契合之处。《明史》记载,"刑法有创之自明,不衷古制者,廷杖、东西厂、锦衣卫、镇抚司狱是已","锦衣卫狱者,世所称诏狱也……明锦衣卫狱近之,幽絷残酷,害无甚于此者。"[2]此章的记述和史料的印证至少可以说明阿里·阿克巴尔知晓当时明代的刑法体制,而囚禁一事也许确是著者的亲身经历,这样以第一人称讲述的个人体验也增加了文本的可信度与可读性。

游历是时间与空间转换的过程,也是与他者相遇时观察、感知、认识对方的同时反观自我的内省过程。域外遣使日志是著者面对与自身本土环境迥然不同的时空情景,在历史现实和身份认同上出现的深刻自我体验。诚然,阿里·阿克巴尔对明代中国社会风貌的叙写既有某些现实部分的呈现,也暗含着著者的写作动机及特定历史时期的社会、文化因素。《中国纪行》作为域外游记和非汉文史料的一个具体范本,从本体上就天然地带有异文化的印记和他者的观察、记述视角,充分体现了自我与他者的互动与观照,其文献意义正如季羡林先生所言,"能看到我们习而不察的一些东西","不但能帮助外国研究中国的学者了解中国,也能帮助中国人民了解自己的过去"[3],为中西交流史研究提供了更为丰富多元的历史文本素材。

作者简介:王莹,北京外国语大学亚非学院波斯语专业讲师,2010年跟随西平教授读博,2016年获文学博士学位。读博期间曾赴伊朗、英国访学。目前研究方向包括中伊交流史、伊朗近代文化史、近现代伊朗文学。

---

[1] 同上,第88-89页。
[2] 《明史》卷九十五,志七十一,刑法三。
[3] [波斯]阿里·阿克巴尔著,张至善编:《中国纪行》,北京:生活·读书·新知三联书店,1988年,第6页。

讲好"一带一路"中国故事

——"一带一路"背景下加强媒体国际传播力的几个建议

叶 飞

"一带一路"建设对我国媒体的国际传播力提出了新要求。面对"一带一路"相关国家或地区的广大受众,我们是否具备相应的国际新闻传播力?有着不同政治制度、宗教信仰、民族背景,有着迥异风俗习惯、文化生态、价值观念,使用不同语言符号的意见领袖、主流人群,是否能听懂我们讲述的中国故事?

讲好"一带一路"中国故事,对于"一带一路"互联互通愿景的实现具有重要的现实意义。推动"一带一路"政策沟通、设施联通、贸易畅通、资金融通、民心相通,打造沿线国家利益共同体、责任共同体和命运共同体,需要我国媒体主动作为,重新审视传播生态,以新理念考量国际传播体系建设,以新实践推动国际传播能力的全面升级。越来越多的新闻工作者和研究者意识到,我国媒体的国际角色需要拓展、共享传播理念应当树立、对外新闻话语体系亟须更新,做到"中国故事,国际表达"。

一、增强议题设置能力，做"一带一路"话题引领者

传统意义上，新闻媒体的职能是将公共事件、突发新闻等传达给受众，扮演的是传声筒的角色。如今，媒体已不再是单纯地报道新闻事实，而成为信息发布者和诠释者。伴随着"一带一路"建设的推进，新闻媒体不仅将在传统的新闻报道领域大展拳脚，还应争取成为"一带一路"话题的引领者。这要求兑现媒体的国际议题设置能力，进一步增强国际新闻话语权和传播影响力。

作为后起的发展中国家，我国的国际新闻传播事业发展速度有目共睹，中国记者的身影越来越频繁地出现在重要国际场合，发布国际稿件的频次越来越高、语种越来越多，所采访的外国人士的社会地位越来越显要。但同时也应看到，我方报道在世界范围内的影响力并未出现明显改观。这与发达国家的跨国传媒集团对于全球新闻信息的高度垄断有直接关系，也与我国媒体在议题设置能力方面的欠缺有关——绝大部分新闻稿件仍停留在播报信息的层面，而没有创造性地设置议题，更不用说引导国际舆论了。

目前，西方媒体仍习惯以预设立场对中国进行"贴标签"式的描述。如通过设置民主、人权、环保等议题，淡化"一带一路"的影响力，有意无意地对"一带一路"进行歪曲报道，引致误读。如不少外媒在"一带一路"重大倡议提出之际，试图把"一带一路"与"马歇尔计划"相关联，在国际社会上造成了不少误解。

2014年10月15日，英国《金融时报》发表一篇题为《新"马歇尔计划"？》的文章。该文章回顾了多起中资企业在欧洲大陆各地收购资产的事件，把中国资本在欧洲的扩张和抱负以及对最脆弱经济体的兴趣视为第二个"马歇尔计划"的开端。这一说法很快被西方媒体炒热。国内一些媒体不加分辨地转发、引用，为这种舆论增加了注脚。

此后，国内主流媒体、专家学者发声，对该观点予以反驳。如《人民日报》（海外版）2014年10月18日发表题为《别用"新马歇尔计划"来诋毁中国》的文章，环球网2014年11月16日发表题为《"一带一路"不是"中国版的

马歇尔计划"》的文章,澎湃新闻网2014年10月12日发表文章《中国对欧投资是马歇尔计划2.0吗?当然不是!》。然而,误解的消除往往较为迟滞,2015年全国两会期间,新加坡《联合早报》记者的提问仍然围绕这一话题:中方如何看待有人将"一带一路"比作"马歇尔计划",或者称中方借拉紧周边经济纽带以谋求地缘政治和其他利益?这一波争论表明,外媒利用其议题设置能力,"成功"地在舆论上给"一带一路"填了堵。

实际上,设置议题、引导舆论的能力就是话语权。要增强话语权,仅仅完成报道任务显然不够。媒体国际传播力与其议程设置能力之间存在正相关关系,议程设置能力越强的媒体对受众的影响愈大,拥有的国际传播力和话语权也越强,反之亦然,议程设置能力弱的媒体在国际传播中被边缘化甚至丧失话语权的可能性极高。[1]

媒体议题的引导力和影响力受益于国家战略部署的综合实力。"一带一路"重大倡议受到国际社会的广泛关注,已经成为当今世界的流行话语之一。国内外媒体围绕"一带一路"进行广泛解读,客观上为我国媒体兑现国际议题设置能力提供了绝佳的契机。中国媒体应注重从"一带一路"建设参与国的主流舆论中捕捉相关话题,倾听和反映当地主流社会民众意见,尤其是要重视当地意见领袖在"一带一路"传播中的影响力,之后主动设置相关议题,通过互利共赢的新闻传播行动来消除当地民众对"一带一路"的误解和疑虑。

在当下时代,增强议题设置能力,尤应加强媒体与智库的联动合作、融合发展。美国胡佛研究宣称,一年365天,每天都会有其研究人员撰写的关于不同社会热点的专栏文章在全美各地报刊问世,而这些文章又经常为其他报刊、电台、电视台和互联网等媒体引用,从而极大地扩大了其影响。[2]

如果说媒体是向世界讲述中国故事的渠道,那么智库则是创造故事、设定议题的平台。相对于媒体,智库的传播能力、报道功能较弱;相对于智库,

---

[1] 钱晓文:《媒体对外传播议程设置效果简析》,载《青年记者》2013年第22期。
[2] 崔树义:《智库的大众传播操作:由胡佛研究所引申》,载《重庆社会科学》2012年第6期。

媒体的研究能力不足。为取长补短，媒体常常寻求与智库合作，如以约稿、访谈、"会客厅""连线"等方式，就某些话题邀请专家学者发表意见。智库专家的权威性和名人效应，增强了媒体传播能力，放大了传播效应；同样的，智库专家也常常主动为媒体撰写文章，借助其传播平台和渠道，及时发布研究成果，寻求学术价值在更广范围内得到实现。

在我国，媒体与智库两者需要时就合作，大多数时间自行其是。智库与媒体的互动是随机的、单项的、短暂的、浅层的，停留在与专家、学者的个人合作层面，而不是机构之间的联动。实际上，新闻产品生产与智库知识创造之间，有着达成深度合作的可能性。如新闻事件发生后或者有预警时，新闻机构在进行快速报道的同时，智库机构迅速介入，以研究报告、智库专访、专家解读等形式，快速推出一系列深度内容，之后再由新闻机构将之加工、整合为深度报道，针对不同用户以合适方式进行传播。近两年，媒体与智库的深度合作已提上日程，出现的概念不仅有"媒体型智库"，也有"智库型媒体"，还有"媒体智库一体化"，其本质都是媒体与智库之间的深度合作、融合发展。

二、发挥"媒体外交"主体作用，推动海内外媒体联动传播

媒体自诞生起就与外交结缘。外交活动离不开媒体，媒体通过报道外交活动，在一定程度上具有影响外交事务进程的能力。"一带一路"重大倡议的提出，使人们对外交事务的关注度空前提高，媒体对"一带一路"外交领域的报道更是前所未有的全面，影响渐趋明显。

中国社会科学院世界经济与政治研究所全球治理研究室副研究员任琳认为，在新的传播语境下，媒体已经"由国际关系的观察者、记录者变成参与者和协助者"。也就是说，媒体逐渐以行为主体身份参与外交进程，媒体关系也成为国际关系的子集。中国民间智库察哈尔学会主席韩方明指出，媒体外交是中国外交的短板。[1]

---

[1] 崔树义：《智库的大众传播操作：由胡佛研究所引申》，载《重庆社会科学》2012年第6期。

"一带一路"为媒体外交提供了历史性的机遇。"一带一路"不是中国一家的独奏，而是沿线国家的合唱。传播"一带一路"中国故事，不应是中国媒体自说自话，而应推动建设参与国媒体形成合力。媒体机构的互联互通、国际新闻传播力的共建共享，是"一带一路"带来的时代话题，也是打造"一带一路"命运共同体的题中之义。在与"一带一路"建设参与国的新闻媒体机构寻求合作的过程中，我国新闻媒体机构不仅能更好地发挥传统作用，其作为独立的行为主体，与"一带一路"新闻机构开展各类合作，将有助于通过设置中外共同关心的议题，影响更多公众。

2015年10月24日至25日，由凤凰国际智库和大连理工大学联合举办的"一带一路与文化外交"论坛将媒体外交作为主要议题之一。论坛秘书长、上海市美国问题研究所研究员倪建平指出，作为国际关系的观察者和记录者，国际新闻媒体逐渐以行为主体身份参与外交进程，成为国际关系的重要组成部分。正是从这个意义上说，媒体外交是塑造中国与外部世界共倡开放包容，共促和平发展关系的重要途径之一。因此，重视和发展中国的媒体外交，使其在中国与世界关系的互动中发挥更强有力的作用，是中国特色大国外交的应有之义，也是讲好"中国故事"的要义之一。[1]

值得注意的是，该论坛联合主办方与国内主流媒体发起成立了"媒体外交共同体"。这是国内首个地方论坛就"媒体外交"议题联合学术界和新闻业界发起成立的学术共同体，致力于从国际化、专业化和理论化三个维度来推进媒体外交，提升报道中国和世界的能力建设和国际化水平。

经过数年发展，我国媒体与"一带一路"媒体之间初步搭建起了共商、共建、共享的合作平台。如双边合作方面，人民日报社的国际合作颇具代表性。依托"一带一路"媒体合作论坛，人民日报社与多家国外主流媒体签署了双边合作谅解备忘录，双方建立新闻产品互换机制，承诺就"一带一路"等采访进行合作。合作谅解备忘录明确，双方将以更加客观、准确、全面、公正的

---

[1] 《大连论坛发"一带一路"媒体外交共同体倡议书》，中国新闻网，http：//www.chinanews.com/gn/2015/10-25/7588085.shtml。

立场报道新闻、评论事件；将积极采用对方推送和推荐的重要新闻资讯，实现新闻资源共享；将就"一带一路"等专题进行跨境联合采访；将进一步推动团组互访、人员往来和广告合作。

与此同时，多个由中方机构牵头的媒体多边交流合作平台也搭建了起来。（见图表1）

图表1　我国机构发起的"一带一路"相关多边媒体合作平台一览[1]

平台名称	参与规模	合作内容
"一带一路"媒体合作论坛	60多个国家和国际组织的近140家主流媒体	签订合作谅解备忘录，以更加客观、准确、全面、公正的立场报道新闻、评论事件；将积极采用对方推送和推荐的重要新闻资讯，实现新闻资源共享；就"一带一路"等专题进行跨境联合采访；进一步推动团组互访、人员往来和广告合作。
亚洲媒体合作组织	中国、印尼、尼泊尔、韩国、日本、印度等12个国家的18家媒体	整合亚洲媒体资源，拓展合作领域，为亚洲媒体间及区域外媒体间的合作搭建良好的国际平台，对向世界提供客观、准确、全面、积极的亚洲图像。
中非媒体合作论坛	44个非洲国家的媒体机构	在媒体交流合作、技术交流与产业合作、人力资源建设、国际多边交流等五个重点领域全面深化合作，特别是双方加大相互报道力度，促进节目交流、扩大广电经贸规模。
中阿新闻合作论坛	阿尔及利亚、沙特阿拉伯、苏丹等16个阿拉伯国家	扩宽中阿双方交流渠道，加强媒体合作共赢，通过彼此报道增进国家和民众间的了解，努力扩大全球的传播力和影响力，争取更多的话语权，同时推动中阿经贸关系发展。
中阿国家广播电视合作论坛	13个阿拉伯国家、阿拉伯国家联盟、阿拉伯国家广播联盟	打造中阿广播电视政府主管部门和媒体间信息交流的平台，在节目交换、建立联合采访机制、技术和人员交流等方面积极探索切实可行的合作模式。
丝绸之路经济带媒体合作论坛	俄罗斯、印度、巴基斯坦、伊朗、土耳其、中亚五国等的媒体机构	加强沿途各国的交流与合作，强化各地区之间、政府与企业之间的沟通与交流，发挥媒体传播正能量作用。
"一带一路"媒体传播联盟	来自美国、新加坡、蒙古国等的17家媒体机构	以"丝路电视"跨国联播网为实体，带动"一带一路"沿线各国的主流媒体，按照"共商、共建、共享"的原则，由联盟成员单位在各自电视频道成组播出"丝路电视"节目。

---

[1] 统计截至2017年7月30日。

续表

平台名称	参与规模	合作内容
中国—东盟媒体论坛	来自缅甸、新加坡等东盟成员国的媒体机构	打造中国—东盟信息交换的渠道和平台，探讨中国—东盟媒体如何发挥更好的传播作用，进一步加深了解、减少误解。
"一带一路"国际媒体联盟	来自巴基斯坦、尼泊尔、马尔代夫、孟加拉国、斯里兰卡、柬埔寨、印度、阿富汗等国的媒体机构	深入到"一带一路"沿线所有国家和地区并设立办事机构，系统宣传和介绍"一带一路"给相关各国发展所带来的历史性发机遇和巨大利益。
"一带一路"新闻合作联盟	来自菲律宾、蒙古国、巴基斯坦、乌克兰等20个国家的26家主流媒体	央视国际视通将与沿线各国媒体在新闻交换、新闻报道支持、媒体前沿领域开发等方面开展合作。
丝路国际卫视联盟	来自哈萨克斯坦、吉尔吉斯斯坦、意大利、伊朗、印度、蒙古国、尼泊尔、泰国、斯里兰卡等国的18家主流电视台	播发经济、文化、旅游方面资讯，并将有关内容共享于丝路国际卫视联盟各成员电视台。

此外，还应注重发挥海外华文媒体的特殊作用。海外华文媒体分布在61个国家和地区，总数达1019家，其中报纸390家、杂志221家、广播电台81家、电视台77家、网站250家，已成为国际舆论不可或缺的组成部分。[1]

"一带一路"重大倡议提出后，越来越多的海外华人参与到"一带一路"建设当中。海外华文媒体从华人视角对"一带一路"进行报道和解读，反映了海外华人华侨的诉求，凝聚了华人华侨的力量，其持续、密集地对"一带一路"建设进程进行报道，巧妙发挥海外华媒的角色优势，有助于更加巧妙地传播"一带一路"中国故事。

与国内媒体相比，海外华文媒体的首要优势是熟悉当地语言、文化、社会心理，对当地内在的传播体系如从理念到技术等各层面都有较深入的认识。因而，其新闻报道更加贴近当地受众，更懂得选取当地人听得懂的角度、方式讲述中国故事。海外华文媒体的主要目标受众虽是海外华人，但随着

---

[1] 何亚非：《海外华文媒体与中国梦》，载《求是》2015年第1期。

华人地位的上升，其与当地主流政商关系日渐融洽，在当地主流社会的传播力也相应提升，逐渐营造出了品牌口碑，因而对当地主流人群也有了一定的吸引力和影响力。

海外华文媒体的显著特点之一是与中国各地方合作密切。一直以来，海外华文媒体是我国地方走向世界的重要平台，在传播地方文化、展示地方成就，引导海外华人和主流社会对地方形象形成认知，促进所在国与地方友好交流与合作等方面作用显著。海外华文传媒协会主席刘成指出，目前，国内各省亟需向海外传播当地经济和社会，海外华文媒体与各省主流媒体对接是一种非常好的合作模式。除此之外，分布于"一带一路"重要节点的海外华文媒体及国内主流媒体海外版之间，也应深入开展新闻交流与合作，协力打造"一带一路"信息带。[1]

灵活的身份是海外华文媒体的又一优势。由于身处海外，视野宽阔，思想、观念更为开放。海外华文媒体"有全媒体和自我发展的灵活优势，有参与各类活动的便利和身份灵活转换的优势；必要的时候，还有责任与义务担当'一带一路'发展进程中的国际观察员、信息分析师和国际沟通协调员"[2]。总的来说，海外华文媒体正在"一带一路"国际新闻传播领域发挥着越来越重要的作用。

三、关注各国诉求关切，开展"一国一策"动态传播

"一带一路"涉及地域广阔。由于所处的自然环境、宗教民族、语言文化背景和政治制度并不一样，各国对外来信息的接受习惯不尽相同，其对"一带一路"的诉求和关切也非常复杂。如海洋国家与内陆国家在思维方式、价值观等方面存在极大不同，对基础设施建设这一具体议题，海洋国家和内陆国家的诉求也大有分别。

---

[1] 李欣、曲成兰：《25国海外华文媒体老总聚首山东对话媒体转型融合》，中国新闻网 http：//www.chinanews.com/hr/2014/09-22/6617708.shtml。

[2] 屠新时：《海外华文传媒同心共建"空中丝绸之路"》，http：//www.chinanews.com/kong/2015/08-14/7468308.shtml。

在这样的情况下讲好中国故事,要求我国媒体更好地做到"外外有别",运用跨文化传播的意识、策略和技巧,用当地的语言、思维习惯来讲述当地人感兴趣的故事,通过构建扩大共通的价值交汇点,加深彼此的相互理解。

讲述"一带一路"中国故事时使用当地的语言文字是必要的。语言是信息传递和理解的基础,国际新闻传播在语言上应尽可能多样化。同时,中国故事所择取的内容,也要接近当地人的生活经验和文化背景,寻找最佳切入点与契合点,从当地人的视角、思维方式出发,引起对中国故事的情感共鸣。一篇面向中亚地区受众的稿件,如果只有英文版,除非主题特别重大令人无法忽视,否则可能无法获得目标受众的关注,甚至起到相反效果,让一些国家产生被冷落的感受,失去了放大传播效果的机会。同样的,一部面向中东欧国家受众的纪录片,如果不考虑到复杂的宗教文化因素,无法保证收到很好的传播效果。

除了将语言、文化、信仰等因素纳入考虑范围,各国对于参与"一带一路"建设的核心诉求和舆论倾向,也是国际传播时需要审慎考虑的关键。以阿拉伯世界为例,民众大都对华友好,认为中国快速发展和"一带一路"倡议符合阿拉伯人利益。阿拉伯政治和知识精英对"一带一路"倡议大都有所了解,总体上对这一倡议持积极态度,并支持各自国家加入"一带一路"建设。但约旦、阿联酋、沙特阿拉伯对"一带一路"的态度仍然是有差别的。约旦本国安全无虞,但有人担心会因为中东乱局而被"一带一路"排斥在外。沙特阿拉伯关心中国倡议的"一带一路"能否纠正全球化带来的不公。而阿联酋则热切希望迪拜成为"一带一路"上的重要枢纽。因此,在对阿拉伯国家传播"一带一路"时,相关报道应该主动回应不同关切,建立具有针对性的话语体系。[1]

为避免把好故事讲错地方,应在"外外有别"策略的基础上更进一步,探索制定"一国一策"动态传播总体方案,指导各媒体机构在"一带一路"国际新闻传播的过程中,从相关国家的具体关切入手,分别开展有针对性的新闻

---

[1] 薛庆国:《对阿拉伯世界讲述"一带一路"需精细化传播》,载《光明日报》2015年7月21日。

投放、推出解释性报道并主动设置议题。实际上，即便是一国，其看待"一带一路"的态度也总是处于变动当中。比如，俄罗斯总统普京提出"大欧亚伙伴关系"计划与"一带一路"对接后，俄罗斯国内关于"一带一路"的舆论迅速改观，对"一带一路"发出积极评价的媒体报道明显增多。只有对各国最近的、最关注的、最具体的关切做出反应，传播才可能见实效，因此，即便是"一国一策"，也应持续性地动态更新。

我国媒体尚不具备对全球各国和地区进行全面覆盖的能力和实力，舆论研究也而并非传统长项，因此实施"一国一策"动态传播的难度不小。这要求对国外受众进行长期跟踪研究、专业分析，建立国际传播信息反馈系统和传播效果评估体系，需要集有关政府部门、驻外机构、智库组织与新闻机构之合力，吸纳民间咨询机构、大数据企业等力量，方有实现可能。

作者简介：叶飞，男，1983年生，湖北襄阳人。2001年至2008年于北京外国语大学求学，自2005年师从张西平教授攻读硕士。现任中国文化报社采访中心要闻国际部主任。在《人民日报》《中国文化报》等报刊、杂志发表各类作品约150万字。参与撰写《中国文化走出去年度研究报告》《金色记忆——新中国早期文化交流口述记录》等，编著有《中国文化艺术走出去研究》《"一带一路"言论集》等。

关于海外汉学研究与中国国际话语权的思考

龙宇飞

从20世纪20年代开始，中国学术界已经开始注意到西方学术体系对中国文化的研究——"海外汉学"，有人也称之为"海外中国学"。这是一个跨国别、跨学科、跨语言、跨文化的交叉研究领域，几乎涉及了中国所有的知识和文化。哲学、政治、经济、考古、艺术、宗教等都被纳入视野。西方学者运用西方的研究方法和学术规范来研究中国的学问，占据着与国内学者不同的视角。"内学"与"外学"互相关照、互相补充、互相校验、互相修正。有学者把这种参照比喻成照镜子，一面镜子只能看到正面，若有两面镜子，乃至多面镜子，看到的会更加全面。

法国哲学家福柯曾提出"话语即权利"的论述。萨义德的《东方学》指出了话语的地域政治意识本性。[1]"国际话语权是指国际行为体以话语为载体，通过各种渠道提出并阐释自身观念，并使其他国际行为体接受、认同并影响其行为选择的能力。"[2]因此，国际话语权具有强烈的政治意识色彩，其"多面性"决定了国际话语权是一个多维度的组合体。国际话语权既需要本国

---

[1] ［以］萨义德著，王宇根译：《东方学》，北京：生活·读书·新知三联书店，2013年，第16页。

[2] 徐赛：《中国国际话语权问题研究》，载《国际关系学院》2015年，第5页。

的主观努力,也需要他国的认可和执行。因此,知己和知彼要齐头并进,互为表里。当代中国进入了高速发展期,"中华民族伟大复兴的中国梦"沿着"一带一路"走向世界。因此,树立良好国际形象是"中华文化走出去"的必由之路,也是提升中国国际话语权的有效手段。

国际形象是建立在国与国间、民族之间相互交往,相互认知基础之上的。当我们谈及中华文化走出去的时候,就不可避免地触及西方文化的融入。"在一定意义上,中国近代学术的产生是与西方汉学互动的结果"[1]。中国文化作为世界文化的重要组成部分,为世界文化的发展和人类文明进步提供着丰富的营养。第一次世界大战后,中国道家思想在欧洲广为流传,辜鸿铭的《中国人的精神》迅速被翻译成德、法、日等多种文字出版,对欧洲人因战争而产生的心理疾病起到了治愈作用,帮欧洲人摆脱了战争创伤。同时,明末清初的"西学东渐",以及近百年来的"中学为体,西学为用"的学术思想,促成了中国近代化的开端。文明互鉴恰如历史之钟的滴答声,人类历史不断演进,文明互鉴从未停止。

一、"他者"形象与海外汉学研究

海外汉学的研究中,最重要的理论凭借是比较文学理论。形象学恰是比较文学和跨文化研究中的重要工具。形象学认为,海外汉学家兼具西方文化和中国文化根基,他们会把中国作为"他者"形象来看待。当代比较文学形象学的代表人物巴柔在《总体文学与比较文学》一书中指出:"一切形象都源于自我与他者,本土与异域关系的自觉意识之中,即使这种意识是非常微弱的,因此形象就是对两种类型文化现实间的差距所做的文学或非文学的,且能说明符指关系的表述"[2]。受到了符号学理论的启发,以及接受美学的影响,形象学认为:在文学中的异国人形象不再被看成是单纯对现实的复制式描写,而被放在了"自我"和"他者","本土"与"异域"的互动关系中来研究。同时,

---

[1] 张西平著:《西方汉学十六讲》,北京:外语教学与研究出版社,2011年,第2页。
[2] 孟华著:《比较文学形象学》,北京大学出版社,2001年,第4页。

在言说"他者"时,这些形象的创造者,如一个作家或者一群作家们,他们趋向于否定"他者",而对"我"及其空间进行了补充和延伸,从而言说了"自我"。正如观察同一事物的不同侧面,会产生不同的影像一样。根据形象学理论,异国形象具有"意识形态"和"乌托邦"两种叙述倾向。当对异国的言说具有贬斥倾向,以强化自身文化时,就具有"意识形态"倾向。如对异国理想化和夸大时,则具有了"乌托邦"倾向。不管是哪种倾向,都不是对异国的复制式描写。因此"海外中国形象、中国观,在很大程度上和真实的中国有着一定的距离,而这种中国形象的最初塑造者就是汉学家"[1]。对于他国的认知,并不主要来源于他国的"主动推送",更多的则是来自本国学者对他国的学术论述和文化译介,所以,汉学家自然而然地成了中国国际形象的构建者之一,而他们言说的内容,也成为其本国政府和人民构建中国这个"他者形象"的重要参照。

二、国际形象对国际话语权的掣肘

从国际政治学的角度来看,国际形象直接影响国际话语权。国际话语权在一个国家的发展过程中至关重要,它有利于国家价值观念的传播,争取更多的国际利益。国外学者谈到了国际形象与国际话语权的关系问题时,认为"中国的国际形象始终是中国对外发展中的关键问题,用《北京共识》作者乔舒亚·雷默的话说,这甚至是中国当前面临的最大战略威胁。中国最重要的战略问题(保持经济增长及其他多种挑战)都与中国的国际形象有关,而即便是战术问题也是以国家形象为基础的"[2]。国内学者也曾界定过话语权和国际形象的关系——"一国的话语权与其国际形象密切相关,国际形象的不同定位,将在一定程度上影响到一国的话语权"[3]。中国在国际上自身的定位是明确的,"中国特色的社会主义国家""最大的发展中国家""以经济建设为中心的改

---

[1] 张西平：《西方汉学十六讲》，北京：外语教学与研究出版社，2011年，第16页。
[2] 张国庆著：《话语权：美国为什么总是赢得主动》，南京：江苏人民出版社，2011年，第270页。
[3] 张忠军：《增强中国国际话语权的思考》，载《理论视野》2012年第4期，第56-59页。

革开放的国家""负责任的大国"等。但其他各国分别以各自立场和角度建构中国形象,如"不自由,不民主的国家""中国是没有责任的国家""血汗工厂和排污大国""资源浪费严重的国家""中国威胁论"等不同的形象充斥在各国人的思想意识中。摆在我们面前的是一对矛盾统一体,本体是中国,不同之处在于视角不同,立场不同,导致观点不同。

1. 博弈与对话中建立的国际形象

与其他自然资源等有形资源不同的是,国际形象是一种无形的战略资源,它通过各个国家树立良好的国际形象获得,而不是通过经济、政治、军事手段获得。"国际形象是'本国形象'与'他国形象'的辩证统一。'本国形象'是本国政府、学者、媒介等对自己国家的综合认识与评价,而'他国形象'是他国政府、学者、媒介等对'他国'的总体印象与评价。'本国'与'他国'的认知主体在文化背景、价值观念和利益诉求等方面存在差异,导致'本国形象'与'他国形象'往往不能一致,有时甚至存在较大分歧。国际形象需要'本国'的积极塑造,但更需要获得'他国'的理解和认同,最终,一国的国际形象融合了'本国形象'与'他国形象',在双方的话语交流与博弈中建构并传播开来。"[1]他国形象的建立,并不是建立在本国认知主体之上,而是建立在以"他国"的经济、政治、文化、宗教为基础的"他国"的认知体系中。海外汉学研究的主体正是中国知识,即:中国作为"他者",在异国的"他者形象"。所以,海外汉学研究能更精准地了解他国认知系统中的中国形象。从历史出发,通过中外文献的互文,在更宽广的视野中,全面了解中国在他国的形象。

2. 中国国际形象的发展变迁

纵观中国历史,国际形象和话语权如毂辋,见证了中国走过的道路。在地理大发现之前,西方人通过商人们的描述了解中国。第一个阶段是"道听途说的中国",古希腊人认为中国人是"身体超过了一般常人,长着红头发、蓝

---

[1] 王啸:《国际话语权与中国国际形象的塑造》,载《国际关系学院学报》2010年第6期,第58-65页。

眼睛，声音粗犷，寿命可达三百岁高龄，善于饲养一种会吐丝虫子（蚕）的人种；整个民族以水为生，养生之道在于每日喝凉水；塞里斯人（中国人）是一个充满正义的民族；他们平和度日，不持兵器"[1]。道听途说确立了古希腊人心中的中国人形象。

第二个阶段是"朦胧的蜜月期"。蒙元帝国打通了欧亚大陆后，更多的商人和传教士来到中国，《马可·波罗游记》把中国（契丹，Kitan）描述成天堂一样的国度，香料堆积如山、城市繁荣、人民富足，中国俨然是世界上最令人向往的地方，成为"乌托邦"倾向描述的典范。马可·波罗的中国——"契丹之国"，这个极为正面的中国形象在欧洲流传长达5个多世纪。在游记汉学时期，中国在西方人眼中仍是模糊不清而神秘莫测的国度。

第三个时期是"揭开面纱期"。随着地理大发现、文艺复兴和海外扩张，西方逐渐壮大。16世纪末意大利耶稣会士利玛窦等进入中国，他发现中国就是《马可·波罗游记》中富庶的契丹。明朝政府采用闭关锁国政策，一方独大，鄙夷四夷。中国人仍然固执地认为"天圆地方"，中国是世界的中心，中国之外皆为"蛮夷之地"。这种世界观导致了"天朝上国的中国中心主义"以及对他国不屑一顾的国际政治态度。这个时期，传教士以传教为宗旨，扮演了中西文化交流使者的作用。西方人开始了解中国的哲学、政治、经济、文化、宗教、地理、历史。伏尔泰与莱布尼茨等欧洲的启蒙运动思想家们，将中国作为正面的"他者形象"，用来批判由教士与世袭贵族把持的欧洲教廷。

第四个阶段是"标签化的帝国"。"礼仪之争"以降，由于清朝禁止基督教传播，中国在欧洲的形象由过去的传教士描述为主，变为以远洋商人传播为主。因为他们接触的无非是港口的人员，对中国民众及国家了解甚少，因此中国人被他们贴上了礼仪化的民族、好面子、虚伪狡诈的标签。

第五个阶段是"沉默的帝国"。第一次鸦片战争以后，奉行闭关锁国政

---

[1] 张西平著：《西方汉学十六讲》，北京：外语教学与研究出版社，2011年，第32页。

策的中国被迫打开国门，被动进入当时英国主导下的国际体系。在这个体系内的中国处于从属和孤立的地位，国家主权被侵蚀，话语权被剥夺。此时的中国已不再不屑与西方对话，反而在西方霸权话语中"失语"，被迫成为"沉默的他者"。义和团运动的负面影响导致中国被笼罩上"黄祸"的妖魔化阴影。赫尔德、黑格尔及马克思都采用所谓"科学"的理论来论述"妄自尊大，愚昧落后"的停滞帝国。马克思曾断言：如果不是"西方"以及资本主义的入侵把亚洲唤醒，亚洲会永远沉睡。西方学术界认为中国对整个世界毫无作用，因为她是"停滞的帝国"。

第六阶段是"争取平等的新中国"。1949年新中国的建立，标志着中华民族"百年屈辱"史的终结。毛泽东在国际上提出"人不犯我，我不犯人，人若犯我，我必犯人"，树立了中国人不畏帝国主义强权的强硬国际形象。改革开放以后，邓小平同志提出"振兴中华民族"，以经济建设为中心，中国经济快速发展，综合国力稳步提升，逐步融入现有国际体系，成为"体系内国家"。冷战结束后，中国逐渐意识到塑造良好国际形象对国际话语权的重要意义，开始主动提升国际话语权。30年来，中国在话语实践方面，淡化意识形态色彩，突出理性务实精神，主动塑造"和平发展"与"负责任"的大国形象。同时，针对国际社会上歪曲、丑化甚至妖魔化中国形象的"中国崩溃论""中国威胁论"等言论，进行有理、有利、有节的斗争，力争掌握中国国际形象塑造的话语主导权。近年来，习近平同志提出"实现中华民族伟大复兴的中国梦"，施行大国外交战略，树立更加积极主动的大国形象。"一带一路"的推进将进一步提升中国的国际形象，争取更大的国际话语权。

三、海外汉学研究是文化走向世界的必经之路

海外汉学研究不仅仅是中西学术的碰撞，也是中国文化走出去的必经之路。《孙子·谋攻》中说："知己知彼，百战不殆"。海外汉学就是要"知彼"。在文化软实力的博弈过程中，海外汉学研究应责无旁贷地为"一带一路"牵线铺路。

一方面，海外汉学研究应该坚持和而不同的平等对话权。

学术研究视角的多元化是更全面认识事物的关键。一味地故步自封，必将走入闭关锁国、孤芳自赏的窘境。"20世纪80年代以后，中国学术界走出了长期的学术停滞状态，当时西方汉学的引进极大地刺激了中国学术的发展，汉学家们给中国学术界展示了一个过去从未思考过的研究领域，一个从未使用过的理论方法，一种全新的理论表述的方式。例如，在中国文学史的研究中夏志清的《中国现代小说史》在当时就产生了相当大的影响，无论是他的研究理论、研究方法、研究领域都使中国现代文学史的研究感到耳目一新。"[1]多文化视角的观测评价使我国学术界能更客观，更全面地"知不知"。海外汉学的作为国外学术，推动了国内学术的发展，使学术生态圈更加富有活力，中外学术对话成为常态。正如著名学者张西平所说："百年来，我们以西为师的学徒期即将过去，中国学术进入了调整和发展的新时期，中国学术研究已经在全球展开，中国学者同西方学者的平等学术对话即将展开。在这历史的转折期，我们每位学者都是见证者，应抓住机遇。"[2]

另一方面，要避免囿于"汉学心态"和"汉学主义"。

西方汉学的发展根植于西方学术土壤。究其学术根源，是以西方的学术体系和理论作为其方法论，与国内研究有着不同的理路。盲目地"拿来"是另外一种不自信，必将走入汉学心态，乃至陷入"汉学主义"[3]的禁锢中。因此，对于西方汉学的学术成果和理论，应该理性对待，客观评价，慎重接纳。汉学是知识还是意识形态的争论刚刚开始，学界对海外汉学这个外来学术还在

---

[1] 张西平：《在世界范围内展开中国文化研究——张西平教授访谈录》，载《社会科学论坛》2014年第8期，第104-115页。

[2] 来源于作者与张西平教授的晤谈。

[3] 参看顾明栋：《汉学与汉学主义：中国研究之批判》，载《南京大学学报（哲学.人文科学.社会科学版）》2010年第1期，79-96页；张西平：《关于"汉学主义"之辨》，载《上海师范大学学报（哲学社会科学版）》2015年第2期，第21-36页；顾明栋：《汉学主义：中国知识生产的方法论之批判》，载《清华大学学报（哲学社会科学版）》2011年第2期，128-140页；顾明栋、钱春霞、万雪梅等：《汉学主义的历史批判》，载《中山大学学报（社会科学版）》2012年第1期，第1-17页；顾明栋：《什么是汉学主义？——探索中国知识生产的新范式》，载《南京大学学报（哲学.人文科学.社会科学版）》，2011年第3期，112-123页。

磨合期。从知识论和认识论上，既要客观，更要理性；从方法论上，既要包容并处，又要兼具学术研究的历史观和生态观，切不能"顾彼失此"，走入另一个极端。学术交流是双向的互动。既要相信"它山之石可以攻玉"，又要避免"汉学心态"，更不要走入"汉学主义"的体系中。

因此，"问学中西之间"的海外汉学学者要有"家国天下"的时空感和胸怀。海外汉学学者们应具有"正心，修身，齐家，治国，平天下"的时空感和胸怀。"正心"是正"中国之心"；"修身"即修炎黄子孙之身；"齐家"乃"齐国学之家"；"治国"是"治华夏之中国"；"平天下"即"以天下为视野，为天地立心"。最关键的，还是这个"心"字。北宋儒学家张载曾有著名的"横渠四句"：为天地立心，为生民立命，为往圣继绝学，为万世开太平。这就是海外汉学学者们应立之"心"，应具有之胸怀。在家、国、天下这个时空上，明确自己所在的时间与空间的交汇点，既要寻根溯源又要放眼世界。只有这样，才能在"自我"与"他我"中找到那个真实的"自我"。通俗地说，就是在照镜子时，防止被镜像所迷惑，而迷失真实的自我。

总之国家文化软实力是强大的国际话语权的根柢。中华文化海外传播正是海外汉学研究的领域之一。在中华文化走出去的大背景下，"增强中华文化亲和力、感染力、吸引力、竞争力，向世界阐释推介更多具有中国特色、体现中国精神、蕴藏中国智慧的优秀文化，提高国家文化软实力"[1]是树立良好海外"他者（中国）形象"的重要手段。

中国国际话语权作为国家战略，应建构"中国国际形象研究工程，用学术话语清晰准确定位中国的国际形象，并研究如何向世界树立和传播中国国家形象"[2]。这将是一个庞大的系统工程，在这个工程中，海外汉学研究将起到极为重要的作用。

---

[1] 习近平主持召开中央全面深化改革领导小组第二十九次会议（2016年11月1日），国务院。

[2] 张忠军：《增强中国国际话语权的思考》，载《理论视野》2012年第4期，第56-59页。

作者简介：龙宇飞，男，1971年12月生，汉族，黑龙江省齐齐哈尔人。1994年毕业于齐齐哈尔师范学院英语教育专业（文学学士）。2003年毕业于哈尔滨师范大学外国语言文学方向（文学硕士）。任教于东北石油大学外国语学院，2009年晋升教授职称，2005年—2016任东北石油大学外国语学院副院长、院长，主管行政，教学、科研、学科建设等工作。2015年考入北京外国语大学国际中国文化研究院，师从张西平教授。

附 录

附录一　张西平教授简介及其著作

学术任职

2018年　北京外国语大学《欧洲语言文化研究》编委
2017年　北京语言大学比较文学研究所研究员
2017年　中国比较文学学会海外汉学研究会会长
2015年　故宫博物院中外文化交流研究所研究员
2014年　国际儒学联合会副会长
2013年　中国中外关系史学会学术委员
2013年　国家图书馆"文津讲坛"特聘教授
2012年　北京外国语大学 北京对外文化交流与世界文化研究基地学术委员委员
2005年　中国中外关系史学会副会长
2004年　世界汉语教育史学会创会会长（澳门）
2003年　中国社会科学院文学所 外国文学研究所 比较文学研究中心学术顾问
1996—至今　中国社会科学院基督宗教研究中心副主任

学术刊物任职

2007年—至今　　《国际汉学》主编
2015年—2017年　《国际儒学通讯》执行主编
2002年—至今　　《汉学研究》编委
1998年—至今　　《世界汉学》编委
1995年—2006年　《国际汉学》副主编

国际合作

2017年　与国际儒联合作分别在伊朗、斯里兰卡举办《国际儒学论坛——德黑兰论坛》，《国际儒学论坛——科伦波国际学术研讨会》

2017年　西班牙巴塞罗那庞贝拉大学访问学者

2016年　与国际儒联合作在秘鲁举办《国际儒学论坛——利马国际学术会议》

2015年　与国际儒联合作分别在意大利、罗马尼亚举办了《国际儒学论坛——威尼斯国际学术会议》和《国际儒学论坛——布加勒斯特学术会议》

2014年　与法国法兰西学院合作在巴黎举办《纪念法国汉学200周年国际研讨会》

2012年　德国纽伦堡-爱兰根大学汉学系访学

2011年　意大利罗马智慧大学访学

2010年　德国奥古斯特大公图书馆访学

2007年　德国纽伦堡-爱兰根大学汉学系访学

2005年　意大利罗马智慧大学访学

2003年　德国KAAD基金会访问学者

2000—2001年　获得教育部大学院系主任出国访问计划，到访德国

1998年　比利时南怀仁基金会访问学者

1994—1996年　德国《华裔学志》访问学者

科研项目

2014年　《梵蒂冈图书馆藏明清天主教文献研究》，国家社科基金重大项目

2014年　《白晋易经研究》，国家社科基金一般项目

2012年　《西方北京形象历史文化渊源研究》，北京对外交流与世界文化研究基地项目

2008年　《梵蒂冈藏明清中西文化交流史文献整理》，国家清史项目

2007年　《20世纪中国古代文化在域外的传播与影响》，教育部人文社科重大攻关项目

2004年　《清代来华传教士文献收集与整理》，国家清史项目

2004年　《欧洲来华传教士中文文献序跋集整理》，教育部古籍整理委员会项目

2003年　《西方汉学概论》，北京市精品教材项目

2002年　《世界主要国家语言推广经验调查》，国家汉办项目

2001年　《西方人汉语学习专题研究》，国家汉办项目

2000年　《欧洲早期汉学史》，教育部人文社科项目

1999年　《西方人早期汉语学习调查》，国家汉办项目

专著（15部）

2017年　《交错的文化史：早期传教士汉学研究史稿》，学苑出版社

2016年　《儒学西传欧洲研究导论：16—18世纪中学西传的轨迹与影响》，北京大学出版社

2015年　《20世纪中国古代文化经典在域外的传播与影响》（合著），经济科学出版社

2013年　《问学于中西之间》，外语教学与研究出版社

2012年　《中西文化的初识：北京与罗马》，华东师大出版社

　　　　《张西平选集》，外语教学与研究出版社

2010年　《丝绸之路：中国与欧洲哲学宗教交流史》，新疆人民出版社

　　　　《东西流水终相逢》，生活·读书·新知三联书店

2009年　《欧洲早期汉学史：中西文化交流与欧洲汉学的兴起》，中华书局

　　　　《中国传统文化的当代价值》（中文版）

　　　　Value of Traditional Culture for the Present Era（英文版）

　　　　Valor Actual de la Cultura Tradicional China（西班牙文版）

　　　　La valeur contemporaine de la culture traditionnelle chinoise（法文版），外文出版社

　　　　《跟随利玛窦来中国》（中文版）

　　　　Following the Steps of Matteo Ricci to China，五洲出版社

2005年　《传教士汉学研究》，大象出版社

2001年　《中国与欧洲早期宗教与哲学交流史》，东方出版社

1999年　《卢卡奇》，湖南教育出版社

1998年　《历史哲学的重建：卢卡奇与当代西方社会思潮》，生活·读书·新知三联书店

编著（26部）

2017年　《西人论中国书目》，中华书局

2016年　《文明互鉴：利玛窦与中西文化交流》（与鄂振辉合编），人民出版社

　　　　《20世纪中国古代文化经典在域外的传播与影响研究》，经济科学出版社

　　　　《中国文化走出去年度研究报告：2015年卷》，北京大学出版社

　　　　《中国文化走出去研究总论》，北大出版社

2015年　《梵蒂冈图书馆藏明清中西文化交流史文献丛刊》（第一辑），大象出版社

2014年　《中国和意大利文学交流史》（与马西尼合编），山东教育出版社

2013年　《近代西方汉语研究论集》（与杨慧玲合编），商务印书馆

　　　　《展现中华文化的世界意义》，外语教学与研究出版社

　　　　《德国汉学的回顾与前瞻：德国汉学史研究论集》（与郎宓谢合编），外语教学与研究出版社

　　　　《明清之际中外文化交流史研究新进展》（与耿昇、吴斌合编），外语教学与研究出版社

　　　　《中国文化在东欧传播与接收研究》（与郝新请合编），外语教学与研究出版社

　　　　《16—19世纪西人的汉语研究》（与内田庆市、柳若梅合编），外语教学与研究出版社

2012年　《东亚与欧洲文化的早期相遇》（与罗莹合编），华东师大出版社

　　　　《中国文化走出去年度研究报告：2012年卷》，大象出版社；

2011年　《架起东西交流的桥梁：纪念马礼逊来华200周年学术研讨会论文集》（与吴志良、彭仁贤合编），外语教学与研究出版社

　　　　《西方汉学十六讲》，主编，外语教学与研究出版社

2010年　《莱布尼茨思想中的中国元素》，主编，大象出版社

2009年　《世界汉语教育史》，主编，商务印书馆

2008年　《世界主要国家语言推广政策概览》（与柳若梅合编），外语教学与研究出版社

	《马礼逊文集》（13卷），（与吴志良、彭仁贤合编），大象出版社
2006年	《欧美汉学的历史与现状》，主编，大象出版社
2005年	《他乡有夫子：汉学研究导论》，主编，外语教学与研究出版社
2003年	《西方人早期汉语学习调查》，主编，大百科出版社
1999年	《本色之探：20世纪中国基督教文化学术论集》（与卓新平合编），广播电视出版社
1998年	《中外哲学交流史》（与楼宇烈合编），湖南教育出版社
1998年	《中外宗教交流史》，湖南教育出版社

译著（4部）

2013年	《卜弥格文集》（与张振辉合译），华东师大出版社
2010年	《中国图说》（与杨慧玲等合译），大象出版社
1993年	《社会存在的本体论》（与白锡坤等合译），重庆出版社
1989年	《历史与阶级意识》，重庆出版社

论文（347篇）

1. 梵蒂冈图书馆藏越南天主教中文文献研究，《史学史研究》，2017年6月。

2. 20世纪美国中国研究的源头：哈佛燕京学社，《多维视角下的海外汉学风景》，2017年12月。

3. 如何理解作为西方东方学一部分的汉学——评萨义德《东方学》，《国际汉学》，2017年12月。

4. 国图藏利玛窦《中国天主教教义》辨析，《文献》，2017年11月。

5. 摇摆于欧洲与中国之间：《中国哲学家孔子》翻译研究，《汉学研究》，2017年10月。

6. 中国儒学经典跨文化传播的学术大师理雅各，《文化软实力研究》，2017年10月。

7. 中国文化的世界性意义——以启蒙思想与中国文化关系为视角，《跨文化研究》，2017年9月。

8. 简论中国学研究和汉学研究的统一性和区别性，《国际汉学》，2017年9月。

9. 西方游记汉学的奠基之作——《马可波罗游记》的历史价值，《社会科学论坛》，2017年8月。

10.欧洲第一部拉丁文手稿《四书》的历史命运，《道风基督教文化评论》，2017年8月。

11.海外汉学文献学亟待建立：写在《西人论中国书目》出版之际，《国际汉学》，2017年6月。

12.中国文化走向世界的话语转换——许渊冲翻译理论研究，《文化软实力研究》，2017年6月。

13.袁同礼——中国西方汉学文献学的奠基人，《汉学研究》，2017年5月。

14.光从东方来，《非洲将养活中国吗？破解中非农业合作的迷思》序言，2017年4月。

15.在世界舞台展现中华文化的魅力，《中国教育报》，2017年4月13日。

16.来华耶稣会士稀见汉语学习文献研究，《贵州社会科学》，2017年4月。

17.在世界范围内书写中国学术，《国际教育交流》，2017年3月。

18.亚洲历史及其价值，《国际汉学》，2017年3月。

19.中国文化走出去需要建构新的话语体系，《中国文化报》，2017年3月。

20.《马可·波罗游记》的思想文化意义，《中华读书报》，2017年3月15日。

21.破除对西方文化的迷信，《人民日报》，2017年3月2日。

22.儒家思想早期在欧洲的传播，《西学东渐研究》，2017年2月。

23.走出"西方中心主义"是大趋势——关于推进海外中国学研究的思考，《北京日报》，2017年2月27日。

24.破除西方中心主义是文化自信的前提，《前线》，2017年1月。

25.从语言接触理论，探讨汉语国际传播，《中国社会科学报》，2016年11月18日。

26.海外汉学，继往开来：北京外国语大学张西平教授访谈录，《语言与文化研究》，2016年5月。

27.儒家思想早期在欧洲的传播，《中国文化研究》，2016年8月25日。

28.汉学以独特的方式连接着中国与世界：不同文明相遇、相融的一条纽带，《北京日报》，2016年8月15日。

29.中国学者开辟中国典籍外译新领域：《天下》，《汉学研究》，2016年5月1日。

30.民国期间中国学者在哈佛燕京学社发展中的贡献，《汉学研究》，2016年5月1日。

31.欧洲传教士汉学何时成为专业汉学,《文汇学人》,2016年4月24日。

32.开拓海外汉学(中国学)研究新领域,不断提高中国学术的国际话语权,《纽带》,中信出版社,2016年3月31日。

33.在平等交流中推动中国文化走出去,《人民日报》,2016年2月16日。

34.罗明坚的汉学贡献,《国际儒学研究》,2016年1月。

35.如何开展海外中国学研究,《寻根》,2016年1月,(《新华文摘》转载,2016)

36.《葡华词典》散页研究,《北京行政学院学报》,2016年1月。

37.明清之际中国天主教文文献述略,《宗教与历史》,上海大学出版社,2016年1月。

38.罗明坚《圣教天主实录》拉丁文版初探,《宗教学研究》,2015年冬。

39.中国古代文化经典域外传播研究的一个尝试,《国际汉学》,2015年12月。

40.19世纪中西关系逆转与黑格尔的中国观研究,《学术研究》,2015年12月。

41.马礼逊第一本《大学》英译翻译初探,《国际儒学研究通讯》,2015年12月。

42.《天下》杂志与中国典籍在西方的传播,《东方学刊》,2015年12月。

43.关于西方汉学家中国典籍翻译的几点认识,《对外传播》,2015年11月。

44.19世纪俄罗斯汉学特点研究,《汉学研究》,2015年11月。

45.俄罗斯汉学鸟瞰,《海外中国学评论》,2015年11月。

46.西方发达国家语言传播经验之总结,《历届语言学前沿论坛精选文集》,北京语言大学出版社,2015年10月。

47.在世界范围展开中国文化研究,《人民日报》,2015年9月。

48.十七世纪汉字在欧洲的传播,《文化杂志》(澳门),2015年。

49.儒家思想西传欧洲的奠基性著作《中国哲学家孔子》,《儒教文化研究》(韩国),2015年8月。

50.南怀仁的《穷理学》与西方逻辑学的引进:《名理探》与《穷理学》逻辑概念研究,《文化杂志》(澳门),2015年。

51.德不孤,必有邻,《光明日报》,2015年8月21日。

52.Progreso de la investigación en China sobre los estudios chinos realizados en ultramar(中国海外汉学研究的进展),《孔学堂》,2015年7月15日。

53.一个平等对话的时代开始了:学者建议在跨文化视野下研究海外中国学,《中国社会科学报》,2015年7月6日。

54.儒家著作早期西传研究,《中国社会科学报》,2015年7月。

55.加强与海外汉学家对话,《国际汉学》,2015年6月。

56.关注国际中国文化研究的"历史性"与"变异性",《国际汉学》,2015年6月。

57.在中国文化中找到希望——卫礼贤对中西思想史的影响,《光明日报》(国学版),2015年5月25日。

58.中国古代文化典籍域外传播研究的门径,《中国高校社会科学》,2015年5月。

59.论明清之际"西学汉籍"的文化意义,《中华读书报》,2015年5月6日。

60.儒学在欧洲的研究与传播(与孙建合作),《儒学教育传播与应用30年》,吉林人民出版社,2015年5月。

61.中国古代典籍外译的跨文化视角,《新疆师范大学学报(哲学社会科学版)》,2015年5月。

62.关于"汉学主义"之辨,《上海师范大学学报(哲学社会科学版)》,2015年3月。

63. 寻踪中国文化外播的历史轨迹,《国际汉学》 2015年3月。

64.中国文化在欧洲早期的传播与接收,《中国社会科学报》,2015年3月18日。

65.启蒙思想与中国文化——16—18世纪中国文化经典对欧洲的影响再研究,《现代哲学》,2014年11月。

66.从学习西方到中国文化的自觉和复兴,《红旗文稿》2014年11月。

67.《中国丛报》与中国古代文化文献的翻译,《国际儒学研究通讯》,2014年9月。

68.在世界范围内展开中国文化研究——张西平教授访谈录,《社会科学论坛》(人大复印资料),2014年8月1日。

69.澳门与中西文化交流(新华文摘全文刊出),《人民政协报》,2014年7月21日。

70.在比较中增加文化自信,《中国人的文化自信》,当代传媒集团,2014年。

71.许渊冲——中国古代文化翻译的探索者,《中华读书报》,2014年6月25日。

72.中国古代典籍在西方传播研究初探,《汉学研究》,2014年6月。

73.在世界书写中国文化——北京外国语大学海外汉学研究中心主任张西平教授访谈,《人民政协报》,2014年5月12日。

74.中国文化海外传播中的汉学与国学对话,《对外传播》,2014年4月。

75.中华传统文化特色与传承,《人民政协报》,2014年4月14日。

76.《中国哲学家孔子》——儒学西传的奠基之作,《光明日报》(国学版),2014年3月18日。

77.西文之中国文献学刍议,《文献》,2014年3月。

78.龙华民与"礼仪之争",《澳门文化杂志》,2014年3月4日。

79.近代以来汉籍西学在东亚的传播研究,《译学学会》(韩国),2014年3日。

80.欧洲传教士绘制的第一份中国地图,《史学史研究》,2014年2日。

81.这个文化观有违历史真相,《北京日报》,2014年2月24日。

82.在比较中增强文化自信,《光明日报》,2014年1月29日。

83.拉丁语与中国小议,《徐汇文脉》,2014年1月9日。

84.构建具有中国文化传统的学术话语体系——访北京外国语大学中国海外汉学研究中心主任张西平,《中国社会科学报》,2014年1月3日。

85.东亚文明的历史与理想,《中华读书报》,2013年12月4日。

86.域外中国学研究方法论检讨,《中国学》,2013年12月。

87.西方近代以来汉语研究的成就,《近代西方汉语研究论集》,商务印书馆,2013年12月。

88.在跨文化的历史中展开中国基督教研究,《跨文化对话》,生活·读书·新知三联书店,2013年11月。

89.任继愈先生与中国海外汉学研究中心,《国际中国文化研究年鉴》,外语教学与研究出版社,2013年7月。

90.在国际范围内展开中国文化研究,《国际中国文化研究年鉴》,外语教学与研究出版社,2013年7月。

91.比较文学视野下的海外汉学研究,《国际中国文化研究年鉴》,外语教学与研究出版社,2013年7月。

92.掌握思想文化领域国际斗争主动权,《光明日报》,2013年10月23日。

93.基歇尔的《中国图说》与汉语的西传,《国际视野中的中国研究——历史与现在》,中国社会科学出版社,2013年10月。

94.从德国汉学看中国学术界的海外汉学研究——"德国汉学史国际研讨会"大会总结,《德国汉学的回顾与前瞻——德国汉学史研究论集》,外语教学与研究出版社,2013年9月。

95.树立文化自觉,推进国际汉学研究,《中国文化在东欧传播与接受研究》,外语教学与研究出版社,2013年7月。

96.在世界方位内考察中国文化的价值,《中国文化在东欧传播与接受研究》,外语教学与研究出版社,2013年7月。

97.西班牙传教士万济国的《华语官话词典》初探,《16—19世纪西方人的汉语研究》,外语教学与研究出版社,2013年7月。

98.在世界范围内书写中国学术与文化,《16—19世纪西方人的汉语研究》,外语教学与研究出版社,2013年7月。

99.《耶稣会在亚洲》档案文献与清史研究,《明清之际中外文化交流史研究新进展》,外语教学与研究出版社,2013年7月。

100.中西文化交流史三论:文献、视野、方法(代序),《明清之际中外文化交流史研究新进展》,外语教学与研究出版社,2013年7月。

101.加强汉语国际传播理论的研究:汉语国际传播研究理论与方法,《国际汉语教育》,外语教学与研究出版社,2013年7月。

102.简论罗明坚和利玛窦对近代汉语术语的贡献,《贵州社会科学》,2013年7月。

103.基歇尔:汉字西传第一人,《北京日报》,2013年6月。

104.比较文学视野下的海外汉学研究,《中国文化的域外解读》,华东师大出版社,2013年5月。

105.魏理的中国古代诗人传记研究:以《李白的生平与诗歌》为中心,《中外文化与文论》,四川大学出版社,2013年5月。

106.汉语国际传播要有新视野,《光明日报》,2013年4月1日。

107.来华耶稣会士与欧洲早期汉学的兴起:简论卜弥格与基歇尔《中国图说》的关系,《第31回国际研究集会论文集》,日本《或问》,2013年3月。

108.明清之际《圣经》中译溯源研究,《海陆交通与世界文明》,商务印书馆,

2013年3月。

109.利玛窦与中西文化交流,《贵州文史丛刊》,2013年2月。

110.在世界范围内梳理中国文化外传的历程,《展现中华文化的世界意义》,外语教学与研究出版社,2013年1月。

111.走向世界的汉语所面临的若干战略问题思考,《展现中华文化的世界意义》,外语教学与研究出版社,2013年1月。

112.对北外新使命的一点理解,《展现中华文化的世界意义》,外语教学与研究出版社,2013年1月。

113.外语教育呼吁人文精神,《展现中华文化的世界意义》,外语教学与研究出版社,2013年1月。

114.当代中国文化的两座高峰——悼念季羡林、任继愈先生,《展现中华文化的世界意义》,外语教学与研究出版社,2013年1月。

115.比较文学与海外汉学研究,《展现中华文化的世界意义》,外语教学与研究出版社,2013年1月。

116.三十年来的中国海外汉学(中国学)研究略谈,《展现中华文化的世界意义》,外语教学与研究出版社,2013年1月。

117.中西文化交流的使者,波兰汉学的奠基人:卜弥格,《卜弥格文集——中西文化交流与中医西传》,华东师大出版社,2013年1月。

118.罗明坚——西方汉学的奠基人,《展现中华文化的世界性意义》,外语教学与研究出版社,2013年1月。

119.代序:开拓中国文化研究的新领域,《展现中华文化的世界意义》,外语教学与研究出版社,2013年1月。

120.简论中国国家外语能力的拓展,《世界新格局与中国国际传播》,外文出版社,2012年12月。

121.比丘林——俄罗斯汉学的一座高峰,《中华读书报》,2012年12月5日。

122.西方汉学的奠基人罗明坚,《国际汉学》,2012年11月。

123.在世界范围内梳理中国文化外传的历程,《国际汉学》,2012年11月。

124.连续性:重塑中国当代话语权的前提,《学术前沿》,2012年10月。

125.卜弥格与中医的西传,《北京行政学院学报》,2012年8月。

126. 中西文化交流的使者：波兰汉学奠基人卜弥格，《文化杂志》（澳门），2012年7月。

127. 简论中国国家外语能力的拓展（连载二），《国际汉语教育》，外语教学与研究出版社，2012年6月。

128. 从梵二会议看中国天主教的本地化传统，《世界宗教研究》，2012年6月。

129. 简论中国国家外语能力的拓展（连载一），《国际汉语教育》，2012年6月。

130. 卜弥格与基歇尔，《世界汉学》，2012年6月。

131. 全球化史视野下的西学东渐与中国近代出版，《西学东渐与东亚近代知识的形成和交流》，上海人民出版社，2012年6月。

132. 在历史的深处触摸中西初识的岁月——读《青石存史》，《新视野》，2012年5月。

133. 索隐派与《儒家实义》的"以耶合儒"路线，《北京行政学院学报》，2012年5月。

134. 明清之际《圣经》中译溯源，《澳门理工学报》，2012年4月。

135. 澳门学的重要内容：西方历史文献的整理，《澳门学引论》，社会科学文献出版社，2012年4月。

136. Returning to a Dialog of Equals, *International Cultural Studies in East Asia*, 2012.3.

137. 东方的希望——泰戈尔访华与新时代预言，《中华读书报》，2012年3月7日

138. 16—18世纪西学在东亚的传播与互动，《国际日本文化研究》，2012年3月。

139. 对所谓"汉学主义"的思考，《励耘学刊（文学卷）》，2012年2月。

140. 利玛窦研究的新进展，《利玛窦——凤凰阁》序言，大象出版社，2012年1月。

141. 卜弥格与基歇尔，《基督宗教与近代中国》，社会科学文献出版社，2011年12月。

142. 走出去：彰显中华魅力的文化抉择，《中华教育报》，2011年11月15日。

143. 海外汉学研究有很多基础性工作要做，《中华读书报》，2011年11月2日。

144. 在世界范围内展开中国文化的研究，《构建现代国际传播体系》，外文出版社，2011年11月。

145.国外对明末清初天主教中文文献的收集和整理,《印刷出版与知识环流:十六世纪以后的东亚》,上海人民出版社,2011年10月。

146.卫三畏——美国汉学第一人,《从这里走向世界》,外语教学与研究出版社,2011年9月。

147.清宫的最后一名法国耶稣会士,《满学论丛》,辽宁民族出版社,2014年9月。

148.材料、方法与视角——漫谈中国的"美国学"与美国的"中国学"下,《从这里走向世界》,外语教学与研究出版社,2011年。

149.辩章学术 考镜源流——漫谈中国的"美国学"与美国的"中国学"上,《从这里走向世界》,外语教学与研究出版社,2011年9月。

150.海外汉学研究中心与中文学院,《坚实的步履》,商务印书馆,2011年9月。

151.俄罗斯汉学鸟瞰,《中国图书评论》,2011年8月10日。

152.论方豪先生在菲律宾中文出版史研究上的贡献,《天主教研究论辑》,宗教文化出版社,2011年8月。

153.儒家思想在欧洲早期传播的经典之作,《读书》,2011年6月。

154.开拓欧洲早期汉学研究的新领域,《汉学研究》,2011年6月。

155.走向世界的汉语所面临的若干战略问题思考,《北华大学学报(社会科学版)》,2011年4月。

156.《马可波罗游记》与中国文化的西传,《对外传播》,2011年4月。

157.中西文化交流史研究三论:文献、视野、方法,《文景》,2011年3月。

158.澳门学研究的新进展——读《澳门编年史》,《澳门研究》,2011年3月。

159.简析《名理探》与《穷理学》中的逻辑学术语:兼及词源学与词类研究(与侯乐合作),《唐都学刊》,2011年3月。

160. 菲律宾早期的中文刻本再研究:以《新刊格物穷理便览》为中心,《出版文化的新世界:香港与上海》,上海人民出版社,2011年2月。

161.比较文学视野下的海外汉学研究,《中国比较文学》,2011年1月。

162.中国基督教研究:从历史开始,《架起东西方交流的桥梁》,外语教学与研究出版社,2011年1月。

163.La sinologie et la littérature comparée, *Le comparatisme en Chine aujourd'hui*,

2011.1.

164. 近代以来汉籍西学在东亚的传播研究,《中国文化研究》,2011年1月。

165. 卜弥格与中国文化在欧洲的传播,《澳门在天主教东进中的地位与作用》,澳门理工学院出版社,2010年12月。

166. 西学汉籍在东亚的流播研究,《中西文化研究》,2010年12月。

167. 基歇尔的《中国图说》与汉语的西传,《寻根》,2010年12月。

168. 国学与汉学三题,《清华大学学报.哲学社会科学版》,2010年11月。

169. 中国近代文学中的基督教小说探源:清代来华传教士马若瑟的《儒交信》研究,《现代中国》,2010年11月。

170. "泰西儒士"利玛窦,《中华读书报》,2010年10月20日。

171. 菲律宾早期的中文刻本再研究:以《新编格物穷理便览》为中心,《南洋问题研究》,2010年9月。

172. 原典实证的方法是展开域外汉学(中国学)研究的基本路径——《耶稣会在亚洲》档案文献研究为中心,《严绍璗学术研究》,北京大学出版社,2010年8月。

173. 中国文化的世界性意义,《中国图书商报》,2010年7月。

173. 急需建立中国图书在国外翻译出版数据库,《中国图书商报》,2010年7月6日。

175. 中国文化早期在欧洲的传播:论波兰汉学家卜弥格的学术贡献,《珠海、澳门与近代中西文化交流》,中国社会科学文献出版社,2010年7月。

176. .Recherches en Chine sur Matteo Ricci au cours du XX siecle, *Mission et politique apres 1945*, 2010.7.

177. 中外文学关系研究中应该注意的两个问题,《跨文化对话》,生活·读书·新知三联书店,2010年7月。

178. 亚洲,我们的家园,《中华读书报》,2010年6月16日。

179. 百年利玛窦研究,《世界宗教研究》,2010年5月。

180. 莱布尼茨时代的德国汉学,《跨越空间的文化:16—19世纪中西文化的相遇与调适》,东方出版中心,2010年5月。

181. 澳门学的重要内容:西文历史文献的整理,《澳门学引论》,中国社会科学文献出版社,2010年4月。

182. 在世界范围内展开中国文化研究之我见，《国际汉学》，2010年1月。

183. 国外对明末清初天主教中文文献的收集和整理，《中国典籍与文化论丛》，2010年1月。

184. 基督教在中国文化境域中的困境，《西学东渐研究》，2010年1月。

185. 来华耶稣会士罗明坚的汉语学习，《或问》，2009年12月。

186. 来华耶稣会士的第一篇汉文天主教作品，《或问》（日本），2009年12月。

187. 三十年来的中国海外汉学研究略谈，《国际汉学》，2009年12月。

188. 来华传教士的第一部章回小说：《儒交信》，《寻根》，2009年12月。

189. 清初的易经研究（法文），《中国 欧洲 美洲》（法文），2009年12月。

190. 走向世界的汉语所面临的若干战略问题思考，《汉语教学学刊》，2009年12月。

191. 明清之际西学汉文著作的中国出版史回顾，《历史上的中国出版与东亚文化交流》，上海百家出版社，2009年11月。

192. 辨章学术 考镜源流——漫谈中国的"美国学"与美国的"中国学"（上），《中国读书报》，2009年10月21日。

193. 海外汉学（中国学）研究方法论：由《德国汉学：历史、发展、人物与视角》所想到，《中国社会科学报》，2009年10月1日。

194. 欧洲早期汉学研究的奠基之作：写在《神奇的土地》出版之际，《中国图书评论》，2009年10月1日。

195. 汉学研究三题，《新华文摘：精华本2000—2008》，人民出版社，2009年10月。

196. 在世界范围内展开中国文化研究，《中国文化报·交流与传播周刊》，2009年8月5日。

197. 世界汉外词典史上的一桩学案——简论马礼逊英汉词典的蓝本之谜，《自西徂东——基督教来华二百年论集》，香港：基督教文艺出版社，2009年6月。

198. 关于卜弥格与南明王朝关系的文献考辨，《史学史研究》，2009年6月。

199. 卜弥格与南明王朝文献考辨，《中西文化研究》，2009年6月。

200. 北外新使命：将中国介绍给世界——关于在教学中落实北外新的战略方向的几点想法，《回顾与展望：纪念改革开放三十周年北外教学改革研究论文集》，外语教学与研究出版社，2009年5月。

201. 清代来华传教士马若瑟研究，《清史研究》，2009年5月。

202. 在世界范围内考察中国文化的价值，《中国图书评论》，2009年4月。

203. 中西文化交流：回顾与展望，《纪念马礼逊来华两百周年国际学术研讨会论文集》，外语教学与研究出版社，2009年4月。

204. 国际汉学教育：一个亟待解决的重大问题，《云南师范大学学报》，2009年3月。

205. 中西文化交流与西方早期汉学的兴起，《東アジ文化交涉研究》，2009年3月。

206. 中国现代学术转型的德国背景，《读书》，2009年2月。

207. 卜弥格与基歇尔，《基督宗教与近代中国》，社科文献出版社，2009年。

208. 17世纪德国汉学研究：以基歇尔、米勒、门采尔、巴耶尔为中心，《中国文化研究》，2008年11月。

209. 后殖民主义的局限性，《文景》，2008年9月。

210. 在东方相遇：东亚与欧洲，《文景》，2008年7月。

211. 中学西渐，全球共暖，《中国文化报》，2008年6月10日。

212. 欧洲早期汉学研究的奠基之作，《中国图书评论》，2009年10月。

213. 希腊罗马时代欧洲人对中国的认识，《寻根》，2008年6月。

214. 来华传教士马若瑟对中国文学的翻译与创作，《人文丛刊（第3辑）》，学苑出版社，2008年6月。

215. 蒙古帝国时代西方对中国的认识，《寻根》，2008年5月。

216. 外语教育本质上是人文主义的教育，《英语教育与人文通识教育》，外语教学与研究出版社，2008年4月。

217. 明清间亚里士多德哲学在中国的传播，《西学东渐研究》，2008年4月。

218. 西班牙传教士万济国的《华语官话词典》初探，《国际日本文化研究》（日本），2008年2月。

219. 简论莱布尼茨《中国近事》的文化意义，《世界哲学》，2008年1月。

220. 万济国词典初探，Linguistic Exchanges Between Europe, China and Japan Roma.2008.

221. 基督教在中国文化境域中的困境，《学术研究》，2008年1月。

222.汉语国际推广中的两个重要问题,《长江学术》,2008年1月。

223.世界汉语教育史的研究对象与研究方法,《世界汉语教学》,2008年1月。

224.明清间入华传教士对灵魂论的介绍,《当代儒学与西方文化会通与转化》,中国文哲研究所出版(台湾),2007年12月。

225.西方汉学研究导论,《汉学研究》,2007年12月。

226.《耶稣会在亚洲》:档案文献与清史研究,《文化杂志》,2007年12月。

227.明末清初中国天主教史研究的新进展——兼评余三乐《中西文化交流的历史见证,《肇庆学院学报》,2007年11月。

228.把东方介绍给西方——《马可波罗游记》的学术和文化价值,《文景》,2007年10月。

229.来华耶稣会士与欧洲早期汉学的兴起——简论卜弥格与基歇尔《中国图说》的关系,《文化与宗教的碰撞:纪念圣方济各·沙勿略诞辰500周年国际学术研讨会论文集》,2007年10月。

230.Conversations between China and the West: The missionaries in early Qing Dynasty and their researches on the Book of Changes, *Frontiers of History in China*, 2007.10.

231.对赛义德《东方学》的思考,《跨文化对话》,2007年。

232.西学与清初思想的变迁,《现代哲学》,2007年7月。

233.简论孔子学院的软实力功能,《世界汉语教学》,2007年。

234.《从汉学到中国学》——日本中国学研究启示,《中华读书报》,2007年6月20日。

235.西来孔子:明清之际的文人与传教士,《人文丛刊(第二辑)》,2007年6月。

236.树立文化自觉,推进海外汉学(中国学)的研究,《学术研究》(人大复印资料),2007年5月。

237.中学西渐:孔子学院要名副其实,《中国图书商报》,2007年5月11日。

238.声尘寂寞系恒常,《人民日报》,2007年4月15日。

239.树立文化自觉 推进国际汉学研究,《文明与文化研究》,北京燕山出版社,2007年4月1日。

240.从西方汉学反思中国学术——从于连的《(经由中国)从外部反思欧洲》谈起,

《跨文化对话》，2006年8月。

241.明末清初中国天主教史研究的新进展，《中西文化交流的历史见证》序，2006年7月。

242.莱布尼茨与礼仪之争，《中西文化研究》，2006年6月。

243.传教士汉学评议，《世界汉学》，2006年5月。

244.西方游记汉学简述，《欧美汉学研究的历史与现状》，大象出版社，2006年4月。

245.《耶稣会士中国书简集》欧洲中国形象的建造者，《中国图书商报》，2006年3月31日。

246.从世界的角度看中国，《光明日报》，2006年3月30日。

247.汉学作为思想和方法论，《读书》，2006年3月。

248.清初一位重要的来华耶稣会士，《中国文化研究》，2006年3月。

249.中西文化的一次对话：清初传教士与《易经》研究，《历史研究》，2006年3月。

250.汉学作为方法论，《中国社会科学文摘》，2006年3月2日。

251.儒家思想在西方早期的翻译和传播，《跨文化对话》，2006年3月。

252.研究国外语言推广政策，做好汉语的对外传播，《语言文字应用》，2006年2月。

253.汉学（中国学）研究导论，《海外中国学评论》，2006年1月。

254.跨文化视阈中的德国汉学，《德国汉学》，2005年11月。

255.意大利汉学家马西尼访谈录，《国际汉学》，2005年11月。

256.海外汉学学术讨论会综述，《世界汉语教学》，2005年9月。

257.为了照亮我们这个时代的历史，《光明日报》，2005年9月。

258.他乡夫子们的飨宴，《中华读书报》，2005年8月。

259.《中国近事》中文版序，大象出版社，2005年7月。

260.汉学：中国不能再是一个缺席者，《中国图书商报》，2005年7月22日。

261.入华传教士汉语学习史研究，《世界汉语教育史研究》，澳门理工学院出版社，2005年7月。

262.简论世界汉语教育史的研究对象与方法，《世界汉语教育史研究》，澳门理工学院出版社，2005年7月。

263.明清中国天主教文献史研究，《人文丛刊》，2005年7月。

264.清代江南天主教史的一幅真实画卷，《清史译丛》，2005年6月。

265.从罗明坚的汉语学习看以字本位的汉语教学,《汉字教育与汉字政策》,韩国,2005年6月。

266.比较文学与海外汉学研究,《中华读书报》,2005年4月。

267.关于清代入华传教士文献收集与整理的设想,《国际汉学》,2005年4月。

268.汉学研究导论,《国际汉学》,2005年4月。

269.易经研究:康熙和法国传教士白晋的文化对话,《文化杂志》,2005年3月。

270.从罗明坚的汉语学习看以字本位的汉语教学(日文),《海外言语政策关连参考资料》(日本),2005年3月。

271.海外汉学是比较文学研究的一个好领域,《中国比较文学》,2005年2月。

272.拓宽对外汉语教学学术视野,《国际汉语教学动态与研究》,2005年2月。

273.利玛窦的《天主教义》初探,《中国文化研究》,2005年2月。

274.利玛窦天主教教义研究,《中国文化研究》,2005年。

275.传教士汉学的重要著作,《读书》,2004年11月。

276.中西初识,惊鸿一瞥,《中华读书报》,2004年7月21日。

277.明清间西方灵魂论在中国的传播,《文化杂志》,(澳门)2004年5月。

278.明清间入华传教士对理学的解释,《基督教与中国文化丛刊》,湖北教育出版社,2004年2月。

279.梵蒂冈图书馆藏白晋读《易经》文献初探,《中外关系及新史科与新问题》,北京科学出版社,2004年1月。

280.《老乞大》对汉语史研究的启示,《中国的韩国语和双语教育及教材》(韩国),2003年10月。

281.认识西方文化的艰难步伐,《中华读书报》,2003年8月6日。

282.利玛窦的中文著作,《文史知识》,2003夏季号。

283.中西文化相互对话的可能性及其限制,《中西文化研究》(美国),2003年6月。

284.汉学研究三题,《中华读书报》,2003年6月1日。

285.西方近代以来的汉语研究,《澳门文化》,2003年5月。

286.16—19世纪西方人的中国语言观,《汉学研究通讯》(台湾),2003年3月。

287.梵蒂冈图书馆藏白晋读《易经》文献初探,《文献知识》,2003年3月。

288.西方汉学的奠基人:罗明坚,《文化杂志》(澳门),2002年7月。

289.应重视对西方汉学的研究,《国际汉学》,2002年4月。

290.明清间入华传教士对亚里士多德哲学的介绍,《江海学刊》,2002年3月。

291.明清时期的汉语教学概论,《世界汉语教学》,2002年1月。

292.西方人早期汉语学习史简述:兼论对外汉语教学史的研究,《第七届国际汉语教学讨论会论文选》,北京大学出版社,2002年。

293.罗明坚西方汉学的奠基人,《历史研究》,2001年6月。

294.最后的文艺复兴人物基歇尔笔下的中国,《中华读书报》,2001年4月。

295.神奇的东方——基歇尔《中国图说》评价,《语言与文化论集》,外语教学与研究出版社,2001年3月。

296.海外汉学的价值,《中华图书商报书评版》,2001年2月8日。

297.明清间的"西学东渐",《语言与文化论集》,外语教学与研究出版社,2001年。

298.明清间入华传教士对经院哲学的上帝论介绍,《宗教比较与对话》第3期,宗教文化出版社,2001年。

299.明清间入华传教士对基督教论理学的介绍,《宗教比较与对话》第3期,宗教文化出版社,2001年。

300.儒学在欧洲的早期传播,《学习时报》,2001年7月23日。

301.应重视对西方早期汉学的研究,《中华读书报》,2000年11月8日。

302.伏尔泰与中国文化,《语言与文化论集》,2000年11月。

303.明清间"西学渐进"简述,《语言与文化论集》,外语教学与研究出版社,2000年11月。

304.神奇的土地:基歇尔笔下的中国,《汉学研究》,2000年9月。

305.中国基督教史论文索引(1949—1997),《基督宗教研究》,宗教文化出版社,1999年12月。

306.关于明末清初中国天主教史研究的几点意见,《基督宗教研究》,宗教文化出版社,1999年12月。

307.北外海外汉学中心介绍,《基督宗教研究》,1999年12月。

308."天主教要"考,《世界宗教研究》,1999年12月。

309.欧洲中世纪哲学在中国的传播,《基督教文化学刊》,1999年8月。

310. 穷理学：南怀仁最重要的著作，《国际汉学》第4期，1999年。

311. 和而不同，《读书》，1999年6月。

312. 利玛窦对中国宗教和哲学的介绍，《国际汉学》，1999年6月。

313. 罗马访书录，《北京图书馆馆刊》，1999年4月。

314. 儒学在欧洲的早期传播初探，《中西初识》，大象出版社1999年3月。

315. 卢卡奇与黑格尔哲学，《德国哲学论丛》，1999年2月。

316. 明清间来华耶稣会士对基督教经院哲学的介绍，《基督教文化研究》，1999年。

317. 论明清间天学的合儒与补儒，《传统文化与现代化》，1998年11月。

318. 易经在西方早期的传播，《中国文化研究》，1998年11月。

319. 取精用宏，含英咀华，《国际汉学》，1998年10月。

320. 交融与会通，《学人》，1998年3月。

321. 论民初中国基督教改革运动的思想史价值，《世界宗教》，1998年2月。

322. 工业文明下人的困境，《中国社会科学》，1998年2月。

323. 记德国汉学家鲍吾刚，《汉学研究》，1997年10月。

324. 技术与人生，《学人》，1997年10月。

325. 莱顿汉学院图书馆略记，《北京图书馆馆刊》，1997年1月。

326. 明清之际中国和西方国家的文化交流，《中国中外关系史学会第六次学术讨论会论文集》，1997海外汉学研究现状及其对策研讨会综述，《中国史动态》，1997年4月。

327. 《当代西方著名哲学家评传》，山东人民出版社，1996年3月。

328. 思想展开的新途径：贺麟新儒学思想简评，《南京社会科学》，1994年9月。

329. 近年来国内对海外中国学的翻译、研究述评，《北京图书馆馆刊》，1992年3月。

330. 卢奇的《历史与阶级意识》与黑格尔哲学，《学术月刊》，1990年第6期。

331. 卢卡奇《社会存在的本体论》简述，《现代哲学》，1990年第1期。

332. 论卢卡奇的历史概念，中国社会科学院研究生院学报，1989年1月。

333. 要客观地认识卢卡奇与西方马克思主义的关系：兼与杜章智等同志商榷，《马克思主义研究》，1989年2月。

334. 历史概念的二重奏：卢卡奇《历史和阶级意识》研究，《哲学研究》，1988年12期。

335.亚里士多德《形而上学》一书中认识论思想述评,《天津师范大学学报》(自然科学版),1985年6月。

336.恩格斯关于哲学对象的论述及其意义,《哲学研究》,1985年第5期。

337.关于马克思人道主义,《思想战线》,1984年。

338.关于黑格尔善的本质,《思想战线》,1984年。

339.情感体验是主题对客体的又一层关系,《哲学动态》,1984年第8期。

340.关于空间本质问题的思考,《哲学动态》,1983年第4期。

341.什么是马克思主义哲学的科学定义,《学术月刊》,1982年第6期。

342.认识论的两个前提和两个依赖,《社会科学》,1981年第2期。

343.对亚洲命运的再思考,《殖民统治时期的斯里兰卡》一书序言,社会科学文献出版社,2015年10月。

344.对汉学主义的思考,《当代比较文学与方法论建构》,复旦大学出版社,2014年。

345.满剌加:东西方利益的交汇点,《文化杂志》,2016年第99期。

346.西译中与中译西差异的哲学探讨,《东方翻译》,2015年第1期。

347.百年利玛窦研究进展,文化杂志(澳门),2010年冬季。

(个别论文因为在国外或者港澳学术会议或者学术刊物上发表,因而与在国内发表的论文有所重复)

附录二　张西平教授执教指导研究生及论文名录

2002届　李真　《马若瑟〈汉语札记〉论略——中国语言学史及世界汉语教学史上的一部力作》（硕士）

2003届　王艳　《甲柏连孜〈汉文经纬〉记略》（硕士）

陈怡　《约翰·韦伯〈历史性论文：论中华帝国的语言是原始语言的可能性〉中对汉语的接受》（硕士）

2004届　骆洁　《柏应理〈中国哲学家孔子〉》研究（硕士）

2005届　杨慧玲　《马礼逊和他的〈五车韵府〉》（硕士）

郝颖　《威妥玛〈语言自迩集〉研究》（硕士）

2006届　杨莉　《明末天主教徒韩霖之自我身份认同》（硕士）

王潇潇　《明末清初中西历法之争的历史还原及文化思考》（硕士）

2007届　余绮　《利类思翻译的〈超性学要〉第一至三卷中的新词语研究》（硕士）

徐允婧　《〈轻世金书〉研究——〈效法基督〉的首次汉译、译文及影响》（硕士）

张蓉斌　《米怜与英华书院（1818—1843）》（硕士）

2008届　罗莹　《殷铎泽之〈中国政治道德学说初探〉》（硕士）

杨少芳　《清初儒家基督徒张星曜及其〈天主明辨〉初探》（硕士）

叶飞　《〈闽中诸公赠诗〉〈碑记赠言合刻〉研究：从酬赠诗文看明末清初中西互动的复杂性》（硕士）

蒋薇　《1592年高母羡（Fr.Juan Cobo）出使日本之行再议》（与澳门基金会吴志良教授联合指导硕士）

梁跃天　《麦都思与译名之争——从翻译到建构：论概念的进入与迂回》（与澳门基金会吴志良教授联合指导硕士）

2009 届	全慧	《白晋的索引派思想初探》（与澳门基金会吴志良教授联合指导硕士）
	李颖	《架起中芬文化交流的桥梁——以王为义研究为中心》（硕士）
2010 届	杨慧玲	《19世纪的汉英词典传统——对马礼逊、卫三畏、翟理斯汉英词典的谱系研究》（博士，2011年获北京市优秀博士论文，2012年获得全国优秀博士论文提名）
	王硕丰	《〈圣经直解〉初探》（硕士）
	侯乐	《明清之际亚里士多德逻辑学术语的译介——以〈名理探〉和〈穷理学〉为中心》（硕士）
	肖霄	《龙华民〈关于上帝、天神、灵魂等名称争论的简单回答〉初论》（与吴志良教授联合指导硕士）
2011 届	罗莹	《儒学概念早期西译初探——以柏应理的〈中国哲学家孔子〉为中心》（博士）
	潘琳	《理雅各牛津时代思想研究，1873—1897》（博士）
	朱丽军	《〈天学集解〉中儒家知识分子对西学的接受研究——以万历进士为中心》（硕士）
	朱菁	《晚明中西伦理学交流初探——以高一志〈修身西学〉为中心》（硕士）
	李慧	《雷慕沙及其〈汉文启蒙〉研究》（硕士）
2012 届	李真	《来华耶稣会士马若瑟〈汉语札记〉研究》（博士）
	潘清	《亚瑟·韦利的〈李白的生平及诗歌〉传记研究》（硕士）
	刘美华	《〈察世俗每月统记传〉研究》（硕士）
	刘国敏	《顾赛芬〈诗经〉翻译研究》
2013 届	康太一	《从英译〈论语〉到汉译〈圣经〉：马士曼与早期中西对话初探》（博士）
	王硕丰	《贺清泰〈古新圣经〉研究》（博士）
	郭瑶	《从〈通报〉看西方汉学对中国古代文化的传播——以"学术论文"栏目为基础的目录学、文献学分析》（硕士）
	胡文婷	《明清之际西学汉籍书目研究初探》（硕士）
	于美晨	《建国60年中国古代文化典籍外译书目研究》（硕士）
2014 届	朱菁	《汉译新约〈圣经〉"白、徐译本"研究》（博士）
	郭磊	《新教传教士柯大卫英译〈四书〉之研究》（博士）

	李颖	《芬兰的中国文化翻译研究》（博士）
	王雯璐	《日藏西学汉籍研究初涉——以日本八所主要汉籍藏书机构为中心》（硕士）
	李青	《〈天学集解〉稀见文献整理研究》（硕士）
	张雨澄	《〈华裔学志〉基督教在华传教史研究》（硕士）
2015 届	韩凌	《洛克与中国：洛克"中国笔记"考辩》（博士）
	薛维华	《边缘风景：〈教务杂志〉传教士汉学知识传播》（博士）
	刘美华	《苏格兰传教士米怜（1785—1822）研究》（博士）
	伍昕瑶	《教廷特使多罗与澳门》（与澳门基金会吴志良教授联合指导硕士）
2016 届	马丽媛	《爱默生思想中的东方元素新探》（博士）
	王莹	《近代伊朗对西方社会的初识——以恺加早期两部访英游记为视角》（博士）
2017 届	胡文婷	《坚守与探索——明清之际来华耶稣会士利类思（1606—1682）生平与著述研究》（博士）

博士后：管永前（2011—2013）、孙健（2011—2014）、黄丽娟（2012—2015）、郭景红（2014—2017）、谢明光（2015—2017）、王广生（2015—2018）

目前在读的博士：贾海燕、龙宇飞、魏京翔、阿日娜、李伟群、韩晓燕

目前在读的硕士：王寅冰、周旋、陈茜、黄慧敏、曾宝乐

图书在版编目（CIP）数据

寻踪古今　问学中西：张西平教授七十华诞颂寿文集 / 杨慧玲，李真主编 . — 北京：学苑出版社，2018.3

　　ISBN 978-7-5077-5449-0

Ⅰ . ①寻… Ⅱ . ①杨… ②李… Ⅲ . ①东西文化—文集 Ⅳ . ① G0-53

中国版本图书馆 CIP 数据核字（2018）第 060477 号

出 版 人：	孟　白
责任编辑：	李　媛
印制总监：	张　翔
出版发行：	学苑出版社
社　　址：	北京市丰台区南方庄 2 号院 1 号楼
邮政编码：	100079
网　　址：	www.book001.com
电子信箱：	xueyuanpress@163.com
联系电话：	010-67601101（销售部）、010-67603091（总编室）
印 刷 厂：	北京建宏印刷有限公司
开本尺寸：	787×1092　1/16
印　　张：	24
字　　数：	320 千字
版　　次：	2018 年 3 月第 1 版
印　　次：	2018 年 3 月第 1 次印刷
定　　价：	98.00 元